KB274666

신바람 경영

박 운 서 지음

한국경제신문사

머리말

　'경영(Management)'이란 말은 라틴어의 Manus와 이탈리아어의
Maneggiare에서 파생된 것으로 '말을 다루는 기술'을 의미한다고 한
다. 한번도 말을 타보지 않았지만 나는 한국중공업 사장으로 재임하
였던 지난 2년 간 말을 다루는 기술을 익혀가는 과정에 많은 것을 배
웠고 또 여러 가지를 경험하였다.

　1988년 상공부 산업정책국장시절에 《통상마찰의 현장》이란 책을
썼다. 그 당시 글을 쓴다는 것이 너무나 어려운 작업이라는 사실을
절실하게 느꼈기 때문에 다시는 책을 쓰지 않겠다고 다짐했다. 그러
나 지난 2년 간(1996. 3. 28~1998. 4. 15) 한국중공업 사장으로 기업
을 경영하면서 너무나 소중한 경험을 했고 많은 실전 체험을 했기 때

문에 그냥 기억 속으로 흘려 보내기 아까워 이것을 한 권의 책으로 남기기로 마음 먹었다.

개방화의 물결 속에 1996년 2월 발전설비 일원화조치가 해제되었다. 1997년 1월에는 WTO정부조달협정의 발효로 발전설비의 국제경쟁입찰이 시작되면서 국내시장이 완전히 개방되었다. 한국중공업은 이렇게 치열한 경제전쟁에서 살아남아야 하는 절박한 환경에 직면했다. 한편 동남아 등 세계발전설비시장도 개방되어 해외시장 진출의 기회도 활짝 열렸다. 더구나 전기를 공급하는 전력서비스시장도 개방되어 발전설비제작업체로서 민자발전사업에 진출할 수 있는 기회도 주어졌다.

개방화, 자유화, 세계화의 추세는 한중(韓重)뿐만 아니라 모든 기업이 매일매일 피부로 체험하는 일상 현상으로 확산되고 있다. 여기에 어떻게 대처하느냐에 따라 살아남느냐 아니면 사라지느냐가 결정된다.

이와 같은 절박한 시기에 살아남기 위해서뿐만 아니라 제2의 도약을 이루기 위해서 한중이 채택한 경영혁신전략이 도움이 되기를 바라는 마음에서 이 책을 썼다.

또한 우리 기업들이 1987년 6.29선언 이후 되풀이되는 노사분규로 기업경영에 큰 어려움을 겪어 왔는데 마산·창원지역 민주노총의 핵심노조이며 최고 강성으로 알려진 한중노조와의 갈등과 대결 구도를 대화와 협력 구도로 바꾸기 위해 피나는 노력과 타협을 전개해 온 과정이, 비록 짧은 기간이지만 같은 입장에 있는 기업들에게 공통의 문제로서 참고가 되었으면 한다.

개방경쟁과 고임금시대가 우리 앞에 펼쳐져 있다. 성공의 결과는 두고 봐야 하지만 변화에 적극적으로 대응하고 구성원의 응집과 열정으로 참여해야 살아남을 수 있다고 판단하고 지난 2년 간 많은 노력을 기울인 한중의 몸부림이 기업을 경영하는 이들에게 도움이 되길 바란다.

　IMF사태를 맞이한 지 1년이 지난 이 시점에 많은 기업인들이 부도와 파산으로 실의와 좌절에 빠져 기업을 경영하고 싶은 의욕을 상실한 것을 볼 때 안타깝기 그지없다. 더구나 우리 사회가 기업인들에게 돌팔매질을 하고 기업인들의 기를 죽여가고 있는 것을 볼 때 한심스럽기 그지없다. 그들은 정치권에 밀리고 정부와 은행의 눈치를 보고 언론의 지탄을 받고 소비자들에게 외면당하면서 모든 죄를 다 뒤집어써야 하는 천덕꾸러기 신세가 되었다. 그래도 기업인들만이 이 땅에서 수출을 하고 고용을 창출하면서 부가가치를 만들고 세금을 내고 있다. 국민 모두가 기업인들의 사기를 북돋아주고 신바람이 나도록 환경을 조성해 주어야 이 난국을 극복할 수 있다. 지금까지 우리의 가치관이었던 사농공상(士農工商)이 거꾸로 상공농사(商工農士)로 변해야 무한경쟁시대에 살아남을 수 있을 것이다.

　일본 기업들은 70년대 초 닉슨쇼크로 인한 금태환정지 및 변동환율제 실시와 보호주의의 강풍 아래서 10여 년 동안 특유의 사무라이 정신으로 경박단소(輕薄短小)의 기술, 자동화와 철저한 원가관리와 품질경영으로 세계 제조업의 주도권을 쟁탈하였다. 또한 미국 기업들은 80년대 초 1930년 공황 이후 최대공황을 맞아 제2의 기술혁명, 과감한 대규모 구조조정, 구성원과 조직의 각성 등을 통해 90년대 초 이후 세계 수출 및 제조업 제1위 자리를 탈환했다. 이것은 정부의 정책때문만이 아니라 기업 구성원들의 피와 땀으로 혼신의 노력을 기울였기 때문이다.

　슘페터(Schumpeter)가 말한 것처럼 기업가야말로 분명히 경제발전의 원동력이다. 70년대 일본 기업의 조직주의와 80년대 미국 기업의 개인주의가 국가 경제를 살리는 데 원동력의 역할을 수행한 것처럼 우리 기업인들도 IMF위기를 탈출하여 우리의 염원인 선진국 진입과 민족통일의 과업을 이루어내기 위해서는 조직주의와 개인주의적 경영혁신을 동시에 실행하여 우리 산업의 절대경쟁력을 갖추어야 하며, 그것이 우리 기업인들의 책임과 임무라는 사실을 한시라도 잊어서는 안된다.

회사가 6.25이후 최대 위기를 맞고 있으므로 노동조합도 항일독립 투쟁식 노동운동을 청산하고 침몰해 가는 회사를 살리기 위해 고통을 분담하고 협력과 동일체 의식으로 팔을 걷어붙이고 함께 동참해 주기를 간절히 바란다.

이 책을 쓰는 과정에 많은 자료를 협조해준 한중사원들에게 감사의 말씀을 전하고자 한다. 특히 자료를 모으는 데 애쓴 윤형철 부장과 원고정리를 해준 황경선양에게 고마움을 전한다.

또한 지난 2년동안 경영하면서 고난과 좌절을 겪을 때마다 사장과 회사를 위해 매일 새벽 하나님께 기도를 해준 한중기독신우회원들에게 감사를 드린다. 또 아무것도 모르는 나에게 기업경영을 가르쳐 준 GE의 잭 웰치(Jack Welch) 회장에게 고마움을 전하고자 한다.

끝으로 이 책을 출판하도록 격려해준 〈한국경제신문〉의 박용정 사장과 책의 꼴을 위해 많은 조언을 해준 출판팀에게도 감사를 드린다.

1999년 5월 반포 서재에서

박 은 서

차 례

비전 555를 외치며

창원에서 새출발

정보화, 세계화, 기술혁신 등으로 특징지을 수 있는 새로운 기업환경 아래에서는 변하지 않는 기업은 살아남을 수 없다. 그러나 한편으로 혼란과 불확실성은 현명한 자를 위한 새로운 도전이며 성공할 수 있는 기회를 제공하기도 한다.

고객과 종업원 중심의 인간지향적 경영을 제시한 《우수성을 찾아서(In Search of Excellence)》란 제목의 저서를 통해 우수성이란 말을 경영학에서 유행하는 용어로 만들었던 톰 피터스(Tom Peters)가 1987년에 다시 《혼란 위의 번영(Thriving on chaos)》—한국어판 《경영혁명》, 노부호 역—이란 저서를 출판하였다. 그는 이 책을 통해 제조업 경쟁력의 제1위를 일본에 내주고 좌절과 침체에 빠져 있는 미국 기업들에게 혼란을 기정사실로 받아들이라고 충고하면서 그것을 딛고 번영하는 길은 변화 아닌 혁명뿐이라고 강조하였다.

나는 1996년 3월 28일 주주총회에서 제11대 한국중공업 사장직에 선임되고 난 뒤 이런 변화와 혁명을 시도해 보기로 결심했다. 그 당시 나는 3월 22일자로 경북대학교 정교수로 발령을 받아 새로운 인생을 출발하려던 시점이었다. 청와대 비서실장으로부터 들어오라는 호출을 받아 가보니 한국중공업 사장직을 제의하는 것이었다. 처음에는 주저하였으나 이미 결정했으니 되돌릴 수 없다고 하여 수락하고 무거운 발걸음으로 돌아왔다.

30년 간 공직생활을 해온 나로서는 기업경영에 대한 아무런 경험과 노하우가 없었기 때문에 잘 해 낼 수 있을까 하는 두려움이 앞섰다. 또 현직에 있을 때 기업인들 보고 "기술개발해라" "생산성을 올려라" "자동화해라" "100PPM운동을 실천해라" 등등 여러 가지 주문을 많이 한 터라 내가 막상 기업을 경영하면서 잘못하는 경우에는 기업인들이 실망하고 조소할 것이 아닌가, 또 경제관료 출신으로 기업인으로 변신하는데 성공하지 못하면 후배 경제관료들에게 누(累)가 되고 앞길을 막는 결과가 되지 않을까 하는 강박관념이 나를 짓눌렀다.

1996년 3월 29일 아침 첫 비행기를 타고 제11대 사장 취임식에 참석하기 위해 낯설고 물설은 창원으로 내려갔다. 대운동장에 파란 제복을 입은 5,000여 명의 사원들이 질서정연하게 서 있는데, 그렇게 많은 군중 앞에 서보기는 처음이었다.

취임사에서 나는 '홀로서기, 세계화, 노사화합'을 경영목표로 제시했다.

여러분 이렇게 만나뵙게 되어 대단히 반갑습니다. 오늘부터 여러분과 함께 한중의 한가족이 된 것을 영광스럽게 생각합니다.

저는 지금까지 30여 년 동안 공직에만 몸담아 왔기 때문에 기업경영에 대한 지식도, 경험도 없습니다. 그래서 이런 큰 회사의 최고경영자로 주주총회에서 선임되고 난 후 저의 부족한 점을 돌이켜보면서 두려움이 앞서기도 했습니다. 그러나 바르게 열심히 일하면 성과가 있지 않겠는가 하는 생각을 가지고 이 자리에 섰습니다.…
우리가 현재 직면한 대내외 경영환경은 만만치 않습니다. 여러분들도 잘 알다시피 금년 1월 말로 5년 간의 보호막이었던 발전설비 일원화 조치가 해제되어 이제는 국내 재벌기업들과 피나는 경쟁을 해야됩니다. 또 금년부터 가스발전소 건설이 민간기업에 개방되고 1997년 1월 1일부터는 WTO 정부조달협정이 발효되므로 발전설비는 물론 건설사업까지 국제입찰에 공개되어 해외 유수한 선진기업들과도 치열한 경쟁을 해야 되는 것입니다.

이러한 급변하는 기업환경에서 우리가 살아남기 위해 제가 생각하고 있는 세 가지 경영목표를 제시하고자 합니다.

첫째, 이제 우리는 홀로 서야 되겠습니다. 지금까지 정부의 보호와 한전(韓電)의 지원으로 우리 회사는 이만큼 정상화를 이룩했습니다. 그러나 이제는 그러한 보호와 지원이 없어졌습니다. 이제 우리가 홀로 서서 당당하게 대내외 대기업들과 경쟁해서 이길 수 있는 회사를 만들어야 합니다. 결국 홀로서기란 세계적인 경쟁력을 갖추는 것이라고 생각합니다.

어떻게 하든 우리 모두가 똘똘 뭉쳐 낭비와 비효율을 제거하고 물자절약과 원가절감, 경쟁력혁신, 기술자립 등을 통해서 최고의 경쟁력을 갖출 때만이 국내시장에서나 해외시장에서 살아 남을 수 있을 뿐만 아니라, 우리의 장래도 밝아질 것입니다. 품질 좋은 제품을 값싸게 생산한다면 우리를 이길 경쟁상대는 없을 것입니다.

둘째, 세계화를 추진해야 하겠습니다. 지금까지는 좁은 국내시장 특히 한전시장만을 겨냥했습니다만, 이제 광활한 세계시장에 뛰어들어야 하겠습니다. 아무리 국제경쟁이 치열하다 하더라도 경쟁력만 갖추면 우리의 시장은 얼마든지 있습니다.

WTO체제로 국내시장은 물론 세계시장이 개방됨에 따라 그동안 축적한 경험과 기술을 가지고 중국, 인도, 동남아, 중동, 아프리카 시장뿐만 아니라 일본, 미국, 구라파시장에까지도 우리의 발전설비와 산업설비를 수출할 수 있는 기회가 오고 있습니다. 이제는 좁은 국내시장보다는 광활한 해외시장을 개척하고 그곳에 나아가 사업을 일으킨다면 우리한테도 충분히 많은 기회가 열릴 것이라고 생각합니다.

경쟁력 없는 한계사업은 해외로 이전하고, 주요 국내자재를 값싸게 생산할 수 있는 나라에 공장을 지어 생산하고, 또 후진국들이 유치하고 있는 민자발전사업에도 뛰어들어 영업과 생산, 인력의 세계화를 추진해야 합니다.

우리가 세계화를 추진하기 위해서는 모든 분야에서 세계 일류화를 이룩해야 합니다. 기술도, 품질도, 제작도 세계 일류가 되어야 하고 우리 각자 구성원들도 세계 일류가 되어야 합니다. 한중 구성원 각자가 자기 분야에서 세계적인 경쟁력을 갖추어야 한다는 말입니다. 사장인 나는 미쓰비시중공업 사장보다 GE 사장보다도 경쟁력을 갖추도록 노력하겠습니다. 구성원 각자가 세계 제일의 경쟁력을 갖추겠다는 각오로 노력한다면 우리 회사의 세계 일류화는 가능하다고 저는 믿고 있습니다.

마지막으로 노사화합입니다. 솔직히 이 자리를 빌어서 말씀드립니다만, 우리 국민이나 언론이나 정부나 할 것 없이 한국중공업의 노사문제에 대한 시각은 좋지 않습니다. 특히 작년 49일 간의 파업은 회사에 손해를 끼쳤고, 또 한중의 이미지를 버려 놓았습니다. 이번 기회에 우리가 이것을 불식시켜야 하겠습니다. 저는 노와 사가 따로 있다고 생각하지 않습니다. 하나의 구성원입니다. 한솥밥 먹는 한가족입니다.

이 회사를 함께 세계 일류로 키워보자는 같은 목표를 가진 구성원입니다. 그렇기 때문에 여기에는 반목과 대결과 투쟁이 있을 수 없습니다. 여기에는 오직 대화와 협력이 있을 뿐이라고 생각합니다. 또 경영진도 노동조합도 회사가 있기 때문에 존재하는 것이지 회사가 망하고 나면 경영진도 노동조합도 존재할 수가 없습니다. 우리 모두가 서로 화합하고 서로 협력할 때 세계일류기업을 만들 수 있다고 생각합니다.

저는 앞으로 공개경영, 민주경영, 정도경영을 실천해 나갈 작정입니다. 대화의 경영, 정직한 경영을 해 보고 싶습니다. 저는 노사화합을 기필코 이룩해 내겠다는 의지를 가지고 있습니다.… 우리 다 같이 화합하고 우리 다 같이 협력해서 21세기에 세계 제5위권에 들어가는 한국중공업으로 키워나갈 것을 다짐합시다. 저는 이 자리를 통해서 한중 비전 5·5·5운동의 실천을 제창합니다.

첫번째 5는 앞으로 5년 동안 매출 5배로 올리자는 것입니다. 1995년 매출 2조 2,000억 원의 5배는 11조 원이 됩니다만, 최소한 10조 원 이상의 매출달성을 목표로 삼자는 것입니다.

두번째 5는 매년 10%씩 제조원가를 절감하여 5년 내에 우리 회사 제품의 제조원가를 50% 이상 낮추자는 것입니다.

세번째 5는 세계 제5위의 발전설비업체가 되자는 것입니다. 지금 대충 따져 보니 세계 13위인데 앞의 두가지 5가 달성되면 세계 5위는 저절로 된다고 봅니다.

우리 한번 손에 손잡고 한중 5 · 5 · 5를 실천하기 위해 세계로 미래로 함께 뛰어 봅시다.

감사합니다.

나는 취임식을 끝내고 노동조합 사무실을 맨 먼저 방문했다. 그 자리에서 나는 "노와 사는 근경불이(勤經不二)다. '노'는 생산과 품질, 납기를 책임져야 하고 '경'은 수주와 매출, 이익을 책임져야 하는 상호보완적 관계이다. 노무부도 근경협력부로 고치겠다. 노동조합을 위해 회사가 존재하는 것이 아니고 회사를 위해 노동조합이 존재해야 된다"고 강조했다.

또한 "앞으로 나는 신사의 외투를 벗기는 승리자는 비바람이 아니고 따스한 햇볕이란 생각을 염두에 두고 대화와 사랑으로 풀어가겠다. 여러분도 계급투쟁식 노동운동을 중단하고 단결투쟁만 외칠 것이 아니라 대화와 이해 · 협력의 노력을 기울여주길 바란다"고 당부했다.

작업복을 입고 공장으로

나는 취임 이후로 공장 및 현장점검과 업무파악에 골몰했다. 한달 이상을 밤낮으로 공장에서 살다시피 했다. 공장식당에서 근로자들과 같이 식사를 하면서 밤중에도 공장을 찾았다.

업무파악을 하면서 나는 몇 가지 점에 실망을 했다. 그 중 한 가지는 1976년 11월에 착공하여 1982년 6월에 준공한 이후 전혀 투자가 이루어지지 않았다는 것이었다. 물론 적자 누적으로 투자할 여력이 없었겠지만 10년 이상 된 기계 · 설비가 75%나 되었고 근로자들은 고장이 자주 난다고 불평하였다. 이렇게 거대한 공장에 로봇은 물론,

자동용접기계가 한 대도 없었다. 모두 수동식이고 기계식이었다.

또한 무겁고 장대한 제품을 크레인 또는 트랜스포터로 이동하는 등 공장과 공장간, 기계와 기계간의 물류이동이 순조롭지 못했다. 또 가공하는 순서대로 기계가 배치되어 있는 것이 아니라 가공기계가 설치된 곳으로 무거운 가공품을 왔다 갔다 이동하면서 제작해 나가고 있었다. 라인(line)화가 안되어 있는 것이었다.

작업복을 갈아 입는 탈의장은 작업장갑, 라면, 용접봉, 커피포트, 공구 등이 벗어 놓은 옷들과 뒤범벅이 되어 있었다. 또한 돌아다니며 쓰레기통을 뒤져 보았더니 한번 쓰고 내버린 장갑, 멀쩡한 용접봉, 쇠를 깎은 후 남은 쇠조각 등 재활용이 가능한 것들도 쓰레기와 함께 버려져 있었다.

작업환경도 열악하여 보일러공장, 주조공장과 중제관 공장에서 근무하는 근로자들은 먼지가 많이 나고 연기가 자욱하다고 호소했다. 페인팅이나 세척할 때 유기용재가 많이 나오며 용접시 독가스 때문에 일을 못하겠다고 하소연하였다.

또한 공장설비투자를 하지 않은 것은 차치하더라도 간접시설 즉 전기시설, 오·폐수배관, 가스배관 등은 1982년 6월 준공한 이후 한번도 손을 대지 않았다. 제품을 실어내는 부두는 지반이 취약하여 무너져 내릴 위험에 처해 있었다.

한번은 현장사원들이 공장의 문을 연다고 크레인으로 잡아 당기는 광경을 목격했다. 큰 공장문이 열리지 않자, 크레인을 이용해서 열고 있었던 것이다. 16개 공장의 대형문이 105개인데 모두가 수동문으로, 낡고 녹이 슬어 열리질 않았다.

또한 3만 8,000평의 야적자재창고에는 1,580억 원의 자재가 쌓여 있었고 91일 이상 장기 재고자재가 50% 이상이나 되었다. 구매한 자재의 공장 직송률은 40% 수준에 머물렀다. 약 한 날 이상의 공장점검

결론은 한마디로 큰일났구나 하는 생각뿐이었다.

허울 좋은 경영정상화

나는 짬이 나는 대로 각 본부별 업무파악에 들어갔다. 그 결과 느낀 점은, 첫번째 국내영업에만 치중한 결과 해외영업은 미미하다는 것이었다.

1995년 말까지 5년 간 한전물량의 독점적 공급자로서 한전영업을 주로 한 결과였다. 수주의 경우 국내수주가 1994년 76%, 1995년 85%나 되었고 해외수주는 1994년 24%, 1995년 15%에 불과했다. 이중에 한전의존율은 1994년 60%, 1995년 63%나 되었다.

한전의존율이 높다는 것은 국내 대기업과의 치열한 수주전에서 실패할 경우 회사의 작업물량이 급감할 수 있고 또 만약 한전이 잘못되었을 때는 한중도 동시에 잘못될 수 있다는 의미였다. GE의 잭 웰치(Jack Welch) 회장이 내게 한 충고처럼, 어느 한 분야 또는 어느 특정 회사에 10%이상의 의존율을 가지는 것은 위험한 것이었다.

매출에 있어서도 마찬가지였다. 국내 판매비중이 1994년 78%, 1995년 80%로 해외 판매비중은 20%내외였고, 한전 판매비중이 63% 및 60%였다.

회사의 수출입통계도 잡고 있지 않아 추산해 본 결과 1995년도 수출은 4억 2,500만 달러, 수입은 5억 8,400만 달러로 한중은 30년 이상 만성적 무역수지 적자기업이었다.

경쟁사인 GE사의 경우에는 해외판매(수출) 비중이 42%를 차지했다. 미쓰비시(三菱)중공업 40%, 히타치(日立) 29%, 지멘스(Siemens) 73%, ABB 90%에 비하면 한중은 내수 위주에 머무르고 있었다. 또 사업별 구성비를 볼 때 1995년에 발전사업 67.6%, 산업설비사업 12.8%, 선박엔진사업 8.2%, 건설사업 6.2%, 주단사업 2.8%, 방위산업 1.8%로, 발전설비제작사업에 너무 집중되어 있었다. 업종전문화된 측면에서는 바람직하지만 사업위험에 노출되어 있었다. 같은 기계장치로 산업설비 및 선박엔진설비를 제작할 수 있다고 볼 때 이 분야가 더 확장된다면 설비가동률을 높일 수 있겠다는 생각이 들었다.

주단사업은 주조품·단조품을 생산하여 타본부에 공급하는 내부거래에 그치고 있었고 1인당 매출액도 1억 원이 안되었다. 특히 선박엔진사업은 1983년부터 시작하여 1995년 말까지 213대 508만 7,000마력을 생산, 판매했으나 누적적자가 134억 원에 달했다.

둘째는 자원이 충분히 활용되지 못하고 있었다. 기계장치 등 투자자원이나 인력자원이 충분히 활용되지 않고 있었다. 주요설비의 가동률이 낮았고 1인당 생산성이 낮았다. 일반적으로 자산의 효율성을 평가하는 자산효율성(Asset efficiency), 즉 매출에 대한 자산액은 1보다 작아야 하는 것이 이상적이다. 중공업체임을 감안하더라도 한중의 자산효율성은 1994년 1.32, 1995년 1.22로서 미국의 일류기업인 코카콜라(Coca Cola) 0.67, 사우스웨스트(Southwest)항공사 0.86, 마이크로소프트(Microsoft) 0.27, 인텔(Intel) 0.71 심지어 유에스 스틸(US Steel) 0.90에 비해 너무 낮았다. 이들 외국기업들은 투자한 자산을 최대로 활용하여 매출을 올리고 있었으나 한중의 자산은 효율적으로 이용되지 못하고 있었다. 또한 시가 100억 원짜리 이상인 1만 톤 프레스의 가동률은 52%였고 대형 프라노밀러의 가동률도 60%수준에 머물고 있어 투자자산의 저효율성으로 생산성이 낮아 감가상각비 부담만 가중되고 있었다.

더욱 문제는 1995년도 복리후생비를 포함한 1인당 연간 인건비가 3,420만 원이었는데 당시 환율 850 대 1을 적용하면 연평균 4만 366

달러로 GE의 3만 8,000달러, ABB의 4만 달러수준과 비슷하다는 것이었다.

1인당 매출액으로 볼 때 1995년 3억 2,000만 원으로 국내 경쟁사인 현대중공업, 삼성중공업, 대우중공업보다는 훨씬 높았지만 국내 포항제철의 5억 원보다는 낮았다. 한중의 1인당 매출액이 미 달러화 기준으로는 37만 6,000달러였는데 히타치 및 도시바(東芝)의 60~70만 달러의 절반수준에 머물었고 GE의 35만 달러 수준과 비슷했다.

특히 지난 5년동안 노동생산성은 연평균 12.0% 상승했는데 인건비는 18.4%씩 상승하여 큰 짐이 되고 있음이 틀림없었다. 게다가 경상이익률은 1993년 21.1%, 1994년 17.3%, 1995년 11.5%로 그동안 수의계약을 했는데도 점점 떨어지고 있는 반면에 매출원가율은 1993년 73.6%, 1994년 79.5%, 1995년 86.2%로 높아지고 있었다. 이것은 원자재가격 및 임금상승 등 각종 비용부담 증가로 경쟁력을 점점 상실해 가고 있음을 보여주는 것이었다. 1995년 및 1996년 국제입찰에 참여한 실적을 따져보니 한중의 터빈제네레이터 가격은 가장 낮은 국제가격보다 30~40%가 높았고, 보일러가격은 20~30%가 높아 아예 외국기업의 경쟁상대가 못 되었다.

세번째는 기술자립이 되어 있지 않았다. 발전소의 종합엔지니어링 (Architecture Engineering) 분야에 100여 명이 종사하고 있었으나 설계능력이 전무하다시피 했다. 제작기술은 모든 분야에서 100% 자립해 있었으나 제품설계능력은 보일러분야, 컨덴서, 열교환기, 석탄취급설비, 회처리(灰處理) 설비분야에서만 겨우 자립했을 뿐, 원자로설비는 83%, 스팀터빈 발전기는 89%, 수력터빈 발전기는 37%, 취수설비는 97%수준의 자립도에 불과해 ABB, GE, 알스톰(Gec-Alstom)에 의존하고 있었다.

산업설비 중에서는 전기집진기, 콘테이너 크레인, 담수설비 등은 설계기술 자립을 이룩했으나 탈황설비, 소각설비 등에서는 90%수준에 머물렀다. 따라서 남이 그려준 도면을 가지고 겨우 제작할 수 있는, 나쁘게 말하면 철공소 수준에 머물러 있었다고 하겠다.

매출액에 대한 R&D투자비율도 1995년에 2.2%수준으로, 히타치 5.9%, 지멘스 7.6%, GE 3.5%, ABB 8.5%와 세계시장을 석권하고 있는 500대 '숨은 승리자'들의 평균 연구개발비 6.3%에 비하면 턱없이 낮았고 세계에 내놓을 만한 이렇다 할 독자기술이란 것은 하나도 없었다. 또한 품질불량률은 1995년에 2,340PPM으로 선진 경쟁기업체들이 100PPM수준에 도달한 것과 비교하면 한심하기 짝이 없었다.

네번째는 공기업 특유의 취약점인 무사안일, 소극적, 수동적인 업무자세였다. 예를 들어 1995년에 확정한 중기경영계획에 의하면 연평균 매출성장률을 6%로 잡고, 2000년 매출목표가 2조 5,600억 원이었는데 이는 물가상승률을 고려할 때 거의 늘어나지 않은 목표였다. 시장개방에 따른 대기업과의 경쟁에 지레 겁을 먹고 축소 재생산에 머물겠다는 뜻이었다.

또 토요일 12시가 땡 치면 모두가 골프치러 나가고 아무도 사무실에 남아있지 않았다. 심지어 일과중에도 업무는 제쳐두고 끼리끼리 골프치러 나가는 것을 전혀 부끄럽지 않게 생각하는 풍토였다.

취임식 이후 첫 임원회의에서 물자절약과 경상경비 20% 절감을 강조하면서 한 예로 이면지 사용을 지시한 적이 있었다. 그런데 일부 직원들 가운데는 종이를 아껴야 한다는 생각보다는 이면지를 활용해서 보고해야 한다는 생각이 앞서 신문기사를 마구 복사하여 이면지를 만들어 사용하는 어처구니 없는 일이 벌어졌다.

또 회사의 영빈관인 정성관과 현장 작업장에서는 고스톱이 기승을 부리고 있었다. 정성관의 온돌방인 201호와 301호는 밤낮으로 고스톱판을 벌이는 상용장소가 되어 있었다.

내가 고스톱 금지령을 내린 후에 웃지 못할 일이 일어났다. 현장에서 이사와 과장이 멱살을 잡고 싸움을 벌였다. 무슨 일인가 알아보니 지금까지 과장이 늘 땄던 모양인데 돈을 많이 잃은 이사가 고스톱을 치자 하니 과장은 사장의 금지령을 핑계삼아 응하지 않자, 멱살을 잡는 싸움판이 벌어진 것이었다. 물론 서울에 가족을 두고 창원 등지에서 현장근무를 하다보니 소일거리로 골프나 고스톱을 즐겼겠지만 만성적으로 상습화된 것은 너무 지나쳤다.

또한 우물안 개구리 같이 밖에서 전개되는 변화의 물결을 인식하지 못하고 있었다. WTO와 환경라운드 등 뉴라운드라고 하는 새로운 경제질서가 전개되고 있는데도 경영진들조차 "살을 통통히 찌워서 작게 먹고 작게 싸는 방식으로 살자"는 식으로 안주하고자 했다. 경쟁의 회오리바람이 닥쳐오는데 어떻게 살을 통통히 찌울 수가 있겠으며 먹을 것이 없어지는데 어떻게 영양섭취가 가능하겠는가?

모두가 제비새끼들이었다. 제비새끼는 먹이를 주지 않으면 굶어죽는다. 한전이 주는 물량만 소화하고 넓은 바깥세상에서 일감을 물어올 생각은 못했다. 제비새끼와 같이 어미가 먹이를 물어다 줄 때까지 귀곡동 둥우리에 마냥 머물고 있는 것이었다.

다섯번째로 조직의 편제가 납득이 되지 않았다. 모든 사업본부의 기능은 영업담당, 기술 및 설계담당, 생산담당, 사업관리담당 그리고 기획·품질 등 지원담당으로 책임소재가 명확히 구분되고 있는데도 거기에 따라 조직이 짜여지지 않았다.

주력사업으로 영위하는 발전사업담당은 수화력본부와 터빈발전기본부로 나누어져 책임한계가 명확히 구분되지 않았고 중복으로 편성되어 있었다. 산업설비본부도 담수화공기계설비, 시멘트설비, 제철설비 및 강교사업, 환경설비사업으로 구분되어 있지 않아 업무한계와 책임소재가 불분명했다.

과장 및 부장의 조직도 위인설관(爲人設官)식이었다. 어떤 과장은 직원 3명을 데리고 있는가 하면 다른 과장은 30명을 데리고 있었다. 어느 부장은 부하직원이 7명인가 하면 다른 부장은 117명이나 되었다. 과장, 부장, 이사가 되면 반드시 보직을 주어야 하므로 과를 쪼개고 부를 나누다보니 전 사원의 반 이상이 과장이고 부장의 보직을 받아야 할 판이었다.

결재단계는 왜 그리 많은지 대리―과장―차장―부장―이사―본부장―부사장―사장으로 이어지는 8단계에다가 협조부서까지 합치니 결재란이 12~18개나 되었다. 공구를 하나 사는데도 24개의 사인을 받고 12개의 절차를 거쳐야 했다. 구매결정이 24단계인데 입고단계까지 포함하면 더 길었다. 자율경영이 아닌 지시와 명령경영이 보편화되었고 권한과 책임이 하부로 이양되지 않아 매사가 수동적이었다.

나는 경영정상화를 이루었다는 허울 좋은 한중의 겉모습만 보고 경영에는 별문제가 없을 것이라고 안심하였는데 그 속내용을 들여다보고는 한편으로는 한심하기도 하고 또 다른 한편으로는 낭패와 실망으로 불안해지기 시작했다. 그리고는 그동안 뭘 했던가 하는 울분이 솟구쳤다. 또 큰일났구나, 고생깨나 해야겠구나 하는 걱정이 앞섰고 초조해지기 시작하였다.

변해야 산다

나는 두 달여 간의 집중적인 업무파악 끝에 〈그림 1-1〉에서 보는 바와 같이 "한중 555"를 기본목표로 삼고 "신바람경영"을 행동강령으로 삼았다. 경쟁력혁신·세계화 그리고 열린경영을 경영지침으로

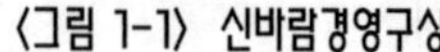

〈그림 1-1〉 신바람경영구상

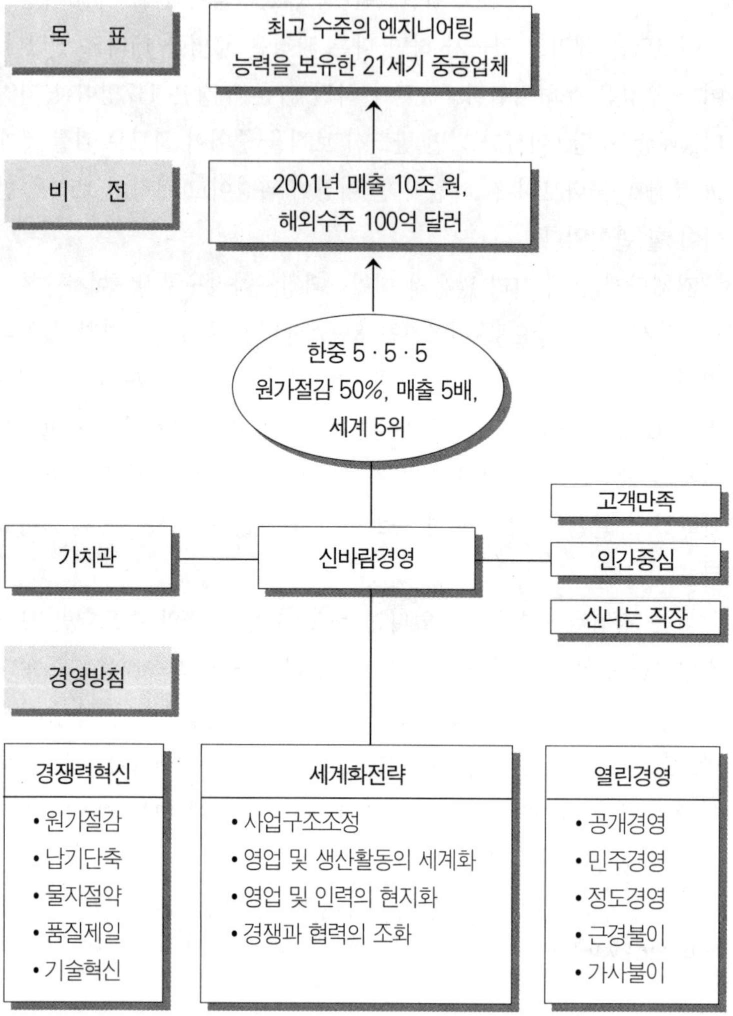

목 표
최고 수준의 엔지니어링 능력을 보유한 21세기 중공업체

비 전
2001년 매출 10조 원, 해외수주 100억 달러

한중 5·5·5
원가절감 50%, 매출 5배, 세계 5위

가치관
신바람경영
고객만족
인간중심
신나는 직장

경영방침

경쟁력혁신
• 원가절감
• 납기단축
• 물자절약
• 품질제일
• 기술혁신

세계화전략
• 사업구조조정
• 영업 및 생산활동의 세계화
• 영업 및 인력의 현지화
• 경쟁과 협력의 조화

열린경영
• 공개경영
• 민주경영
• 정도경영
• 근경불이
• 가사불이

제시하고 이를 10개 팀의 신바람경영기획단이 구체화하는 작업을 5월 말까지 완료하기로 하고 본부별로는 신바람경영 5개년 계획을 작성하기로 하였다.

그리고나서 나는 틈나는 대로 전 직원들에게 아침 7시 30분부터 1시간 반 가량 우리가 직면한 기업환경, 한중의 문제점 그리고 앞으로 해야 할 일을 교육하기 시작했다. 대졸사원반, 과부장반, 임중역반 그리고 조합원들을 대상으로 열변을 토해냈다. 처음에는 아무도 믿는 사람이 없었다. 사장이 쇼만 하다가 곧 장관으로 갈 것이란 소문으로 냉담한 반응을 보였다.

그러나 나는 조회에서나 진급자교육, 신입사원교육, 각종 혁신대회 등에서 일관되게 나의 경영방침을 되풀이해 나갔다. "그래, 두고보자! 모범적인 실천으로 그리고 업적으로 보여줄 것이며 당신들을 변화시키고야 말겠다"는 굳은 일념으로 일관했다. 왜냐하면 기업의 변화는 최고 경영자의 비전에서 나오지만 성공여부는 종업원들의 태도와 행동에 달려 있다고 믿었기 때문이었다.

그리고 4월중에 광범위한 의견수렴과 적극적인 참여를 유도하기 위해 각 본부별 과장과 노조대표 5명 등 17명으로 구성된 예비중역회의와 각 본부 및 직속기관별 부장 1명씩 15명의 대표로 구성된 5·5·5부장회의를 설치했다.

이들은 1년 임기로 본부별 과장들과 부장들의 투표로 위원을 뽑았고 매월 1회씩 회의를 개최하여 의견수렴과 혁신방안을 토의해 나갔다. 특히 이들 대표과장과 부장들에게 회사경영혁신의 불씨가 되어줄 것을 독려하였다.

또 매주 수요일 오후는 사장실을 개방하여 '한중 참소리 시간'으로 잡고 광범위하게 의견을 청취하였다. 또 사장실에 한중참소리용 전용 팩시밀리를 설치하고 사내 컴퓨터 네트워크인 하니스에 '한중인의 참소리'란을 개설하여 사원들의 애로사항과 건의사항을 청취하고 10일 내에 내가 직접 회답을 해 주었다.

또한 공장에는 반장 중심의 반원회의인 '한마음 생산회의'를 도입, 노조의 강력한 반대에도 불구하고 매주 월요일 8시에 반장주재로 지난주 생산에 대한 평가와 금주의 작업계획을 점검했다. 그리고 'TPM(Total Productivity Maintenance)' '품질분임조활동' '위험예지훈련' '현장실용화과제 발굴' '마이머신(My Machine)운동' '보물찾기 및 30초내 물건찾기' 등 자율적인 생산활동의 핵심조직으로 키워 나갔다.

또한 나는 마산, 진해, 창원을 마다하지 않고 사원들의 경조사를 찾아 다니면서 소주잔을 주고 받으며 많은 토론을 벌였고, 산재환자 병원방문, 노조대의원 가정방문 등으로 현장의 목소리를 듣기 위해 노력하였다.

모든 계층에 있어서 효과적인 리더십이란, 기업이 무엇을 할 것인가 하는 비전과 중심적인 가치관을 제시하고 이의 성공을 위해 힘과 희망을 불어넣어 주고 또 이를 솔선수범 실천하는 것이라고 생각했다. 또한 비전은 내부적 성찰과 외부상황에 대한 평가 그리고 모든 견해의 수용을 통해 명확하고 도전적이어야 한다고 생각했다. 더불어 강렬하면서도 사기를 앙양시켜야 되므로 "한중 5·5·5"는 잘 선정했다고 생각했다. 《경영혁명》에서 톰 피터스가 "고무적인 비전을 개발하라. 6단어 이내로 압축하라"라고 제안하고 있는 것과도 일치했다.

비전은 폭풍이 몰아치는 험난한 바다에서 나침반과 같은 역할을 하고, 전 직원들로 하여금 새로운 방향으로 발걸음을 내딛어 미래세계를 헤쳐 나갈 수 있도록 조직의 결집과 희망, 그리고 구심점의 역할을 하는 것이다. 또한 비전은 달성하기 어려운(impossible to achieve) 장기목표(stretch goal)를 제시하는 것이지만, 전 직원의 집중력을 동원하고 시행착오를 통해 혁신하고 또 참여와 열정을 불러 일으키면 달성할 수 있다고 GE의 잭 웰치 회장은 설명해 주었다.

나는 잭 웰치 회장이 1981년에 GE회장으로 취임했을 때 선포했던 "Be No.1 or No. 2(세계에서 1등 아니면 2등을 하라)"와 1983년에 취임한 ABB사 퍼시 바나빅(Percy Barnevik) 회장의 신조 "Think globally, act locally(생각은 세계적으로, 행동은 지역적으로)"라는 비전을 무척 좋아했다.

한중의 비전을 5 · 5 · 5로 정한 후 한국중공업의 창원본사 주소가 창원시 귀곡동 555번지란 것을 발견하고 우연의 일치라고 하더라도 성공할 수 있다는 좋은 예감을 받았다.

이후 우리는 건배할 때도 '한중 555'를 크게 외쳤고 경례할 때도 '한중 555'로 구령을 붙였다.

新 · 信 · 神바람 경영

한중의 21세기 비전을 '한중 555'로 정하고 경영방침을 경쟁력혁신 · 세계화 · 열린경영으로 세웠다. 그리고 5개년 경영계획 수립과 신바람경영기획단을 창설, 분야별 실천방안을 5월 말까지 수립하도록 하였다.

신바람경영기획단장은 사장인 내가 직접 맡고 그 밑에 10개 팀을 둔 다음, 본부장 또는 집행이사를 팀장으로 하여 200여 명을 1996년 4월 16일자로 정식으로 인사발령을 냈다. 각 팀장 아래에는 필요에 따라 분과팀들도 구성했다. 그리고 경영기획본부장이 중심이 되고 각 본부장이 참여하여 5개년 계획을 작성하도록 하였다. 우리는 어려운 경영여건을 극복하여 살아남아야 할 뿐만 아니라 한중의 제2도약을 이루기 위한 새로운 비전과 새로운 경영전략을 짜는데 합심하였다.

한가롭던 귀곡벌 이곳저곳에서 "바쁘다, 바빠!" 하는 소리가 튀어나왔고 "전보다 세 배나 일이 많아졌다"고 즐거운 비명을 질러댔다. 내가 직접 각팀별 회의를 주재하고 토론에 토론을 거듭하다 보니 고요하던 본관 사무실의 전깃불이 밤늦게까지 훤히 밝혀졌다.

나는 새로운 경영혁신의 중심 가치관을 "신바람경영"이라고 이름 붙였다. 그것은 기업환경이 급속히 변하고 국내외 시장이 개방되는 등 불확실성과 세계화의 물결 속에서 우리 스스로 새롭게 변화하여 새로운 각오를 가지고 열정적으로 개혁에 참여한다는 뜻에서 새로울 신(新)자의 신 경영이었다. 또 우리 7,500여 사원들이 반목과 불신을 제거하여 서로가 서로를 믿고 화합하고 협력하여 하나로 뭉쳐서 21세기 초일류기업을 만들자는 뜻에서 믿을 신(信)자의 신 경영이었다. 또한 우리 모두가 희망과 미래를 가지고 새로운 비전에 도전하기 위해 모두 함께 일할 맛 나는 신명나는 직장을 만들자는 뜻에서 한민족 고유의 신바람 정신을 뜻하는 귀신 신(神)자의 신 경영을 의미했다. 이 세 가지 '신' 자를 묶어 새로운 가치관을 함축하는 "신바람경영"이라고 했다.

10개의 혁신팀을 추진체로

신바람경영은 한중을 21세기 초우량기업으로 키우고자 하는 것으로 이를 실천하는 10개 팀으로 구성된 신바람 경영기획단을 4월 16일자로 창설함으로써 한발짝을 내디뎠다.

첫번째 팀은 '원가절감팀'으로 물자절약 및 경비절감을 위해 출장비, 에너지 비용, 사무용품비 등 각종 경상경비를 매년 20%씩 절감하자는 Cut 20운동을 실천했다. 그 아래에는 자재관리개선팀, 구매 예산절감팀, 공구관리합리화팀, 소모자재절약팀, 에너지절감팀, 산 업폐기물재활용팀 등이 활동하였다.

두번째 팀은 '경쟁력혁신팀'으로, 자재구매·설계·생산·사업관 리·기술 및 품질부문 등 각 부서를 대표하는 사원들로 구성된 종합 적인 팀이었다. 66개의 생산제품과 99개의 절차를 대상으로 원가절 감, 절차간소화, 규제철폐 등을 통하여 5년 내 제조원가 50%를 절감 하고자 했다. 이 팀은 GE에서 하고 있는 워크아웃 프로그램(Work-Out Program)을 도입했는데, 130개 팀 4,300명이 참여하였다.

세번째 팀은 '설계자립 및 자동화팀'으로, 원가절감을 위해서는 생 산분야보다는 자재 및 부품 구매와 더불어 설계를 얼마나 경제적으 로 하느냐가 중요하다는 생각 아래 만든 팀이었다. 기술 및 인력개발 팀의 분과 팀으로 종합설계자립(A/E)팀을 설치하고 발전소의 규모 별·제품별 설계의 표준화와 각종 산업설비의 종류별·규격별 설계표 준화 및 자동화를 위한 제품설계자립 및 자동화팀을 설치했다.

네번째 팀은 '품질혁신팀'이었다. 한중이 중공업회사이고 수주 의 존 사업이라는 특성 때문인지 모르지만 아직까지 100PPM운동을 실 시하지 않고 있었다. 그러나 고객만족을 위해서는 품질보장이 가장 중요하므로 100PPM운동을 실천하기 위해 품질혁신팀을 설치하고 공장별로 통합관리하도록 했다. 또한 공장지원부를 중심으로 TPM·TQM·위험예지훈련·환경안전·현장 실용화운동·마이 머 신 운동을 총괄 지원하도록 개편했다.

다섯번째 팀은 '공장관리혁신팀'으로, 제작설비의 고도화 및 자동 화, 제작설비의 라인화 및 자동화, 투자설비의 효율 극대화, 물류이 동의 원활화와 환경개선 및 안전도모 등을 위한 투자를 통해 생산성 향상과 생산원가를 혁신하자는 팀이었다.

여섯번째 혁신팀은 '통합경영정보시스템팀' 이었다. 이미 1995년부터 회사에서는 정보화를 위해 전사적으로 트라이톤(Triton)이란 경영정보화계획을 추진하고 있었다. 그러나 단지 정보실 인원들만의 일로 여겨졌고 그것도 시행착오가 이만저만이 아니어서 본부별 통합 시스템으로 발전하기에는 문제가 많았다. 그리하여 전산정보화를 목적으로 한 통합정보시스템 구축을 위한 팀을 두고 우선 견적과 자재 구매 및 관리분야부터 완벽한 컴퓨터화를 시도했다.

일곱번째 팀은 '재공품관리혁신팀' 이었다. 자재입고→자재재고관리→외주관리→공장직송→재공품재고관리→제품재고관리→출하까지 일관된 저스트 인 타임(Just-In-Time)제를 도입하기로 하고 재공품 및 제품관리혁신팀을 설치 운영하였다.

공장에 가면 어느 기계 앞에는 엄청난 재공품이 쌓여 있어 장소를 많이 차지하고 있는 경우가 있었다. 또 제작 대기시간이 긴가 하면 어떤 기계 앞에는 재공품이 거의 없어 기계 가동률이 낮고 담당자가 빈둥빈둥 게으름을 피우는 곳도 있었다. 또한 출하를 기다리는 제품 재고의 장기화 현상이 있는가 하면 납기에 쫓기는 제품도 있었다. 그리하여 자재 투입부터 제작 그리고 출하까지 물 흐르듯 순조롭게 흘러가도록 만들어야겠다고 생각했다.

여덟번째 팀은 '사업구조조정팀' 이었다. 철 구조물이나 탱크, 벳슬(Vessel) 제작 같은 경쟁력을 상실한 한계업종이나 선박용 베드 플레이트(Bed Plate), 프레임 박스(Frame Box) 등 주조품 같은 3D업종은 이전하고, 식당이나 건설 중장비, 출퇴근버스 등은 외주 내지 소사장제로 독립시키고, LNG사업이나 민자발전사업(Independent Power Producer : IPP)에 BOO(Build-Own-Operate) 또는 BOT(Build-Operate-Transfer) 방식으로 신규 진출하는 방안을 검토하기 위해서였다.

여기에 분과팀으로 지원업무 합리화팀(중기·정비·차량·택배·정성관·영선분과로 구성)과 식당관리 합리화팀, 신규사업추진팀으로 T-프로젝트 사업단, K-프로젝트 사업단을 설치하였다.

아홉번째 팀은 '기술 및 인력개발팀'이었다. 21세기 세계 최고 기술개발을 위해 10대 기술과제를 선정하고 10개 연구개발팀을 설치하였다. 또 원가절감, 공정개선 등을 위한 기술개발과제를 연간 100여 개씩 발굴한 다음 설계 및 기술인력과 연구인력이 총동원하여 현장 밀착형 기술개발에 전념하도록 하는 기술개발팀과 전 사원의 재교육·기술훈련·다기능화 교육·컴퓨터 및 영어교육 등을 위한 인력개발팀 그리고 A/E자립팀을 두었다. 또한 용접자동화를 위한 팀을 설치하여 전 공장의 용접자동화 설비투자와 자동용접을 위한 자체개발을 시작했다.

마지막으로 '한가족 문화창달팀'을 두어 근경불이(勤經不二)·가사불이(家社不二)를 실천하고 사원 3대 덕목인 절약·친절·봉사의 실천방안을 검토하고자 하였다.

내부로부터의 반대

10개의 신바람경영혁신팀을 설치하는 데는 내부로부터 반대가 많았다. 우선 한꺼번에 모든 걸 동시에 추진하지 말고 쉬운 것부터 하나씩 하나씩 개선해 나가자는 의견이 있었다. 그러나 나는 전 사원의 개혁 마인드를 동시에 고쳐시키고 전 사원의 참여를 유도하기 위해 동시 출발을 주장했다. 너무나 할 일이 많아 단계별 실천으로 기다릴 수가 없을 뿐만 아니라 또한 팀별 활동이 상호간에 연계되어 있어 시너지효과를 얻을 수 있었기 때문이다.

그러나 경영혁신활동의 기간별 효과 발생시기는 각기 다르기 때문에 추가 투자없이 현재의 인력과 설비를 최대로 효율화함으로써 1～3년 내에 단기효과를 기대할 수 있는 원가절감팀, 경쟁력혁신팀과 설계자동화팀 및 품질혁신팀은 처음부터 최대한 가동시키기로 하였다.

또한 추가 투자가 필요하고 또 혁신활동을 지금 시작한다 하더라도 시간이 걸려 3～4년 후에 중기 효과(1999～2001)를 가져올 수 있는 공장관리 혁신팀, 통합정보시스템팀과 재공품 및 제품관리혁신팀은 지금부터 추진하지 않으면 그 효과가 너무 늦게 나타나기 때문에 2001년까지 완료한다는 목표 아래 단기효과 혁신팀과 동시 출범시키기로 하였다.

한편 앞으로 추가로 투자하고 또 아무리 노력하더라도 그 효과를 기대할 수 있을지 불확실한 세 개 팀 즉 사업구조조정팀, 기술 및 인력개발팀, 한가족 문화창달팀의 활동도 적어도 5년 후인 2001년 이후의 효과를 실현시키기 위해서는 지금 동시 출발해야 된다고 강조했다.

두번째 의견은 본연의 일도 바쁜데 경영혁신활동도 함께 하면 자연히 업무에 소홀해져 양쪽 모두 잘 추진되지 않을 것이며 본부별, 부서별 장벽 때문에 활동이 잘 이루어지지 않을 것이란 주장이었다.

일리가 있는 반론이었지만, 추진 책임을 맡은 책임부서를 지정하고 각 팀별 최소한의 요원(약 200명)을 전담으로 맡아 실행하기로 하였다. 또 각 본부별, 부서별 요원을 한 팀으로 묶어 부서별 장벽을 허무는 종합팀으로 구성하고 수시로 외부장소에서 워크숍을 개최한다면 일체감 · 공통의식 · 전담효과 등을 기대할 수 있다고 판단했다.

전담팀으로 밀어붙이다

도요타(豊田)자동차에서 1980년 후반 JIT시스템을 도입할 때 전 종업원의 20%를 빼내어 전담시켰으며 GE가 1980년대 초 워크아웃 프로그램을 추진할 때 15%의 인력을 전담시켰다. 이에 비해 한중 전담인력 200명은 약 2.5%에 불과했지만, 앞으로 점점 더 늘려가기로 했다.

또 팀워크를 실습하고 토론문화를 활성화하기 위해 팀간의 경쟁을 시켜야겠다고 판단하고 팀별 실천발표대회 또는 경진대회를 전임원의 참여하에 분기별 또는 반기별로 개최하기로 했다. 금상, 은상, 동상을 정하여 상금 200만 원, 100만 원, 50만 원씩 각각 지급하고 금상수상팀 전원은 5박6일간 동남아 여행의 특전을 주기로 했다. 또한 내가 직접 매년 6월 말 및 12월 말 팀별 활동실적과 문제점 그리고 향후 실천과제를 직접 보고 듣고 챙기기로 하였다.

5월부터는 먼저 경영혁신방안이 확정되는 대로 전진대회를 개최하여 분위기를 돋우고 혁신분위기를 몰아갔다. 나는 북을 치고 꽹과리를 두들기며 팀별 독려 전선에 뛰어들었다. 제일 먼저 전진대회를 가진 팀은 품목 및 프로세스별 경쟁력을 50% 혁신하자는 경영혁신부를 책임부서로 하는 경쟁력혁신팀으로, 전진대회를 5월 2일 기술연구원 지하강당에서 개최하였다.

두번째는 경영기획부를 책임부서로 한 공장관리혁신팀이 마련한 신바람 투자 1단계 계획으로 1,874억 원을 6월 5일자 이사회에서 확정하고 설비의 개보수, 자동화, 환경안전, 물류개선 및 품질개선 등 5개 분야에 집중 투자하기로 결정하였다. 따라서 1996년도 투자규모는 당초 계획 1,038억 원과 추가 투자 1,874억 원으로 총 2,912억 원이 되고 신바람 2단계 투자를 1,295억 원을 잠정적으로 결정함으로써 향후 3년간 총 4,207억 원을 공장관리 혁신을 위해 투자하기로 하였다.

세번째로 원가관리부를 책임부서로 하는 원가절감팀(Cut 20운동)

의 전진대회가 그해 6월 10일 개최되어 에너지비용 및 광고선전비, 교육훈련비, 교통비 등 경상비용 절감과 사무용품 절약 등의 세 부문에서 1년에 각각 20% 절감하는 안을 확정하고 과감한 물자절약과 경비절감 운동에 들어갔다.

네번째로 품질경영실이 주관하는 품질혁신발대식은 1996년 12월 4일 개최되었는데 이날 2000년 100PPM 달성을 목표로 하는 품질혁신계획을 확정하고 전 공장장급 이상과 협력업체 사장이 참여한 가운데 불량품 파기식과 GE 6시그마(Six Sigma) 설명회 등을 가졌다.

그해 5월에 접어들면서부터는 신바람경영 5개년계획 작성에 여념이 없었다. 관공서가 아닌 기업이기 때문인지 모르지만 장기계획을 세워본 경험이 별로 없어 계획 자체를 수립하는데 시간이 걸렸다. 게다가 전문인력 부족과 보고서 작성하는 기법이 부족해 사장인 내가 직접 진두 지휘하고 또 직접 쓰는 경우가 많았다.

우리는 무한경쟁시대에서의 생존을 위한 중장기 경영목표와 방향을 설정하고 회사의 인적·물적 자원을 효율적이고 합목적적으로 활용하고 조달할 수 있도록 하며, 종업원 개개인이 미래에 대한 꿈과 희망을 갖고 회사가 추진하고 있는 신바람경영에 적극 동참할 수 있는 동기를 부여하고자 회사가 지향하는 21세기 한중의 기업상을 신바람경영계획에 제시하기로 하였다.

원대한 비전과 모범적 기업문화를 보유한 기업, 영업·생산 및 인력의 세계화로 국경없는 다국적인 기업, 최고 수준의 엔지니어링 능력과 기술력을 가진 초일류기업, 고객을 감동시키고 환경친화적 기업을 지향하며, 한중가족의 풍요로운 생활과 삶의 질을 향상하고 지역과 국가경제 나아가 인류사회에 기여하는 초일류기업을 21세기 한중의 기업상으로 정했다.

혁신의 걸림돌

그러나 이런 이상적이고 의욕적인 기업상을 이루기 위해서는 걸림돌이 한두 가지가 아니었다.

첫번째 걸림돌은 종업원의 의식구조였다. 그동안 공기업으로 정부의 보호와 지원을 받아만 왔기 때문에 관료적·보수적 체질에다가 소극적이고 수동적인 체질을 벗어나지 못하고 있었다. 따라서 적극적이고 진취적 체질로 바꾸어 공기업 체질에서 환골탈태(換骨奪胎)하기에는 시간이 필요했다.

또 밀폐형 의사결정, 경영현황 및 정보의 일부 계층 독점화, 수직적·일방적 의사결정으로 의사결정과정의 공개화·민주화와 정보의 공유화가 이루어지지 못해 경영의 투명성이 확보되지 않았고 수평적·쌍방적 의사소통이 이루어지지 않아 모두가 상부의 눈치만 보고 있었다.

게다가 정치권 및 주변의 청탁으로 정실경영이 자행되고 경쟁력에 기초한 공명정대한 경영을 하지 못해 경영의 도덕성이 확보되지 못했다.

이러한 결과 남이 열심히 한다고 해도 뒷다리나 잡는 뒷다리족, 한 마리의 미꾸라지가 온 강물을 흐려 놓는 미꾸라지족, 경영자편에 붙었다가 노조편에도 붙는 박쥐족, 주변의 사태를 예의 주시하다가 불리하면 껍질을 딱 덮고 꿀먹은 벙어리처럼 기다리는 조개족, 그리고 가명 또는 차명으로 상사나 동료를 무차별 음해하고 무고하는 투서질이 습관화된 비겁한 족속들이 판을 치고 있었다.

두번째 걸림돌은 노동조합이었다. 마산·창원 지역의 최고 강성노조인데다가 민주노총의 꼭두각시였다. 회사의 경영방침이나 이익에는 아랑곳하지 않고 민주노총의 지시만 따르는 노조집행부였다.

어용이란 흑백논리로 회사의 방침이 아무리 건전하고 옳은 것이라도 회사를 두둔하고 지지하면 어용으로 몰아붙여 선량한 노조원들은 말 한마디 못하고 발붙일 틈이 없어 맹목적으로 집행부의 지침과 지시를 따를 수밖에 없었다. 여기에다가 노조원 사이에 형성된 4개의 계파 때문에 노조원 스스로의 의견통일을 전혀 이루어내지 못하고 있었다.

더구나 지난 10여 년 동안 매년 되풀이되는 파업 때문에 회사의 경영권과 인사권의 일부가 노조와 합의 또는 협의사항으로 바뀌어 경영자의 손발이 묶여 있는 형국이었다.

세번째로 경영의 안정을 이루지 못하고 있었다. 한국중공업은 1980년 11월 정부의 공기업화 방침에 따라 주주 3사(산업은행·한국전력·외환은행)의 출자로 당시 민간기업이었던 현대양행이 한국중공업으로 상호를 변경해 새롭게 태어난 회사였다. 그 이후 일감부족과 지속되는 노사분규로 1988년 9월 관계장관회의에서 민영화 방침을 결정하고 주식매각을 위한 입찰공고까지 했으나 두차례 유찰로 민영화 추진을 포기하고 1990년 1월 23일 공기업체제를 유지하기로 결정했다.

1993년 2월 문민정부가 들어선 후 또다시 민영화를 추진하여 4년만에 1997년 10월 공기업경영 구조개선 및 민영화에 관한 법률을 제정하여 1997년 12월 1일자로 공모에 의한 사장을 새로이 선임하고 2003년 1월 1일 이후 일인지분 7% 한도로 주식매각에 의한 국민기업으로 민영화하기로 결정하였다.

그러나 1998년 2월 국민의 정부가 들어선 이후 또다시 민영화 문제가 제기되어 외국인에게로의 주식매각 또는 재벌에게로의 매각 등 결정되지 않은 보도가 연일 지상에 오르내리고 있었다.

마치 사람이 지나갈 때마다 한번씩 작대기로 개미집을 꾹꾹 찔러

보듯이 정권이 바뀔 때마다 민영화문제를 제기하여 종업원의 사기는 저하될 대로 저하된 상태였다. 또한 수주는 차질을 빚고 추진하던 경영혁신활동은 진척이 되지 않아 경영의 안정을 찾지 못하고 있었다.

그리고 툭하면 최고 경영자를 바꾸어 경영의 일관성이 유지되지 않았고 새로운 최고 경영자가 올 때마다 조직개편과 인사태풍이 불어 평안한 날이 없었다.

나는 이러한 참담한 현실 앞에서 회의와 좌절에 빠져 들었고 방황하게 되었다. 이상과 같은 문제점을 가지고 과연 경영혁신을 이루어 낼 수 있을 것인가? 한중 555호가 과연 예정대로 목적항구에 무사히 도달할 수 있을 것인가? 모든 일을 포기하고 골프나 배우고 회사 돈이나 쓰면서 놀다가 그만두는 것이 나은 것은 아닐까? 무엇 할려고 마음과 육체의 고생을 사서 하는가? 하는 의문이 들었다.

나는 이럴 때마다 외국출장을 가서 수주경쟁에서 내 스스로의 의지를 되살리고자 했다. 자리가 중요한 것은 아니고 일이 중요하다고 내 자신을 채찍질하며 또 수주활동을 전개하면서 절대로 패배해서는 안된다며 경영혁신의 의욕을 새롭게 하곤 했다.

불씨를 지피고

그해 5월 말에 이르러서는 신바람경영 중장기계획의 윤곽이 드러나고 경영혁신 10개 팀의 추진방안이 대충 마무리되어 가고 있었다. 또한 크고 작은 혁신활동이 실천되기 시작했다.

5월 1일부터 회사 정문에 "신바람 한중! 세계로, 미래로"를 크게 써 붙이고 곳곳에 5·5·5운동 "세계 5위, 매출 5배, 원가절감 50%"의 현수막을 내걸었다.

정보의 공유화를 위한 주간 〈신바람 뉴스〉지가 5월 1일 창간되고 첫 분기별 노사간담회(노조집행부, 대의원 등 100여 명 참가)가 4월 18일 개최되어 1/4분기 경영실적을 내가 직접 보고하고 경영전반에 걸친 현안에 대한 질의응답이 4시간이나 계속되었다.

임중역회의를 경영간담회로 명칭을 바꾸고 노조위원장도 참석하도록 했다. 또 6월 1일자로 인터넷에 한중 홈페이지를 개설했다. 5월 31일에는 첫 예비중역회의가 개최되었다.

또한 사원이 상을 당했을 때 회사가 돕기 위해 전용 차량으로 31인승 버스 1대, 3인승 밴 화물차량 2대를 포함한 상조물품 1억 800만 원어치가 입고되어 5월 1일부터 상조팀이 활동을 개시하였다.

임직원 부인들의 식당일손돕기 운동은 5월 2일부터 374명이 참가하면서 본격적으로 시작되었고 본부별로 자발적으로 35세대의 소녀소년가장과 자매결연이 성사되었으며 큰사랑회가 주변의 양로원, 고아원, 장애자집 등을 찾아 노력봉사활동을 시작했다.

이제 작은 불씨가 떨어져 퍼져 나가고 있음을 감지하였다. 기직장협의회와 반장들의 모임인 성심회와 한중 여성회가 6월 3일부터 자발적으로 기초질서지키기 운동을 전개했다. 지정된 복장 갖추기·인사 먼저하기·담배꽁초 줍기·시간 지키기·정리정돈·주차질서 지키기 등의 캠페인을 전개하고 나섰다. 공장별로는 스스로 종이컵 안 쓰기·5초 내 공구 및 소모자재 찾기·불용품 찾아내기 위한 보물 찾기 운동 같은 것들이 하나 둘 일어나기 시작했다. 이러한 현상을 보고 〈신바람뉴스〉 기지는 1996년 6월 21일지 기사에서 다음과 같은 글을 썼다.

점화된 불씨, 요원의 불길처럼 키워가야!

어느 한 모퉁이에서 조그마한 불씨가 점화되어 전체를 불사를 계기를 만들 수 있다. 마찬가지로 기직장협의회, 현장감독자협의회,

성심회 등이 자발적으로 나서서 "기초질서지키기 캠페인"을 전개하기 시작한 것은 조그만 불씨에 비유될 수 있는 것으로, 이 불씨는 점진적으로 번져 요원의 불길처럼 일어 한중 전 가족에 신바람의 기폭제 구실을 할 것으로 기대되고 있다.

속담에 "큰 제방둑도 실낱 같은 개미구멍이 무너뜨린다"고 했다. 비가 오려면 전날밤에 달무리가 진다고도 했다. 다시 말해 모든 일은 반드시 예진이 있게 마련이고 그 예진을 일찍 만드는 사람들이 새바람의 향도가 되는 것이다.…

이제 우리 회사는 보다 긍정적이고 적극적인 사고와 행동을 할 줄 아는 간부들이 솔선해서 신바람의 기수로 자임하고 나섰다. 이들이 시작한 오늘의 점화는 비록 작고 빈약할지 몰라도 부문부문, 각계각층, 요소요소에 속속 파급되어 한중가족 모두가 이 신바람경영 대열에 참여하는 촉매구실을 할 것으로 믿어 의심치 않는다.

자, 이제 불씨는 당겨졌다. 이 조그만 불씨를 꺼뜨리지 않도록 우리 모두가 가꾸고 확산시켜 가는 일만이 남아 있는 것이다.

나부터, 우리 부서부터, 우리 본부부터…

신바람경영 선포식

우리는 드디어 지난 3개월 간 전문팀별 100여 차례의 회합과 토론을 거쳐 신바람경영 5개년 계획을 확정하고 6월 25일부터 7월 5일까지 노동조합 집행부와 대의원을 포함한 전 임직원을 대상으로 설명회와 토론회를 통해 전사적인 의견조정과 공감대를 형성해 나갔다.

그리하여 1996년 7월 12일 부임한 지 100일째 되는 날에 7,500여 사원과 200여 명의 협력업체 사장이 대운동장에 집합하여 오후 3시부터 신바람 비전 선포식을 가지게 되었다.

이것은 마치 한중 555호가 선원을 태우고 목적항구로 가는 항로를 확정한 뒤 출발항구에서 출항식을 가지는 것과 같았다. 또한 세계 경제마라톤의 출발선상에서 수백 명의 각국 대표들과 나란히 출발신호를 들고 스타트하는 것과 같았다. 선포식 행사는 3부로 나누어 2시간 동안 진행되었다.

제1부는 "하나가 되기 위한 용틀임"으로 새로이 제정한 한중 신바람 노래 등으로 행사분위기를 북돋았다. 제2부는 "하나로 가기 위한 결의"로 경영기획본부장의 경과보고, 사장의 신바람경영비전 선포와 더불어 지원본부장의 한중인 상 시상계획, 복지회관 건립계획 발표, 협력업체 사장의 555동참 결의와 한중인 행동강령 20 발표, 그리고 5년 후 각자의 비전카드를 담은 스팀 제네레이터 모양의 타임캡슐을 땅에 묻는 행사로 막을 내렸다. 제3부는 "하나로의 다짐"으로 가수 조영남의 "선구자" 등 열창과 클론의 "꿍따리 샤바라" 그리고 무용단의 흥겨운 율동 등으로 7,500여 사원 모두가 하나가 되는 열기와 신명 속에서 신바람이 불기 시작했다.

창사 이래 처음으로 이런 다채로운 행사를 준비한 것은 모든 사원의 변화를 기대하며 7,500명 사원의 마음의 장벽을 열고 하나로 만들어 보자는 것이었으며 새로운 한중 555호의 출발선상에서 새로운 각오와 결의를 다지기 위해서였다.

포상금 500만 원, 1계급 특진의 파격적인 '자랑스런 한중인 상'을 매년 10명 이내로 시상하기로 한 것은 전 사원의 참여를 위한 동기를 부여하기 위한 것이었다.

분야별로는 원가절감·물자절약·고객만족·이익창출·수주확대·설계 및 기술개발·품질개선·모범적 생산활동·사회봉사 등 10개 분야로, 매년 말에 기직장협의회의 추천을 받아 555부장회의에서 심사한 뒤, 중앙공적심사위원회에서 확정하기로 했다.

한중인의 행동강령은 그동안 예비중역회의 및 555부장회의의 검토와 경영간담회 및 노조확대 간부회의 토론을 거쳐 이사회에서 확정되었고, 현수막 및 〈신바람 뉴스〉 홍보 등으로 이의 실천을 독려하였다. 또 새로 제정한 신바람 노래는 매일 아침방송을 통하여 한중 사가(社歌)와 더불어 되풀이 방송했다.

여기에 "달려라 광야로, 광개토왕 후손이다", "저어라 바다 멀리, 장보고의 자손이다"라는 가사는 내가 평소 가지고 있던 세계화의 꿈을 이룩하기 위해 직접 삽입한 구절이다.

주조공장에서 자체 제작한 원자력 발전소의 스팀 제네레이터 모양의 타임캡슐에는 각자가 2001년의 꿈으로 나의 목표, 가정의 목표, 회사의 목표를 써 넣기로 하고 희망 저축액, 아파트 평수와 더불어 회사의 매출액 등을 기재하여 묻어 두었다가 2002년 9월 20일 40주년 창사기념일에 개봉하여 맞추는 사원에게 2000cc급 승용차 한 대를 시상하기로 했다. 이날 신바람 선포식에서 나는 다음과 같이 공표했다.

〈배 경〉

80년대 극심한 물량부족과 만성적인 적자상태에서 벗어나 지난 5년 간 연속 흑자를 기록하여 외형적 경영정상화를 이룩한 우리 한중은 이제 또다시 개방화, 세계화의 물결을 맞이하여 국내외 시장에서 국내 재벌기업들뿐만 아니라 세계 유수의 다국적 중공업체들과 필연적으로 치열한 무한경쟁을 전개해야 되는 경영환경을 맞이하고 있습니다.

나아가 세계는 지금 국경없는 하나의 지구촌으로 변하여 경제제일주의(Balance of Interest)가 팽배하고 제2의 기술혁명과 새로운 정보화사회가 진전되어 우리가 처한 기업환경은 과거와 전혀 다르게 급속히 변화하고 있습니다.

여기에 우리 7,500여 한중인은 그간의 축적된 투자여력과 기술역량을 바탕으로 무한경쟁시대에 살아남기 위한 생존전략으로, 또 변화의 시대에 제2의 도약을 이룩하기 위한 경영전략으로 "21세기 신바람 경영비전"을 선포하는 바입니다.

〈경영목표〉

우리 한중은 앞으로 5년 간 매출액 5배 신장, 원가 50%를 절감하여 세계 제5위의 중공업체로 발돋움할 것을 목표로 합니다.

첫째, 95년도 매출실적 2조 2,000억 원에서 연평균 29%씩 성장하여 2001년 10조 1,600억 원을 달성한다.

둘째, 경쟁력 혁신활동을 전개하여 매년 10%씩 원가절감으로 목표연도인 2001년까지 50%의 원가절감을 목표로 하고 100PPM의 품질혁신을 이룩한다.

셋째, 끊임없는 기술혁신과 세계화 전략으로 21세기에 최고 수준의 엔지니어링 능력을 보유한 세계 5대 중공업체로 발돋움한다.

〈경영전략〉

이러한 경영목표를 달성하기 위하여

첫째, 향후 5년 간 총 2조 1,000억 원을 투자하여 "노후시설개체", "공장자동화", "전용라인화", "물류개선", "기술개발" 등을 통해 획기적인 품목별 경쟁력을 확보할 것입니다.

둘째, 특히 기술개발비로 현재 매출액 대비 2% 수준을 향후 5년 간 연평균 3% 수준으로 제고, 총 7,000억 원을 투자하여 기술자립과 설계능력을 확충하겠습니다.

셋째, 향후 5년 간 전력, 시멘트, 담수, 엔진 등의 분야에 약 4억 달러의 해외투자로 생산과 영업활동을 세계화하고 소재, LNG사업, 에너지 설비사업 등 관련 다각화에 6,300억 원을 투자하여 사업의 고부가가치화를 통한 세계적 중공업체로 성장할 것입니다.

넷째, 보유인력의 다기능화와 생산성 향상, 독자기술 확보 및 설계기술 완전자립을 위해 전문인력 양성, 해외기술 연수 확대 및 국내외 고급인력을 신규로 확충하고 통합정보시스템을 구축하여 업무 프로세스를 완전시스템화할 것입니다.

다섯째, 전 사원의 복지후생 확대, 보상체계의 합리화, 개인과 직장생활의 공존, 미래에 대한 기대보장 등으로 모두가 신바람나는 직장 분위기를 조성하고 경영성과의 공정한 분배, 삶의 질 향상 등을 통해 현재 대결구도의 노사관계를 대화와 협력구도로 승화, "근경불이"의 공동체관계를 정립할 것입니다.

〈미래상〉

이상과 같은 경영목표와 경영전략으로 우리 한중은 꿈과 희망의 21세기에 국내외 1만 8,000명을 거느리고 연간 10조 원의 매출액과 100억 달러의 해외수주를 실현하는 세계 초일류기업으로 성장, 세계적 다국적 기업으로 발전할 것입니다.

현재의 국내영업 대 해외영업 비중 85 : 15가 2001년에는 40 : 60으로 바뀔 것이며 발전사업 대 비발전분야 비중이 53 : 47에서 30 : 70으로 변화될 것입니다.

또한 해외 생산공장 10곳, 해외영업본부 6곳과 23개 지점으로 고객지향의 현지화된 밀착영업을 전개할 것입니다.

현재의 고급인력 1,100명이 3,600명으로 늘어나며 연간 150∼200명이 해외기술 연수를 받을 것이고 국내 인력의 1/8인 약 1,000여 명이 해외에 근무하게 될 것입니다. 또한 21세기에는 종업원 모두의 자질이 일류화된 새로운 근경불이 문화가 정착되어 국내 최고의 대우와 복지, 전 사원 유주택시대가 도래할 것입니다.

대망의 21세기를 여는 2001년에 한중은 세계시장에서 막강한 재력과 경쟁력 있는 회사로 인정받고 한중인은 일류회사, 일류사원으로 대접받으며 우리의 기술과 설비를 수출함으로써 국력신장과 국가발전에 기여하게 됩니다. 이러한 경영목표를 달성하기 위해서는 우리의 피와 땀을 요구하고 있습니다. 인내와 단결을 요구하고 있습니다.

우리 모두 하나가 되어 세계로 뜁시다.

한중의 새로운 성장전략을 대내외 선포하고 우리들의 의지를 다짐하는 뜻에서 "한중 5·5·5" 제창을 제의합니다. 다 함께 "한중 5·5·5!" "한중 5·5·5!"

이날 김창근 노동조합위원장도 축사를 통해 신바람경영을 일단 긍정적으로 평가하면서 노동조합의 의견을 반영해 주고 임금과 복지수준도 세계 5위가 되어야 한다고 다음과 같이 동참했다.

조합원 동지 여러분 그리고 사원 및 임중역 여러분!

지난 3월 말 제 11대 박운서 사장께서 취임하신 후 새로운 경영방침을 표방하고 있습니다. 바로 열린경영, 민주경영, 정도경영이라는 슬로건 아래 변화하고자 하는 신임사장의 지대한 노력에 대해 조합원을 대표하여 경의를 표하는 바입니다. 돌이켜 보면 차마 기억하기조차 싫은 지탄과 오명의 시절이 있었지만 지난 수 년 간 각고의 노력으로 오늘의 한중으로 성장, 발전시킬 수 있었습니다. 이러한 발전은 현장에서 묵묵히 땀 흘리며 일해온 노동자가 있었기 때문에 발전을 거듭했다고 볼 수 있습니다. 신바람경영이 제대로 되려면 선포나 선언만으로 신바람이 절로 나지는 않을 것이며, 구성원 모두의 마음에서 우러러 나와야만 진정한 신바람이 날 것입니다.

생산의 주체인 노동조합의 참여가 필수적이며 공개경영과 민주경영을 바탕으로 하여 노동조합의 의견을 적극 반영할 때만이 신바람의 성과가 나타날 것입니다.

　노동조합도 회사가 잘 되기를 바라고 또한 신바람 나는 작업장을 바라고 있습니다. 조합원을 비롯한 전 종업원의 복지와 생활임금이 보장되어야 합니다.

　회사가 표방하는 5·5·5가 바로 한중 복지환경 조건과 시설이 세계 5위, 생활에 쪼들리지 않고 당당히 생계를 꾸려갈 수 있도록 임금수준도 세계 5위 수준의 목표도 뚜렷하게 설정되어야 합니다.

　오늘 신바람 선포식은 분명 한중의 새로운 역사가 시작됨을 의미한다고 생각합니다. 새로운 변화와 발전을 도모할 수 있는 뜻깊은 자리임과 동시에 세계 초일류기업을 만들어 보겠다는 7,500 한중인의 의지를 대내외에 알리는 자리입니다. 우리 노동조합도 강하고 튼튼한 한중을 만들어 나가는데 동참할 것입니다.

　끝으로 회사가 의지를 갖고 대대적으로 추진하는 신바람경영이 진정한 신바람을 불러일으켜 줄 수 있는 좋은 바람으로 승화되길 간절히 바라며, 전체 한중의 끊임없는 발전을 이 자리를 빌어 기원합니다.

　감사합니다.

　신바람경영 선포식 후에 한중인의 행동강령과 신바람 노래를 지속적으로 홍보해 나가면서 〈신바람경영 2001 비전 555〉라는 팸플릿을 제작, 전 사원에게 배포하였다. 더불어 〈신바람 경영계획이란 무엇인가?〉라는 제목의 만화로 그려진 소책자도 배포했다. 나 스스로도 한중 555호의 선장이며 신바람경영의 전도사 역할을 다해 나갈 것을 굳게 다짐했다. 수시로 사원들을 대상으로 특강을 실시하여 사장의 생각과 사원들의 생각을 일치시키기 위한 노력을 기울여야겠다고 생각했다.

신바람경영 선포식 이후 1년이 지난 1997년 6월에 광범위한 여론 조사를 실시해 보았다.

1. "신바람경영"의 개념과 필요성을 어느 정도 알게 되었습니까?
① 전혀 모르겠다(0.0%)
② 조금 알게 되었다(0.0%)
③ 보통이다(1.5%)
④ 잘 알게 되었다(17.6%)
⑤ 아주 잘 알게 되었다(80.9%)

2. 신바람 경영 555 목표 달성 가능성을 얼마로 보십니까?
① 전혀 불가능할 것 같다(0.9%)
② 50% 정도 달성할 것 같다(70.4%)
③ 100% 가능할 것 같다(28.7%)

3. 귀하의 신바람 경영의 참여도는 어느 정도라고 생각하십니까?
① 참여하지 않는다(0.0%)
② 거의 참여하지 않는다(1.8%)
③ 보통이다(11.1%)
④ 다수 참여하고 있다(34.3%)
⑤ 적극 참여하고 있다(52.8%)

4. 신바람경영계획을 모르고 있습니까?
① 사원(19.8%)　　　　② 대리(21.7%)
③ 직반장(14.6%)　　　　④ 과부장(4.7%)

5. 신바람경영계획이 잘 실천되고 있습니까?

① 사원(41.1%)　　　　② 대리(36.1%)

③ 직반장(60.3%)　　　④ 과부장(62.0%)

6. 신바람경영의 저해요인은 무엇이라고 봅니까?

① 참여의식 부족(16.8%)　　② 본부/부서간 장벽(23.6%)

③ 노동조합의 무관심(13.5%)④ 최고경영자의 잦은 교체(14.2%)

7. 어느 계층의 역할이 가장 중요하다고 생각합니까?

① 사장(7.4%)　　　　② 본부장(8.4%)

③ 부서장(29.4%)　　④ 과장(22.8%)

⑤ 사원(27.6%)

8. 신바람경영계획 추진에서 중요한 덕목은?

① 책임질 줄 아는 부서장(31.8%)

② 부하직원의 의견존중(29.8%)

③ 사원들의 적극적인 참여(56.4%)

④ 노조의 의식변화(65.0%)

　　이 여론조사에서 대리 이하 사원들에게는 신바람경영계획이 아직 덜 확산되었고, 저해요인으로는 본부간·부서간 장벽과 참여의식 부족이라는 것을 잘 알 수 있었다. 부서장·과장급의 역할이 가장 중요하다고 지적한 것은 중간 허리계층의 역할과 분발이 필요하다고 생각하고 있음을 보여주었다. 또한 노동조합의 의식변화를 신바람경영계획의 실천을 위해서 모두가 바라고 있었다. 앞으로 이 여론조사 결과를 토대로 미흡한 것을 보완해 나가기로 생각하였다.

나는 이 여론조사 결과를 보고 1년 전과 비교할 때 전반적으로나마 "이제는 됐다"고 안도의 한숨을 쉬었다. 한중 555호는 순풍에 돛을 달았고 이제는 암초에 걸리더라도 우리 스스로 헤쳐 나갈 수가 있다는 자신감을 얻었다. 1년 간의 노력이 허사가 아니었구나 하고 무척 위안을 받았다. 우리가 지피고 퍼뜨린 불씨는 반드시 요원의 불길처럼 활활 타오를 것이었다.

한중 신바람 노래

합포만 푸른 바다 오대양 이어지고
백두대간 멈춰 솟아 무학산 높고 높아
보람의 땅 귀곡벌에 꿈을 심는 한중인
신바람으로 이루자 강한 한중 세계 한중
나아가자 세계로 신바람 신바람으로
나아가자 미래로 한중 비전 555

달려라 광야로 광개토왕 후손이다
저어라 바다 멀리 장보고의 자손이다
거친 파도 높은 산 그 무엇이 두려우랴
한마음으로 뭉쳤다 근경불이 가사불이
나아가자 세계로 신바람 신바람으로
나아가자 미래로 한중 비전 555

2

경영혁신활동의 불씨는 퍼져 나가고

《불씨》란 소설을 읽어라

취임 3개월이 지난 1996년 6월 말까지 10개 팀의 경영혁신활동에 대한 세부실천계획을 확정하고 7월 1일부터 본격적으로 실천에 들어 갔다. 아무리 좋은 계획이라도 실천이 없으면 휴지조각에 불과하다. 나는 무엇부터 어떻게 실천해야 하는지에 대하여 몹시 고민했다. 어디서부터 불씨를 붙여 나갈까에 대하여 몹시 골몰했다. 수영할 때 준비운동을 하고 몸에 찬물을 끼얹었듯이 워밍업이 필요했다.

나는 부임한 직후 부장급 이상에게 일본작가 도몬 후유지(童門冬二)가 쓴 《불씨》를 4월 말까지 읽으라고 지시하고 구내서점에 《불씨》를 갖춰놓으라고 일렀다. 과장급 이하에게는 각자가 사 보든가 부장들이 다 보면 빌려서 읽어보라고 지시했다.

이 소설은 지금으로부터 230년 전 봉건사회였던 일본 에도(江戶)시대에 성공적으로 개혁을 추진했던 지금의 센다이 옆에 위치했던 요네자와번(藩)의 번주(藩主)인 우에스기 하루노리(上杉治山)의 성공적인 개혁을 그린 것이다.

당시 요네자와번은 심각한 궁핍과 부채로 번의 재정이 파탄지경에 빠져 있는 상태였고, 백성들은 만성적인 무기력함과 패배의식에 휩싸여 있었다. 이때 열일곱살의 젊은 청년이 양자의 신분으로 번주가 되면서 이야기가 시작된다.

우에스기는 관습과 절차, 형식에 사로잡혀 위기를 극복하지 못하고 서서히 멸망해 가는 와중에서도 자신의 지위만을 지키려는 보신주의적인 중신들과 그러한 중신들을 원망하면서 체념에 빠진 백성들을 구하기 위해 '불씨' 즉 현상을 타파하고 희망을 심어주는 개혁의 불을 붙이기 시작한다. 그리하여 사람들의 마음 하나하나에 '불씨'가 옮겨지게 되고 온갖 난관을 극복하면서 마침내는 번 전체를 개혁의 용광로로 만들어 간다는 이야기이다.

여기에서 우리는 참다운 개혁이란 순수하면서도 철저한 개혁이념과 굽히지 않는 강인한 추진의지로 위에서부터(Top-down) 시작되었지만, 이와 더불어 일선에서(Bottom-up) 개혁이념을 실체화시켰던 개혁주체들의 고귀한 화답이 있었기 때문에 구성원들의 물적 욕구가 충족되고 마침내는 번 전체가 평화와 번영을 누릴 수가 있었다는 사실을 깨달을 수 있는 것이다.

위로부터의 혁명만으로는 자칫 독선과 오만으로 얼룩져 오래가지 못한다. 또한 밑으로부터의 혁명만으로도 저항과 무질서, 비극과 참사로 성공할 수 없다는 극명한 사실을 과거 역사가 증명해 주고 있는 것이다.

이 《불씨》란 소설을 그후 구내서점에 알아 보았더니 불티나게 팔린다고 했다. 이들은 내가 무엇 때문에 이 책을 읽으라고 했고 개혁이 무엇인지 어떻게 하는 것인지를 대략은 짐작했으리라 생각했다.

또 '홀로서기, 세계화, 열린경영'의 경영지침과 '한중 555'와 '신바람경영'을 수십 차례 열정을 가지고 전 사원을 대상으로 강의를 했으니 우리의 목표는 무엇이고 무엇을 어떻게 해야 하는지를 대략은 깨달았으리라 믿었다.

손쉬운 것부터 실천

먼저 손쉬운 것부터 하나 둘씩 실천해 나가기로 했다. 그리고 산발적으로 한두 가지 실천에 들어갔다. 예를 들면 4월 초라 아침저녁으로 쌀쌀했지만, 본관건물의 더운 물 공급을 4월 5일자로 중단시켰다. 그리고 창문의 커텐을 걷어내고 창가의 전등을 빼내는 등, 에너지절약을 강조했다. 이면지 사용을 의무화하고 이면지를 사용한 보고가 아니면 보고를 받지 않겠다고 공언했다. 이와 같이 경영혁신활동을 실천하기 위해 사전 워밍업을 의도적으로 지난 3개월동안 실행에 옮겼다.

이와 동시에 나 또한 솔선수범을 보였다. 아침 7시 15분 전에 출근, 밤 11시에 퇴근하는 711(Seven eleven)운동을 하루도 빠짐없이 실천했고 사장실 내의 형광등 3/4을 껐고 소파 대신에 긴 회의탁자를 창고에서 중고품을 찾아내어 페인트칠을 하여 사용하였다. 밤 11시경에는 본관과 기술연구원 등을 돌아다니며 훤히 켜 있는 전등을 직접 끄면서 순찰하였고 임원 이상에게 여비서 1명씩 배치하던 것을 임원 2명에 1명의 여비서로 축소시켰다. 또 임원들이 사용하는 양곡아파트의 임차료를 배로 올렸고 관리비를 본인들이 내도록 했다. 이는 위에서부터 솔선수범을 보이기 위해서였다.

지금부터는 현재의 인력과 설비만으로 추가 투자없이도 생각을 바꾸고 마음만 고쳐 행동으로 옮기면 바로 효과를 가져올 수 있는 분야부터 직접 챙겨가기로 했다.

동시에 매년 7월과 1월 연2회 10개 팀장과 팀원 전원 참석하에 팀별 보고를 받고 또한 각 본부장별로 본부의 경영혁신활동을 종합하여 보고받겠다고 지시하였다. 이를 통해 전담팀 활동과 본부별 활동을 크로스체크해 나가며 추진상의 문제점을 해결하는데 역점을 두었다. 또 예비중역회의와 555부장회의를 매월 개최하여 이들이 혁신활동의 불씨 역할을 할 수 있도록 독려해 나갔다. 공장의 한마음생산회의에도 나를 포함한 임원 전원이 매주 월요일 한 반에 한 명씩 참석하여 그들의 참여를 고취시켜 나갔다.

낭비와의 전쟁

먼저 신바람경영기획단의 원가절감팀과 그 산하에 분과팀으로 구매예산절감팀, 재고자재감소팀, Cut 20 운동팀(물자절약팀, 경비절감팀, 에너지절약팀, 공구 및 소모자재관리팀, 수출입경비절감팀, 쓰레기줄이기팀), 원가관리팀을 두고 물자절약과 경비절감에 역점을 두고 활동해 나갔다.

당시 예산상 1,185억 원을 Cut 20의 대상으로 분류하고 예산의 10%를 하반기에 배정하기 위해 유보하고 있었는데 유보된 10%인 110억 원을 하반기에도 배정하지 않겠다고 공표하고 이미 배정된 예산의 10%절감운동에 들어갔다. 더불어 〈신바람뉴스〉와 HBS사내방송을 통해 낭비사례와 낭비를 제거한 우수사례를 계속 홍보해 나갔다. 그리고 나는 기회가 허용될 때마다 두더지가 먹이를 찾아 구석구석 헤매다니듯이 낭비사례를 찾아내고 비효율적인 사례를 파헤쳐 내라고 강조하였다.

에너지절감추진팀은 1996년 9월부터 에너지절감실천사항의 캠페인에 들어갔다. 또한 원가절감팀원들은 어깨띠를 두르고 출퇴근길과 각 식당에서 유인물을 나누어주면서 낭비추방캠페인을 벌였다. 더불어 1997년 5월부터 "작은 것에서부터 우리가 먼저"라는 25개 항목의 원가절감캠페인을 전사적으로 전개해 나갔다. 그 25가지는 이면지 사용(이면지사용함 책임자 선정), 1부서 1신문보기(신문 돌려보기), 식당휴지 1장씩 사용하기, 창가측 조명 소등과 점심시간 소등(책임자 선정), 수도와 샤워꼭지 잠금장치 확인하기, 설비 공회전, 무부하 운전금지, 사무용품 하나 갖기, 사용않는 PC전원 끄기, 철저한 쓰레기 분리수거, 출장시 100% 회사숙소 이용(창원, 서울), 과다한 접대비 사용 지양, 회식 2차 안하기, 국내외 현장 불필요한 동행출장 금지, 회의시간 지키기(회의는 1시간 이내 완료), 면장갑은 깨끗이 재사용, 1회용 컵 사용 안하기, 인쇄물은 필요한 부수만 인쇄, 전화는 용건만 간단히(사적인 사용 억제), 고급유흥음식점보다 대중음식점 이용, 정리정돈 철저로 소모성 공구 및 자재 낭비 억제, 해외통화시 용건의 사전메모 습관, 야유회 성격의 워크숍 지양, 중식시간 지키기, 소모잡자재의 필요량보다 과다한 청구 금지, 여유있는 회사근무복 반납 등이었다.

나는 직접 돌아다니며 쓰레기통과 탈의장을 뒤지면서 한번 쓰고 버린 장갑, 쓸 만한 용접봉과 공구 등을 찾아내어 전시를 하고, 라면, 커피포트, 일회용 컵 등을 주위 공장이나 탈의장 바닥에 늘어놓았다.

감사실 직원 12명을 동원해 정리정돈 안된 곳, 쓰레기 분리수거 안된 곳, 공구함 정리 안된 곳, 탈의장, 기계주변, 회의실, 책상 위 등을 살피고 낭비사례를 사진으로 찍으라고 지시하였다. 그리고 이를 크게 확대하여 "이래서 되겠습니까?"라는 이름으로 공개 전시하여 누구나 볼 수 있게 하였다.

연말에 각 팀의 발표대회를 개최하고 푸짐한 시상으로 사기를 진작시켰더니 활동을 시작한지 6개월이 지나고나서부터는 불씨가 번져나가기 시작했다.

공장마다 1회용품 안 쓰기, 면장갑 빨아쓰기, 5초 내 물건 찾기, 각종 소모품에 가격 써 붙이기, 예를 들어 휴지 1m에 3원, 복사지 1장에 7원 등을 써 붙이기, 화장실 물 사용량을 줄이기 위해 벽돌 집어넣기, 종이타월 없애기, 식당의 잔반 줄이기 등 기발한 아이디어가 쏟아져 나와 실천에 옮겨졌다.

어떤 부서는 '왕구두쇠 작전'이라는 이름을 짓고, 소모품 공구의 재활용을 실천하는가 하면 어떤 공장에서는 바닥에 떨어졌거나 기계 안쪽에 버려진 소모품이나 작은 부품을 찾아내는 '보물찾기운동'을 펼쳐나갔다.

사무실에서는 "사무용품 한개 갖기", "전화는 3분 내로" 등의 구호를 써 붙이기 시작했고 어떤 공장에서는 매달 그 부서의 '자린고비상'을 선정하여 도서상품권을 상품으로 주었다. 또한 자재나 부품구매시 포장박스를 경량화, 규격화, 표준화하기 위해 납품업체를 찾아가 개선하도록 하고 공장청소에 필요한 종이걸레를 반쪽으로 줄여 납품하게 하였다. 고철이나 쇠조각 수집을 일원화하여 마치 청소차가 집집마다 돌 듯이 정기적으로 수집하러 나섰고 주조공장에 조형하고 난 뒤 폐모래를 쌍용시멘트를 통해 시멘트원료로 재사용하였다.

또 용접시 쓰는 플럭스(Flux)를 모아 플럭스제조업자에게 보내어 다시 걸러내고 재활용했다. 또 '2차 안가기 운동'을 전개해 돈 적게 드는 회식문화를 정착시키는가 하면 매주 수요일을 '가정의 날'로 정하고 일찍 퇴근했다. 그해 가을부터는 각 부서별, 공장별로 물자절약과 경비절감에 서로 앞장서겠다고 경쟁하면서 불씨는 불길이 되어 퍼져나갔다.

예를 들면 1996년에 A4용지 12만 3,000권을 구매하는 것으로 계획했으나 이면지 활용운동으로 실구매량은 9만 4,000권으로 24%가 감소되어 4,700만 원을 절약했다. 1997년에는 구매계획량 13만 2,000권중 실구매량이 8만 5,000권으로 36%가 감소 5,500만 원을 절감하였다.

보물찾기운동

이런 중에 '보물찾기운동'이 1997년 4월부터 전사적으로 확산되었다. 사용하지 않는 소모품, 공구나 기계, 장비 또는 사무용 가구, 전기용품 등에 붉은 표찰을 붙여서 3개월 이상 필요없는 것으로 판단되는 것을 모아 1997년 11월부터 1998년 1월까지 2개월 간 '신바람 장터'를 개설했다. 쓸모없이 버려졌던 물건들이 축구장 2개에 해당되는 운동장에 가득 모아졌다.

내가 보아도 놀랐고 한심하기 짝이 없었다. 임원은 물론이고 부서장은 반드시 방문하도록 하고 사원들도 구경하라고 지시했다. 그 추운 날씨에도 모두가 둘러보고는 "우리가 저렇게 낭비했는가! 쓸만한 물건들이 많이 있는데?"라고 탄성을 질렀다. 먼저 공장별로 교환시키기 위해 각 공장장 책임하에 필요한 것을 찾아가라고 하였다. 약 1/3이 주인을 찾아 재사용되었다. 그 다음은 연초 경영전략회의에 참석한 한중 자회사 사장들에게 가져가고 싶은 물건을 마음대로 가져가라고 일렀다. 베트남의 한비코(Hanvico)나 인도네시아의 람풍(Lampung) 사장은 뜯어보지도 않고 박스째 나온 용접봉 등 소모품과 용접기 등을 한 트럭씩 실어갔다. 다음은 한중 협력업체 사장들에게 공개입찰했다. 경쟁이 없을 때는 아주 헐값으로 사갔고 경쟁이 있을 때는 입찰에 부쳤다. 여기에서 매각한 금액이 2억 원이 넘었다.

다음은 〈경남신문〉과 〈경남매일〉에 공고를 내어 일반업체에게 공개매각했다. 여기에서 1억 원가량의 물품이 팔렸다. 그래도 1/5정도가 남았다. 그리하여 정비기술팀으로 하여금 필요한 부품들을 수거하고 난 다음 최종적으로 남은 폐품은 고철장으로 또 쓰레기 소각장으로 보냈다.

그뒤 현장을 방문했다가 못 쓰는 길다란 트랜스포터를 예비군훈련장으로 옮겨가 멋진 무대로 꾸며 놓은 것을 발견했다. 그뿐 아니라, 못 쓰는 지게차의 체인을 활용, 사각형 박스모양의 용접작업장을 만들어 체인에 고정시키고 소형모터를 달아 용접할 때 상하 자유롭게 이동을 시킴으로써 사다리 타고 오르내리면서 용접하던 것을 편안히 상하 자동이동하면서 용접하고 있는 것을 보았을 때 너무나 기특하여 그 현장사원을 등에 업고는 주위를 한 바퀴 돌았더니 등에 업힌 기능사원은 부끄러워했고 주위에는 한바탕 웃음꽃이 피어났다.

신바람장터를 개설, 운영에 책임졌던 공장지원부장의 말에 따르면 "아직도 문책을 두려워한 나머지 약 40%정도는 그대로 남아 있다"고 하여 붉은 표찰에 의한 보물찾기운동을 1999년 3월까지 지속하기로 하였다. 1999년 4~5월 중 따뜻할 때 제2차 신바람장터를 개설하도록 준비하라고 지시하고 그때 이후에도 쓰지 않는 물건을 보관하고 있는 사원이 있으면 엄격히 다스리겠다고 하였다. 그때 신바람장터를 준비하느라 고생했던 공장지원부의 김도영 대리가 〈신바람뉴스〉에 기고한 소감문을 여기에 소개한다.

불요불급품 재활용의 한마당

회사는 공장 안팎에 방치되어 있던 각종 불요불급품을 재활용하고 낭비와 비효율을 없애기 위해 지난 11월 10일부터 두달동안 신바람 장터를 열었다.

장터 운영기간 동안 우리 회사와 협력업체 등에서 모두 1,300여 명이 장터에 들러 높은 관심을 보였다. 그 결과 모두 300건의 불요불급품이 공장간 전용으로 재활용되었는데 금액으로는 9,332만 3,000원에 달했다.…

신바람 장터 운영결과, 무형적 효과로는 전 사원의 물자절약의식 향상, 자원 재활용에 따른 중복투자 지양으로 원가절감, 작업공간 확보를 통한 쾌적한 작업환경 조성 등을 기대할 수 있으며, 유형적 효과로는 불요불급품의 보관 및 유지에 소요되는 비용이 1억 6,745만 원 절감되었으며, 중복 투자(구매)방지에 따른 원가절감액이 4억 9,045만 원인 것으로 분석되었다. 또한 공장 내외의 불요불급품을 처분함으로써 1,575평의 유효작업공간을 확보한 것으로 나타났다.

향후 제2차 "붉은표찰작전"을 실시하여 재발생되는 불요불급품을 정리하고, 1999년에 제2차 신바람장터를 개설할 계획이다. 이렇게 지속적인 신바람 장터 운영을 통해 "불요불급품은 곧바로 낭비"라는 전 사원의 절약의식을 일깨움으로써 물자절약 및 원가절감 등을 통한 경쟁력 있는 회사로 발돋움하는 기회로 삼고자 한다.

Cut 20을 실천

1996년에는 쉬운 것부터 다소 반강제적으로 실천했지만 1997년부터는 어려운 것으로 또 효과가 큰 것으로 확산되고 자발적 참여로 가속화되어 나갔다. 그리하여 1996년에 Cut 20으로 237억 원, 경쟁체제도입과 검사절차 간소화로 수출입경비 절감 65억 원, 쓰레기 줄이기에서 2,400만 원 등, 총 303억 원을 절감했다. 이 금액은 우리 회사의 1개월 평균인건비에 해당하는 금액이었다.

1997년에는 Cut 20에서 282억 원, 수출입경비 절감 53억 원, 쓰레기 줄이기 2억 1,800만 원, 합계 338억 원을 절감했다. 물자절약과 경상경비절감운동은 3~4년 정도로 충분하고 또 한계에 달할 것으로 판단했다. 이미 1997년 하반기에는 해외여행경비가 바닥이 나서 수주활동을 못하겠다고 아우성이었다.

그래도 나는 꾹 참다가 1998년 Cut 20에서 해외출장비는 예외로 제외시켜 주었다. 그리고 절감한 금액중 일부는 586컴퓨터를 1996년 1,200대, 1997년 800대를 구입하여 사원 1인 1대 체제를 갖추었다. 여기에 약 22억 원을 사용하였다. 또 한마음 생산회의 반장들에게 1인당 월 7만 원씩 반장재량으로 쓸 수 있도록 연 2억 4,000만 원을 지급하였다.

우리는 1998년을 물자절약 및 경비절감 가속화의 해로 정하고 IMF극복을 위한 고통분담을 호소하면서 85작전 즉 매출원가율을 85%이하로 내리는 강도 높은 물자절약과 경비절감운동을 실천해 나가기로 하였다.

1996년은 '도입기'로 의식확산 및 활동개시, 1997년은 '확산기'로 본격적으로 추진, 1998년은 '가속화기'로 강도 높은 추진, 1999년은 '마무리' 해로 미진한 분야를 발굴 · 추진하도록 하였다.

이제 실천이 어려운 것들만 남았다 예를 들면 지금까지 협력업체에게는 물품대 및 하도급 대금을 현금으로 결재했으나 1998년 7월 1일부터는 IMF고통분담 차원에서 1,000만 원 이하는 현금지급을 계속하되 그 이상은 40일 어음을 주기로 결정했고 포상제도를 통폐합하고 포상금액을 하향조정하기로 했다.

해외지사 및 투자사 파견직원을 20% 감축, 해외건설현장 가족송출 유보, 건설현장 숙소보조비 축소, 선물지급 전면폐지, 오너 드라이버수당 현금 10만 원 지급폐지와 유류지급 100ℓ를 80ℓ로 축소, 회사달력 제작부수 감축 등과 사무용품비 및 회의비, 식대 등 경비의 Cut 50 실시 등, 28개 항목을 확정하여 실행에 들어갔다.

그리고 임원연봉제, 과장급 이상 능력급제 등을 1998년 3월 1일부터 실시했다.

또한 1998년 3월 1일자로 대부대과제를 도입, 대대적 조직개편으로 본부장 3개, 이사 8개, 부서장 44개, 과단위 539개, 직·반장단위 75개를 축소·통폐합하여 보직자 1,280자리중 678개를 폐지, 53%를 축소해 버렸다. 그리고 임금동결, 장기근속자 포상제도 축소, 학자금 보조 축소 등 임금사항 4개 항목과 단협사항 12개 사항, 그리고 숙소 사용료 인상, 식대 현실화, 피복비지급기준 축소 등 노사협의사항 7개 항목을 '98 임단협의 회사안으로 확정하고 제시하였다.

나도 IMF고통분담을 솔선수범했다. 1997년 12월 1일자로 공채사장으로 다시 선임되고 난 직후 연봉 20%를 스스로 감축하고 보너스 900%중 400%를 반납하였다. 항공기 탑승도 1등급에서 2등급으로 하향조정하고 비서실 직원 1명을 축소, 독일지점으로 발령내는 등 모범을 보였다. 그리고 사장이 주재하는 회의는 문서가 아닌 컴퓨터를 활용, 종이없는(Paperless) 회의를 실천에 옮겼다. 복사할 필요도 없고, 보안도 유지되어 일석이조였다.

경쟁입찰제도 도입

두번째로 역점을 둔 분야는 구매예산절감과 자재재고 관리부문이었다. 1995년 회사의 자재구매실적이 1조 3,851억 원이었는데 구매형태별로는 경쟁입찰구매 7%, 비교견적 57%, 수의계약 36%로 경쟁입찰 구매금액이 너무 낮았다.

자재 및 부품구매중 외자구매가 70%, 내자구매가 30%로 약 4,000억 원을 국내에서 구매하고 건설하도급은 약 2,000억 원을 주고 있었으므로 한중의 국내 외부거래액은 약 6,000억 원 정도인 것으로 파악되었다.

사장으로 취임하고 난 뒤 예상은 했지만 여러 곳으로부터 자재 및 부품의 납품과 건설공사의 하도급청탁을 수없이 받아 난처했다. 들어주자니 회사가 손해나고, 안 들어주자니 무시하지 못할 안면 때문에 이러지도 저러지도 못하는 난감한 상황에 처했다.

그리하여 나는 어떻게 하면 투명성을 확보하고 구매절차를 간소화할 것인가에 대하여 고심하고 자재본부에 구체적인 안을 작성해 보라고 지시했다. 자재본부는 경영혁신활동을 추진하기 위한 워크숍을 4월 26~27일 부곡 일성콘도에서 열면서 그 추진안을 만들었다.

나는 구매예산 절감팀의 추진계획을 보고받은 후 첫째 투명성을 확보하기 위해 경쟁입찰제도를 정착시키고, 둘째 구매절차와 검사절차를 간소화하고, 셋째 JIT제를 도입하여 정착시키기로 방향을 정했다.

우선 구매의 투명성을 확보하기 위해 기존 거래업체를 포함하여 한중과 거래하고 싶은 자재 및 부품업체와 건설공사업체를 공개로 모집하기로 하였다. 먼저 1996년 10월에 신문지상에 공고하여 건설 분야 하도급을 희망하는 업체를 모집한 결과 약 1,000여 개 업체가 신청했다. 업체심사기준을 정하여 실사팀을 파견, 개별 실사를 거쳐 282개 업체를 정식으로 등록업체로 등록하고 일감이 나올 때마다 경쟁입찰 내지 최소한 비교견적으로 거래업체를 선정하였다.

또한 1997년 9~12월 3개월간 창원 본사와 거래하는 2,014개 업체를 대상으로 평가작업을 전사적으로 실시하여 평가후 728개를 탈락시키고 1,286개 업체를 등록업체로 등록시켰다. 그리고 사내외 한중 협력회 회원업체인 132개를 평가하여 70점 미만인 21개 업체는 탈락시키고 80점 이상 업체 16개를 새로 등록시켰다.

1997년 12월 5일 〈중앙일보〉, 〈한국경제신문〉을 통해 신규 8개 품목에 대해 공고로 모집하고 실사를 통해 응모 33개 업체중 9개 업체를 등록했다. 그 결과 한중의 총 등록업체는 창원 1,422개, 건설 282개, 합계 1,704업체로 확정되었다.

당사와의 거래관계의 투명성을 확보하기 위해 공개모집, 경쟁구매 우선을 원칙으로 하고 경쟁체제를 구축하기 위해 가격, 품질, 납기의 경쟁, 거래업체의 자생력 강화, 규제완화 내지 축소에 힘썼으며 문호 개방으로 부품업체의 세계화와 국산화 개발업체를 적극 발굴하는 방향을 확정했다.

또한 거래업체는 매년 10월 1일 당사 심사위원회의 평가를 받고 또 연1회 신규업체를 모집하도록 하였다. 이로써 재임 1년 7개월만에 등록업체와의 거래를 투명하게 만들었다. 그리고 모든 등록업체의 경영상황과 당사와의 거래실적 등을 컴퓨터에 입력해 놓고 사후관리를 철저히 해나갔다.

그리고 매년 말 협력업체의 경영평가를 통하여 2년 연속 90점 이상 획득업체와 80점 이상 3년 연속 획득업체에 대해서는 3년 간 물량을 수의계약으로 확보해 주는 특전을 주어 그들이 예측 가능한 경영을 할 수 있도록 하고 계획된 투자와 원가절감노력을 추진할 수 있도록 보장하였다. 한편 70점 미만 업체를 탈락시킨 것은 연줄이나 인맥을 이용할 생각은 하지 말고 경쟁력을 갖추라는 뜻이었다.

지금까지 중소기업에 대해서는 거래금액을 현금으로 지급해 오고 있는데 1997년 하반기 이후 경기가 어렵게 되자 재벌기업들도 현금 지급을 중지하고 어음결재를 하자는 제안이 있었다. 1997년 9월 1일 한중과 거래하는 엔진, 주단, 발전 등 모든 협력업체를 한중협력회로 통합하는 자리에서 나는 매년 원가절감 10%씩 하고 현금결재를 받을 것인가, 아니면 10% 원가절감 노력 대신에 40일 어음결재를 수용할 것인가를 의논한 끝에 모두가 전자를 원해 현재까지 고집스럽게 현금결재를 해 오고 있었다. 이로써 당사의 연간 이자부담은 약 126억 원이나 되었다.

이렇게 구매제도 개선을 시행한 결과 전사구매액중 경쟁입찰률이 1995년 7%에서 1996년 18%로 2배 이상 올라갔고 1997년에는 27%까지 올라갔다.

따라서 비교견적 입찰이 1995년 57%에서 1997년 34%로 떨어지고 수의계약구매율이 1995년 36%, 1996년 45%, 1997년 39%로 거의 변동이 없었다. 이는 한전지정 수의계약 품목과 산업자원부지정 국산개발품목 등이 대부분인 의무구매 품목으로, 앞으로 이 부분의 경쟁도입을 위해 한전과 산자부와 협의해 나가기로 했다. 이상과 같이 구매예산 절감과 자재관리 개선활동을 추진한 결과 1996년에 834억 원을 절감하여 자재구매 예산액대비 5.9%를, 1997년에는 947억 원으로 6.9%를 절감할 수 있었다.

권한위임으로 자율경영

그 다음에는 구매절차를 간소화하기 위하여 우선 전결권한을 하부로 대폭위임했다. 1996년 6월 13일부터 수의계약시 구매계획서 작성 보고서 5억 원 이상은 사장결재를 받던 것을 10억 원 이상으로 상향 조정하고, 본부장은 5억 원 미만 전결하던 것을 10억 원 미만 전결하도록 위임하고 1억 원 미만은 담당이 전결하도록 했다.

외자구매의 경우도 수의계약시 본부장 전결한도를 50만 달러 미만에서 100만 달러 미만으로 하고 사장은 50만 달러 이상에서 100만 달러 이상만 결재하도록 하였다. 지명경쟁입찰의 비교견적시는 1억 원 이상 또는 50만 달러 이상은 본부장에게 전권을 주었으며 1억 원 미만과 50만 달러 미만은 담당의 전결로 대폭 권한을 위임하고 사장에게 보고할 필요가 없다고 했다.

지체상금면제액의 한도도 1,000만 원 이상을 사장이 결재하던 것을 3,000만 원 이상으로 올리고 본부장은 1,000만 원에서 3,000만 원 미만으로 상향조정했다.

고정자산취득 및 투자의 경우 종래 100억 원 이상은 이사회의 승인받던 것을 300억 원 이상을 이사회 승인사항으로 하고, 사장이 위원장직을 맡고 있는 경영전략위원회는 5~100억 원을 전결하던 것을 10~300억 원으로, 본부장이 위원장인 본부별 투자심사위원회는 1~5억 원을 3~10억 원으로, 담당은 1억 미만에서 5,000만~3억 원으로, 부서장은 1,000만 원 미만에서 5,000만 원 미만으로 상향조정했다. 이 권한위임사항은 555부장회의가 1996년 5월부터 활동을 개시하면서부터 검토한 안을 이사회 결의로 확정하였으나 나는 이에 만족하지 않고 더 과감히 이양할 생각을 가졌다.

나는 경영간담회에서 이러한 권한위임 방침을 설명하면서 진정으로 이양하고 이양한 후 자기도 모르게 간섭하지 말라고 지시했다. 더불어 공유된 비전과 경영방침, 회사에 대한 충성심, 그리고 사회통념에 기초한 상식이 결정권자의 사규라고 강조하면서 사규정비팀에게 더욱 과감히 철폐하고 이양하도록 하라고 지시했다. 이와는 별도로 각 공장장과 주요 부서장에게 공구 및 소모품구매와 정비 등을 위해 전결로 사용할 수 있는 금액을 월 300만 원 한도, 또 담당은 월 500만 원 한도 내에서 집행할 수 있도록 하였다.

절차간소화

다음으로 구매절차와 검사절차를 대폭 간소화했다. 권한의 하부이양으로 결재단계가 종래의 5~9단계에서 3단계 이상 거치지 않도록 했다. 구매 및 외주제작품 검사절차혁신팀의 5개월간의 활동결과를 그대로 수용하여 1998년 1월 1일부터 절차간소화, 업체자주검사 확대, 제품별 검사차별화 및 업종별 품질차별화 평가로 신속한 업무처리와 검사효율성을 제고하고 구매품질을 확보할 수 있게 하였다.

예를 하나 들자면 1개의 공구를 구입하기 위하여 12단계 24명의 사인을 받아야 했는데 지금은 6개의 사인을 전자 결재받도록 하여 공구구매에 65일이 걸리던 것이 6일로 단축되었다.

1998년에는 2조 667억 원의 자재구매예산중 886억 원(4.3%)의 절감목표를 세우고 단일 공급업체를 대상으로 복수화를 추진, 국내외 신규업체를 개발하였다. 또 동남아, 중국, 동유럽 등을 중심으로 세계각처로 구매를 과감히 다변화함과 동시에 150개 품목에 대하여 협력업체와 공동으로 약 2억 달러에 해당하는 국산화 개발을 추진하도록 했다.

자재창고를 불도저로 밀겠다

다음으로 힘쓴 것은 자재관리팀이 자재재고 줄이기 활동이었다. 내가 부임했을 1996년 3월 말 현재 약 3만 8,000평의 창고 및 야적장에 1,580억 원어치 자재재고가 쌓여 있었고, 91일 이상 재고자재가 50% 이상이었으며 평균 재고보유일수가 35일이나 되었다.

나는 공기업의 전형적인 비효율성을 보는 것 같아 어처구니가 없었다. 우선 자재관리부장을 팀장으로 하고 각 본부 담당자로 구성된 일행을 도요타자동차회사에 보내 벤치마킹하고 JIT제도를 배워오게 하였다. 무조건 연말까지 재고를 반으로 줄이도록 지시하면서 달성하지 못하면 사표를 받겠다고 경고를 주었다. 이들은 부랴부랴 1996년 6월 도요타자동차를 1주일간 다녀오고 자재감축활동에 들어갔다.

한번은 자재관리부장과 공장장 간에 싸움이 붙었다. 자재관리부장이 자재구매요청한 공장으로 자재를 실어 넣으려고 하자, 공장장은 자재가 공장에 쌓여 작업이 안된다는 것이었다.

나는 두 사람을 불러서 앞으로 자재는 창고로 가지 않고 구매요청 부서로 직접 직송될 것이니 무조건 요청한 부서에 갖다주고 그래도 부족하면 쑤셔 넣으라고 엄명을 내렸다. 또 자재창고를 수시로 찾아 점검하고 연말까지 반으로 줄이지 않으면 창고를 불도저로 밀어버리겠다고 엄포를 놓았다.

약 2년 간 사장이 극성을 떨었더니 1996년 말 자재재고는 882억 원 수준으로 1년 전보다 700억 원이 줄었고, 재고보유일수도 27일로 전년보다 8일이 줄어들었다. 공장 및 사이트 직송률이 40%에서 71%로 올라갔다. 재고자재관리팀은 사장이 공장장 대신에 자기들 편의 손을 들어주니까 열심히 일했다.

1997년 말에는 창고의 자재재고가 400억 원 수준으로 떨어지고 평균자재 보유일수가 18일로 다시 9일이 단축되었고 공장직송률이 82.6%까지 올라갔다. 또한 자재창고 면적이 2년 전 3만 8,000평에서 1997년 12월 말에는 1만 7,594평으로 축소되어 약 2만 평의 공장용지가 새로 생겨났다. 자재재고가 줄어들면서 금리 12%로 계산할 때 1996년에는 50억, 1997년에는 63억 원의 금융부담을 절약할 수 있었다.

앞으로 1998년 말까지 자재의 공장직송률을 95%까지 끌어올리고 (국내 자재는 99%) 재고수준은 300억 원 수준 이하로, 평균 보유일

〈표 2-1〉 원가절감효과

(단위 : 100만 원)

구 분	'96 실적	'97 실적	'98 목표	비 고
제품원가혁신	22,700	66,300	69,646	*95년 말 자재재고 : 1,337억
구매예산절감	83,405	94,697	82,073	원
Cut 20운동	23,732	28,238	20,467	* 재고자산 감소는 금융비용 환
재고자재 감소	4,963	6,310	859	산금액임
	(88,256)	(40,037)	(32,034)	* 제품원가 혁신목표에는 구매
수출입 경비절감	6,531	5,335	5,500	예산 절감목표와 중복예상금
쓰레기 줄이기	24	218	577	액 170억 5,000만 원 제외
합 계	141,355	201,098	179,122	* 구매예산 절감목표에는 자산
매출원가	2,473,500	2,542,300	2,843,700	용 설비구매예산 절감 예상금
매출원가 대비비율	5.7%	7.9%	6.3%	액 65억 9400만 원 제외

주) 재고자재 감소의 (   )는 연말 재고액임.

수는 10일 이하로 줄이는 등 JIT제도를 기필코 정착시킬 것을 당부했다. 또한 자재구매—입고—관리—재공품—제품출하까지 전 과정을 완전히 컴퓨터로 처리할 것을 당부했다. 그리고 자재관리팀장이었던 김일동 차장을 1997년 자랑스런 한중인 상으로 뽑아 부장으로 특진시켰다.

나는 경영간담회 때마다 이제는 지시, 강압적 경영은 한계에 도달했으므로 자율적이고 능동적이며 적극적으로 일해야 한다고 강조하면서 영화 〈벤허〉에서 말채찍으로 계속 말을 때리면서 달리는 경쟁자와 달리 채찍 한번 휘두르지 않았던 벤허가 마차 경주에서 최후의 승리를 얻은 것은 자율이 타율보다 효율성이 높다는 것을 의미한다는 얘기를 자주 했다.

〈표 2-1〉에서 보는 바와 같이 물자절약과 경비절감 금액이 1996년 1,413억 원으로 매출원가의 5.7%, 1997년은 2,011억 원으로 7.9%

에 해당되어 당사의 매출원가율을 1996년 88.3%에서 1997년 84.5%로 낮추는 데 결정적으로 기여하였다.

1997년 12월 IMF한파로 환율이 급격히 상승해 환차손 2,772억 원의 손실을 입었지만, 경상이익 938억 원을 실현한 것은 바로 Cut 20 캠페인 덕분이었다.

GE의 혁신프로그램을 도입

두번째로 신규투자가 별로 필요하지 않고 의식개혁과 사원들의 참여로 제품의 원가를 단기간 내에 줄일 수 있는 길을 찾고자 경쟁력혁신팀, 설계자동화팀, 품질혁신팀을 창설하였다.

이 세 팀은 우리 회사가 생산하는 제품의 경쟁력을 제고하는 것으로, 처음에는 함께 묶어서 한 팀을 만들려고 했다. 그러나 제품별 설계의 표준화와 3차원 방식의 CAD/CAM정착 및 동화상을 개발하기 위해 설계자동화팀을 별도로 독립시켰고, 품질혁신팀도 100PPM이란 품질개선목표를 정해 별도의 팀으로 설치하였다.

세 팀이 3~5년 간 독립적으로 활동하다가 GE가 6시그마(Six Sigma)운동을 벌인 것과 같이 장차 공장관리혁신팀과 함께 하나로 묶어 6시그마팀으로 통합하기로 했다.

품목별 및 프로세스별 경쟁력혁신활동은 GE의 워크아웃 프로그램을 도입한 것이다. 이 프로그램은 웰치 회장이 1981년 신임회장으로 취임하면서 1위나 2위는 유지 발전(Fix)시키고 그 이외는 팔거나(Sell) 문을 닫겠다(Close)는 "Be No.1 or No.2(세계에서 1위 또는 2위를 차지하라)"라는 캐치프레이즈를 내걸고 처음 도입한 경영혁신(Innovation Design)프로그램이다.

웰치 회장은 당시 문어발식으로 확장했던 43개 업종을 12개 업종으로 통폐합하고 41만 명의 종업원 중 22만 명을 정리해고했다. 그리고 남겨놓은 업종에 대해서는 품목별 그리고 프로세스별 혁신활동을 전개해 나갔다.

웰치 회장은 세계 제1위의 경쟁력을 제고하기 위해서는 부서 간의 장벽을 깨뜨려야 한다고 보았다. 그리고 대폭적인 권한위임으로 종업원의 자율적 참여와 열정(Passion and Willingness to Participate)을 불러일으켜야 된다고 믿고 종업원들의 사고와 행동을 뒤바꾸는 변화촉진계획(Change Accelerating Program ; CAP)을 고안해냈던 것이다.

예를 들어 스팀터빈의 경우 지금까지는 설계부서에서는 설계도면만 충실히 그리고 자재부서는 자재구매 요청서(Material Procurement Request ; MPR)에 의해 필요한 시일 내에 자재를 구매하고 생산부서는 설계부서에서 제공한 설계도면대로 기계적으로 생산해내면 되었다. 즉 부서별로 독립적 기능을 최선을 다해 수행하고 책임을 완수하면 된다고 생각했다. 그러나 이것은 GE의 스팀터빈 기술수준이 월등하게 뛰어났을 때의 얘기였다. 또 미국시장에서의 웨스팅하우스(Westinghouse)와의 복점적 지위로 국내시장이 확보되었을 때의 얘기였다. 이제는 ABB 및 지멘스의 기술수준이 발전하면서 평준화되었고 또 미국시장 및 다른 세계시장이 개방됨에 따라 점점 더 경쟁이 치열해질 것이기 때문에 지금까지의 방식대로는 살아날 수 없었다.

그리하여 스팀터빈의 경쟁력을 높이기 위해 구매부, 설계부, 생산공장, 영업부 등으로부터 관계자를 불러 별도의 팀을 구성하여 일하도록(Work out) 했다. 이를 통해 부서간의 장벽 타파를 유도하고 권한과 책임을 전적으로 위임하여 독립적 기능을 수행하도록 했던 것이다. 또한 의사결정절차의 간소화, 고객만족을 추구했다. 예를 들어

자재구매절차에는 생산부서의 자재구매요청—설계부서의 품질규격
—입고시의 검사 등이 필요했는데, 여러 가지 절차를 대폭 간소화하
고 빠른 결정이 되도록 권한을 위임했다. 또한 고객에게 어떻게 서비
스해야 고객이 GE와의 거래를 통해 돈을 많이 벌 수 있도록 도와줄
수 있을까 하는 고객중심적 경영을 위해 워크아웃 프로그램을 전사
적으로 실천했던 것이다.

한중도 GE의 방법을 배우기 위해 수차례 GE를 방문했다. 1996년
5월 2일에는 첫 미팅을 가졌다. 그때는 터빈제네레이터, 보일러, 원
자로, 백업 롤 등 제품혁신과 견적업무절차 간소화, 자재구매절차 및
검사절차 간소화 같은 업무프로세스 혁신활동 등 23개 과제를 선정
하였다.

분기별 혁신활동 발표대회

1996년 11월 3일 경쟁력혁신팀의 제1차 혁신활동 발표대회가 기술
연구원 지하강당에서 전 임원이 참석한 가운데 열렸다. 이날 제품부
문 최우수팀에는 T/G원가혁신팀, 우수상에는 BOP원가혁신팀, 장
려상에는 백업 롤 혁신팀이 선정되었고, 프로세스부문 최우수상에는
재고자재감축혁신팀, 우수상에는 비파괴검사수행체계개선팀, 장려
상에는 주단견적업무혁신팀이 각각 선정되어 금상 200만 원, 은상
100만 원, 동상 50만 원을 받았다.

나는 뒤이은 평가에서 "우리는 이제 제품별 프로세스별 원가혁신
활동의 불을 붙였으니 더 많은 제품과 더 많은 프로세스를 혁신하기
위해 대상 혁신과제를 확대하고 한번 물면 놓지 않는 진돗개 정신으
로 지속적으로 워크아웃 프로그램을 발전시켜 나가서 원가절감 50%
달성이란 우리의 목표를 기필코 달성하자"고 강조하였다.

한편 서울에 주재하는 건설본부는 별도로 6월 26일에 본부장 및 차장급 이상이 모인 가운데 1996년 상반기 경쟁력혁신 발표대회를 열어 화력발전소 설치공사 경쟁력확보팀과 건설공사초기 리드타임단축혁신팀이 각각 최우수, 우수상으로 선정되었다.

제품분야에서 최우수상을 받은 발전본부 T/G팀은 현재의 한중 제조원가가 $115/kW로 국제가격보다 30%정도 비싼 것을 국제가격보다 50%이하로 절감하겠다는 목표를 정하고 영업, 설계, 구매, 가공, 생산관리, 기술, 품질, 주단조 등으로부터 10명의 전담팀으로 구성한 뒤, 225개의 혁신시책을 도출하여 단계별, 책임부서별 코드화 관리와 모니터로 기필코 달성하겠다는 의지를 보였다.

프로세스분야 최우수상을 받은 재고자재감축팀은 재고감축을 위해 자재관리부와 수화력, 원자력, 산업본부의 자재구매부서, 생산관리, 설계, 품질, 정보시스템실 등 30개 부서의 69명을 5개 반으로 편성하여 금년 말까지 재고수준 50% 감축을 목표로 하고 절차개선부문은 25개 부서 38명을 4개 분과로 편성하여 구매에서 입고 불출까지 업무를 8단계로 분류하여 업무단순화, 신속화를 위한 제도개선을 목표로 삼고 혁신시책을 마련, 실천하기로 했다.

참가팀 모두가 현상파악─문제점 분석─혁신마인드 조성─목표설정─혁신시책─기대효과 등을 내용으로 발표했고 한 부서가 아닌 여러 관련 부서원이 합동으로 참가하여 일정계획을 짜고 수많은 혁신시책을 추진하겠다는 의욕을 보였다.

이상과 같이 경쟁력혁신팀은 초기에는 계획을 세우고 시책 만드는 데 주력했으나 시간이 지나갈수록 혁신시책 실천에 주력하여 기대효과를 실현하는 데 역점을 두었다. 그후 거듭되는 발표대회를 통하여 컴퓨터 파워포인트 프리젠테이션하는 기법이나 혁신활동의 방법이 점점 발전되었고 참여열기도 확산되어 나갔다.

〈표 2-2〉 경쟁력혁신 활동사례

제 품 명	기 준	연도별 제조원가				경쟁력혁신가
		'95실적	'96실적	'97실적	'98계획	
T/G	500MW	100	74	50	47	47
BLR	500MW	100	93	88	86	62
원자력	1000MW	100	78	72	65	56
컨덴서	500MW	100	82	72	70	70
금형강	HP1A	100	89	90	88	88
엔 진	S70MC	100	100	92	88	88

주) 연도별 제조원가에 표시된 수치는 1995년도 원가를 100으로 할 때 제품별 제조원가 수준 및 목표를 나타내고 있음.

목표수립이 끝나면 실천하고 실천이 끝나면 다른 과제나 시책을 발굴하여 또 목표수립하고 실천하는 일이 반복되었다. 그리하여 1997년 말 발표대회때는 66개 품목 99개 프로세스를 대상으로 130개 팀 4,113명이 참여하여 혁신시책을 추진하는 가시적인 결과를 가져 왔다.

지난 2년 간의 성과를 듣고 나도 놀랐고 임원 모두가 놀랐다. GE 등 경쟁사도 놀랐고 찬사를 보냈다. 1997년 말로 드디어 우리는 주요 제품의 경쟁력을 국제가격 수준으로 강화할 수 있었다. 우리는 IMF 한파로 환율이 올라갔지만, 환율을 1달러=850원으로 고정시키고 1996년은 도입기, 1997년은 확산기, 1998년은 가속화기, 1999년은 정착기로 잡고 반드시 마지막 연도에 목표원가를 달성하기로 굳게 결의했다. 〈표 2-2〉에서 보는 바와 같이 그간의 임금상승 및 원자재 가격 상승에도 T/G제조원가는 1997년 말까지 50%를 절감했고 보일 러는 12%, 원자로는 28%, 컨덴서는 28%, 선반엔진은 8%를 절감하 는 데 성공했다. 이로써 금액으로는 1996년 227억 원, 1997년 663억 원의 원가절감을 실현하였다.

프로세스혁신활동에서는 35개 테마에 총절차 소요일을 189개월에서 133개월로 56개월을 단축, 소요절차를 30% 단축했고 10개의 테마에서 연 작업시간(Man/Hour)을 9만 2,837시간에서 3만 6,366시간으로 60.8% 절감했으며 절차간소화를 통해 372단계에서 27.4%의 단계를 아예 없애 270단계로 줄여 버렸다.

핵심제품 원가줄이기 작전

혁신사례를 하나 소개해보면, 스팀터빈 제네레이터는 발전소의 핵심기술이고 경쟁력의 원천이라 할 수 있다. 1996년 5월 포스코에서 허가받은 500MW×2기에 대한 동사의 견적서를 접수한 결과를 보고 우리는 깜짝 놀랐다. T/G의 kW당 제조원가를 분석한 결과 한중 104달러, 지멘스 101달러, ABB 97달러, 히타치 96달러, 미쓰비시중공업 70달러, 도시바 68달러, 알스톰 63달러로 한중의 가격이 가장 낮은 알스톰사의 가격보다 무려 65%나 높았다.

이 보고를 받고 나는 쇠방망이로 뒤통수를 한 대 얻어 맞은 것 같은 충격을 받았다. 전부 불러놓고 호통을 치고 싶었지만 그런다고 원가가 내려갈 것인가? 참담한 심정과 북받치는 분노를 억누르고 당시 터빈본부장 김웅 상무를 팀장으로 하여 로터, 다이어프램, 케이싱, 밸브, 스테이터 등 부품별 태스크포스(Task Force)팀을 구성했다. 또 자재, 가공, 조립, 제관, 외주관리, 기획, 설계, 기술 등 기능별 태스크포스를 만드는 등 매트릭스조직으로 추진팀을 만들어 과장급 이상 인원만도 66명이나 되는 추진팀에게 전담하도록 하고 목표가격을 1999년까지 53%를 절감할 수 있도록 혁신활동을 추진하기로 하였다.

이 목표가격을 기준으로 놓고 최근에 수의계약으로 제작 납품한 삼천포 3,4호기에 들어간 직접재료비, 제작비, 경비를 얼마큼씩이나 줄여야 달성할 수 있을까를 역산으로 계산하여 절감목표액을 산출했다. 그리고 여기서 어떻게 하면 줄여 나갈 수 있을까 하는 방법을 찾아내는 데 역점을 두었다. 로터를 예로 들면 가공부문 13가지, 조립부문 6가지, 자재부문 12가지, 설계부문 20가지 합계 51가지의 방법을 확정하였고 나머지 다이어프램 등 부품에도 같은 방법을 찾아내었더니 모두 225가지의 실천해야 할 시책이 확정되었다.

나는 이들을 불러 놓고 회사의 사활이 걸렸으므로 목표를 명확하게 책정한 뒤 책임을 지고 과감한 추진력과 혁신적 사고로 도전하길 독려하면서 성공하지 못하면 회사매출액의 10%, 고용의 20%인 터빈제네레이터본부를 없애 버리겠다고 강력한 경고를 주었다.

이들은 그동안 뼈빠지게 고생했고 밤낮도 없었다. 그 결과로 1997년 말에 50%를 절감하는 개가를 올렸다. 현재 우리는 이 가격으로 국제입찰에 참여하고 있지만, 앞으로 더 절감시킬 계획으로 지금도 열심히 연구하고 있다.

운반설비(Rubber Tired Gantry Crane ; RTGC)팀에서는 세계 RTGC시장 규모가 연 230~250대인데 미쓰비시중공업이 31%, 미쓰이(三井) 13%, 한중 11%, 쓰미토모 7%, 독일 노엘(Noell) 5%로 분석하고 5년 내 세계 제1위 쟁탈을 목표로 정했다.

그러나 1995년 1월에 싱가포르 항만청이 입찰한 결과는 미쓰이가 1위였고 한중은 6위였다. 1996년 9월에 입찰한 중국 항만청의 경우는 SPMP가 1위, 미쓰비시중공업이 3위, 한중은 5위에 머물러 1등은 커녕 경쟁력이 없음을 적나라하게 보여주었다. 그리하여 비상이 걸렸다. 현재 생산가격보다 20%를 절감하기로 목표로 정했다. 제품의 경량화 및 단순화로 설계를 개선하고 경쟁력 있는 주요 부품업체를 신규로 발굴하기로 했다. 단순제작품은 해외의 한비코 및 람풍 공장에 이관하고, 완전조립방식에서 녹 다운(Knock down)방식으로 바꿔 현지에서 조립하여 수송비를 절감하는 등 35개의 시책을 확정하였다. 여기에서도 설계, 기술, 사업관리, 부품구매, 생산, 품질, 구매, 전기기술, 서비스부서에서 모인 25명이 한 팀이 되어 1997년 1월부터 혁신활동을 집중하였다.

100PPM운동 실천

품질혁신팀에서도 1995년 말 2,100PPM에서 2000년 말까지 5년 내에 100PPM에 도달하겠다고 목표를 세우고 사장직속기관인 품질보증실을 책임부서로 하고 9개 본부와 울진 등 3개 건설사무소의 품질보증팀을 전담으로 하여 389명이 참여하였다. 이들의 노력으로 1996년 말에는 1,100PPM, 1997년 말에는 420PPM으로 낮아져서 원가절감은 물론 리드타임도 크게 감축되었다.

협력업체도 이 운동에 동참하도록 하여 1997년에는 협력업체 불량지표를 관리, 1996년 말 1만 8,000PPM에서 7,098PPM으로 낮추었다. 1998년에는 3,000PPM으로 낮추고 2000년부터는 본격적으로 6시그마 운동을 펼쳐 나가기 위한 준비를 병행해 나가기로 했다.

이와 더불어 289개 반의 한마음 생산회의가 주축이 된 품질분임조 활동, 현장실용화 과제활동, TPM(Total Productivity Maintenance) 활동과 위험예지활동이 차차 활성화되기 시작했다.

1996년 8월 고졸출신 기능직 사원으로 10·15년의 현장경험이 풍부한 직장 중에서 8명을 발탁하여 사상 처음으로 생산과장에 보임했다. 이렇듯 학력을 철폐하는 능력 위주의 신인사제도를 실시했으며 보직반장에게 반원의 해외연수 및 승진추천권을 부여하고 월 7만 원 한도 내에 반장이 전결로 사용할 수 있도록 함으로써 보직반장들이 꿈틀거리기 시작했다.

또한 우수활동반이 푸짐한 시상을 받고 해외연수기회가 주어지는 가 하면 자랑스런 한중인 상이 제정되는 등 인센티브가 마련되면서 생산현장의 혁신활동에 불씨가 번지기 시작했다. 또한 그해 9월 원자력공장의 사다리분임A조가 한국표준협회가 주최한 전국 품질분임조 경연대회에서 금상을 수상하여 이들 13명 전원에게 6박7일간의 부부동반 동남아 여행특전을 주었고 경영간담회 등에 발표하도록 하여 그들의 활동을 인정해 주었더니 품질분임조활동이 확산되어 나갔다.

그 이듬해 9월에 열린 전국 품질분임조 경진대회에서는 박봉상 반장을 분임장으로 한 12명으로 구성된 중제관공장 신바람분임조가 또다시 운영사례분야에서 금상을 차지했고 브레드공장의 정희석 반장을 분임장으로 한 11명의 회전분임조가 현장개선사례분야에서 은상을 차지했다. 또 지난해 8월 기능직 직장에서 생산과장으로 진급한 보일러공장 유계호 과장이 품질명장으로 선정되어 그해 11월 5일 대통령이 주최한 청와대 다과회에 참석하는 영광을 얻었다.

작업반장들이 불씨를 자청

1997년 상반기부터는 반장급 800여 명으로 구성된 성심회의 회장인 피한수 반장을 비롯한 간부들이 불씨를 자청하고 나섰다. 이들 스스로가 그해 5월 성심회원 등반대회를 통하여 단합을 다지고 가을에는 현장실용화 성공사례 발표대회를 개최했다. 불씨를 붙이기 시작한 1년 후부터는 현장에도 혁신의 바람이 불기 시작했다.

1997년 12월에는 한마음 생산활동 연말 경진대회가 4일간에 걸쳐 개최되었다. 품질분임조활동, 현장실용화 성공사례, TPM활동, 위험예지훈련 등의 경진대회가 각각 개최되었다. 나를 포함한 전 임원이 참석한 가운데 활발한 질문과 답변으로 활기있게 진행되었다. 위험예지훈련 경진대회에는 강성노조지도자로 알려진 전임 노조위원장이 었던 김창근 사원이 보일러공장을 대표하여 발표자로 참여하자, 모두가 의외로 생각하며 만족해했다. 현장에서 기발한 아이디어가 실용화되어 원가절감, 품질향상, 생산성향상, 납기단축, 폐자재재활용, 작업의 편의성 제공 등으로 연결되었다.

내가 공장을 방문할 때마다 새롭게 개선되고 있음을 느낄 수 있었다. 나는 그들을 칭찬해주고 업어도 주고 얼싸안기도 하였다. 반원 전원을 초대하여 토종돼지구이를 사주고, 때로는 부부동반으로 정성관으로 초청, 저녁대접도 하고 노래도 불렀다. 그들과 나는 하나가 되어가고 있었다.

여기에 발표대회 또는 경진대회에서 금상을 차지한 사례를 한두가지 소개하고자 한다.

터빈브레이드공장의 새시대분임조가 버켓절삭공정 재공시간 절감으로 공수를 절감한 사례인데, 분임장 이상옥 반장 등 14명의 반원들이 반드시 1998년 전국대회에 참가하여 금상을 수상하겠다는 의지로 1년동안 끊임없이 노력한 혁신활동의 결과였다. 버켓(Bucket)이란 1차계통의 원자로 또는 보일러에서 발생한 고온고압의 증기를 기계적에너지로 전환, 로터를 회전시켜 전기를 만들어내는 터빈의 주요부품이다.

이 버켓을 제작하기 위해서는 네 가지 가공공정, 즉 베인(Vane), 테논(Tenon), 커버쳐(Curvature), 테이퍼(Taper)가 필요힌데, 이들 네 개 공정 간의 일일평균 제작수량이 조정되지 않아 재공품이 쌓이고 있었다. 예를 들어 베인 단계에서는 하루 45.1개를 가공해내는데 커버쳐 단계에서는 하루 70.6개 가공하니 한 부분의 가공을 마쳐도 다른 부분이 가공되지 않아 가공이 빠른 부문의 재공품이 쌓였던 것이다. 그리하여 병목현상을 개선해 보자고 시작하였다.

이들은 일본 도시바공장을 찾아가서 한중의 공정간 재공품을 비교한 결과 한중은 13.6개, 도시바는 5개로 한중의 가공 리드타임이 너무 길었다. 그 결과 생산성이 낮아지고 원가가 높아져 경쟁력이 떨어진다는 사실을 발견하고 1997년 1월부터 현상파악에 들어가 그해 10월에는 드디어 표준화에 성공하였다.

활동 전 1개당 가공시간이 베인 13.3분, 테논 12.0분, 테이퍼 10.9분, 커버쳐 8.5분이었는데 활동 후는 각각 8.6분, 8.6분, 8.4분, 8.5분으로 공정간 균형상태를 유지했다. 또 공정별 1일 생산량도 최대최소 차이가 25.5개나 되었으나 활동 후에는 최대최소 차이가 5개 이내로 관리되어 1일 버켓 평균생산량도 활동전 55.3개에서 70.4개로 크게 증가했다.

또한 공정별 가공시간도 크게 단축되었는데 베인 부문 13.3시간이 8.6시간으로, 테논 부문 12.0시간이 8.6시간으로, 테이퍼 부문 10.9시간이 8.4시간으로 단축되었다.

그 결과 1년 간 버켓 제조원가가 2억 2,400만 원이 절감되어 그간 활동을 위한 투자비 4,100만 원을 제외하고 나니 1억 8,300만 원이 절약되었고 리드타임도 단계당 종전 168.4시간이 128.5시간으로 23.7% 단축되었으며 공정간 재공품도 도시바의 5개와 같은 수준으로 낮출 수 있었고 품질도 크게 향상되었다.

그해 현장실용화부문의 최우수 성공사례는 원자력공장 품질보증부의 차영래 반장 등 7명의 활동이었다. 원자력발전소 가동중 증기발생기 보수작업 및 각종 테스트시에 방사선으로 오염된 물을 차단하려면 스팀제네레이터에 노즐댐(차단막)을 설치해야 한다. 완벽한 노즐댐을 제작하기 위해서는 정밀한 치수측정이 요구되었지만, 정밀측정기구가 없어 기존 측정방법으로 제작하였더니, 그 측정오차가 커서 큰 문제였다. 지금까지는 스트레이트 바(Straight Bar)와 줄자를 이용하여 측정하였는데 차영래 반장팀은 측정 정밀도 0.05mm이상의 XY값의 2차원 측정이 가능한 측정기를 개발하였던 것이다.

이로써 예전에는 한 세트 측정하는데 두 사람이 4시간씩 8시간 걸렸으나 개선 후에는 한 사람이 2시간 소요되어 총 테스트시간을 종전 224시간에서 56시간으로 줄일 수 있었다. 그 결과 총 절감금액 2,500만 원에서 측정기 제작금액 50만 원을 공제하니 스팀제너레이터 한 개 측정하는 데 2,450만 원을 절약할 수 있었다. 더구나 이 측정기는 압력용기류에는 무엇이든지 적용할 수 있어서 특허청에 실용신안으로 신청했다.

발표대회 또는 경진대회에는 비록 상을 타지 못했지만 수없는 혁신사례가 쏟아져 나왔다. 예를 들면 물걸레를 긴 막대기에 단 다음 밀어내는 부문에 발통을 달아서 힘들이지 않고 더 넓은 바닥을 청소할 수 있게 만든 바퀴 달린 물걸레청소기에 대한 아이디어가 나왔다. 나는 그 아이디어를 낸 반장에게 "내가 사장 그만두면 동업하자"고 농담했더니 그는 정말 동업하자고 졸랐다.

또 블레이드공장에서는 기계에 넣는 윤활유 드럼 3개를 탁자 위에 올려놓고 필요할 때마다 양동이로 옮겨 쓰는 경우가 많았다. 그런데 윤활유가 바닥에 흘러내려 미끄러져 넘어질 우려가 있어 한달 내에 개선하라고 지시했다. 그 뒤에 가보았더니 탁자에 물받이통을 길게 직사각형으로 만들어 구멍을 동그랗게 뚫어 놓고 그 밑에 양동이를 하나 놔 두었는데 흘러내리는 윤활유가 물받이 통으로 받아져 양동이로 흘러들어가니 윤활유도 아끼고 바닥에는 한방울도 떨어지지 않았다.

더욱더 기분좋았던 것은 이들이 상금으로 받은 선물을 불우이웃이나 사망한 동료의 가정에 전달했으며 어떤 팀은 세탁기를 사서 장갑 등을 빨아 재활용하고 있었다는 점이었다.

　금상은 6박7일의 부부동반 해외여행, 은상은 3박4일의 부부동반 제주도 여행의 특전이 주어졌는데 이들은 여행을 안 가겠다고 거절을 했다. 그래서 걱정말고 갔다 오라 했더니 IMF한파라 못 가겠다고 나의 간곡한 권유도 뿌리치는 것이었다.

　나는 속으로 "이제 한중은 된다. 555는 반드시 될 것이다. 노사화합도 몇년 지나면 이룩할 수 있을 것이다"라고 중얼거렸다.

3

보약처방으로 강하고 튼튼하게

과감한 공장설비 투자결단

신바람경영기획단의 신바람경영혁신팀 10개 팀중 앞장에서 설명한 원가절감팀, 경쟁력혁신팀 및 품질혁신팀의 혁신활동은 수술 전에 환자가 기력을 회복할 수 있도록 놓는 캠풀주사와 같은 것으로, 전혀 새로운 투자 없이 현재 보유한 인력과 기계설비만으로 의식구조 변화와 행동 변화를 통해 한중의 경쟁력을 3~4년 내에 제고할 수 있는 방안들이었다. 그러나 신규투자를 해야만 경쟁력이 제고될 수 있는 분야가 바로 공장관리혁신팀, 재공품관리혁신팀, 설계자동화팀, 경영정보시스템 등으로서 강하고 튼튼한 체질을 만들기 위한 보약처방과 같은 것이었다.

또 이 분야는 투자를 하기 위한 사전준비기간이 상당히 필요하고 또 투자를 하더라도 경쟁력제고효과가 단기간 내에 나타나지 않는 다. 또한 그 투자로 기계, 설비가 설치되어 시운전하여 기대만큼의 생산성향상, 원가절감, 납기단축, M/H절감, 품질향상 등의 경쟁력 제고효과가 나타나기에는 위험부담이 있다. 그리하여 1996년은 계획 을 세우기 위한 준비기간으로 삼고 1997~99년은 집행·실행하는 기 간으로 보고 본격적인 경쟁력제고에 기여하는 것은 투자 내용에 따 라 다르지만 대략 3~5년 후라고 상정하였다.

공장관리혁신팀의 목적은 첫째, 공장의 낡은 기계를 바꾸고 기계 식 설비를 자동화설비로 교체하는 것이었다. 또 기계설비를 전용라 인화하면서 공장과 공장, 기계와 기계 간의 물류이동을 원활히 할 뿐 아니라 전 공장의 환경보전과 안전을 도모하기 위한 것이었다.

둘째로 외주관리를 합리적으로 하여 협력업체의 경쟁력제고, 품질 개선, 원가절감이 이루어지도록 관리하자는 것이었다.

셋째로 각 공장으로 흩어져 있던 기계정비팀을 통합하여 전체 기 계의 컴퓨터관리와 정비기술의 전문화, 그리고 성능개선(Retrofit), 기술향상을 위한 것이었다. 공장관리혁신팀은 조충구 정비기술담당 을 팀장으로 주단조, 수화력, 원자력 등 전 본부와 가공, 제관, 배관, 기술, 설계, 출하 등 기능부서 그리고 전 공장장 등 부장급 이상만도 50여 명이 참여하였다.

공장관리혁신팀 밑에는 용접자동화팀을 별도로 설치하여 3D지종 인 용접 작업기피 공정을 자동화설비로 교체하고 또 자동용접기를 자 체적으로 개발해 보자는 것이었다. 이와 같은 활동의 궁극적 목적은 생산제품의 원가경쟁력, 납기경쟁력, 품질경쟁력을 확보하여 '세계 제일의 설비제작업체(The Best Manutacturer)'를 만들어 보자는 의 지였다.

나는 두 달 동안 공장에 살면서 16개 공장을 샅샅이 점검한 결과 무엇을 어떻게 생산하고 있고, 어느 부분에 어떤 문제가 있다는 것을 대충 머리속에 그릴 수 있었다. 또한 ABB, 지멘스, GE, 히타치, 도시바 등 수많은 공장을 견학하였기 때문에 우리의 공장과 기계설비 및 작업방법을 비교 교량할 수 있었다.

16개 공장이 한 복합단지 내에 모여 있어서 공동시설의 이용, 수송비의 절감 등의 이점이 있었으나 반면에 노조의 규모가 커지고 단체행동이 쉽게 이루어질 뿐만 아니라 얄궂은 유언비어가 삽시간에 퍼져서 생산성을 떨어뜨리고 있었다. 더불어 공장 간에 경쟁의식이 없고 적당히 하자는 하향평준화 의식이 팽배해 있었다. 그렇다고 분리해서 떼어 놓을 수도 없는 형편이었다. 한때 디젤엔진공장을 삼성중공업 1공장 인수시 이전할 계획도 세워 보았고 특수공장을 폐쇄시키고 군수장비사업을 중단할까도 검토했으나 노조의 반발 때문에 여의치 않았다. 그래서 현재 상태에서 '세계 제일의 설비제작업체' 달성을 위한 혁신활동을 대대적으로 진행시키기로 결심하였다. 그리하여 나는 다음과 같은 지침을 각 본부장에게 전달하고 6월 말까지 투자계획을 작성, 제출하도록 했다.

① 10년 이상 된 낡은 기계가 75%에 이르렀으나 교체대상을 15년 이상 된 기계설비로 하고 신규 구입과 성능보완 대상을 골라낸다.
② 수명이 15년 이상 되지 않았더라도 생산의 병목현상을 찾아내어 교체하든지 성능보완한다.
③ 노동집약적 공정과 3D공정을 M/H절감과 생산성향상, 품질개선을 위해 자동화 기계설비로 과감히 교체한다.
④ 공장별 전용 라인화를 추진하기 위해 기계설비를 재배치하는데 필요한 투자계획을 작성한다.

⑤ 공장과 공장, 기계와 기계간의 물류이동을 원활히 할 수 있는
투자계획을 작성한다.

⑥ 환경기준을 지키고 작업안전을 도모할 수 있는 설비를 투자대
상에 포함시킨다.

⑦ 기계설비 구입시 조작자와 정비공의 훈련비를 공급자 부담원칙
으로 교육시키도록 협상하되 여의치 않을 때는 교육훈련비를
계상한다.

⑧ 일단은 국산설비를 찾아보고 없을 땐 외국산을 구매한다.

이상과 같은 8가지의 지침을 주고 신바람 투자계획을 1, 2단계로
나눠 확정할 계획이었다. 경상수지 적자폭이 자꾸 커져 환율이 오르
면 투자금액이 추가로 지출될 우려가 있었기 때문에 시급한 것은 5월
말까지 제출하라고 지시하였다.

투자심사위원회에서는 공장관리혁신팀이 종합한 본부별 신바람투
자계획을 8가지 기준에 따라 개별 심사했다. 우선 제품의 경쟁력 제
고와 관련이 없는 투자계획은 삭제하거나 축소시켰고 환경안전과 관
련된 투자를 보강했다. 특히 단순하고 반복적이며 작업이 오래 걸리
는 분야와 수동작업으로 작업을 기피하는 분야는 반드시 자동화가
가능할 터인데 그런 기계가 없다는 주장을 되풀이하길래 해외경쟁사
공장을 벤치마킹해 오라고 해외출장을 보냈다. 또 국산기계가 반드
시 있을 터인데 무턱대놓고 값비싼 외제기계를 선호하는 습관이 있
어서 우선 국산기계 제조회사를 찾아 보도록 하였다. 그리고 환경보
전과 작업안전을 위한 투자는 미흡하여 환경기관에 적발되어 벌금을
부담하는 금액과 또 산업재해로 병원에 입원했을 때의 회사부담을
생각해 보라고 설득하여 이 분야의 투자를 과감히 늘렸다.

이렇게 투자심사위원회에서 며칠간을 밤낮으로 엄격히 심사한 결

과, 1996년 6월 5일 이사회에서 제1단계 신바람투자계획 264건에 기계설비 1,874억 원을 확정하였고 긴급하지 않은 것은 제2단계 신바람투자계획으로 1,296억 원을 잠정적으로 확정하고 집행전에 투자심사위원회의 개별심사를 받도록 하였다. 그리하여 1996년 기투자확정분 1,038억 원과 신바람투자 3,170억 원, 총 4,208억 원을 향후 3년간 공장관리혁신을 위해 투자하기로 결정하였다.

문제는 연평균 1,400억 원 정도가 투자되는 것으로 계획된 신바람투자의 재원 조달을 과연 어떻게 할 것인가였다. 1995년 말 이익잉여금 3,400억 원은 건드리지 않기로 작정하고 1996년 투자축소 내지 삭제분, 예를 들어 당시 합천연수원 건립을 위해 254억 원이 계상되었으나 종업원 여가선용의 투차는 축소하여 사원교육 투자만 100억 원으로 감축시키고 남은 돈, 그리고 사무실 신축용 투자 등 간접용 투자 삭감분 등 약 500억 원과 1996년 예상되는 세후이익 1,500억 원 이상을 확보하여 전액을 투자하기로 했다. 또한 1996년 물자절약 및 경비절감에 약 1,500억 원, 1997년 절감목표액 1,800억 원 등으로 5,300억 원을 확보하여 이 범위 내에서 3년 간 투자하기로 작정하였다. 당시에 투자심사위원들은 1996년 투자조정분 500억 원과 1996년 세후이익 1,500억 원의 재원조달 가능성은 인정하였으나 1996년 및 97년의 물자절약 및 경비절감 목표 각각 1,500억과 1,800억 원은 실현가능성이 희박하고 또 미실현 불확실한 재원을 투자재원으로 계획하는 것은 무리라고 반대를 하면서 투자규모를 축소하자고 주장했다.

그러나 나는 지금 투자하지 않으면 경쟁력을 확보할 수 있는 시간적 여유가 없다고 주장하였다. 그렇다고 이익잉여금을 사용하면 부채비율이 182%에서 200%를 넘을 것이고 은행으로부터 외화대출 등을 빌려서 투자하게 되면 이자율은 싸지만 환율상승시 환차손의 리스크가 있으므로 곤란하다고 반대하였다. 대신 우리가 허리띠를 졸라매면 절약할 수 있다고 설득을 하여 우선 264건의 기계설비에 1,874억 원을 제1단계 신바람 설비투자계획으로 확정시켜 2년 간 투자하기로 결정했다.

이러한 막대한 규모의 투자계획과 확실하지 않은 투자재원 조달방법에 이의를 제기하는 것은 당연하였다. 1982년 6월 창원공장을 준공하기까지 3억 달러가 투자되었다는데 이번에 약 5억 달러를 투자하겠다니 이해가 잘 가지 않은 것은 당연한 것이었다. 이들은 속으로 사장의 생각이 구름잡는 얘기로 받아들여졌겠지만, 나는 물자절약과 경비절감의 의지가 확고했기 때문에 각 본부장은 투자하고 싶으면 다른 것을 절약해서 하라는 뜻으로 그들이 물자절약과 경비절감에 앞장서 줄 것을 강요한 것이었다.

실제로 1996년 세후순이익 1,733억 원과 물자절약 및 경비절감 1,413억 원 그리고 1997년 물자절약 및 경비절감 2,011억 원, 합계 5,157억 원의 재원조달 실적을 이룩하자, 본부장 등은 내 의지와 예측에 혀를 내둘렀다. 실제로 공장관리 혁신부문에 집행된 금액은 1996년에는 준비시간이 많이 걸려 616억 원의 투자에 그쳤고 1997년에는 1,388억 원이 투자되었다. 1998년에는 1,649억 원이 투자될 계획이었다. 이러한 공장혁신계획 아래 1997년 12월 31일을 기준으로 제1단계 신바람투자계획을 집행한 결과를 총점검한 결과, 그간 일부 취소가 있어서 253건의 기계설비에 1,838억 원의 투자가 진행되고 있었고 품의가 끝난 것이 240건에 1,573억 원이었다. 발주가 나간 것이 228건에 987억 원이었고 공장에 입고되어 가동중인 것이 193건 406억 원어치였다. 투자목적별 투자현황을 보면

① 설비의 고도화 — 61건, 774억 원
② 노후설비교체 — 26건, 157억 원

③ 설비자동화 — 44건, 285억 원
④ 전용라인화 — 16건, 107억 원
⑤ 설비개보수 — 13건, 132억 원
⑥ 물류개선 — 43건, 138억 원
⑦ 환경 및 안전 — 40건, 207억 원
⑧ 품질개선 — 10건, 38억 원 등

합계 253건에 1,838억 원의 투자가 진행되고 있었다.

공장관리혁신팀에서 1997년 말 현재 입고되어 가동중인 193건의 기계, 설비투자금액 406억 원을 대상으로 평가한 결과 총원가 8% 절감, 인력 10% 절감, M/H 30% 절감, 리드타임 40% 단축, 물류이동거리 90% 단축 등의 정량적 효과가 나타난 것으로 평가되었다.

또한 각 공장에서는 신이 났다. 컴퓨터에 의한 자동용접이 이루어지는 것을 보며 신기해하면서 새롭고 성능 좋은 기계를 가동하니 편하고 생산성도 올라가서 좋아했다. 게다가 정밀도가 나오고 작업환경이 깨끗하여 일할 맛 난다고 했다.

"사장님, 이제 일감만 갖다 주십시오. 신바람 나게 일하겠습니다"라고 현장사원들은 이구동성으로 외쳤다.

나는 투자집행상황을 분기별로 점검했고 새로운 기계가 입고되어 설치되면 즉각 공장에 내려가 시운전 과정을 지켜보고 그 투자효과를 점검했다. 사장실에는 투자계획을 건별로 정리해 차트를 만들어 놓고 수시로 점검하고 전화로 물어보고 확인하였더니 우리 사장은 진짜 진돗개라고 수근거렸다.

공장설비 투자사례

투자사례를 몇가지 들어 보겠다.

로터제작라인은 터빈제네레이터 경쟁력의 핵심공정인데, 로터 가공기계가 무원칙하게 이 공장 저 공장으로 흩어져 있었다. 같은 공장 안에서도 라인화가 되어 있지 않고 이 작업장과 저 작업장으로 흩어져 있어 가공기계를 따라 다니며 이동하느라 물류비가 많이 들었다. 정삭선반과 조립선반은 가공이 집중되어 제작의 병목현상이 일어나 로터 제작에 원가가 많이 들어갔다.

그리하여 로터 제작을 전용라인화하기 위해 설비 4대를 이설, 재배치하고 병목현상 해소를 위한 가공설비와 환경설비를 신규로 투자하여 16개월만에 전용라인화를 이룩하였다. 투자비는 55억 3,000만 원이 소요되었다. 그리하여 작업장별로 가공하기 위해 4회나 이동하던 것이 이제는 물 흐르듯이 제작이 진행되었고 137% 내지 300%의 부하가 걸리던 정삭선반과 조립선반의 평균부하율이 100~107%로 낮아져 과부하를 분산할 수 있었다. 덕택에 가공시간이 14%나 절감되었다.

리드타임이 20% 단축되고 제조원가는 500MW LP로터의 경우 17%, 모노 블록 로터(Mono block Rotor)는 40%가 절감되었다. 생산성은 50% 증가되어 종전의 연간 2,000MW에서 3,000MW를 제작할 수 있게 되었다. 따라서 터빈제네레이터의 총제자원가를 12%나 절감하여 경쟁력 확보에 크게 기여하였다.

터빈제네레이터의 핵심부품인 버켓 제작자동화 라인화에 184억 원과 다이어프램(Diaphragm) 자동전용라인에 18억 원, 로터 코일(Rotor Coil) 및 스테이터 코어(Stator Core) 제작라인자동화에 28억 원, 스테이터 프레임(Stator frame) 가공 자동화설비 20억 원 등 완전

자동화를 위한 투자가 진행되고 있었는데 이 투자가 완료되면 8시간 무인공장 가동이 가능해질 수 있었다. 생산성이 2배로 증가하여 T/G 조립능력이 3,000MW에서 6,000MW로 확대되고 리드타임이 4개월에서 2개월로 단축되어 우리가 목표로 하는 '세계 제일의 설비제작업체'가 될 것이 틀림없었다. 이제는 중국에서 제작하는 T/G가격보다 더 싸게 생산할 수 있는 자동화 제작라인이 1999년부터는 가동하기 시작할 것이다.

보일러 공장에서 보일러코일을 제작할 때 밴딩을 해야 하는데 지금까지 반자동 또는 수작업으로 하던 것을 43억 원을 투자하여 자동용접기(2 Head Dual Radius Bender line)를 신규로 설치하였다. 이로써 생산성이 2배로 올라갔고 리드타임이 3개월에서 1.5개월로 축소되고 품질불량률도 100PPM이하로 떨어졌다. 또 튜브를 뒤집을 때 소음이 엄청나게 났었는데 이제는 크게 줄어 난청환자가 생기지 않게 되었다.

또한 보일러 패널제작라인에 23억 원을 투자하여 동시에 6개의 불꽃으로 용접할 수 있는 6 토치라인(torch line)으로 완전자동화를 하였다. 이로써 종전에 500MW급 연 4기를 제작(2,000MW)하던 것이 8기(4,000MW)로 생산성이 2배로 늘어났고 종전에 7명이 작업하던 것이 2명이 작업할 수 있게 되어 인건비도 크게 절감할 수 있었다. 덕택에 종전에는 보일러를 제작하면 발전소 현장에서 조립하고 난 뒤 수압테스트를 5~6회 되풀이하면서 수정하였으나 지금은 조립 후 1회 테스트에서 모두 합격하였다.

단조공장에는 1만 톤 프레스기계를 이용해 T/G의 로터샤프트, 선박엔진용 크랭크샤프트, 크랭크로드, 제철소용 백업 롤 등 대형 단조품을 단조하고 있는데 작업자 둘이서 철사를 길게 맞잡고 800~1,200도에서 단조물을 측정한 상태에서 프레스로 주먹구구식으로 단조하였는데 울퉁불퉁하고 또 가공여유가 많아 덧살을 가공해 내는데 M/H가 엄청 많이 들었다.

이 1만 톤 프레스는 전세계적으로 5대 있는데, 그 중 하나가 우리 공장에 있었던 것이다. 이 프레스는 우리 공장에서도 유명해서 공장 방문객은 누구나 찾는 한중공장의 명소이기도 하였다.

"제품치수의 불량률을 줄이고, 덧살을 균일화 내지 줄일 수 있는 길이 있을 것이다. 또 뜨거운 쇳덩이 옆에서 땀을 뻘뻘 흘리면서 철사로 치수를 측정하지 않아도 되는 방법이 분명히 있을 것이다"라고 격려하면서 기술자들을 일본 JCFC, JSW 등으로 출장을 보냈다.

마침 JCFC가 최신 작업방법을 적용하고 있는 것을 보고 그대로 모방하여 1997년 2월 6일 3억 4,100만 원을 투자하여 자동마크기계 (Light Mark System)를 설치하였다.

철사 대신에 벌건 쇳덩이에 레이저빔으로 줄을 치고 원을 그리고 그 치수마크에 따라 단조를 하게 되니 덧살을 균일화할 수 있었다. 또 종래 2~6cm의 덧살(어떤 때는 10~30cm)을 1~3cm 이내로 줄였고 뜨거운 데서 철사로 치수를 측정할 필요가 없게 되었다. 그 결과 단조품의 원가를 5% 줄일 수 있었고 가공하는 공장에서 덧살이 크게 줄어 황삭가공 M/H를 줄이고 용접봉 소모량도 크게 줄었다. 단조공장 및 가공공장에서 연간 약 5억 원의 절감효과를 가져와 투자비를 1년만에 회수할 수 있었다.

주조공장에서 터빈이 덮개를 제자할 때는 모래로 조형을 만들어 거기에 쇳물을 붓고 식힌 다음에 주조품을 만든다. 이때 모래조형에 쇳물을 붓는 50~100cm 높이의 입구통은 나중에 가스를 이용해 수작업으로 잘라내는데 소리가 요란하고 뜨거운 열도 발생하는데다가 모래와 쇳가루가 범벅이 되어 분진이 자욱하게 발생하는 대표적인 3D 작업이었다.

이것을 강력한 6개의 가스파이프가 자동으로 자르는 자동압탕절단기를 4억 6,200만 원에 구입, 1997년 8월 20일부터 가동하였다. M/H가 50% 감소되고 분진도 집진기로 다 빨아들였다. 생산성도 배로 향상되었다. 수작업으로 할 경우 절단면의 과도한 덧살이 6cm정도였으나 자동으로 절단하니 절단면의 절단상태가 균일하고 덧살도 3cm 이내로 줄어들었고 리드타임도 2일에서 1일로 단축되었다.

공장에 갈 때마다 3~5억짜리 기계 한 대를 투자해서 저렇게 엄청난 효과를 실현하는 것을 보고는 정말로 투자를 잘 했구나 하는 생각이 들었다. 또 작업자를 포함해서 현장사원들이 그렇게 좋아할 수가 없었다. 이들 중 40~50명이 외국에서 직접 조작방법을 훈련받았고 또 새로운 기계를 주문할 때 약 100명 이상이 자기가 사용할 기계를 직접 고르는 데 참여하였다. 어렸을 때 시골 장날에 어머니와 함께 신발가게에서 직접 운동화를 고를 때처럼 즐거운 일이 없었던 기억을 되살려 출장비가 들더라도 사원들을 검사원들과 함께 출장을 보냈던 것이다.

정비를 우리 손으로

또한 각 공장으로 흩어져 있던 정비기술팀을 통합하여 지원본부 소속으로 일방적으로 일원화했다. 이 과정에서 반발이 대단히 컸다. 각 본부장 밑에 있어야 정비가 원활이 되고 또 신속히 이루어질 수 있다는 것이었다. 그러나 나는 생각이 달랐다. 통상적인 기계정비는 조작자나 생산과장이 보수할 수 있어야 하고 각 생산단위 조직이 스스로 TPM활동을 활성화해야 한다고 생각했다. 그 대신 정비기술팀에서는 설비의 개보수뿐만 아니라 성능보완 및 개선이 주임무가 되어야 한다고 생각했다.

외국의 공장을 가 보면 100년 이상 된 기계가 그 기본구조는 그대로인 채 끊임없이 성능개선을 해서 컴퓨터까지 부착하여 지금도 잘 돌아가고 있는 것을 볼 수 있다. 그래서 우리도 툭하면 낡은 기계는 고장난다고 버리고 새 기계를 구입하는 습관을 고쳐 보자는 뜻에서 시작한 일이었다.

또한 국산기계 제조회사와 공동 노력하면 우리 스스로 국산화할 수 있을 것이고 적어도 기본구조는 국산으로, 알맹이는 외국산으로 쓴다면 비용을 절감할 수 있다고 생각하였다. 그리하여 정비기술담당에 통합을 가장 반대하던 조충구 이사를 발령내고 정비기술팀에 권한을 부여하여 각 본부는 투자할 때 반드시 협의를 거치도록 했다. 정비기술팀은 먼저 국산화가능성, 성능개선 가능성을 검토하고 투자된 후 시운전이 시작되면 반드시 기대만큼의 투자효과가 나는지 평가하도록 하였다. 그리고 새 기계를 살 때마다 정비기술팀에서도 반드시 시운전훈련에 참가하여 기계를 자유자재로 뜯어보고 다시 조립할 수 있을 정도로 훈련시키라고 지시하였다.

또 개보수에 필요한 자율집행 권한한도를 부장급은 월 500만 원, 담당은 월 1,000만 원씩 주어 기동력 있게 개보수하도록 했다. 덕택에 정비기술팀은 과거의 각 본부 내에서의 찬밥 신세에서 벗어나 사기가 충천하게 되었고 또 보조적 기능이 아닌, 주도적 기능을 수행하게 되었다. 이들은 이제 성능개선작업(Retrofit)이 주업무라는 인식을 갖게 되었고 실제로 많은 성능개선작업으로 투자비를 절약해오고 있다.

기계설비를 전산화하여 각각 건강기록부를 유지하게 되면서 기계설비의 건강상태와 고장수리 이력을 통하여 병의 원인과 치료가 빨라지고 정확하게 되었다. 성능개선작업에 성공한 한 가지 예를 들어 보겠다.

회사에서는 1997년 12월 13일부터 단조공장 1만 톤 단조프레스 의 대대적인 보수공사를 시작하였다. 본 1만 톤 프레스는 1982년 설치된 이후 현재까지 약 15년 동안 가동함으로써 설비의 노후화가 계속되고 있는 상태였다.

보수공사는 고도의 정비기술력 및 안전성이 요구됨으로써 설비제작처 또는 해외 외주정비 전문업체에 의해 수행되어야 했다. 그러나 정비기술혁신 프로그램에 의한 정비기술 자립차원에서 3억 5,300만 원의 투자로 그간 축척된 기술력을 바탕으로 하여 독자적으로 수행했다. 3개월에 걸친 보수 끝에 약 10억 이상의 장비국산화 효과 및 자재국산화에 따른 2억 8,000만 원 이상의 자재비 절감효과를 얻을 수 있었다. 그뿐 아니라 프레스 압력이 1만 톤에서 1만 3,000톤으로 높아져서 울진 #5,6호기용 모노 블록 로터 단조작업이 가능하게 되었다. 또한 프레스 보수 완료후 프레스의 연간 고장시간이 390시간에서 270시간으로 31% 감소되고 연간 고장건수도 66건에서 45건으로 대폭 감소되어 정비외화절감 6억 원, 고장률 감소 및 제작 리드타임 단축에 따른 50억 원 상당을 절감해 주단품 경쟁력 확보에 크게 기여할 수 있었다.

또 하나 예를 들자면 터빈제네레이터의 안팎 케이싱과 스테이터 프레임을 전용가공하는 터빈공장의 플래노 밀러(Plano Miller) 기계를 1981년에 독일 코부르크(Coburg)사에서 구입, 설치하였는데, 노후화로 성능이 30%가 저하된 상태였다. 신규구입을 검토했으나 120억 원을 호가하여 우리 정비기술팀에서 자체 정비하기로 하였다.

모두가 자신없어했지만, 나는 기술축적 차원에서 모험을 하기로 마음먹고 "그것도 못하면 죽어라"라며 엄포를 놓아 1997년 8월부터 6개월간의 정비작업을 하여 성공했다.

축이 돌아가는 속도가 750RPM에서 2,000RPM으로 2.7배나 올라

잤고 완전자동화됨으로써 생산성도 36% 제고하였을 뿐만 아니라 새 기계를 구입하려면 100~150억 원을 주어야 했는데 38억 원으로 새 기계 이상의 성능을 확보하였다.

한편으로 1997년 7월 1일부로 통합하여 150명으로 구성된 정비기술팀에게 2,000년까지 세계 최고 수준의 정비기술과 설비성능 확보를 위하여 정비기술혁신방안을 수립하라고 지시하였다.

1997년 9월에 확정한 5개년 계획에 따르면 정비혁신 4대 목표로 ① 정비기술능력 확보 ② 설비성능 극대화 ③ 고객만족 ④ 정비비용 절감을 정하였다. 기술인력의 고급화와 기능인력의 정예화·전문화로 성능개선 및 개보수의 해외의존도 80%를 2000년에는 완전 자립하기로 했다. 또 주요설비 정비 자립도 60%를 2000년에 100%까지 제고하기로 하였다. 그리하여 당사의 총 설비대수 1,171대에 대한 설비성능 극대화를 달성하기로 하였다.

특히 신규구입설비는 자동화, 로봇, FMS 첨단 고기능 설비로 해외훈련, 외국기술자고용을 통하여 과학적인 진단기술을 확보하고 계획적인 개·보수를 추진하도록 하였다. 또한 고객만족을 지상과제로 삼고 '긴급정비 출동반'과 '정비불만 접수창구'를 설치, 운영하도록 하고 선진국에서 관리하고 있는 MTTR＝정비시간/고장건수(Speedy)와 MTBF＝가동시간/고장건수(신뢰도) 지표를 도입, 관리하기로 하였다. 이를 통해 정비비용도 매년 10%씩 절감하도록 하고 2000년 이후에 '정비기술 주식회사'로 독립하여 이익창출을 하는 독립채산제의 회사로 출범하는 것을 목표로 삼았다.

용접자동화의 성과

공장관리혁신팀 밑에 용접자동화 추진팀을 별도의 팀으로 구성한 것은 용접자동화를 추진하고자 했기 때문이다. 용접사들은 타직종에 비해 높은 임금을 받는 반면, 용접사 개인의 기량에 의존하여 용접불량이 많이 나왔다. 또 3D직종이라 작업을 회피하여 1981년 830명의 용접사가 지금은 414명으로 줄었고, 용접사 평균연령이 80년대 초 32세가 현재는 43세 이상으로 고령화되었다. 전형적인 노동집약적 직종으로, 후발국의 맹렬한 추격이 진행되어 경쟁력이 없는 상태였기 때문에 용접자동화를 과감히 추진하여 인력의존도를 탈피해야 했다. 고부가가치를 창출하고 품질개선과 원가절감을 달성하면서 동시에 환경안전을 도모하고 생산성을 높이고자 하였다.

1996년 현재 수동 용접기가 1,600대, 용접사가 약 400명으로 1인당 평균 보유대수가 4대로서 한중의 제작은 대부분 용접으로 이루어지고 있다 하여도 과언이 아니었다. 고임금의 인력이 수작업으로 용접하면 경쟁력은 낮은 대신 품질불량률이 높아질 우려가 있었다. 뿐만 아니라 환경상의 문제도 제기되었다. 그리하여 20년 간 용접기술로 살아온 김종오 부장을 팀장으로 하여 각 본부와 기술연구원으로부터 모두 16명의 전담팀을 구성하였다.

우리는 현재의 용접기계화율 29% 수준을 1997년 말 41%, 1998년 말 52%, 2001년 66%로 제고하기로 하였다. 또한 현재 로봇 등 프로그램에 의한 용접제어장치로 자동용접하는 전자동 용접기계는 한 대도 없으나 1997년 말 10대, 1998년 말 23대, 2001년 30대를 설치하여 전자동 용접공정수를 늘려가기로 계획을 세웠다.

추진전략으로는 당사 실정에 맞는 설비 도입과 개발, 산·학·연 공동연구개발 그리고 일본 등 해외로부터 이 분야의 퇴역기술자를 고용하여 선진자동용접기법을 빠른 시일 내에 전수받기로 하였다.

또한 전자동 용접에 필요한 제어기술자, 프로그래머를 국내외 연수를 통해 양성하고 국내외 타사의 적용사례를 수집하여 흡수하도록 하였다. 이를 위해 1996~98년 177억 원을 투자하기로 결정하였다.

그리하여 크고 작은 자동용접기를 62대나 신규투자로 설치하였다. 실례로 원자력공장에서 원자로나 스팀제네레이터를 제작하려면 직경 5~7m, 두께 20~30cm의 원주형후판(圓柱型厚板)을 용접해야 한다. 이때 7조각의 원주형후판을 맞대놓고 수작업으로 사다리를 타고 오르내리면서 용접하려면 1만 1,000시간이 걸린다.

이러한 원자력주기기셀과 대형 탱크와 벳슬을 전자동 외부원주용접하는 반자동용접기계(Semi Gantry Welding Machine)를 이탈리아 안살도(Ansaldo)사로부터 97만 3,000달러에 구매하여 1998년 2월에 설치, 시험가동에 들어갔다.

나는 공장에 지켜서서 이 자동기계가 용접하는 상황을 체크하고 용접부위의 테스트결과를 비교 검증하는 등 몇번씩 공장에 내려갔다. 종전에는 작업인원이 사다리를 타고 오르내리면서 수작업으로 용접하다 보니 예열로 인해 뜨거워진 쇠로부터 나오는 열 때문에 겨울에도 땀이 절로 나오고 용접시간도 엄청 오래 걸렸다. 그러나 이 자동용접기를 설치 운전하면서부터는 용접하는 로봇을 고정시켜 놓고 터닝 롤러가 큰 셀을 천천히 회전시키면서 용접하게 되어 작업인원은 컴퓨터만 들여다 보면 되었다.

이 기계 한 대로 원자로 1,000MW급 1개를 제작할 때 용접하는 데만 종전에 1만 1,060시간 걸리던 것이 2,140시간으로 단축되었다. 투입인원은 종전에 2교대 기준으로 1,116명이었으나 232명으로 줄어들었다. 또한 리드타임이 종전 279일에서 116일로 단축되었다. 용접작업시간과 투입인원이 1/5과 1/2.4로 줄어든 것이다.

자체용접기술개발에도 박차를 가하고 있는데 그중 성공사례 한 가지를 소개하겠다. 원자력발전소의 시운전 중에 원자로를 로심으로부터 방사선피폭과 중성자간의 반응·고온고압환경의 영향으로 재질의 기계적 성질이 변화되고 저하되는데 이러한 상태에서 원자로용기의 건전성을 줄이기 위해 용기재질과 동일한 3중 다량의 시편을 제작하여 원자로 내에 장착한 후 고청정용접인 진공차폐용접을 하여 원자로 내부의 여섯개 지점에 설치하고 운전중에 주기적으로 꺼내어 시험할 수 있도록 하는 설비이다.

지금까지는 ABB에서 전량 수입해 왔는데, ABB는 기술이전을 기피하였다. 원자력발전소 1호기당 1억 4,000만 원(1달러=800원)을 주고 수입해 왔는데 이것을 우리 용접개발팀에서 자체개발에 도전하여 성공한 것이었다. 우리는 이것을 울진 3호기(1997년 4월)부터 전량 적용해오고 있다.

종전에 제작·수입기간 80일 소요되던 것이 자체제작으로 9일만에 완료하였고 1호기당 2억 5,000만 원을 절감하여 개발투자액 1억 5,000만 원을 바로 회수했다. 이 개발팀의 주역이었던 김종오 부장은 1997년 4월 제30회 과학의 날 행사에서 국무총리표창을 받았고 1997년 10월 용접학회 추계학술발표대회에서 기술상을 받았다. 현재 써베일런스 캡슐 어셈블리(Surveillance Capsul Assembly) 용접을 위한 진공차폐용접기술은 1997년 12월에 특허출원을 했고 국산신기술 인정(KT마크)을 신청해 놓고 있다.

중앙집중관리에 따른 반발

그 다음으로 외주관리혁신을 시도했다. 당시 사내외 협력업체에 대한 외주관리가 각 사업본부별로 각각 운영됨에 따라 외주업체 한 곳을 각 사업본부별로 각각 관리하게 되어 중복관리되고 있었다. 이로 인해 과다한 인력이 외주관리에 투입되고, 관리를 받는 외주업체는 각 본부별로 각각 관리와 검사를 받게 되어 어떤 때는 하루에 한중사람 몇 명이 다녀가 외주업체의 간접 M/H가 증가했다. 또 외주업체의 외주 작업물량의 차이로 업체별 작업물량 부하의 편차가 심하여 업체별 적정 인력운영이 어렵게 되었다. 또한 외주업체의 제작품에 대한 상차검사(上車檢査)나 공장투입검사시 한 명이 검사해도 될 사항을 각 본부마다 검사요원 몇 명이 검사함으로써 인력손실을 가져오고 있었다.

알스톰사에서 10년 전에 모든 구매와 납품검사를 대폭 하부로 또 현지에 위임했더니 약 20%의 구매예산이 더 들어가는 바람에 다시 모든 구매와 납품, 검사를 중앙집중구매(Recentralization)하여 파리에서 모든 것을 관장하고 있다는 빌저(Bilger) 회장의 설명을 듣고 나는 전사의 구매, 외주, 납품, 검사를 일원화하기로 마음먹었다.

제록스(Xerox)사도 '중앙구매그룹'을 설치하여 전세계 12개 자회사를 대신하여 고품질과 저렴한 가격의 원자재와 부품을 공급할 수 있는 공급자들을 선발했다. 종래 범세계적 공급자 5,000여 개를 400개로 감축했고 이들로부터 90%를 조달받고 있다.

소니(Sony)사도 비용절감을 위해 싱가포르에 '국제부품조달센터'를 설치, 운용하면서 전세계 소니공장에 원자재를 공급해주고 있다.

한중도 외주의 경우 외주담당을 신설하여 그 기능을 통합하기로 했다. 검사의 경우도 수입검사와 통합하여 품질보증실에 외주검사부를 신설 운영하기로 하였다. 이렇게 하면 각 본부별 외주관리 인력 191명을 통합하여 120명으로 관리가 가능해진다. 검사도 132명씩 각각 하던 것을 95명으로 수행할 수 있게 되어 인력을 절감할 수 있게 되고 외주업체별 적정물량 배분이 가능해지고 외주업체의 간접경비와 불만을 해소할 수 있겠다고 생각하였다. 그러나 의외로 본부장들의 반발이 거세었다. 각 본부별로 구매하고 있는 것을 통합하게 되면 납기에 차질을 가져오고 외주업체가 소요부서의 말을 잘 듣지 않게 된다는 것이 그 이유였다. 검사도 전문요원이 하지 않게 되어 불량률이 늘어날 것이라는 등의 강한 반대에 부딪쳤다.

또한 금액이 얼마되지 않는 부품이나 소모품을 경쟁입찰에 부치면 투명성은 확보될지 모르나 절차가 복잡해지고 납기일을 맞추지 못하거나 품질불량 등이 일어날 우려가 있을 거라고 생각했다. 그리하여 나는 검사기능만 통합하고 구매 및 외주관리는 현행대로 실시하는 것으로 한발짝 물러섰다. 그러나 좀더 정밀히 파악하여 통합관리가 경쟁력제고와 투명성 확보에 도움이 된다면 다음 기회에 반드시 강행하겠다고 마음먹었다. 아무리 좋은 개혁도 분위기가 무르익었을 때 밀어붙여야지 그렇지 못한 상태에서는 실패할 가능성이 많다. 또 강행할 때는 사장의 독재 내지 독선으로 오해를 받아 다른 분야의 혁신활동이 차질을 빚을 수 있다는 사실을 절실히 깨달았다.

제품설계 자동화

신바람경영혁신활동의 다섯번째 전담팀은 설계자동화팀이었다.

1997년 말 현재 우리 회사의 기술수준은 도면대로 자유자재로 제작할 수 있을 정도로 완전 자립하였으나, 원자로 설비, 스팀터빈발전기, 취수설비, 탈황설비, 소각설비 등 기기의 설계기술은 아직도 자립하지 못한 상태였고 수력터빈발전기는 아직도 설계기술의 흡수기에 머물고 있었다.

제품의 경쟁력은 경제적인 설계에서 나온다. 경제적인 설계는 실적을 근거로 제품모델별로 표준화된 설계를 현장의 수요와 환경에 따라 자동적으로 그려내어야 가능한 것이다. 또한 견적업무의 핵심이 설계기술에 있기 때문에 투입되는 스펙과 수치에 따라 자동계산 산출되어야 한다. 또 수많은 기능품간에 상호간섭이 없도록 표준설

계가 자동적으로 상호조정되어 설계가 이루어져야 하고 설계도면도
자동적으로 생성되어 나와야 한다.

이제는 3차원의 컴퓨터로 모든 설계를 자동적으로 그릴 수 있기
때문에 소프트웨어의 개발이 가장 중요하다. 나는 1996년 10월에 7
개 본부 15개 팀으로 구성되는 설계자동화팀을 조직하여 5개년 설계
자동화계획을 수립하도록 하였다. 먼저 보일러 설계실, 배관기술실,
터빈설계실과 내연발전기술실이 한 팀이 되어 플랜트 동시설계시스
템을 구축하도록 하였다.

보일러, 철구, 배관을 소프트웨어(PASCE)를 이용하여 동시 몰딩
을 해서 항시 간섭을 점검할 수 있도록 하고 설계초기단계부터 제작
도면 생성까지 완전자동화하는 것을 목표로 하였다. 이로써 도면작
성 M/H를 50% 절감, 설계 M/H도 55% 절감할 수 있었다. PASCE
소프트웨어를 이용할 수 있는 3차원 자동설계기기(3D CAD)를 21
대에 3억 2,100만 원을 투자하여 구입했다. 이 분야의 투자에 대해서
나는 실무자들이 예상하는 것보다 훨씬 과감했다. 실무자들이 생각
하지 못했던 분야를 사장인 내가 지적하여 밀어붙이니 처음에는 당
황했으나 나중엔 나보다 더 적극적이었다. 한 대에 3,000~5,000만
원 하는 3D CAD를 사장이 과감히 구입해 주니 신이 났던 것이다.

그 다음은 보일러 압력부 설계자동화를 추진하였다. 보일러압력부
의 제작도면을 3D CAD화하고 상세도면은 자동 생성하여 숍(Shop)
도면 및 BOM(Bill of Material)도면을 자동으로 그려내었다. 더 나
아가 보일러를 동화상화해서 상호간섭을 자동적으로 처리하고 경량
화할 수 있게 되었다.

보일러압력부 설계자동화는 1년만에 완료하여 대만의 포모사
(Formosa) 프로젝트, 싱가포르의 튜어스 Ⅱ(Tuas Ⅱ)의 견적에 적용
해 보았더니 설계 및 도면작성 M/H를 50% 절감할 수 있었다. 이로

써 연간 500MW급 2기를 설계할 수 있던 것을 이제는 동일한 인력으로 500MW급 4기를 설계할 수 있게 되었다.

다음은 복수기, 열교환기, 급수가열기 등 기계부문 설계자동화를 위해 3차원 몰딩 소프트웨어를 개발하고 도면설계와 작성, BOM자동생성 그리고 견적작업을 자동화하기로 하였다. 또한 운반설비, 환경설비도 설계자동화계획에 포함시키고 엔진부문 설계자동화를 위하여 지금까지 제작한 디젤엔진의 설계도면을 데이터베이스화하고 한중도면과 BOM으로 변환되도록 하였다.

이와 더불어 한중의 모든 도면 및 기술문서의 작성, 수정, 배포, 검색, 보관 등 일련의 과정을 시스템화하고 부서 또는 사용자간의 전자우편 및 전자게시판으로 조회, 출력할 수 있도록 했다.

이와 같은 설계자동화를 위해 1997년에 47억 원을 투자했고 1998년에 64억 원을 투자할 계획인데 설계 및 도면 작성의 M/H 50% 절감으로 설계의 생산성이 향상되고 도면 외주비 절감, 종이사용절감 등으로 연간 205억 원을 절감하는 큰 성과를 올릴 것으로 예상된다. 또 당사는 수주에 의한 영업형태로 견적가격 산출이 정확하고 신속해야 되는데 종전에는 발전소 견적가격을 약 30명이 한달 걸려 작성하던 것을 지금은 5명이 일주일만에 산출해내고 있다. 1998년 1월 말 현재 한중은 2D CAD 1,450대, 3D CAD 75대를 보유하고 있다.

JIT제도 도입

여섯번째 경영혁신활동팀은 JIT제도의 실현을 위한 재공품 관리혁신팀이었다. 자재수령부터 출하되기 직전까지의 공정중에 있는 모든 자재, 재공품과 제품을 대상으로 하여 입고→검사→통관→작업장투입 대기단계까지는 '자재재고관리팀'에서, 자재수령후 제작착수 대기→재료재공→제작→도·포장→출하대기→출하 직전까지는 '재공품관리 혁신팀'의 혁신활동대상으로 하여 정체재공품 감축, 제조 리드타임 단축, 적정재고품 및 제품관리방안을 수립하고 2000년 이후에는 JIT 생산체제가 구축되게 하라는 지침을 내렸다.

조충구 이사를 팀장으로 재공평가분과, 재공실행분과, 제조 리드 타임분과 등 세 분과로 나눈 뒤 1996년 4월에 32명의 전담팀원으로 구성하고 5월 1일부터 혁신활동에 들어갔다. 1996년 12월 말 현재 전 사 재공품은 3,212억 원으로 1996년 월평균 3,000억 원이었고 재공 보유 월수(재공 리드타임)는 5.4월이었고 1997년 12월 재공품 리드 타임은 5.7월로 기대보다 훨씬 길었다. 또한 제품재고는 1996년 12월 말 433억 원이었고 1996년 하반기중 평균 제품재고는 월평균 486억 원이었다.

제작완료 후 출하일까지의 제품 정체기간은 12개월 이상이 13%, 6개월~11개월 40%, 2개월~5개월 34%, 1개월 미만이 13%로 6개 월 이상의 제품재고가 53%에 달해 쓸데없는 보관료를 부담하고 있 었다.

1997년 1월부터 재공품과 제품재고 감축과 제조 리드타임 단축을 목표로 일본 동종업계 및 도요타를 벤치마킹하여 1997년 중에 재고 품 산출시스템을 개발했고 실물재공액 평가기준과 표준 리드타임을 설정하는 등 기대 이상의 활동을 하였다. 특히 제조 리드타임의 표준 일수를 공장별, 기계별로 산출하여 활동한 결과 69개의 세책을 추진 하여 재공품 리드타임을 18.6% 단축하는 데 성공하였다. 그 결과 평 균재공월수 5.4개월에서 4.4개월로 줄어들었다.

1998년에는 공장별, 설비별 적정재공품 산출방안과 기준을 설정하 여 과잉재공품을 축소해 나가고 재공지표를 개발하여 정체재공품 관 리를 가시화하였다. 또한 재공 및 제품관리 시스템을 개발하여 컴퓨

터에 의하여 재공품과 제품을 관리해 나가기로 하였다. 각 공장의
'공정과'가 주축이 되어 전체 재공품 돌파시스템을 개발하여 정체요
인으로 설계, 생산, 구매, 기술, 과부하, 품질, 설비, 노조활동, 휴무
등의 대내적 요인과 고객의 납기연기, 운송지시 지연 등 대외적 요인
을 월별, 주별로 분석하기로 했다. 또 정체품가시관리를 통하여 정체
요인의 사전 제거로 전체 재공율의 제로화에 도전하기로 하였다. 이
를 위해 3개년 투자계획을 별도로 수립하기로 했다.

나는 이들의 활동이 기대치 이상의 결과를 도출해내자, 1997년 12
월에 부부동반으로 정성관에 초청하였다. 그 자리에서 나는 그들의
활동을 격려하면서 자재재고가 2년 간 1,580억 원에서 440억 원 수준
으로 줄었듯이 전사 재공품재고 3,212억 원과 제품재고 433억 원 중
적정재고를 뺀 금액이 제로가 될 수 있도록 더욱 노력해 달라고 당부
하였다. 처음에는 전혀 개념도 모르고 JIT가 무엇인지도 몰랐으나 이
제 제대로 방향을 잡아가고 있어 흐뭇하였고 여기에도 불씨가 타들
어 가고 있음을 확인하였다.

황궁잔치 가는 심봉사 신세

신바람경영혁신활동의 일곱번째 팀은 통합정보시스템구축팀이었
다. 회사는 이미 1995년 7월부터 통합정보시스템을 구축하기 위하여
네덜란드의 밴(Bann)사로부터 트라이톤이란 소프트웨어를 도입, 전
사적인 적용을 하기 위해 당시 정정운 부사장을 전산추진위원장으로
하고 108명이 참여하여 진행하고 있었다. 이미 1995년에 48억 원,
1996년에 121억 원 투자가 계획되어 있었으나 나는 아무리 설명을 들
어도 이해가 잘 되지 않았다.

견적, 예산관리, 구매, 자재관리, 공정관리, 인력 및 재무관리 등

통합정보시스템을 구축한다는 목적은 좋았으나, 이것이 정말로 활용되어 절차를 줄이고 원가를 감소시킬 수 있는지에 대하여 확신이 서질 않았다. 계획대로 1997년 1월부터 주요 제품에 대해 우선 적용하고 1998년 1월부터 전사적으로 적용된다면, 예를 들어 견적가 준비에 종전에 45~60일 걸리던 것이 3일로 끝나고 30일 소요되던 프로젝트 원가계산도 3일로 충분하다는 것이었다. 게다가 노무비가 연 158억 원 절감된다는 것이었다. 구매에 있어서도 가격 조회하고 MPR(Material Procurement Request) 발부하는 데에 40일 걸리던 것이 10일로 충분하다는 보고와 시스템구축 완료시 연간 200억 원을 절감할 수 있다는 보고에 홀딱 반해서 1996년도 투자는 그대로 진행시켰다. 그리고 '한중 경영정보망'을 신설하여 주요 경영지표 및 협력업체의 건강기록부 등을 입력한 뒤 수시로 열어보고 또 매일 일보로 보고되던 수주실적과 근태관리 등을 컴퓨터를 통해서 누구나 볼 수 있게 하고 문서보고를 없앴다.

1997년에 들어와서는 그동안 다른 일에 매달리느라 여유가 없어 연기시켜왔던 트라이톤의 진척도와 실용성을 직접 챙기면서 감사실을 동원하여 전면 감사를 실시했다. 사장은 심청전의 심봉사이고 트라이톤은 뺑덕어멈 같았기 때문이었다.

한양 황궁잔치(원가절감·인력절감·경쟁력제고)에 가기 위해 길을 나섰는데 길을 안내하는 뺑덕어멈(트라이톤)은 샛서방(컨설턴트)끼지 데리고 즐기는데, 모든 비용은 앞못보는 심봉사(시킹)기 자기 지출하는 꼴(투자낭비)이었다. 수상하여 따져봐도 나오지는 않고 보이지도 않고… 정말 딱한 노릇이었다. 실제로 각 본부 정보실을 찾아 일일이 점검해 보아도 아직까지 황궁 가까이는커녕 문경새재 입구에서 헤매고 있었다.

1997년에도 투자는 250억 원이 계상되어 모두 420억 원이 투자되었지만, 기대되는 투자효과는 오리무중이라 당혹스러웠다. 트라이톤은 처음부터 단추를 잘못 끼웠던 것이다. 감사실 조사결과는 다음과 같았다.

① 1995년 6월 트라이톤 도입계약 체결시 용역수행한 신성 하이테크(주)는 캐나다 교포가 운영하는 무역업, 건강보조식품업을 하는 업체로, 컴퓨터 소프트웨어에 대해서는 경험과 지식이 전혀 없었다. 이러한 무자격 업체의 용역보고를 믿고 덜컥 계약을 체결했다.

② 외국 컨설팅회사로 고용한 캐나다 ISM-BC사는 다른 소프트웨어인 SAP 패키지에는 경험이 있으나 트라이톤 패키지에 대한 컨설팅 경험은 전무했다.

③ 트라이톤을 적용하기 위해 회사도 먼저 시험모델을 철저하게 검증하고 테스트를 실시해야 하는데 이 과정도 일주일만에 졸속으로 마치고 도입결정을 했다.

④ 트라이톤에 대한 충분한 교육과 훈련, 기존의 본부별 개별정보시스템과의 연계성 분석이 이루어지지 않아 트라이톤에는 420억 원이 투자되었으면서도 그 효과는 요원하다.

그리하여 1997년도 투자계획을 무조건 반 이하로 축소시키고 1998년도 투자계획을 일체 중지하였다. 그리고 정보시스템실장을 해임하고 정보시스템실을 경영기획본부장 소속으로 하여 전 본부를 통합 지도할 수 있는 기능을 부여, 처음부터 새로 시작하도록 하였다. 한꺼번에 모든 분야를 동시에 정보화하지 않고 견적업무와 자재구매 및 관리분야만 완성시켜 놓은 뒤 다른 분야를 진행시키도록 하였다. 정보화에 욕심을 내어 졸속으로 진행시키려다가 이런 실패를 보았다. 그 결과 앞으로 더 나아갈 수도 없고 또 뒤로 물러설 수도 없는 딱한 처지에 놓였다.

통합정보시스템 활동에 참여하고 있는 핵심과장들은 내게 반드시 심봉사(사장)를 한양 황궁잔치에 참여할 수 있게 하여 그리던 딸도 보고(경쟁력제고) 눈을 뜨는(완전한 통합정보시스템 구축의 성공) 그날이 오도록 하겠다는 의지를 보여 주었다. 그나마 안심이 되었다.

1차 사업구조조정

마지막으로 경영혁신활동의 세번째 카테고리는 사업을 구조조정 하더라도 성공할 수 있을지 또 투자를 하더라도 과연 그 효과를 가져 올 수 있을지 위험이 많은 분야로 사업구조조정팀·기술 및 인력개 발팀·한가족 문화창달팀이 여기에 속했다. 이중에 여덟번째의 경영 혁신활동팀은 사업구조조정팀이었다.

이 팀은 백선기 경영기획본부장을 팀장으로 각 본부의 기획부장과 경영기획본부의 각 부서장이 참여하였다. 그 밑에 지원업무 합리화 팀과 식당관리 합리화팀 그리고 T-프로젝트사업단, K-프로젝사업 단을 설치하였다.

한중의 사업중 경쟁력이 없어서 포기해야 할 것과 해외로 이전해 야 할 것을 골라내고 경쟁력이 없더라도 계속 유지할 수 있는 방안을 강구히며 21세기에 신규사업으로 참여할 업종을 조사하는 직업이었 다. 한중이 수행하고 있는 사업중 1991년 이후 6년 간의 평균원가율, 경상이익률, 설계 및 기술자립도, 인건비 비중 등과 향후 6년 간의 매출원가율, 고용창출효과, 설계 및 기술자립 가능성 등을 다각적으 로 검토하여 구조조정계획을 세웠다.

첫번째로 매출원가율이 100%가 넘는 비상발전기와 산업용 보일러는 사업을 폐지하고 노동집약적인 베드 플레이트, 프레임 박스, 탱크와 벳슬, 철구조물, 철탑, 크레인 그리고 강교사업은 국내외로 이전하도록 하였다.

그리하여 베드 플레이트, 프레임 박스는 중국으로, 철구조물은 베트남으로, 탱크와 벳슬, 철탑, 크레인은 인도네시아로 이전하였고 중형 탱크와 벳슬, 강교사업은 대한화학기계를 인수하여 한중 DCM으로 이전하였다. 동시에 건설사업본부의 일반 아파트사업은 현재 진행중인 것만 완료하고 사업을 폐지하기로 하였다.

두번째로 사업성은 없으나 기존 기계설비를 이용할 수 있고 또 세계시장 진출을 위한 사업 가운데 시멘트설비와 제철설비는 설계 및 기술의 조속한 자립을 통해 경쟁력을 제고하도록 하였다. 보조보일러는 한중만이 생산하고 있는데 폐지할 경우에는 수입해야 하기 때문에 기존인력을 활용, 설계만 하고 외주생산업체를 개발하기로 하였다.

세번째로 회사가 직영하고 있는 5개의 식당과 영선·택배·차량·정성관 운영을 전문업체에 외주를 주고, 중기·정비·정보부문은 자회사 내지 합작투자사로 운영하기로 결정하였다.

또한 외부 납품업체들이 15%이상의 원가우위를 가진 제품은 외주생산하고, 자체 제조시설과 제조공정이 우수하여 외부업체보다 창원공장이 15%이상 원가우위를 가지는 제품은 계속 자체 생산한다는 원칙을 세웠다.

회사는 1996년 12월 말 현재 사내에 대형식당 다섯 군데를 갑사원 5명과 아줌마 등 을사원 52명, 그리고 계약직 20명과 파트타임직 12명 등 총 87명을 고용하여 하루에 평균식사인원 조·석식 1,700명, 점심 6,000명, 야식 200명에게 식사를 제공하고 있었다. 점심과 야식은 무료, 조·석식은 500원에 공급하고 있었는데 연간 회사부담이 1995년 69억 원, 1996년 70억 원, 1997년 64억 원이나 되었다.

이를 전문업체에 외주를 주고 단가를 500원에서 2,000원으로 인상, 점심도 1,000원을 부담시키기 위해 1996년 5월 임단협부터 협상을 진행하였으나 노조의 반대로 무산되었다. 그리하여 1997년 4월부터는 주로 본사의 관리직 사원들이 이용하는 별관식당 하나만을 대상으로 노사협의를 진행하였으나 노조는 고용불안, 서비스 질 저하를 우려하여 계속 반대했다.

회사는 협의가 안되면 일방적으로 시행할 수 있는 것이고 또 공장근로자의 평균 연장근로시간이 월 57시간인데 식당근로자의 O/T가 110시간으로 형평상 맞지 않으며, 당사의 급식원가는 2,515원인데 전문업체인 LG유통은 2,280원이어서 원가절감도 할 수 있다는 주장으로 1998년 3월 1일부로 일방적으로 시행하겠다고 공표하였다. 그러자 노조집행부와 식당 아줌마들은 1998년 2월 말 머리에 붉은 띠를 두르고 1주일 간 별관식당의 점거농성에 들어가 김밥을 사오고 라면을 끓이는 등 법석을 떨었다.

일부에서는 회사안을 철회하자는 건의가 있었으나 나는 이번에 밀리면 다시는 외주를 줄 수 없으므로 강행해야 한다고 설득했다. 그리하여 1998년 3월 5일부터 외주를 줄 수 있게 되었다. 또 IMF고통 분담 차원에서 급식단가 500원을 1,000원으로 5월 1일부터 인상하기로 노조의 동의를 얻었다. 별정직 16명과 계약직 및 파트타임 9명은 LG유통에서 흡수하기로 결정되어 2년 간의 난산 끝에 결실을 맺었다.

식당 하나를 외주 주는데 2년이니 걸렸고 그동안의 고통은 이루 말로 할 수 없었다. 이를 통해 노조에게 한 번 주었던 것을 돌려받기란 무척 힘든 일이란 것을 절실히 깨달았다. 그러나 회사를 IMF위기로부터 구출하기 위해서는 이 길 이외는 달리 방도가 없었다.

이와 유사한 중장비·차량·택배·영선·정성관(영빈관)·정비 등 부문은 별관식당 한 건 해결하는 데에 정신이 없어 손도 대지 못했다. 일본이나 구미 동종업체 가운데 이러한 지원업무를 직영하고 있는 회사는 없다. 심지어 봉급 나누어주는 일, 구내시설물 관리 등도 전부 사내협력업체에 외주를 주거나 근로자 파견제로 실시하고 있었다.

중장비 부문은 갑사원 4명, 을사원 75명이 지게차, 크레인 등 77대를 직영하고 있는데 직영장비의 가동률은 62%였고 임대한 임차장비 가동률은 70%이상이 되었다. 이들은 타회사보다 높은 임금과 복지대우가 훨씬 좋은 한중을 떠나기 싫어했고 회사는 놀면서 일하는 이들에게 월평균 임금만 260만 원씩 지불해야 하였다.

영선분야는 28명이, 정성관은 20명이 직영하는데 특히 정성관은 하루 평균 108명이 이용하는데 매년 3~4억 원의 적자가 계속되었다. 또 승용차 버스 등 166대의 차량에 65명의 운전기사가 근무하고 있었는데 용역버스 51대는 회사를 퇴직한 형태였지만, 지입제 형식으로 운영되어 직영이나 다름없었다. 운전기사 65명의 실운행시간은 평균 3시간밖에 되지 않았고 세차, 정비, 대기시간을 감안하더라도 하루에 3~4시간씩 놀고 있는 이들에게 월평균임금 240만 원을 지급해 오고 있었다.

또한 우편, 파우치, 문서수발 등 택배는 8명이 직영하고 있었는데 이들은 소사장제를 희망했으나 노조에서 노조원 수의 감소를 이유로 반대해왔다. 정비분야 중에도 단순한 용접기정비 같은 쉬운 정비를 50~60명이 맡아 직영하고 있었는데 이들은 죽어라 하고 외주 주는 것을 반대하고 있었다.

이에 비해 외국업체들은 우편물관리, 인사관리, 고객서비스, 유통 등 온갖 업무를 외부업체에 넘기고 있다. A.T 커니 컨설팅사가 뒤퐁(Du Pont)·엑슨(Exxon)·IBM·혼다(本田) 등 26개 대기업을 조사한 바에 의하면 86%가 외주업체에 용역을 주고 있는 것으로 나타났다.

나는 굳은 의지를 가지고 이러한 부문은 반드시 외주를 주던가 소사장제, 근로자파견제, 합작사 설립 등으로 관철시키겠다고 다짐했다. 1998년 3월에 제시한 IMF위기극복을 위한 고통분담방안에 포함시켜 끈질기게 설득하겠다고 단단히 벼르고 있었다.

이밖에도 총무지원실 213명, 시설운영실 226명, 환경안전실 62명, 정비기술실 163명, 출하관리실 77명 등 약 750명의 간접인력은 너무 많았다. 회사는 자동화설비의 도입, 국내외사업 이전 등으로 약 500여 명의 인력이 남아돌고 있는데 단 1명도 해고할 수 없는 처지가 안타깝기만 하였다. 1982년 일시에 13만 명을 해고한 GE의 웰치 회장 입장이 부럽기만 하였다.

사업구조조정의 네번째 분야는 신규사업 진출분야였다.

나는 재벌기업들이 비관련 분야의 다각화로 국민의 지탄을 받고 또 부실한 사업으로 전락한 것을 보아왔기 때문에 신규사업 진출의 원칙을 ① 관련 다각화 ② 국산화로 국제수지 개선 ③ 기존 설비활용으로 세웠다.

여기에 해당하는 첫번째 사업이 가스터빈 국산화사업이었다. 회사에서 이미 1993년에 가스터빈 생산설비에 대해 250억 원을 투자하여 소형가스터빈(38MW급-6B) 조립설비를 갖추고 있었으나 일감이 없어 유휴상태로 있었다. 수요는 대형(150MW)부문에 집중되었는데, 국내시장에서만 연 3억 달러에 달했다. 이 분야의 국산화를 위한 의지를 굳히고 GE와 합작투자방향을 결정하였다.

두번째 사업은 LNG인수기지사업으로 인수기지 건설의 기술자립, 설비의 국산화, 발전단가의 인하, 기존설비로 설비제작 가능, 해외진출 가능성 등을 고려하여 투자하기로 결정하였다.

세번째로는 기기설비의 제작 및 건설의 물량확보, 해외시장의 개척, 한전에 대한 영업의존율 감축 등의 목적으로 IPP시장에 적극적으로 참여하기로 결정하였다.

이로써 한중은 지난 35년 간의 기존 사업구조에서 탈피하는 1차적인 구조조정계획을 마무리하여 제2의 도약을 위한 방향과 터전을 마련했다. 그러나 성공할지 실패할지는 미지수로 21세기에 가봐야 판명이 날 것이다.

세계일류기술 개발에 도전

경영혁신활동의 아홉번째 팀은 기술 및 인력개발팀이었다. 기술연구원장 양중길 상무를 팀장으로 14개 제품분야에 기술연구원 연구원과 현업부서 설계, 기술실요원 42명이 전담으로 참여하였다. 적어도 21세기에는 한중기술이 10개 정도 분야에서는 세계 최고기술을 확보하겠다는 의지로 출발하였다.

나는 정부에 있을 당시 우리 경제의 발전단계로 보아 기초과학 기술분야보다는 생산기술분야에 보다 많은 역점과 투자를 해야 한다고 생각했다. 1987년 상공부 산업정책국장 시절에는 《생산기술! 어떻게 하여야 할 것인가?》란 제목으로 KIST의 유헌수 박사와 공저로 책을 펴낸 적도 있었다.

이제 한중에서 그때의 생각을 실천할 기회가 왔다고 생각했다. 국경없는 경쟁시대에는 독특한 기술이나 선진기술로 승부가 판명되는 것이고 경쟁력 제고에 있어서 기술이 핵심요소라고 생각했다. 그리하여 첫째로 기술개발 방향을 수요지향형 개발에 두었다. 발전설비를 생산하거나 건설하는 분야에서 경쟁력 제고를 위해 수요가 있는 기술을 개발하겠다는 것이었다. 예를 들면 당시 한중은 정부·한전·기계연구원·전기연구원 등이 참여하는 핵융합발전기술의 공동개발에 참여하고 있었다. 그러나 지금 당장 수요가 있는 것도 아니고 당사 제품의 경쟁력 제고와 관련 있는 분야도 아닐 뿐만 아니라, 이런 분야는 정부와 출연연구기관의 책임이라 생각하고 1996년도 당사 출연분 40억 원을 취소시켰다. 또 에너지를 저장하는 전기저장시스템(Hoop Energy Storge System) 개발계획도 취소시켰다.

두번째 방향은 현장밀착형 기술개발이었다. 현장과 동떨어진 과제로 기술연구원 박사들이 독자적으로 개발과제를 선정, 투자하고 있는 과제는 취소시켰다. 그리고 이들도 보일러, 터빈제네레이터 등 현장의 제작과 관련이 있는 신기술이나 신공정을 개발하도록 하고 현업부서의 설계실이나 기술실 등의 인력도 현장과 연계된 기술개발에 참여하도록 하였다. 그리고 기술개발이 반드시 박사인력이나 대졸고급인력들의 전유물이 아니라고 강조하고 현장 사원들도 동참하도록 하였다. 1995년 기술도입료 지불액이 301억 원에 달해 투자성 R&D 193억 원보다 더 많았다. 돈 주고 도입한 기술을 단순모방에 그칠 것이 아니라 현장에서 완전히 소화 흡수하여 이를 개량, 개발할 수 있도록 하여야 한다고 생각했다.

세번째 방향은 우리 스스로 독창적인 기술개발이 불가능하다면 선진국에서 개발에 성공하여 시제품까지는 진행되었으나 상용화가 진행되지 않은 분야를 찾아내 과감히 투자하여 독보적인 상용화기술을 확보한다는 방향을 정했다. 예를 들어 미국 에너지성 산하의 멜트런(Meltran) 연구소에서는 인가력 저준위 폐기물을 고온에서 데워 유리고화한 다음 그 속에 방사능입자를 저장하는 기술을 개발하여 1시간당 5kg의 소형 소각시험로에서는 성공했으나 1시간당 200kg을 소각할 수 있는 상업시설은 아직까지 설치하지 못하고 있었다. 이를 한중에서 52억 원을 들여 1998년 6월 말 완공계획으로 대덕연구단지 내에 건설하고 있었다. 이 투자가 성공하게 되면 한 개 드럼의 핵 폐기물을 1/25로 줄일 수 있고 한중은 소각로 설비 및 저장용기 제작과 운전에 참여할 수 있다.

처음에 기술개발팀을 모아놓고 이상의 세 가지 방향을 역설하니 어리둥절해했다. 지금까지의 생각과 방향과는 너무 동떨어졌기 때문이었다. 나는 청와대 비서관으로서 과학기술처도 함께 담당하던 시절 대덕에 내려가 22개 출연 연구기관장을 모아놓고 '내시론'을 폈다가 자존심을 상한 그들에게 혼이 난 적이 있었다. 지금 한중의 기술연구소 연구인력 앞에서 다시 한번 '내시론'을 끄집어냈다.

"내시는 임금님 옆에서 쌀밥과 고깃국을 먹으면서 호강스럽게 생활하지만 자식을 낳지 못하기 때문에 소모품이나 다름없었다. 넉넉한 대접과 연구비로 적당히 소일하면서 새끼를 못 낳는 연구요원은 우리 회사에는 필요없다. 닭이 알을 낳지 못하면 잡아 먹을 수밖에 없다. 알을 잘 낳으면 먹이도 잘 먹이고 대접도 좋아지는 것이다. 앞으로 연구직은 연봉제를 도입하여 기술개발성과에 따라 후한 인센티브를 주겠다"라고 말했더니 무척 당황하는 눈치였다. 그중 일부 연구원들은 피난처를 찾아 노조에 가입하고 또 일부 연구원들은 학교로 이적하는 사태가 일어났다.

그러나 나는 내 생각이 옳다고 믿고 갈 사람은 가도록 내버려두고 신바람투자중 기술개발투자 방향을 확정하였다.

첫째로 R&D 투자비율을 과거 매출액 대비 1~2% 수준에서 5년 동안 평균 3%수준으로 올렸다. 지난 5년 동안 연구개발비(기술료 제외)로 연평균 130억 원을 투자했던 것을 1996년 500억, 1997년 550억, 2001년 1,320억 원수준으로 대폭 올렸다.

외국경쟁업체의 R&D 투자비율 6~9%와 비교하면 어림도 없는 투자지만, 2001년 이후에는 5%까지 제고할 생각으로 현재로선 이 정도 투자를 계획했더니 모두가 사장은 미쳤다고 깜짝 놀란 반면에 일부 연구원들은 박수를 쳤다. 그러나 돈을 주어도 1996년에 210억, 1997년에는 343억 원밖에 못 썼다. 계획 초기이기 때문에 그냥 참고 넘어갔으나 호통을 한 번 쳤더니 연구원장부터 야전침대를 갖다 놓고 밤을 새워가면서 연구활동을 하느라고 이제는 불야성을 이루고 있다.

둘째로 21세기에 한중기술을 세계 일류로 만들기 위해 '세계일류화 10대 전략기술 개발과제'를 선정하였다. 저공해 고효율 석탄연소 개발, 터빈제네레이터 독자설계기술 개발, 폐기물 유리고화 설비기술 개발 등 10개 과제를 선정, 2002년 상용화 개발성공까지 680억 원을 투자하기로 하고 팀장과 전담요원을 1996년 7월 1일자로 발령을 내었다. 그랬더니 현업부서 요원들은 기술연구원 파견 근무로 연구개발에 전담하도록 한 발령에 반발했으나 성공하면 특별 보너스와 희망부서 우선배치를 약속하면서 설득했다.

셋째로 현재의 전문연구인력 91명을 2001년까지 200명을 증원하여 약 300명까지 확충하기로 하였다. 이중에 1/3이상은 러시아 · 인도 등지의 외국인력으로 확보할 계획이었다.

이상과 같이 기술개발을 위해 의욕적인 5개년 기술개발계획을 확정하고 반년마다 그 진척상황을 점검했다. 또한 전 임원 이상이 참여하는 기술개발과제 전시 및 발표대회를 개최하여 최우수 300만 원, 우수 200만 원, 장려 100만 원씩 시상하기로 하였다.

2년 간의 짧은 기간중에도 IR52 장영실상 4건(호경면 스텐레스 금형소재개발, 중질유분해 및 윤활용 고압반응기, 원자력증기발전기 폭발확관기술개발 및 작업공정개선), 대통령상 4건, KT마크 획득 3건, 특허출원 41건, 해외출원 2건 등의 성과를 얻었다.

첫해인 1996년 12월에 전사기술개발과제 발표대회와 전시회가 개최되었다. 12개 과제의 기술개발 과제발표와 37개 과제의 연구결과의 모형과 시제품이 전시되었는데 기술개발활동이 내가 의도했던 방향대로 진행되고 있어서 안심했다.

우리는 한가족이다

경영혁신활동의 마지막 팀은 한가족 문화창달팀이었다. 신바람나는 일터를 구현하기 위한 직장분위기 조성, 바람직한 근경관계상(勤經關係像) 정립 그리고 바람직한 한중인상을 정립하기 위한 방안을 고안해내기로 하였다. 하수길 지원본부장을 팀장으로 하고 노조간부 5명을 포함, 15명을 전담으로 하여 1996년 4월 12일 발족했다.

먼저 신바람나는 일터 구현을 위해 사내복지회관을 1997년 6월 23일에 착공하고 제6주택조합을 7월에 착공한 뒤 제7 및 8주택조합도 추진하였으며 상조팀을 1996년 5월 1일 창설하는 등 복지·주택분야에서 회사가 도울 수 있는 방법을 찾아 나섰다. 또한 1인 1동아리 갖기 운동을 전개하여 1997년 말로 3,400여 명이 산악회, 테니스회 등 27개 동아리에 가입하여 갑사원과 을사원의 장벽을 무너뜨리기 위해 노력하고 있다.

믿음의 일터를 구현하기 위해 근로자들도 회사의 경영정보를 공유할 수 있도록 〈신바람뉴스〉 창간, HBS 개국, 경영현황설명회, 노사합동 봄나물캐기 행사 등을 개최했다. 가사불이(家社不二)를 실천하기 위해 주부들이 식당 자원봉사, 불우이웃돕기로 노력봉사, 신바람 여름캠프, 한마음축제 등을 실천하였다.

또한 보람의 일터를 만들기 위해 기술직 을사원을 중심으로 PC교육, 영어교육, 제2외국어 교육을 실시하였고 한중체육대회에 목청높이기, 감 많이 먹기, 우유팩 많이 차기, 팔굽혀펴기 등 돈 안들고 즐거운 종목을 개발하여 시행하였다. 봉사단 주부들의 주부대학, 체육대회 등도 가졌다.

또한 물자절약 운동의 하나로 3R(Reduce=줄이기, Reuse＝재활용 Recycle＝재생) 운동을 전개하고 소년소녀 가장돕기, 해외투자회사에 헌옷과 컴퓨터 보내기, 농산물직거래, 불우시설에 폐품보내기, 도서보내기 등의 운동을 다양하게 펼쳐 나갔다.

1998년부터는 한중인의 삼대덕목을 절약, 친절, 봉사로 정하고 매 분기별로 1개 덕목씩을 실천했다. 1998년 1/4분기는 절약덕목을 실천하는 기간으로 정하고 노조집행부 주관으로 아나바다(아껴 쓰고, 나누어 쓰고, 바꾸어 쓰고, 다시 쓴다) 운동이 전개되어 노조집행간부 부인들도 동참했다. 1998년 2/4분기에는 친절덕목을 실천하기 시작하였다.

이상과 같은 실천방안은 노사 공동체 인식과 구성원의 일체감을 심어주기 위한 것이었고 '역파도 타기'의 실천방안이었다. 그러나 이 길은 멀고 험난한 길이었으며 어떠한 희생도 감수하지 않으려는 풍토에서 노사간의 공동체 인식과 협력의 구도가 언제 구축될지 보이지 않는, 너무나 지루하고 효과가 미미한 노력이었다.

모두가 IMF의 위기가 왔어도 강 건너 불 보듯 바라보기만 했다. 우리 일이 아니라는 인식으로 어느 누구도 고통 분담하겠다고 나서지 않았다.

이상에서 실천한 10가지 경영혁신활동의 특징은 ① 부서간의 장벽 없이 같은 목표를 놓고 전 부서가 참여하는 것이고 ② 팀장이 중심이 되어 특정목적과제를 실천하고 각 본부별로는 본부장이 중심이 되어 여러 가지 목표를 동시에 실행하는 매트릭스 조직으로 행동에 옮겨졌고 ③ 타사나 사내의 가장 잘된 사례(The Best Practices)를 공동으로 실천에 옮기고 ④ 최고경영자의 의지, 솔선수범, 그리고 리더십으로 점검하고 조정하며 문제점을 해결하는 혁신활동이었다.

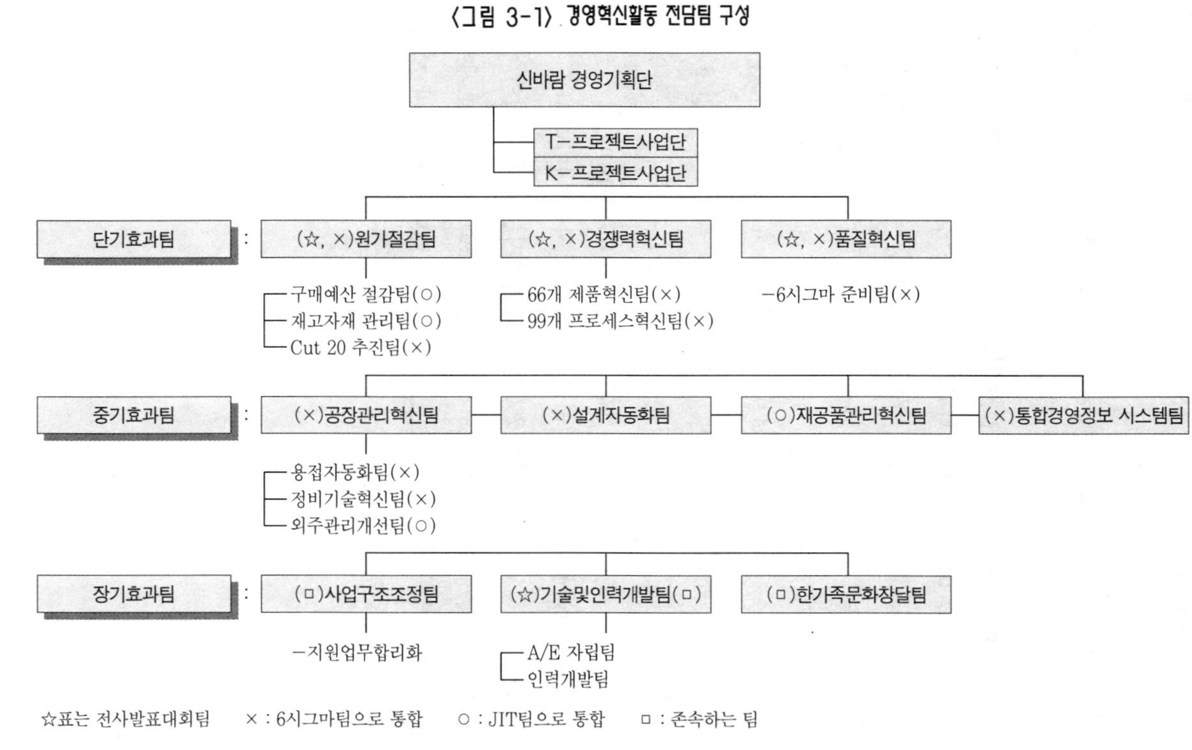

〈그림 3-1〉 경영혁신활동 전담팀 구성
신바람 경영기획단
T-프로젝트사업단
K-프로젝트사업단
단기효과팀 :
(☆, ×)원가절감팀
(☆, ×)경쟁력혁신팀
(☆, ×)품질혁신팀
구매예산 절감팀(○)
재고자재 관리팀(○)
Cut 20 추진팀(×)
66개 제품혁신팀(×)
99개 프로세스혁신팀(×)
-6시그마 준비팀(×)
중기효과팀 :
(×)공장관리혁신팀
(×)설계자동화팀
(○)재공품관리혁신팀
(×)통합경영정보 시스템팀
용접자동화팀(×)
정비기술혁신팀(×)
외주관리개선팀(○)
장기효과팀 :
(□)사업구조조정팀
(☆)기술및인력개발팀(□)
(□)한가족문화창달팀
-지원업무합리화
A/E 자립팀
인력개발팀
☆표는 전사발표대회팀   × : 6시그마팀으로 통합   ○ : JIT팀으로 통합   □ : 존속하는 팀

〈그림 3-1〉에서 보는 바와 같이 1996~99년까지 실천하면 그 목표가 달성되고 한계에 도달하는 원가절감팀, 경쟁력혁신팀, 품질혁신팀 등 세 개의 단기 효과팀과 중기효과의 공장관리혁신팀, 설계자동화팀, 통합경영정보시스템팀 등 6개 팀은 2000년부터 품목별, 프로세스별 '6 시그마팀'으로 통합 운영하여 '세계 제일의 제작업체(The Best Manufacturer)' '세계 최고의 품질(The Best Quality)' 운동으로 발전, 계속할 예정이었다. 구매예산절감팀, 재고자재관리팀, 재공품관리혁신팀, 외주관리개선팀 등 4개 팀은 'JIT팀'으로 지속할 계획이었다. 장기효과팀인 사업구조조정팀, 기술 및 인력개발팀, 한가족문화창달팀은 계속해서 그 활동을 지속하는 것으로 설계하였다. 따라서 2000년부터는 6 시그마팀 및 JIT팀과 장기효과팀인 3개 팀 등 5개 팀을 존속, 경영혁신활동을 강도높게 추진하고자 하였다.

웰치 회장이 "기업의 경영혁신(Innovation)과 수익성(Profitability)을 확보하기 위하여 경영전략을 4~5년마다 바꾸어 나가라"고 한 충고를 받아들여 2000~2001년까지는 신바람 경영혁신활동을 강도 높게 추진하고 어느 정도 기반이 구축되면 한중의 제2도약을 위한 세계일류화 경영혁신활동으로 비전 555대신에 비전 2010을 추진해 나갈 계획을 세웠다.

한중호에 세계화의 돛을 달고

민영화와 개방화의 물결

세계 경제에 있어서 세계화 현상은 1995년 1월 1일부터 WTO의 출범으로 더욱 가속화되고 있다. 세계적인 다국적 기업이 보다 값싸게 생산할 수 있는 곳으로, 또 보다 이익을 많이 남기고 제품과 서비스를 판매할 수 있는 시장으로 자기들의 사업영역을 문어발식으로 확장해가고 있어 세계화의 첨병역할을 하고 있다. 여기에 정보통신과 교통수단의 발달 그리고 제2의 기술혁명이 세계화를 촉진하고 있다.

GATT체제 아래의 전후 세계무역질서가 국제화(Internationalization)시대였다면 WTO체제 이후에는 세계화(globalization)시대가 전개되고 있다고 하겠다. 국제화시대에는 자유무역과 무차별주의를 원칙으로 하고 있지만 여전히 관세 및 비관세장벽 등의 경제적 주권은 주권국가에 귀속되는 데 비해 세계화시대에는 주권국가가 경제적 주권을 포기하고 노동·자본·상품 및 서비스가 아무런 제재없이 자유롭게 이동할 수 있다. 주권국가는 오직 군사·외교 등 정치적 주권만 행사하고 있을 뿐이다.

1996년 EU가 창설되면서 모든 경제활동의 국경은 사라지고 EU 17개 국 내에서는 노동·자본·상품·통신 및 금융 서비스 등이 자유롭게 이동하고 있다. 또한 같은 공업표준규격이 제정되고 동일한 환경기준이 적용되고 있으며 1999년 1월부터는 화폐단위도 '유로'로 통일되었다. 이러한 현상이 전세계로 확산될 것이다.

19세기 중엽 산업혁명이후 국제무역질서는 리카르도의 비교우위론이 지배해 왔지만 이제는 국경이 존재하지 않으며 절대적으로 경쟁력 있는 자만이 살아남을 수 있는 절대우위론이 지배하는 세상이 되었다. 또한 지금까지는 영토의 확장과 자원의 확보 등을 위한 국가 간의 전쟁이 끊임없이 전개되어 왔는데 이는 부의 원천인 토지, 자원, 노동이란 생산수단을 확보하기 위한 쟁탈전이었다. 그러나 이제는 부의 원천이 정보, 기술, 지식으로 바뀌었기 때문에 이를 쟁취하기 위한 기업간의 총알없는 경제전쟁이 전개되고 있는 것이다.

이러한 현상은 전력산업에도 일어나기 시작했다. 발전설비산업부터 시작하여 전력서비스산업에까지 확산되어 가고 있다. 이미 90년대 초부터 민영화(Privatization)와 개방화(Liberalization)를 특징으로 한 현상이 세계 곳곳에서 일어나고 있다.

발전설비산업 분야의 민영화와 자유경쟁이 전력서비스산업보다 훨씬 먼저 진행되어 기술과 가격면에서 절대우위를 가진 기업간의 치열한 경쟁을 통해 공급되고 있다. 따라서 앞으로 한국중공업도 제작과 건설부문에서 세계적인 기업과의 치열한 경쟁으로부터 살아남을지 의문시되고 있다.

세계에서 발전설비업체로 21세기에도 살아남을 기업은 아마 ABB, 지멘스, GE, 미쓰비시중공업, 도시바, 히타치 같은 기술과 자금력을 가진 기업일 것이다.

전력서비스산업도 마찬가지다. 점점 공기업은 사라지고 민간기업이 전력을 공급하는 주역이 될 것이고 공급자 간에 보다 효율적이고 고품질의 서비스 제공을 위해 경쟁이 치열해질 것이다.

따라서 전력요금은 떨어질 것이고 고객에 대한 서비스의 질은 더 향상되고 전력소비자의 선택권은 훨씬 커질 것이다. 이미 스칸디나비아 반도, 영국, 미국, 오세아니아 및 칠레 등 일부 국가의 경우 전력서비스시장에 민영화와 자유경쟁의 바람이 불고 있으며 이것은 앞으로 전 유럽, 아시아, 아프리카 등으로 확산될 것이 틀림없다.

인도, 인도네시아 등 동남아 국가에서는 IPP사업자가 등장하여 전력공급을 개시했고 중국에서도 100% 외국인 IPP를 1997년부터 허용하는 방침을 정했다. ABB, 지멘스, 알스톰 등 발전설비제작업체는 물론, AES, 내셔널 파워(National Power) 등 기존 유틸리티 업체와 일본의 마루베니(丸紅), 닛쇼이와이(日商岩井) 등 종합상사, 블랙 앤드 비치(Black & Veatch) 같은 설계회사, 모빌(Mobile) 등 정유사도 IPP시장에 뛰어들었다.

국내에서도 발전설비산업 분야에서 이미 1996년 2월부터 5년 간 발전설비 산업합리화 조치가 만료되어 한중 이외 기업도 뛰어들 수 있도록 자유화되었다. 그리하여 현대중공업, 삼성중공업, 한라중공업, 대우중공업 간의 경쟁이 치열하게 전개되고 있다.

또한 발전소 건설사업 분야에도 국내기업간에 자유로운 경쟁이 이루어지기 시작했다. 1997년 1월 1일부터 WTO정부조달협정이 발효되어 발전설비나 건설분야까지 외국기업에게도 개방되어 완전한 경쟁체제를 이루었다.

전력서비스사업도 1996년부터 민자발전사업자에게 개방되었다. 석탄 및 LNG발전사업의 일부가 국내기업에게 개방되어 LG, 현대, SK, 포철이 사업권을 따내 건설준비중에 있다. 또 지금까지 외국인에게는 발전사업분야에 49%이하 또는 내국인 대주주 지분보다 작은 지분조건으로 외국인투자가 허용되었지만 1998년 7월 1일부터는 그 제한이 철폐되었고, 한전에서 화력발전소의 민간매각 및 IPP의 확대를 발표하고 있다.

영국이나 스칸디나비아 반도에서는 전국적 전력공급자가 도매업자가 되어 발전생산 공급자간에 공급가격에 대한 시간별 입찰제인 풀 시스템(Pool System)을 시행하고 있어 전력공급가격이 시장수요에 따라 완전히 경쟁시장에서 결정되고 있다. 또한 이들 나라에서는 송배전 분야도 개방하고 있다. 앞으로는 국경을 초월한 무역도 이루어져 2020년경에는 전력생산의 10~20%가 국제무역을 통해서 이루어질 것이란 전망이다.

세계민자발전사업자의 발전설비능력이 1995년 7만 1,634MW에서 1996년에는 10만 7,184MW로 49.6%가 증가했고 1997년에는 13만 8,909MW로 전년보다 30%가 증가하는 높은 성장률을 보여주고 있다. 현재는 세계 전체 발전설비용량 중에서 민자발전설비용량이 4~5% 수준에 머물고 있지만 앞으로 급속히 증가될 것이다.

세계 10대 민자발전사업자(IPP)와 발전설비능력은 〈표 4-1〉에서 보는 바와 같다. 세계 1위 IPP인 AES는 1996년에 매출 8억 5,500만 달러, 순이익 1억 2,500만 달러로 전년보다 18.6% 증가하였으며 민자발전 총자산이 1996년 말에 36억 달러였는데 1년 전 23억 달러에 비해 13억 달러가 늘어났다. 앞으로 5년 간 AES의 순이익은 매년 30%씩 늘어날 것으로 전망하고 있다. 1998년 5월 AES는 한화에너

〈표 4-1〉 세계 10대 민자발전사업자

구 분	1997. 6 (Equity/MW)	1996. 6 (Equity/MW)	순 위
AES	10,667	4,413	4
내셔널 파워	7,698	5,150	3
에디슨 미션 에너지	5,946	5,446	1
파워 젠	5,809	5,374	2
사우턴 에너지	4,757	2,183	9
트랙터벨	4,459	2,179	10
에디슨 그룹(이탈리아)	3,028	NA	NA
CMS 에너지	2,917	1,739	15
엔론 인터내셔널	2,398	3,029	6
엔데사(칠레)	2,358	1,536	17

지의 민자가스발전소 1,800MW를 7억 달러에 인수한다고 발표했다.

현재 세계 91개 국가가 민자발전사업을 개방하였는데 이들 나라에서 세계 180개 기업이 치열한 경쟁을 벌이고 있다. 이미 중국 · 인도 등 주요 발전시장에는 〈표 4-2〉에서 보는 바와 같이 30~70개의 민자발전사업자가 진출해 있다.

세계전력소비량 연 2% 증가

전력은 의식주와 같이 인간에게 필요불가결한 생필품으로 인구증가 및 경제발전과 도시화의 진전에 따라 증가하게 되어 있다. IEA(International Energy Agency)의 전망에 의하면 앞으로 25년 이후 세계 전력소비는 3배 이상 늘어날 것이라고 한다. 또한 현재의 전력소비시장이 7,000억 달러 내지 1조 2,000억 달러 규모인데 2020년에는 3조 달러 이상이 될 것이라고 전망하고 있다.

〈표 4-2〉 세계 10대 민자발전사업자 수

국 가 명	1997. 6	1996. 6
인　도	67	59
중　국	65	67
필 리 핀	56	45
인도네시아	49	49
영　국	44	41
파키스탄	39	41
태　국	39	44
브 라 질	37	32
콜롬비아	35	31
아르헨티나	33	33

자료 : Independent Power Report(The Mcgrow Hill co.)

　　세계인구는 UN의 전망에 의하면 현재 56억 명에서 매년 평균 1.4%씩 증가하여 2020년에 78억 명이 될 것이고 도시화율은 현재 40%에서 60%로 증가할 것이라고 한다. 현재 세계인구중 20억 인구가 전기 혜택을 못 보고 있는데 2020년에는 30억 인구로 늘어날 것이라고 한다.

　　또한 OECD국가의 인구 증가율은 0.6%에 머무는 반면 동아시아 1.5%, 중국 0.9%, 인도 등 남아시아 1.7%씩 증가할 것이라고 예측하고 있다. 세계 GDP성장률도 2020년까지 연평균 3.2%씩 증가하고 OECD는 2.5% 증가하는데 비해 동아시아 6.2%, 중국 7.0%, 남아시아 5.6%씩 증가하고 세계전력소비 증가율이 동아시아 4.4%, 중국 4.2%, 남아시아 5.7%, OECD 1.2% 증가하여 세계 연평균 2.0%씩 증가할 것이므로 아시아가 최대 전력소비지로 등장할 것으로 예측했다.

　　앞으로 TV 등 전기제품의 보급과 대형화 추세, 컴퓨터, 정보통신 등 정보산업의 급속한 발전, 홈쇼핑, 홈뱅킹 등 인터넷 이용률의 증가, 전기자동차의 등장 등 제2의 기술혁명이 진전됨에 따라 보다 풍부하고 보다 양질의 전기를 필요로 하게 될 것이다.

지멘스의 전망에 의하면 세계 전력소비량이 1950년 1조 kWh에서 1990년에 12조 kWh로 12배 증가했는데 같은 기간에 세계인구는 26억 명에서 54억 명으로 2배 증가에 그쳤다.

세계 전기소비량은 1996년에 14조 kWh였는데 2010년에는 19조 5,000kWh로 증가할 것으로 내다보았는데, 그 구성비는 아시아, 오세아니아가 21%에서 34%로 최대 소비지로 부상할 것이라고 예측하였다. 남·북미는 30%, 서구는 18%, 동구는 12%, 중동아프리카는 6% 소비할 것으로 내다보고 있다.

1995년 현재 세계 전력설비능력은 2,991GW로 세계 10대 발전설비국은 미국 817.3GW, 일본 227.0GW, 중국 217.2GW, 러시아 215.0GW, 독일 122.6GW, 프랑스 116.8GW, 캐나다 116.6GW, 인도 81.0GW, 영국 70.2GW, 이탈리아 65.9GW이고 한국은 32.2GW로 12위였다.

ABB와 GE가 전망한 바에 따르면 향후 10년 간 세계 발전설비시장은 매년 약 100GW정도가 증설되어 10년 후 세계발전설비는 960GW가 추가되어 2005년에는 4,800GW가 될 것이라고 한다. 증설될 960GW를 지역별로 보면 아시아가 506GW로 전체 증설량의 53%를 차지하는 반면에 미국이 185GW로 19%, 유럽 및 기타가 270GW로 28%를 차지할 것으로 예상된다.

전원별로는 환경문제 때문에 LNG가 375GW로 39%, 석탄이 365GW로 38%, 수력, 디젤, 기타가 210GW로 22%를 차지할 것으로 예측하고 있다. 세계는 에너지 요구와 환경보전문제를 조화하기 위하여 가스 및 원자력발전, 태양열, 풍력발전과 더불어 환경친화적 석탄 발전을 더욱 확산시켜 나갈 것이고 획기적인 저공해 발전기술을 개발해낼 것이다.

이러한 증설이 공공부문, 민자사업자, 자가소비자로 나누어보면 480GW인 50%를 IPP사업자가 증설할 것이고 공공부문은 365GW로 38%, 자가발전 사업자가 115GW로 12%를 차지할 것으로 예측하고 있다. 이렇게 볼 때 앞으로 발전설비는 아시아시장이 주도하고 LNG발전소와 IPP사업자가 전력공급 능력 확충을 주도할 것이 분명하다.

민자발전시장에 진출

발전설비공급자인 한국중공업으로 볼 때 여기에 몇 가지 시사점이 있다.

첫째는 바로 인접한 아시아시장이 최대 수요자로 떠오르면서 거리상 가까운 곳에 위치한 한중에게는 좋은 기회가 될 것이라는 점이다. 중국이 1996년 말 현재 발전설비용량 235GW를 2010년까지 550GW로 315GW를 추가로 증설하고 인도가 현재 85GW에서 215GW로 130GW를 증설할 장기전원 개발계획을 가지고 있다. 이것은 한국의 2010년까지 55GW 증설계획과 비교하면 두 나라 합쳐 10배 (445GW)가 되므로 그 시장규모를 가히 짐작할 수 있다. 우리는 이 거대한 발전설비시장을 강 건너 불 보듯이 할 것인가 아니면 한 번 뛰어들어가 볼 것인가를 결정해야 할 것이다.

영국의 제일 큰 IPP사업자인 파워 젠(Power Gen.)사의 예측에 의하면 2020년까지 발전소 증설에 필요한 투자는 3조 달러라고 한다. 연간 1,200억 달러가 투자된다고 하면 우리가 1%의 시장만 차지해도 연간 12억 달러, 환율을 1,200원으로 계산해도 1조 4,400억 원의 수주가 가능해진다. 이것은 1997년도 한중 해외수주실적 22억 달러의 50%가 넘는다.

둘째로 발전소 건설에 필요한 막대한 자금과 운전의 효율성과 경제성을 감안할 때 민자발전 규모는 늘어날 것이라는 점이다. 국내발전도 민자발전사업자에게 개방되었으므로 한중이 이런 민자발전 사업자로 참여할 것인가 말 것인가를 결정해야 할 시점에 와 있다.

아시아시장에서도 2005년까지 510GW 증설계획중 35%인 180GW가 IPP사업자에 개방될 것으로 전망된다. 연간 18GW 증설이라면 이는 현재 한전 전체 설비용량의 절반이나 되는 시장규모이다. 이것을 ABB, 지멘스 등 선진국 기업에 다 맡기고 팔짱만 끼고 있을 것인가?

또 턴키 프로젝트(Turn-Key Project)는 치열한 경쟁 때문에 마진이 거의 잠식되고 있어 이익창출이 어려운 상황이라면 IPP로 참여하여 수의계약에 의한 일괄도급(Engineering, Procurement, Construction ; EPC) 계약자로 참여, 설비제작공급 및 건설에서 이익을 창출하고 또 IPP로 전력자체의 생산판매로 이익을 실현할 수 있는 것이 아닌가? 문제는 가격, 공급의 질, 재원조달의 경쟁력을 어떻게 확보할 수 있을 것인가에 달렸다.

셋째로 발전소 건설에는 막대한 자금이 소요되는데 이를 어떻게 조달할 것인가? 국내 수출입은행으로부터의 조달능력은 한계가 있으므로 해외에서 조달하여야 한다. 런던에 소재한 〈프로젝트 앤 트레이드 파이낸스(Project & Trade Finance)〉지에 의하면 1996년 897건의 프로젝트에 2,240억 달러의 자금조달이 담보나 보증없이 프로젝트 자체의 경제적 가능성만으로 판단하여 자금제공이 이루어졌다고 한다. 아시아 태평양지역에서만 353건에 760억 달러가 융자된 것으로 나타났다. 한중이 어떻게 얼마만큼의 금액을 조달할 수 있을 것인가는 한번도 융자를 경험해 보지 않았고 국제금융전문가도 확보되지 않는 상태였기 때문에 미지수였다.

우리는 한중의 세계화 문제를 놓고 활발한 토의를 진행하였다. 지금까지 국내물량만 소화했고 더구나 한전물량이 가만히 앉아 있어도 절로 굴러 들어오는 습관에 젖어있는 사람들에게는 세계화에 따른 위험 때문에 엄두가 나지 않았다. 또 막대한 자금조달을 어떻게 할 것인가 하는 문제에 대해서는 막연하였다. 더구나 세일즈엔지니어가 부족해 해외영업에 자신이 없었고 기술문제에 있어서도 화력발전소 500MW 모델과 원자력 1,000MW 모델을 제작, 건설해본 경험밖에 없어 260MW, 350MW, 그리고 600MW급 화력발전소 등 다양한 모델의 설비제작과 건설을 해낼 수 있을지 자신이 없었다. 또한 우리가 제작하는 발전설비가 경쟁력이 없는 상황에서 국제입찰에 참여하여 물량을 수주할 수 있을 것인가에는 더욱 회의적이었다. 그러나 한중의 연간 발전설비 제작능력이 화력발전소 4,000MW, 원자력발전소 1,500MW, 그리고 수력발전소 300MW, 합계 5,800MW나 되는데 현재의 한전 장기전원 개발계획에 의하면 연간 5,500MW의 증설계획이 잡혀있어 한중이 지금처럼 한전물량을 전량 수주한다 하더라도 300MW의 제작능력이 잉여설비로 남아 돌아가는 것이다. 더구나 1996년에 한전이 발주한 영흥도 화력 800MW × 2기, 부산 복합화력 450MW × 2기, 태안 5,6호기 500MW × 2기 중에 태안 5,6호기 입찰에서 보일러는 삼성중공업, 터빈제네레이터는 현대중공업에 낙찰되었다.

또한 1996년 4월 당진 1-4호기 탈황설비의 입찰이 있었는데, 삼환-한국코트렐, 삼성중공업-삼성건설, 한라중공업-대림, (주)대우-대우중공업, 선경건설-현대정공, 롯데기공-롯데건설, 한진중공업-한진건설 등 11개 국내 대기업이 참가하여 1,427억(예정가격

대비 66.07%)을 써 넣은 삼환—한국코트렐이 최종 낙찰자로 선정되었다. 한중은 1,467억으로 2위에 그쳤다.

이와 같이 국내 발전설비시장에 금액이 크다는 이유 하나만으로 국내 대기업이 갈가마귀떼같이 달려드는데 한중이 과연 얼마만큼의 국내 물량을 확보할 것인가? 더구나 현대중공업은 3,500억 원을 투자하여 연 3,000MW의 발전소를 제작, 건설할 수 있는 능력을 갖추기 위해 대형공장을 1996년 11월에 준공하였고 삼성중공업과 한라중공업, 대우중공업은 각각 연 1,000MW 생산능력의 보일러공장을 갖추었다. 한중이 과연 국내시장에서 이들 재벌기업들과 경쟁에서 이길 수 있을 것인가? 우리는 현재의 5,800MW 설비능력을 1/2 내지 1/3 정도를 축소할 것이냐 아니면 해외시장으로 뛰어들 것인가의 기로에 서 있었다.

설비능력을 감축하면 자연히 고용조정도 이루어져야 하는데 현재 상태로는 노동조합과의 합의란 전혀 기대할 수 없는 상황이었다. 그렇다면 우리 앞에는 선택의 여지가 없었다. 해외시장에 뛰어드는 길밖에 다른 길은 없다는 것이다. 목표는 500MW급 화력발전소 2기 또는 260MW급 4기를 턴키 프로젝트든 IPP 프로젝트든 1,000MW 정도의 프로젝트를 매년 해외에서 따와야 수지를 맞출 수 있다.

또한 가스복합화력발전소는 450MW급 × 2기 정도를 수주해야 하는데 보일러인 HRSG는 연 2,000MW 정도 제작할 수 있는 데 비해 가스터빈은 6B모델인 38MW급 소형만 생산할 수 있고 7F 모델인 150MW급은 생산능력이 없어 이를 국산화해야만 했다.

또한 우리는 자금조달의 어려움에 직면해 있었다. 석탄발전소 1,000MW와 복합화력발전소 900MW 건설에 약 20억 달러가 소요되는데 수출입은행의 플랜트 수출금융 규모가 현재 20억 달러밖에 되지 않았다. 이상과 같은 상황을 놓고 우리는 고심과 토론 끝에 다음과 같은 결론에 도달하였다.

첫째, 해외시장에서 1년에 석탄발전소 1,000MW 및 복합화력발전소 900MW 수주를 목표로 삼는다. 이는 턴키 프로젝트 수주를 우선으로 하고 IPP시장에도 뛰어든다.

둘째, 1996년 한해 동안은 경쟁력 제고를 위해 전사적 활동을 전개한다. 터빈제네레이터 목표제조원가는 환율 850원으로 고정하여 54$/kW(53% 절감)로, 복합화력의 HRSG는 22$/kW(38% 절감)로 정하고 죽기 아니면 살기로 원가절감노력을 기울인다.

또한 7F 모델 가스터빈은 기술도입선인 GE와 기술도입계약변경 또는 합작투자를 제안한다. 동시에 기기설계자립과 자동화에 박차를 가해 모델별 표준설계를 만든다.

셋째, 민자발전에 참여하되 자금부담을 덜기 위해 초기에는 11~30%의 소액주주로 참여하고 현지사업자 특히 민자발전사업 허가권을 획득한 그 나라의 기업과 AES 또는 파워 젠, CMS에너지 등 세계적인 IPP사업자와 컨소시엄을 구성하는 원칙을 정한다. 그리고 발전소의 시운전이 완료되는 시점에 주식을 팔아 그 자금으로 다른 프로젝트에 다시 도전한다. 그리고 한중의 참여조건은 EPC계약으로 기기 제작과 설치공사를 확보한다.

넷째, IPP사업으로 EPC계약은 경상이익을 10%이상, 턴키 프로젝트는 경상이익을 5%이상 확보를 원칙으로 한다.

이상과 같은 원칙하에 1997년 11월 한중은 260MW × 2기 건설을 위한 5억 3,500만 달러의 EPC계약을 체결하는 개가를 올렸다. 이 프로젝트는 3년 이상이 걸려 성사된 인도의 BPL그룹(인도 10대 그룹의 하나로 가전제품 제조회사. IPP 라이센스를 획득)과 영국의 파워 젠 그리고 한중이 각각 44%, 30%, 26%의 지분으로 참여했다. 이 프로젝트에서 5,200만 달러의 자본투자와 공사로부터 4,000만 달러의 경상이익을 올릴 수 있을 것으로 예상되었다.

다섯째, 디젤엔진을 이용한 IPP를 적극 개발하기로 한다.

이는 규모가 작아 자금소요가 크지 않고 건설기간도 18개월이면 가능했다. 또 당사의 경쟁력 있는 디젤엔진을 공급할 수 있을 뿐만 아니라 세계적인 IPP업자들이 아직은 이 분야에서 눈을 돌리지 않고 있기 때문에 경쟁이 덜 치열했다. 이 분야의 첫 IPP로는 파푸아뉴기니에 24MW 디젤엔진발전소로 한중 51%, 대우 49%으로 1997년 6월에 기공식을 가진 프로젝트였다.

여섯째, 국내 IPP시장에 적극 참여한다. 450MW 복합화력발전소에 동아그룹과 한중이 51 : 49로 참여하였으나 토지의 결함으로 1996년 8월에 반납했다. 두번째 IPP로 대구민자에 동부그룹과 한중이 51 : 49로 참여했으나 확보한 토지에 대한 평가점수가 모자라 실패하였다. 그러므로 한중은 토지확보를 위해 마산 창포만 개발사업에 뛰어들지 않을 수 없었다.

인도시장에서의 활약

한중이 해외에 최초로 제작공급한 발전설비는 인도 하지라(Hazira)에 ESSAR그룹이 IPP로 건설하는 515MW의 LNG복합화력발전소에 보일러인 HRSG(Heat Recovery Steam Generator)와 STG(Steam Turbine Generator)를 3,500만 달러로 1994년 4월에 수주, 이를 제작하여 1995년 12월에 설치한 것이었다.

ESSAR그룹은 정유·석유화학·철강·정보통신 및 해운산업을 운영하는 인도 5대 재벌 중 하나로 형인 사시 루이아(SASHI RUIA)와 동생 라비 루이아(RAVI RUIA)가 20대에 함께 창업하여 오늘에 이르렀다. 회사 이름도 형제간 이름의 이니셜 S와 R을 따서 ESSAR

로 정했다고 하는데 대단히 공격적인 경영을 하고 있었다.

내가 한중사장으로 취임한 후 제일 처음 만난 외국인이 바로 루이아 회장이었다. 우리는 처음 만날 때부터 의기투합하여 발전과 LNG분야에 공동진출하기로 합의하였다. 1996년 7월에 뭄바이에서 ESSAR의 자가용비행기를 이용해 하지라로 가서 한중이 공급한 보일러와 GE의 가스터빈으로 건설된 515MW 복합화력준공식에 참석한 후 같은 단지 내에 있는 제철소와 건설중인 석유화학공장을 시찰했다.

ESSAR의 제2 IPP인 342MW급 복합화력에 관해 지분참여와 EPC 수의계약을 합의하고 또 자기 조카가 추진하는 몰무가와 항구 개발에 50 : 50으로 참여하기로 합의하였다. 또한 하지라에 515MW의 확장과 한중의 T-프로젝트 같은 LNG터미널 사업을 함께 추진하기로 합의하였다(인도는 LNG가 없어 모두 비료원료인 나프타를 때고 있다). 그리하여 1997년 1월 15일 뭄바이에서 반데르 342MW의 복합화력발전소에 ESSAR과 한중이 50 : 50으로 지분 참여하고 EPC계약을 2억 400만 달러로 하는 내용으로 EPC계약과 합작계약을 체결하였다.

두 번째 IPP는 인도 하이데라바드에 랑코(Lanco) 그룹이 1996년 8월 인도정부로부터 IPP 라이센스를 받고 1997년 3월 31일 PPA 승인을 받은 프로젝트로, 비교적 단기간 내에 성사시킨 프로젝트였다.

랑코 그룹 일행은 한중이 건설한 하지라의 515MW 현장과 창원공장을 방문하여 당사의 능력을 확인한 뒤, 당사의 11% 지분참여 요청에 응했다. 그리고나서 수출입은행이 1억 4,200만 달러의 자금을 제공하겠다는 의향서(Letter of Intent)를 발부하면서 급속히 진행되었다.

랑코는 1997년 5월 29일 국제입찰을 실시했다. 여기에는 GE와 레이션(Raytheon) 컨소시엄, 스미토모와 현대 컨소시엄, 그리고 알스톰과 한중 컨소시엄이 경쟁했다. 우리가 써낸 2억 300만 달러가 가장 낮은 가격이어서 계약을 따냈다. 1997년 7월 16일 내가 직접 하이데라바드를 방문하여 11%의 자본참여 계획과 더불어 EPC계약에 서명했다. 그들은 랑코의 회장 라자고팔(Rajagopal)을 위시하여 콘다팔리파워(Kondapali Power Corp)사의 사장인 프레사드(Presad)를 비롯한 5형제와 처남, 매부 등 가족 모두가 협력하면서 사업을 키워나가고 있었다. 거기서 안드라 프레데시(Andhra Pradesh)주의 주지사를 만나 AP주의 송배전사업 참여를 약속받고 한국의 새마을운동 연수원에 AP주의 공직자 훈련을 주선하고 훈련비 약 100만 달러를 부담하기로 현장에서 약속했다.

랑코 그룹과 한중은 발전소가 건설될 콘다팔리 항구를 50 : 50으로 공동개발함과 동시에 AP주의 여러 가지 사업을 공동으로 추진하기로 굳게 약속했다. 동 프로젝트는 플랜트 금융을 제공하기로 한 한국수출입은행이 IMF한파로 약속한 1억 4,200만 달러의 금융제공에 난색을 표해 어려움을 겪었다. 1998년 3월 수출입은행장과 당초 약속한 1억 4,200만 달러보다 적은 1억 달러로 낮추고 현지 은행지급보증 조건을 당초 50%에서 100%로 올리는 조건에 랑코 그룹이 동의하여 간신히 해결되었다.

세번째 IPP는 BPEL그룹이 추진하는 라마군담 프로젝트였다. 이 프로젝트는 BPEL그룹이 IPP사업자로 260MW급 석탄발전소 2기를 안드라 프라데시주의 라마군담(Ramagundam) 지역에 설치하는 것이었다. 1995년 5월 26일에 EPC부문을 입찰하여 한중이 최저가가 되어 1997년 7월 10일에 해외 단일프로젝트로는 최대 금액인 5억 3,500만 달러의 EPC계약을 체결하였다. 한중이 26%의 지분으로 참여하는 프로젝트를 계약하는 날 우리 모두는 샴페인을 터트리며 즐거워했다.

그러나 IMF한파가 불어닥치자 자금제공자인 인도의 산업은행인 ICICI가 한국수출입은행이 약속한 2억 7,000만 달러의 자금능력을 불신하여 한국과 거래하면 금융제공을 거부하겠다고 엄포를 놓는 바람에 1998년 1월 BPEL회장이 일본을 방문, 일본 컨소시엄(마루베니와 도시바)과 EPC계약을 추진하기에 이르렀다.

이 문제 해결을 위해 정부에 IBRD론중 20억 달러를 수출입은행에 배분해줄 것을 간곡히 요청하고 ICICI에 특별 프리젠테이션을 실시함과 동시에 BPL에게는 적법절차에 의해 계약된 EPC계약을 폐기하지 못하며 수출입은행의 자금제공 의사는 여전히 유효하다고 설득했으나 종국에는 보일러부문만 수주하고 모든 것이 수포로 돌아갔다.

네번째 IPP 프로젝트는 역시 인도에서 GVK 파워(GVK Power LTD)사가 안드라 프라데시주 넬로르(Nellore) 지역에 260MW의 석탄발전소 2기를 건설하는 것이었다. GVK 파워사는 제구르 파두(Jeguru Padu)에 330MW 복합화력발전소를 인도 내에서 제일 첫번째 IPP로 1995년 12월에 준공하고 상업운전하고 있었다.

금번 넬로르 지역 프로젝트는 GVK로는 두번째 IPP이고 세번째 IPP는 판잡지역에 500MW급 2기를 IPP사업자로 정부의 허가를 받아놓은 상태였다. 금번 크리시나 파트남(Krishna Patnam) 프로젝트는 우리에게 대단히 중요한 프로젝트였다.

1996년 10월에 공고한 국제입찰이 1997년 1월 31일에 실시되었는데 ABB와 한중이 협상대상지로 최종 결정되었다. 1997년 3월 GVK의 레디(Reddy) 회장 일행을 창원으로 초청하여 내가 직접 회사소개를 하는 브리핑을 했다. 그리고 직접 공장시찰을 안내했고 삼천포 화력발전소 건설현장을 둘러 보았다. 공장 방문을 통해 그들은 한중의 설비와 사업수행 능력에 대해서 신뢰를 하고 돌아갔다.

그 해 7월에는 내가 직접 GVK본사가 있는 하이데라바드에 날아갔다. GVK의 레디 회장이 하버드대학을 졸업했으며 미국에 GVK 트레이딩사를 운영하여 돈을 벌었고 미국시민권을 가지고 있다는 사실을 그때 알았다. 또 62세가 된 레디 회장이 매일 아침 7시에 자기 주택 내에 있는 테니스 2면에서 1~2시간씩 테니스를 친다는 사실도 알았다.

우리는 나와 허남조 이사가 한 조가 되고 그쪽은 레디 회장과 고교 때 전국대회 일등했다는 여자 코치가 한 조가 되어 3세트를 쳤는데 한 게임만 겨우 빼앗고 전패를 당했다.

저녁시간에 그 부인이 농담반 불평반으로 자기 남편은 꼭 여자코치에게 강습을 받으며 그것도 1년마다 바꾼다고 했다. 회장은 코치를 바꿀 때마다 새로운 기법을 배운다고 변명을 했다. 또 남자가 치는 공은 너무 강해서 처리를 못하는 데 비해 여자 공은 받아칠 수 있어서라고 받아 넘겨 웃음바다가 되었다.

이 프로젝트도 역시 가격이 문제였다. 특히 ABB가 합작투자한 인도 현지 보일러 메이커인 BHEL의 가격이 우리보다 더 쌌기 때문에 나는 보일러원가절감 목표가격을 제시하여 EPC가격을 5억 1,200만 달러에 합의하고 40%(약 5,000만 달러) 지분참여 요청을 긍정적으로 검토하기로 하였다. 1998년 3월 IMF사태가 나자, GVK회장 내외와 사위 내외가 제주도 및 설악산 관광 겸 당사를 방문했다. 우리는 정성을 다해 안내하면서 레디 회장을 안심시키기 위해 갖가지 자료를 동원하여 설명했다.

저녁 만찬에서는 호랑이와 사자가 싸우면 어느 쪽이 이길 것인가 하는 내용이 화제로 올랐다. 회장의 딸과 나는 호랑이가 이긴다고 주장했고, 회장과 사위는 사자가 이긴다고 주장했다.

나는 북한에서 김정일과 장관들 간에 같은 화제로 논란이 벌어졌을 때 김정일의 지시로 실제로 싸움을 붙여 보았는데 그 녹화필름을

보니 호랑이는 앞다리를 이용해 원투 스트레이트 공격을 능수능란하
게 하는데 비해 사자는 양다리를 동시에 사용할 수 없어 한 다리로
훅 공격만 해 열세였다는 얘기를 해주었다. 그리고 창원미술상이 팔
고 있는 것 중 제일 비싼 호랑이그림을 선물로 전달하였다.

그 이튿날 아침에는 레디 회장과 사위가 한 조가 되고 나는 테니스
회 한중선수인 김영회 반장과 한 조가 되어 시합을 했는데 이번에는
우리가 이겼다. 당초에는 창원 시내에 여자선수를 물색하여 레디 회
장과 한 조를 이루려 했으나 새벽에 나올 수 있는 여자선수를 구할
수 없어 못내 아쉬워했다. 이러한 우정 때문인지 레디 회장이 돌아가
는 즉시 한중과 계약서 상세협의를 지시해서 1998년 4월 13일부터 양
측 실무자간에 계약서 작성에 들어갔다.

활기띠는 해외건설사업

우리는 그간의 경쟁력혁신 활동으로 제작원가를 국제경쟁력이 있
는 수준으로 낮출 수 있었다. 영업팀 직원들도 몇번의 계약건으로 자
신감을 얻었다. 수화력본부와 터빈본부를 발전사업본부로 통합하고
발전영업팀을 2팀에서 5팀으로 늘리고 기술 및 설계부서의 베테랑들
을 영업팀으로 보강 배치했다. 이제 이들은 5대양 6대주로 어미제비
처럼 자신있게 날아다니고 있다.

발전영업팀을 보강하면서 부장 한 사람에게 한 회사씩 접촉하도록
전담창구를 만들었다. 5명의 부장이 ABB, GE, 지멘스, 알스톰, 일
본업체를 각각 하나씩 책임을 졌다.

이런 과정에 중국 핵공업 총공사가 진산원전 3단계 공사로 70만
kW × 2기의 입찰계획을 발표했다. 한중은 국내에서 월성 원자력발
전소 건설에 협력한 캐나다의 AECL사와 컨소시엄으로, 원자로를

제외한 CANDU형의 증기발생기와 가압기, 열교환기 등 보조기기를 공급한다는 내용으로 2년여 동안 수주작전을 전개해 왔다. 마지막까지 일본 히타치와 GE의 ABWR타입의 경수로와, 웨스팅하우스와 미쓰비시의 PWR경수로 타입과 치열한 경쟁을 벌였다.

마지막 날 밤까지 가격싸움이 계속되었는데, 특히 중국측이 히타치의 가격과 한중의 가격을 서로 비밀리에 알려주면서 가격내리기 경쟁을 붙여 정말 애를 태웠다. 밤 12시에 최종 한중가격을 1억 2,000만 달러로 고정시키고 더 이상은 내리지 못하겠다는 마지노선을 던졌다. 다행히도 이것이 성공하여 한중으로서는 최초로 해외시장에 원자력 발전소 주기기를 수출할 수 있는 기회를 잡았다.

2000년까지 4년에 걸쳐 창원공장에서 기자재를 제작, 공급할 계획이다. IMF한파로 1998년 1월 한국전력이 한중과 계약된 14기의 발전소건설 프로젝트 계약금액 3조 6,500억 원을 1년 내지 2년 납기 연장하는 바람에 물량부족으로 어려움을 겪고 있었으나 원자력공장은 진산프로젝트 때문에 풀가동을 할 수 있었다.

이 계약은 1997년 1월 10일 하얏트호텔에서 캐나다 크레티앵 수상 일행이 지켜보는 가운데 AECL 모덴 사장과의 서명식을 가졌다.

한중은 지금 중국의 발전시장에 참여하고자 여러 프로젝트를 동시에 추진하고 있다. 한전과 함께 연길시 열병합발전소 개보수와 확장, 훈춘화력 350MW×2기, 산동성 원자력발전소 1,000MW×2기 건설에 ABB, 한전, 한중, 현대건설간의 컨소시엄으로 참여하고 있으며 알스톰과 삼협댐 수력발전소, ABB와 복건성 화력발전소, 한중 단독으로 내몽고 화력 600MW×2기, 화북성 정곡에 화력 600MW×2기 등 턴키 또는 IPP진출을 기도하고 있다. 21세기에 최대 전력소비지가 될 중국대륙의 발전시장에 반드시 진출하여 장보고 할아버지의 후손임을 보여줄 것이다.

이와 동시에 북한진출의 꿈도 키웠다. 북한의 발전설비용량은 7,140MW로 이중 4,290MW가 수력, 2,850MW가 화력발전소인데 대부분 일제시대였던 1930~48년에 준공된 것으로 가능출력이 50%도 되지 않는 노후된 발전소라고 한다. 한중은 성능복구사업에 진출하고자 조사단을 파견하기 위해 문을 두드려 보고 있는 중이다.

지금 진행되고 있는 프로젝트 중 머지 않아 계약돌입단계에 있는 턴키 프로젝트 2개를 소개하겠다. 그중 하나는 싱가포르의 투어스 파워(Tuas Power)의 제2단계 프로젝트다.

싱가포르는 국영회사인 싱가포르 파워(Singapore Power)와 투어스 파워사 두 개로 분리하여 경쟁을 시키고 있었고 송배전만 담당하는 싱가포르 유틸리티(Singapore Utility) 국영회사가 두 회사간의 경쟁입찰에 의하여 전력구입가격을 결정하고 있었다.

투어스 파워사의 제1단계 입찰이 1994년 10월 7일에 있었는데 그 당시는 한중은 600MW 제작경험이 없고 해외발전소 실적이 전무하여 P/Q도 확보하지 못한 상태였다. 그러나 2단계인 600MW×2기 유류발전소는 경제관료 출신인 손명현 대사가 애쓴 덕택으로, 또 제1단계 공사에 당사가 유류저장탱크 6기를 8,300만 달러에 수주해서 현재 설치하고 있는 것에 만족하고 있던 터라 T/G에서는 P/Q를 얻지 못했으나 보일러 부문에서는 P/Q를 획득할 수 있었다.

1997년 10월 10일 입찰결과를 발표했다. 세계 37개 사가 참여했는데, 그중 한중이 1억 8,600만 달러로 1위, 일본의 IHI가 1억 9,800만 달러로 2위였고 3위가 2억 1,800만 달러로 미국의 밥코크 앤드 윌콕스(Babcock & Wilcox)였고 4위는 일본의 히타치가 2억 2,000만 달러로 4위였다. 그러나 불행히도 IMF한파가 닥치자, 한국 경제를 믿을 수 없으며 한중의 근로자파업으로 인한 납기약속도 믿지 못해 1998년 3월 27일 입찰취소를 통보해왔다. 정말로 통탄스럽고 안타까워 우리 팀은 나라 경제를 원망하면서 소주를 퍼 마셨다.

또 하나 턴키 프로젝트는 대만의 화중 프로젝트였다. 이 프로젝트는 부동산업으로 돈을 벌어 건설업과 건축자재사업을 하는 풀 파워(Full Power)사가 대만의 11개 IPP허가중에 두 번째로 국제입찰에 붙인 550MW 1기의 화력발전소를 건설하는 프로젝트였다. 여기에도 미국의 B&W와 GE와 한국의 대림으로 구성된 컨소시엄과 ABB, 그리고 한중 단독으로 참여하여 3자간에 마지막까지 격돌했다.

풀 파워 사장단이 수차례 한국을 방문하고 한국팀도 수차례 대만을 방문하였을 뿐만 아니라 손세일 통산위원장, 한국대사 등을 동원, 경제협력재개의 상징프로젝트로 부각시켰다. 그리하여 지난 1998년 2월 6일에 최종 가격을 4억 200만 달러에 합의하여 계약서 체결만 남겨두었다. 그러나 뜻하지 않게 금융제공을 하는 CDC 등 대만 12개 은행단이 IMF사태로 당사가 이 프로젝트를 수행하는 데 문제가 있을 것이라며 우려를 제기했다. 우리는 대만의 은행담당자를 모아놓고 긴급 설명회를 가졌다. 이 자리에서 선수금에 대한 지급보증과 공사이행에 대한 보증을 제3국 은행으로 교체해 달라는 요구를 받았다. 울며 겨자먹기로 보증수수료 4%를 지불하는 것으로 하고 시티뱅크(Citi Bank)의 보증서를 징구하였다. 금년 5월에 LOI를 발급받고 6월에 EPC계약 서명을 계획하고 있어 예정대로 수주하기를 하나님께 기도드릴 뿐이다.

풀 파워의 회장은 슬하에 7공주를 두었는데 본인은 국회의원으로 정치활동을 하고 기업은 딸들에게 맡기고 있었다. 풀 파워사는 둘째 딸인 써니 유(Sunny Yiu)가 미국에서 공부하고 돌아와 사장직을 맡고 있는데 창원공장도 여러 번 방문했다. 나는 한중 총각중에 이 여사장을 공략하여 풀 파워 프로젝트를 따면 결혼식 비용 일체를 회사가 부담하겠노라고 공언했다.

선박엔진사업에서 디젤엔진발전사업으로

한중의 선박용 디젤엔진사업은 1983년에 인가를 받아 1985년부터 생산하기 시작하였는데 1995년 말까지 213대의 엔진 508만 7,000마력을 생산하여 대우조선, 한진중공업 등 국내 조선소에만 공급해 왔다. 1990년까지는 계속 적자를 보다가 1991년 이후부터 겨우 흑자를 시현해 오고 있었다. 1985~95년 전체적으로는 134억 원의 적자를 본 탓 때문인지 아니면 한중의 주력사업이 아니기 때문인지 취임하고 보니 엔진사업은 회사내에서 천덕꾸러기로 여겨지고 있었다. 엔진수주는 1995년 전사 수주액의 6.3%, 매출은 전사매출액의 7.9%로서 회사 전체사업에서 차지하는 비중이 작을 뿐만 아니라 선박엔진회사 중 유일하게 조선소를 가지고 있지 않아 마케팅하는데 대단히 고전하고 있었다.

현대조선과 삼성조선은 자체엔진 생산으로 충당하고 있었고 대우조선과 한진조선은 국내엔진회사끼리 경쟁을 유도하고 있었다. 또 기술도입선인 MAN B&W사에도 마력당 14.60달러, 슐저(Sulzer)사에는 마력당 14.10달러의 기술료를 지불하고 설계도면을 받아 제작만 하고 있었다. 1995년에도 양 기술도입선에 약 130억 원의 기술료를 지불했다.

따라서 엔진사업의 당면과제는 첫째로 어떻게 수주를 확보할 것인가, 둘째로 엔진기술 자립을 어떻게 이룰 것인가로 집약하고 이 문제해결을 위해 동분서주했다. 먼저 수주를 확보하기 위해서는 한중이 조선소를 가지는 것이 쉬운 일인데 국내 조선능력은 과잉상태이므로 해외에서 찾아야 했다. 실제로 대동조선 인수를 검토했으나 중소형조선소로서 한중의 중·대형 엔진사업과는 맞지 않았다. 그리하여 중국이나 인도, 인도네시아 같은 인건비가 싼 나라를 뒤져 보았으나,

막상 접촉해 본 결과 세계 조선능력이 과잉상태인데다가 이들 나라의 조선산업은 모두 국영기업으로 앞으로 수출산업으로 육성하고자 하는 의욕 때문에 외국회사와의 합작투자를 그다지 환영하지 않았다.

그 다음으로 국내조선소중 엔진공장이 없는 대우조선과 한진중공업과의 엔진합작사업으로 그들을 고정구매자(Captive Buyer)로 확보하는 길이 있었다. 이들과 접촉한 결과 한진중공업은 흥미가 없었고 1996년 6월 이후 대우와의 합작을 추진했으나 우리 노동조합의 강력한 반발로 성사되지 못하고 2년이나 끌어오고 있다. 그리하여 우리는 중국의 조선소와 엔진합작공장을 건설하여 중국조선소를 고정구매자로 확보해 보겠다고 접촉했으나 MAN B&W 및 슐저사의 지역제한정책(Territorial Policy)을 어떻게 극복하느냐가 과제였다. 더불어 해외에 디젤 발전소 건설에 IPP로 참여하는 길을 모색했다. 그러나 소요자금을 조달할 수 있을까에 대한 자신이 없었다.

최대의 수비는 최대의 공격이라 하였다. 우리는 엔진사업의 전개 방향을 다음과 같이 정했다.

첫째로 국내물량을 확보하기 위해 대우, 삼성, 한중 세 회사가 합작으로 디젤엔진을 생산하도록 한다. 아니면 두 회사간의 합작을 추진한다. 이것마저도 실패하면 디젤엔진공장을 해안매립지로 이전하여 세계에서 가장 경쟁력 있는 공장을 짓는다. 토지 조성비 240억 원과 건물·기계장치 500억 원을 투자하여 경쟁력을 확보할 때 시장은 확보할 수 있을 것이다.

둘째로 세계 디젤발전소 시장을 적극 개척하여 엔진수요를 확보하고 IPP시장에도 뛰어든다.

셋째로 중국의 시장이 장차 커질 것에 대비, 대형엔진을 한중, 중소형 엔진은 중국에서 합작으로 생산하여 중국엔진시장을 우리가 컨트롤한다.

넷째로 한중은 크랭크축 공장의 생산능력을 1차로 50대로 확장하여 수입대체를 하고 주단공장의 가동률을 높인다. 2차로 100대 생산규모로 확충하여 크랭크축의 생산을 전문화하고 중국조선소, 히타치 조선소, MAN B&W와 부품공용화를 한다.

다섯째로 중국과 협력, B&W와 슐저사의 지역제한정책을 한·중간에는 적용하지 않도록 한다.

이와 같은 구상을 가지고 먼저 나는 이종문 엔진본부장을 대동하고 1996년 8월 덴마크를 방문하여 기술도입선을 만났다. 우리의 의지를 관철하기 위해 몇번이고 방문했다. 그 결과로 1997년 9월에 MAN B&W가 강남조선의 합작에 10%의 지분으로 참여하고 중국에서 생산한 중소형 엔진을 한국으로, 한중에서 생산한 대형엔진을 중국으로 수출할 수 있다는 동의를 받아냈다.

이는 100년 이상 지속되어 온 기술선의 영업정책의 대변화였다. 이들은 어느 나라에서든 기술도입을 희망하는 기업에게는 기술을 주었으나 제조한 엔진은 다른 나라로 수출하는 것은 허용하지 않았다. 우리나라에서도 현대, 삼성, 한라와 한중이 이들의 기술을 도입하고 이들의 지역제한정책을 잘 이행해 오고 있었다. 그러나 나는 MAN B&W의 홈블라드(Homeblad) 덴마크사장을 설득하고 또 설득했다.

장차 세계 선박엔진회사는 일본, 한국, 중국만이 살아남을 것이고 국경없는 시장에서 그 같은 수출제한은 분명 WTO정신에 위배될 것이다 또 로열티 수입을 늘리기 위해서는 경쟁력 있는 엔진회사가 많이 생산해서 많이 팔도록 해야 할 것이라고 설득했다.

나는 심한 말로 창녀에 비유하여 돈(로열티)만 주면 누구에게나 몸(기술)을 파는 방법으로 돈을 벌기보다는 아예 결혼(합작)해서 평안히 살아가는 방법이 노후가 보장된다고(기술독점이 무너질 수도 있다는 뜻에서) 설득했다. 지역제한정책 적용배제문제는 중국의 대련 및 후동조선소의 반대와 국내 현대조선소의 반대로 중국 강남조선소와 합작계약 서명식을 할 때까지 노력해야 약속이 지켜질 수 있는 문제로 남았지만 일단은 긍정적인 변화를 약속받은 것이다.

동시에 앞으로 선박엔진은 보다 소형화(compact)될 것이고 보다 환경친화적(lower emission)이며 보다 힘이 센(higher Power) 엔진 시장으로 수요패턴이 변할 것에 대비하여 B&W와 한중 그리고 미쓰이조선 3사가 가스엔진 공동개발을 합의했다. 이것은 큰 성과로, 한중은 650만 달러의 개발비를 출연하고 1997년 1월부터 12명의 연구 인력이 참여해오고 있다.

다음은 중국과의 선박엔진 합작문제였다. 중국은 현재 조선능력이 180만 DWT에 불과하지만 2000년에 500만 DWT를 목표로 투자를 진행하고 있었고 특히 강남조선소는 상해 포동지구에 210만㎡의 조선단지를 확보, 2000년까지 180만 DWT의 신규 조선소를 건설, 현재의 상해시내 조선소를 이전할 계획을 가지고 있었다. 또한 중국조선 총공사(CSSC)는 선박엔진 생산능력을 확충하여 수출선박에 탑재할 수 있는 경쟁력 있는 선박엔진 생산을 열망하고 있었다.

현재 이들은 대련조선소에서 30만 마력, 후동조선소에서 30만 마력 등 약 100만 마력의 생산능력을 가지고 있었으나 기술의 후진성을 면치 못하고 있었다. 이를 극복하기 위해 선진 엔진생산계획을 구상하고 있을 때 한중의 엔진사업의 세계화 전략과 합치하여 우리는 1997년 10월 포동조선단지 내 40만㎡부지에 공장을 건설, 엔진생산을 위해 상호합작하기로 양해각서(MOU)를 교환했다.

현재 세계선박엔진의 수요는 1,067만 1,000마력이나 2005년에는 1,270만 마력으로 연평균 2%정도 증가할 것으로 예측하고 있다. 한국 3사가 현재의 410만 마력에서 500만 마력(현대 210만 마력, 한중 120만 마력, 삼성 90만 마력)으로 증가하고, 일본 5사가 470만 마력의 생산능력(미쓰이 150만 마력, 미쓰비시 100만 마력, 히타치 80만 마력, 가와사키 50만 마력, 디젤 유나이티드 90만 마력)을 그대로 유지할 것이다. 그러나 중국은 50만 마력에서 260만 마력으로 증가하여 공급과잉이 우려되고 있는 상황이었다. 따라서 중국의 생산능력 확충에 우리가 반드시 참여해야 중국내 조선소에 엔진을 공급할 수 있다고 믿었던 것이다.

중국의 엔진수요는 현재 70MC 이하의 중소형 엔진 80만 마력이나 2001년에는 70MC 이상 대형 엔진이 60만 마력, 70MC 이하 중소형 엔진이 200만 마력이 될 것으로 보고 대형은 한중이 공급, 중소형은 강남조선소 엔진공장이 공급하는 상호보완적 생산체제와 부품공용화사업을 추진하기로 계획하였다.

투자규모는 2,573만 달러로 중소형 디젤엔진 100만 마력의 생산규모를 갖추고 자본금 800만 달러로 강남조선소 : 한중 : MAN B&W : 대우중공업 간에 51 : 29 : 10 : 10으로 1997년 7월 MOU를 교환했고 12월 중국 국가계획위원회의 사업허가를 받았다.

현재 1998년 6월 합작계약서 서명을 위해 문안을 협의중에 있다. 엔진합작이 성공하면 한중은 국내 150만 마력, 중국 100만 마력, 총 250만 마력으로 세계 최대 디젤엔진회사로 부상할 것이다.

나는 이 문제로 여러 번 중국을 다녀왔고 마오타이주도 많이 마셨다. 그리고 디젤엔진의 해외수주를 위해 영업팀을 선박엔진영업팀과 내연발전영업팀으로 분리하고 인력을 크게 보강했다. 또 수주받기 위해 인도, 터키, 파푸아뉴기니(PNG), 중국 등을 누비고 다녔다. 그 결과로 1995년에 선박엔진 : 내연발전 수주비율이 64 : 36이었으나 1996년에는 57 : 43으로, 97년에는 23 : 77로 역전되었다. 한중은 1997년에 세계 디젤발전시장의 Two Stroke Engine분야에서 59%의 세계시장을 점유하여 제1위를 차지했다.

디젤발전소의 첫번째 IPP는 파푸아뉴기니(PNG)의 수도 포트 모르즈비(Port Moresby)에 24MW의 디젤발전소를 건설하여 15년 간 운영하고 엘콤 (Elcom, PNG의 전력청)에 넘겨주는 BOT사업으로, 1997년 10월 21일 현지에서 기공식을 가졌다. 총투자비 5,252만 달러를 자본금 30%와 차입금 70%로 조달하고 자본금은 한중 51%, 대우 49%로 분담했다. 한중은 엔진제작 및 설치, 시운전, 대우는 연료를 공급하고 전력판매단가는 kWh당 9.454센트로 경제성이 매우 좋은 프로젝트이다. 1998년 9월 20일부터 시운전하여 11월 30일부터 상업운전을 개시할 계획이다.

파푸아뉴기니는 남태평양 상에 1,400여 개의 섬으로 구성된 나라로, 인구는 400만 명, 면적은 한반도의 2배이다. 주로 수력발전에 의존하고 있지만 섬이 많아 디젤발전소의 입지로서는 적지였다.

나는 기공식에서 주변에 사는 두 부족이 추장의 지휘 아래 어른, 아이 할 것 없이 모두들 형형색색의 전통의상을 입고 춤을 추며 북을 두드리면서 기공식을 축하해 주는 것을 보고 매우 감명을 받았다. 또 한국수녀회가 설립, 운영하는 카톨릭 여고교의 한국인 교장선생님을 비롯한 수녀 15명도 참석하였는데 이들 원주민 여고생 합창단이 우리 애국가를 한국말로 불러주어 한국인의 긍지와 보람을 느낄 수 있었다.

파푸아뉴기니는 일부다처제 사회로, 결혼식을 올릴 때 신랑은 신부집에 대개 돼지 두 마리를 신부값으로 지불해야 한다고 한다. 그런데 고등학교를 졸업한 처녀는 돼지 100마리를 주어야 할 정도로 귀하고 높이 여긴다고 한다. 그들은 이처럼 교육열이 높아지면서 머지 않아 경제도 급격히 좋아질 것이라고 강조했다.

나는 기공식 관계로 이곳을 방문했을 때 솔라세(Solase) 전 수상과 골프를 쳤다. 그런데 캐디가 전통활과 작두 같은 칼을 든 우람한 남자들이었다. 이상하게 생각해서 물어보았더니, 강도들이 많아 경호원을 부른 것이라고 하였다. 엘리뇨현상이 3년 이상 계속되면서 흉년이 들자, 부족들이 건장한 청년들을 도둑질하러 내보내기 때문이라고 했다. 참으로 안타까운 일이었다.

턴키 프로젝트로는 1996년 6월 인도에서 미국을 비롯한 영국, 핀란드 등 세계적인 저속디젤발전소 생산업체와 치열한 경합 끝에 인도 최초의 38MW급 저속디젤발전소를 2,500만 달러에 수주했다. 1997년 4월에는 에리트리아 대통령이 1996년 9월 방한시 대통령과 협의를 한 것으로 88MW(60MC 4대)를 6,800만 달러로 수주했다.

한중은 세계 디젤발전시장에서 선구자로서의 역할을 쌓아가고 있다. 또한 내연발전 분야에서도 세계화의 돛을 드높이며 아프리카, 흑해, 남태평양과 인도양을 항진하고 있는 것이다.

세계 1위의 시멘트공장 건설사업자에 도전

우리는 여기에서 그치지 않고 세계 시멘트시장과 담수공장시장에도 뛰어들었다. 싱가포르의 화교 백궁(白宮)그룹이 자기네 고향인 중국 청도(靑島)에 연산 120만 톤 규모의 시멘트공장을 건설하는 프로젝트를 계획했다. 여기서 건설공사는 한중이 맡는 것으로 1996년 12월 산동(山東)성 유방(濰坊)시에서 허희당(許喜棠) 사장과 2억 3,000만 달러로 계약했다. 이 프로젝트는 중국시장에서의 첫번째 턴키 프로젝트로, 이를 수주하기 위해 PC에 회사소개를 입력하여 그해 7월 싱가포르까지 날아가서 내가 직접 브리핑했다. 계약하는 날 허회장팀과 우리 팀은 앞으로 중국시장 동반진출을 약속하면서 고량주로 건배를 하고 어깨동무를 하며 백궁 555, 한중 555를 번갈아 외쳐대며 진창 마셔댔다.

1996년 8월 쿠알라룸푸르에서는 한중이 1985년에 완공한 120만 톤의 페락-한중 시멘트공장의 확장공사로 연산 160만 톤의 시멘트공장 증설계약을 체결했다. 당시 한중에서 30%의 지분참여로 건설된 페락-한중시멘트공장은 시멘트 수요의 급증으로 돈을 많이 벌었다. 그리하여 햄던(Hamdan) 사장은 한중주식 전량을 인수하겠다고 고집을 해서 다른 시멘트공장에 투자하기 위해 주식시장 가격으로 보유주식 30%를 매각했더니 50억 투자가 150억 원으로 약 3배 정도로 불어났다. 이것을 보고 나는 이런 형태의 투자로 EPC계약하고 준공된 뒤에 빠지는 히트앤런(Hit & Run) 작전을 구상하게 되었다.

또한 1996년 10월 17일 이집트에 아랍 시멘트 건설공사 수주를 위한 MOU에 서명하기 위해 엘 스웨디(El-Swedy) 그룹과 한중이 사우디아라비아 지다(Jidda)에서 만났다. 엘 스웨디 회장은 이집트인으로 사우디에서 전선공장을 하면서 돈을 모아 사우디 제3위의 재벌이 된 전형적인 아랍상인이었다. 그는 무척 깐깐해 양측이 합의하는데 1년 이상 걸렸다. 협상을 담당했던 오덕수 이사는 피를 말리는 1년이었다고 회고했다.

카이로(Cairo)에서 120km 남쪽으로 베니 스웨프(Beni-Swef)라는 곳에 세우기로 하고 1997년 12월 1억 7,800만 달러의 EPC계약을 체결하였다. 나아가 우리는 후속기와 복합화력발전소의 추가 수주를 위해 아랍 시멘트 종업원의 훈련을 한중 부담으로 교육하는 것에 합의했다.

세계 시멘트 수요는 10년 주기로 호·불황기를 맞게 되는데 1996년 이후 동남아시아 경기침체 등으로 불황이 시작되었다. 호황기에는 매년 세계에서 약 4,000~5,000만 톤 규모의 시멘트 공장을 새로이 증설하는데, 1998년에는 약 1,000~1,500만 톤으로 줄어들 것으로 예상된다. 그 첫번째로 시멘트공장 건설계획을 한중이 수주한 것

이다. 일본 고베(神戸)스틸사와 마지막까지 경합했는데 이번의 수주
실패로 시멘트사업부 자체를 없앴다는 소식을 들었다.

앞으로 한중은 이 분야에서 경쟁자인 포리시우스, 오노다, KHD
등을 물리치고 세계 1위를 차지할 것을 목표로 하고 있으며 또 민자
로 세계 각국에 앞으로 5년 내에 1,000만 톤 생산능력을 갖출 것을
계획하고 있다. 이미 베트남의 하일롱(Hailong) 시멘트 145만 톤,
중국 장평 시멘트 150만 톤, 스리랑카에 50만 톤의 크링카 그라인딩
밀을 추진하고 있어 350만 톤의 생산능력이 가시화되고 있다.

과감한 해외이전

1996년 6월 세계화전략팀에서 영업과 생산의 세계화와 영업, 기술
인력과 시장의 현지화를 통하여 2001년 해외수주 100억 달러를 목표
로 삼았다. 해외수주비율을 1995년 15%에서 2001년에는 66%로 제
고하고 매출액 비중도 1995년 14%에서 2001년 57%까지 제고하여
명실상부한 21세기 초우량기업으로 발돋움할 것을 비전으로 제시했
다. 한중의 세계화방향은 국내인력 8,000명, 해외인력 8,000명으로
2001년에 국내매출액 5조 원, 해외매출액 5조 원을 목표로 다음과 같
이 추진하기로 신바람경영 5개년 계획에 포함시켰다.

① 철구조물 등 한계사업과 주단조제품 같은 3D업종은 해외로 이
   전한다.
② 철근, 시멘트 같은 기초건축재료는 현지에서 생산체제를 갖추
   어 해외 발전소, 시멘트공장, 담수공장 등의 건설현장에 공급
   한다.
③ 발전소의 IPP사업으로 1만MW, 시멘트 1,000만 톤의 현지 생

산능력과 담수공장 1일 5억 갤론의 현지공장 투자를 목표로 하고 LNG의 수출기지, 수입기지의 건설운영과 150MW급의 가스터빈 국산화사업 그리고 국제금융기관의 인수를 신규사업으로 진출한다.

첫번째 구조조정사업으로는 인건비 상승으로 경쟁력을 상실했거나 3D업종으로 작업을 기피하는 사업을 해외로 이관하는 것이었다. 이미 1994년 4월에 3D업종의 하나인 선박엔진용 베드 플레이트와 프레임 박스는 한중은 165만 달러를 투자하여 중국의 대련조선소와 47 : 53로 DHD를 설립, 대련의 3,000평 부지 위에 세워진 공장에서 각각 연 15대씩 생산하고 있었다. 현재 중제관 공장에서 대형 베드 플레이트와 프레임 박스를 제작하고 있는데 이를 모두 DHD로 이전하여 100대 생산체제를 갖추어 한중엔진공장과 강남조선소 엔진공장에 공급할 계획을 검토중에 있다.

또 한중이 군포에서 창원공장으로 옮겨오기 전부터 제작했던 철구조물과 탱크와 벳슬, 산업용 보일러는 경쟁력이 없어 베트남의 하이퐁(Haiphong)시에 610만 달러를 투자, VBM과 60 : 40으로 1995년 11월에 회사를 설립하고 23만 평의 대지 위에 1997년 10월에 준공한 연 1만 5,000톤 생산규모의 한비코공장으로 이전했다. 1997년 9월 900만 달러 투자로 매립지 6만 평 위에 준공한 연 2만 3,000톤 생산능력의 인도네시아 람풍 공장에서 콘테이너 크레인, 철탑, 비압력용기, 산업용 보일러 등을 생산하는 채비를 갖추었다.

이로써 월 3,000~4,000달러의 인건비로 생산하던 이들 제품을 월 급여수준 100~200달러로 생산할 수 있게 되었다. 한편 대한화학기계를 50억 원에 인수하여 중소형 탱크와 벳슬 전용공장으로 하여 한중의 중제관 공장에서 제작하던 80T 이하는 전부 이전했다. 또 장소를 크게 차지하던 강교라인 전부를 1998년 3월에 토지 5만 3,000평의 대한화학기계로 이전하고 회사명을 한중 DCM으로 고쳤다. 시간당 임금이 당사는 3만 8,000원인데 대한화학기계는 1만 2,000원으로 경쟁력을 갖추어 국내 제1위를 목표로 하고 있다.

이렇게 하여 한계사업은 모두 이전했으나 한중의 잉여인력이 골칫거리로 남아 있었다. 하는 수 없이 시운전 요원으로 디젤발전소 20명, 시멘트공장 15명, 복합화력발전소 20명 합계 55명을 훈련시켰으나 공장자동화와 더불어 200여 명의 잉여인력의 활용문제가 고민거리로 남았다.

두번째 구조조정사업은 원자재의 현지조달이었다. 발전소 500MW급 1기를 짓는데 철근은 2만 1,000톤, 콘크리트 3만 200루베, 철골 2만 톤이 소요되는데, 해외에서 건설공사시 한국의 철근과 시멘트는 너무 비싸고 품질이 너무 좋아 후진국시장에 진출하는 데는 경제성이 없는 것으로 판단되었다. 마침 스리랑카의 쿠마라퉁가(Kumaratunga) 대통령이 1996년 8월에 방한했을 때 실론 스틸(Ceylon Steel Corp)사의 인수제의를 받고 주단본부의 김중명 이사를 팀장으로 실사단을 파견하였다. 스리랑카는 과거에 동남아에서 가장 발전된 나라로 동서교역의 중심지였고 실론차 등 국제무역이 활발했으나 사회주의제도를 도입하고부터 내리막길로 떨어져 지금은 최빈국의 하나로 전락하였다.

그러나 위험이 있는 곳에 기회가 있다고 보고 인수협상을 전개한 결과 1996년 12월 1,500만 달러로 주식의 90%를 인수했다. 당시 현지 언론이나 야당은 정부가 한중에 기부했다고 비판하면서 부지 22만 4,000평의 땅값에도 못 미친다고 거세게 항의했고 당시 빌레트(Billet) 재고 7만 톤의 수입가격도 안 되었다고 혹평하여 정부가 곤혹스러워했다. 그러나 기계, 설비는 1965년의 소련제로써 낡아 빠졌고, 1,400명의 고용인력 중 반 이상이 잉여인력이었다.

1996년 11월에 쿠마라퉁가 대통령을 만나 문제점을 적시하고 현행 수입관세 35%의 3년 이상 유지, BOI인센티브 제공(10년 간 법인세 면제)을 보장하면 인수하여 개편을 통해 경쟁력있는 회사로 만들겠다고 제의하여 동의를 받아내었다. 인수한 즉시 700명을 정리해고하고 경영혁신활동을 전개하였으며 1,000만 달러를 추가투자하였다. 1997년에는 3,600만 달러의 매출에 20만 달러의 당기순이익을 시현했지만 1998년에는 생산량 4만 8,000톤에서 7만 9,000톤을 생산, 4,700만 달러의 매출액과 410만 달러의 경상이익을 올렸다. 1인당 철강소비량이 4kg으로 한국의 60kg에 견주어 볼 때 내수시장도 커질 것이고 독점생산으로 이익창출이 가능하고 연 10만 톤의 생산체제가 되면 3만 톤 정도를 수출하고 순이익은 K-프로젝트에 재투자할 계획이었다.

그 다음에는 해외에서의 시멘트 현지생산이다. 입지를 선정하면서 1인당 시멘트 소비량과 수급전망, 경제성장 전망, 수입제도 등 다각도로 검토한 결과 우리는 중국, 베트남, 미얀마, 이집트 4개국을 선정했다. 10년 정도 후면 우리의 예측이 옳았는지에 대한 판단이 나오겠지만 경제적 측면 이외에도 역사적으로 그들이 한때 번영을 누린 적이 있는 저력도 감안했다.

우선 우리는 중국과 베트남은 합작투자로, 미얀마와 이집트는 턴키 프로젝트를 수주하는 것을 목표로 하고 이 방향으로 추진했다. 베트남의 하일롱시멘트 합작사업이 먼저 성사되었다. 1996년 7월 석탄 생산판매회사인 비너콜(Vinacoal)과 하일롱주 건설회사가 각각 22.5%씩의 지분으로 참여하고 한중이 55%의 대주주로 연산 143만 톤의 시멘트 공장을 건설하기로 하였다.

한중의 투자비는 4,125만 달러로 비교적 큰 금액이었지만 2억 달

러의 공사계약으로 기자재 공급과 건설을 한중이 수행하고 지금까지
풀러(Fuller)사에 의존하여 오던 플랜트 엔지니어링의 자립기회를 얻
고 O&M의 기술축적과 한비코의 철골제작물량 확보 등의 다원적 목
적으로 1998년 3월 1일 착공하였다.

베트남의 1인당 시멘트 소비량은 1996년 77kg으로 연 200만 톤의
시멘트가 부족했다. 또 2001년에는 한국의 1960년대 후반 1인당 소
비량인 270kg에 달할 것으로 전망됨에 따라 베트남 시멘트 수요는
2001년 총 2,000만 톤이 넘을 것으로 예상되었다.

또 한중이 추진하고 있는 하이퐁 발전소 및 하일롱 발전소 건설공
사뿐만 아니라 스리랑카의 크링카공장 및 동남아 발전소건설공사를
수주할 것에 대비하는 차원에서 1997년 8월 21일 베트남 정부의 합작
승인을 얻은 직후에 자본금 7,500만 달러로 합작사를 설립했다.

중국의 경우 시멘트수요는 1996년에 5억 3,500만 톤으로 세계 소
비 15억 톤의 1/3 이상이 되었고 생산은 5억 2,300만 톤으로 약
1,100만 톤을 수입하고 있었다. 1인당 소비량은 326kg으로 한국의
1/3수준이나 지역적 소비편차가 심하고 대부분 연산 8만 톤 이하의
공장에서 저급시멘트를 생산하고 있어서 경제성이 없었다. 인구
3,210만 명, 면적 12만 1,400km²의 복건(福建)성의 경우 442개 공장
에서 3,100만 톤의 생산능력을 가지고 있었는데 실제생산량은 1,300
만 톤에 불과했다. 연산 8만 톤 이상의 공장은 14개뿐이었다. 더구나
중국 정부에서 1997년 7월 1일지로 중국내 연산 5만 톤 이하의 생산
공장은 폐쇄하기로 결정했기 때문에 공급부족이 예상되었다.

특히 앞으로 고급시멘트의 수요는 늘어날 것으로 보고(실제로 복
건성에만 연간 250만 톤이 부족했다) 중국 정부의 대만인 투자유치
정책을 활용, 대만기업인 진각수(陳覺修) 사장과 장평시 건재(建材)
공업사와 합작투자하기로 합의했다. 중국 정부는 대만인이 투자할

때 기업소득세 30%의 1/2인 15%를 적용하며 이것도 5년 간 면세하고 그후 5년은 50%를 면세하며 관세 및 수입증치세(35%)도 면제하고 수출의무비율도 부과하지 않는 인센티브를 주고 있기 때문에 이것을 활용하기로 하였다.

자본금을 1억 7,400만 달러에 총 5억 2,000만 달러를 투자하여 양질의 석회석이 풍부한 복건성 용암(龍岩)지구 장평시에 연산 330만 톤의 생산능력을 갖춘 공장을 건설하기로 하였다. 2억 3,000만 달러의 EPC계약은 한중과 장평시로 하여 복건성으로부터 사업승인권을 받았고 현재 국가계획위원회의 사업 승인을 기다리고 있다.

물부족사태에서 돈을 벌자

한중이 세계진출의 역점을 두고 있는 다음분야는 담수공장이었다.

이미 한중은 1984년에 사우디아라비아의 잔부(Janbu) 담수공장(1일 물생산량 13만 톤)을, 1988년에 아랍에미레이트의 제벨 알리(Jebel Ali) 담수공장(1일 물생산량 1만 8,000톤), 1989년에 사우디아라비아 아씨르(Assir) 담수공장(1일 물생산량 9만 6,000톤)을 건설했고 현재 세계 최대 담수공장인 사우디아라비아의 쇼아이바(Shoaiba) 담수공장(1일 물생산량 45만 5,000톤－100MIGD)은 1994년 3월에 착공하여 2000년 완공목표로 건설중에 있다.

쇼아이바 프로젝트는 벡텔(Bectel) ABB, 한중 컨소시엄으로 건설되고 있는데 한중은 담수설비에 5억 1,300만 달러, 발전보일러에 8,500만 달러로 계약하여 당초 1998년 6월 말 준공 예정이었으나 사우디정부의 2년 공기 연장으로 2000년 6월말 준공계획으로 현장소장 김태화 이사 등 한중직원 49명과 현지인 1,010명이 뜨거운 햇볕 아래서 비지땀을 흘리고 있다.

현재 담수공장은 90.5%, 보일러는 95.2%의 공정을 보이고 있으나 사우디 정부의 유가하락과 전비지출 등 재정사정 악화로 4월 말 현재 1억 9,300만 달러 미수금 문제로 골치를 썩이고 있다.

이 미수금 문제는 국회통상산업위원회가 개최될 때마다 질책을 받았는데 그동안 나도 몇번 사우디 장관들을 만났고 현지 대사관에서도 애쓰고 있었다. 불행중 다행인지 1997년 1월에 IMF사태로 회사가 위기에 처했다고 호소한 결과 5,200만 달러를 받아냈는데 환율 804원에 계약된 것을 1,715원으로 바꾸는 횡재를 만났다. 또 1998년 6월 말에 9,000만 달러를 받아내 약 5,000만 달러가 잔액으로 남았다.

따라서 당초 340억 원 경상이익이 650억~1,000억(장기 미수금을 연내 수령할 경우) 가까이 될 것으로 예상되어 무척 좋아하고 있다.

세계 담수협회의 전망에 의하면 현재 세계 담수능력이 1일 2,400만 톤인데 2015년에는 5,000만 톤에 이를 것으로 전망하고 있다. 중동을 비롯한 각국은 산업화, 도시화 및 생활수준의 향상으로 용수획득을 위해 담수화로 전환하고 있는 추세로 시장규모가 연간 20억 달러에 달할 것으로 예상된다. 더구나 지구의 온난화 현상으로 엘리뇨 현상이 지속되어 시장규모가 예상보다 더 커질 가능성이 있다.

현재 계획되고 있는 프로젝트만 하더라도 사우디 15개 공장 200만 톤(400MIGD) 쿠웨이트, 카타르, 싱가포르 등 150만 톤(330MIGD)으로, 한중은 그동안 쌓아올린 경험과 설계기술 가립을 바탕으로 세계시장의 15%이상을 차지할 계획을 하고 있다. 구성모 상무, 정태헌 사우디지점장 등 담수팀은 일본의 MHI를 제치고 세계 제1위를 목표로 세계 구석구석을 누비고 있다.

1998년 2월 20일에 있었던 쿠웨이트 Azour South Desalination Plant(일산 13만 톤) 입찰에는 이탈리아의 이탈리안 피안티(Italian

Pianti), 프랑스의 시에뎀(Siedem), 이탈리아의 안살도(Ansaldo) 일본의 히타치 조센 및 미쓰비시중공업과 경쟁한 결과 우리가 공사를 따낼 수 있었다. 1998년 12월경에 계약이 되어 쇼아이바 인력을 그쪽으로 투입할 계획이다.

또 하나의 개가는 UAE의 AL-Taweelah A2 Independent Water and Power Plant를 수주한 것인데, 이것은 최초의 IPP프로젝트로 나온 것으로, 미국 CMS에너지가 개발자, 지멘스와 한중 컨소시엄이 EPC계약자로 참여하였다.

이 프로젝트는 일산 50MIGD(일산 약 22만 7,000톤) 담수공장과 660MW 복합발전소로 구성되어 있는데 한중은 담수와 HRSG분야에 참여하였다.

당초에 벡텔사와 협력하기로 했으나 IMF한파로 한중을 믿지 못해 어느 누구도 끼워주질 않았다. 다급해진 우리는 1997년 12월 T-프로젝트에 협력하기로 한 CMS에너지와 지멘스를 찾아가 설득한 끝에 간신히 승낙을 얻었다. 덕택에 실무자들은 시간에 쫓겨서 서류를 작성하느라 밤낮으로 정신이 없었다.

1998년 3월 31일 입찰이 있었는데 CMS에너지가 6억 3,190만 달러로 최저가(한중 3억 3,760만 달러, 지멘스는 2억 4,690만 달러)가 되어 우리는 환성을 질렀다.

개발자로 앤론, 트랙테벨, 벡텔, 마루베니, CMS에너지 7개 사가 참여했고 각자 컨소시엄으로 GE, 미쓰비시중공업, 히타치 조센, ABB, 알스톰, 밥코크, 지멘스 등 난다긴다 하는 경쟁자가 참여한 가운데에서 우리는 보기좋게 승리의 기쁨을 안았다. 전력단가 kWh당 1.988센트, 물단가 톤당 69센트로 중동시장을 깜짝 놀라게 만들었다.

우리는 해낼 것이다. 우리는 세계무대에 우뚝 설 것이다.

내가 2년 재임하는 동안 33만 5,000마일을 여행했는데 지구 열 바퀴를 돈 셈이다. 거의 한 달에 한 번 이상꼴로 5대양 6대주를 누비고 다녔다.

우리는 어미제비가 먹이를 찾아 날아다니듯이 지구 곳곳을 찾아 날아다닐 것이고 독수리가 먹이를 찾아 공중에서 두리번거리듯이 지구촌을 샅샅이 뒤질 것이다.

5

열린경영을 실천하면서

종업원의 참여와 열정을 끌어내야

회사의 경영방침을 경쟁력제고, 세계화 그리고 열린경영으로 정하고 한중을 21세기 초일류기업으로 만들고자 신바람경영혁신 활동을 전개해 왔다. 그러나 이것은 8,000여 사원 전체의 동참이 있어야 가능한 것이고 회사의 구성원이 열정과 의지를 가지고 적극 참여할 때만 실현이 가능한 것이다.

지금까지 한중사원은 지시나 명령만 받아 보았지 질문을 받고 대답하는 것에는 익숙하지 않았고 토론에 참가하여 자기 의견을 개진하거나 아이디어를 내어 우리 이렇게 해 보자고 나서는 경우는 거의 드물었고 습관이 되어 있지 않았다. 경영진도 강성 노동조합을 제외하고는 모든 것을 통제할 수 있다고 생각했고 아직도 근로자들을 기계나 도구로 취급하려는 생각이 짙게 배여 있어서 그들을 부가가치를 창출해내는 중요한 자원으로 생각하지 않았다.

어떻게 하면 8,000여 사원의 잠재력을 발휘할 수 있도록 할 것인가? 어떤 환경을 만들어 주어야 소극적 태도에서 적극적 태도로 바뀌고 적당히 일하고 높은 임금만 받아가면 된다는 무사안일한 자세에서 품질과 납기와 원가 그리고 수주와 이익창출 등을 위하여 적극적인 자세로 열정과 자신감을 가지고 경영혁신 활동에 진정으로 몰입할 수 있도록 만들 수 있을 것인가?

회사의 규모가 커지고 종업원 8,000명을 지시와 명령으로 통제할 수는 없는 것이 분명한데 어떻게 하면 근로자들 스스로가 회사의 이익을 위하여 자발적으로 고민하고 열심히 일하도록 만들 수 있을 것인가? 어떻게 해야 스스로를 회사의 한 부품으로만 생각하고 임금수령만을 목표로 살아가는 그들에게 회사의 주인이란 인식을 불어넣어 줄 수 있을까? 회사를 자신들의 포부를 성취하는 장소로 생각하고 꿈과 희망을 가지고 신바람나게 일할 수 있도록 만들 것인가? 전임 사장이 "머슴은 밥을 많이 주어야 한다"고 강조하여 저들의 머리 속에는 "우리는 머슴이다"라는 사고로 꽉 차 있는데 이것을 어떻게 하면 지워내고 "우리는 주인이다"란 생각으로 바꿔 놓을 수 있을까?

나는 정부에 있을 때도 구성원이 자발적으로 일할 수 있는 기회를 만들어 줄 때 사람의 능력은 무한해지고 의기가 투합될 때 폭발적인 힘을 발휘한다고 생각했다. 공부하기 싫어하는 학생에게 강제로 시켜봐야 절대로 능률이 오르지 않는다. 자발적으로 공부를 하고 싶어하도록 환경을 만들어 주어야 성적이 올라가는 것처럼 8,000여 사원의 자발적 참여와 능동적 행동이 필요하다. 어떻게 해야 이런 환경을 조성할 수 있는 것인가?

80년대 초 GM이 품질불량과 생산성 저하로 미국 시장을 일본자
동차회사에 내주고 있을 때 조지아주 피츠제럴드에 있는 델코레미
공장에서는 "근로자들의 참여를 극대화시킬 수 있는 작업장을 만들
어 보겠다"는 한 공장장의 의지에 따라 다음과 같이 근로자에게 권한
을 대폭 위임하였다.

① 모든 품질관리를 스스로 취급한다.
② 스스로 보수하고 사소한 기계를 수리한다.
③ 스스로 자기 시간을 점검한다. 근무기록표가 없고 근태관리도
　 없다.
④ 정기적인 문제해결 활동을 팀 조직단위로 한다.
⑤ 투자 및 운영예산을 스스로 짠다.
⑥ 직원모집 채용에 책임진다.
⑦ 해고에 대한 사항을 결정한다.
⑧ 설비배치에 대해 관리층에 조언을 하고 새 장비에 대한 필요량
　 을 산출한다.

그 결과 낮은 결근율과 높은 품질 그리고 높은 생산성 등 다방면의
최고 기록을 세웠다. 이를 GM의 다른 공장들도 따라하면서 일본 자
동차에 대적할 수 있었다고 한다. 이것은 공장운영에 관한 모든 사항
을 근로자에게 위임하고 이를 공장벽면에 써 붙이고 근로자 스스로
가 실천하도록 추진한 결과였다.

한중에서도 8,000여 사원의 자발적이고 열정적인 참여를 불러일으
키고 그들의 잠재력을 발휘할 수 있도록 환경을 만들어주기 위해 고
안해낸 것이 바로 공개경영 · 민주경영 · 정도경영 · 한가족 문화창달
을 골자로 하는 "열린경영"이었다.

정보의 공유화

먼저 공개경영을 위해 8,000여 사원에게 기업경영과 관련된 모든 수치와 정보를 공개하기로 작정하였다. 노조위원장이 매주 임원회의에 참가하여 본부별 지난 주의 업무실적과 금주의 업무계획 그리고 주요 현안사항에 대한 회사의 입장을 듣고 또 발언하도록 하였고 그 명칭도 임원회의에서 "경영간담회"라고 바꾸었다. 그리고 이사급 이상이 참석했던 이 회의에 주요 부서장과 공장장들도 참여시켜 자기 소관이 아니더라도 회사의 경영방침과 추진방향, 진행상황 등을 알 수 있도록 하였다.

또한 분기별 경영설명회를 이사급 이상 간부, 노조대의원, 노조집행간부들을 모아놓고 매분기별로 사장인 내가 직접 설명하고 질의 응답하였다. 처음에는 기분나쁜 질문이나 과격한 공격성 질문들도 쏟아져 나왔으나 꾹 참고 성실하게 답변하고 농담과 유머도 섞어가며 대화를 이어나갔다. 그리고 이들의 요청으로 매분기별 본부별 경영분석 회의에도 노조대표를 참석시켰다.

두번째는 〈신바람뉴스〉를 1996년 5월 1일자 주간지로 창간하여 회사경영과 관련된 뉴스를 즉각적으로 알 수 있도록 하고 특정사안에 대한 여론조사 결과를 그대로 보도하였다. 또 사내 케이블 TV를 설치하여 1997년 8월 25일부터 방송에 들어갔다. 아침 출근전과 점심 시간을 활용하여 한준이 사가와 신바람노래를 방송하고 이침 체조를 영상을 보고 따라 하도록 함과 동시에 영어교육 프로그램도 정규적으로 방송해 나갔다. 또한 경영의지와 최신 정보는 신속히 전달하여 경영방침과 신바람경영 혁신활동에 대한 공감대를 형성하도록 하였다. 그리고 특별한 경우 아침조회를 개최하여 내가 직접 회사의 경영현황과 어려움 그리고 추진방향을 설명해 주었다.

케이블 TV인 한중방송(HBS)을 설치할 때는 사치스럽다는 비판이 있었다. 그것은 스튜디오 기자재와 전송 및 단말설비 등 신규투자가 13억 8,000만 원이나 들었고 PD, 카메라맨 등 방송 전담직원 4명을 신규로 채용해야 하기 때문이었다. 나는 전 사원이 회사가 어떻게 돌아가고 있는지를 자세히 알아야만 유언비어를 줄이고, 오해도 풀어주고 또 혁신활동의 동기를 부여할 수 있기 때문에 이를 사장결단으로 강행하였다. 그 뒤 여론조사를 하였더니 70% 이상이 HBS에 대하여 긍정적인 태도를 보였다.

셋째로 1996년 8월 18일자로 인터넷에 한중의 홈페이지를 개설하여 서비스에 들어갔다. 1996년 4월부터 홈페이지 제작을 준비하여 http : //www.hanjung.co.kr 주소로 무려 600페이지에 이르는 방대한 양의 한중 정보를 국·영문으로 입력하였다. 그 내용은 회사소개, 새소식, 사업 및 제품기술개발, 열린마당, 채용정보·연차보고서를 중심으로 국내외 고객을 위한 정보였지만, 우리 사원들도 스스로 한중 홈페이지에 들어가보고 회사에 대한 자부심을 가질 수 있도록 했다. 또 회사정보에 대하여 틀린 것, 보완할 것, 추가할 것 등을 건의함으로써 정보의 공유화에 기여하였다.

나는 회사의 경영에 관하여 숨길 것 없이 전부 공개하는 것을 원칙으로 하였다. 공기업이기 때문에 정치자금 내는 일도 없고 감사원 감사를 받고 있기 때문에 잘못된 것을 시인하고 개선하기 위해 공개하였다. 주변의 대학이나 언론 등에 제공한 기부금도 숨길 필요도 없이 그대로 다 밝혔다. 정직하고 투명한 경영을 실천하기 위해서 다 알려야 된다고 생각했다. 경영정보의 공유화에서부터 참여를 위한 기초가 마련된다고 생각했기 때문이다.

나는 노조집행부 및 대의원들과 이사급 이상 경영진이 참여하는 회사경영설명회를 분기별로 한 번도 거르지 않고 계속하였다. 회사

경영진은 노조의 소리를 들을 수 있었고 노조는 궁금한 사항을 물어보고, 하고 싶은 말을 최고 경영자에게 마음대로 할 수 있었으므로 서로의 인식의 간격은 좁혀지고 이해의 폭은 넓어져 갔으며 거칠은 감정과 불만은 순화되어 갔다.

네번째로 IBM사가 정기적으로 종업원의 의견에 대해 설문조사를 하여 그 결과를 경영에 반영하고 있는 것을 보고 우리도 분기별로 그때그때의 필요에 따라 설문조사를 하여 여론을 수렴하였다. 맨 처음 설문조사를 실시한 것은 근로자복지회관 건립에 관한 사원의식 조사였다.

그 결과 직원들은 사외에 판매시설을 갖춘 복지시설이 건립되길 바라는 것으로 밝혀졌다. 총무부가 경남데이터연구소에 의뢰, 지난 5월 6일부터 14일까지 창원지역 전 직원을 대상으로 복지회관 건립에 대한 설문조사를 실시한 결과, 사내외 복지회관 건립시 가장 필요한 시설은 판매시설로 나타났다. 이번 설문조사서는 총 6,200부가 배포되었으며, 4,394부(71%)가 회수되었다. 복지회관 건립장소에 대해 응답자 4,314명 중 사외(76%), 사내(12.8%), 아무래도 좋다(11.2%)순으로 조사됐다.

복지회관 사외건립을 희망한 응답자를 대상으로 부지확보 및 예산상의 어려움으로 사외건립이 어려운 경우 사내건립의 타당성을 묻는 질문에 대해 응답자 3,254명 중 활성화될 수 있다(510명, 16%), 이용도가 낮을 것 같다(2,067명, 64%), 효율성이 없다(677명, 20%)고 답했다.

복지회관이 사내에 건립될 경우 가장 필요한 시설은 판매시설(32%), 체육시설(22%), 의료시설(10%)로 나타났으며 사외 건립의 경우에도 판매시설(30%), 체육시설(18.5%), 자녀보육시설(17.5%) 순으로 밝혀졌다.

사내 복지회관에 각종 체육시설이 마련될 경우 일주일 기준으로 이용빈도수를 물었는데 1일 평균으로 수영장(865명), 헬스클럽(593명), 사우나(521명) 등의 순으로 밝혀졌다.

사내 탁아소, 유치원, 학원이 마련된다면 자녀를 보낼 의사가 있는지를 묻는 질문에 대해 응답자 3,564명중 1,057명이 보내겠다, 1,682명이 교육비를 회사가 부담하면 보내겠다고 답해 대다수(77%)가 보낼 의사가 있는 것으로 나타났다.

미혼사원들을 대상으로 사내예식장 이용의사를 물은 결과 사용하겠다는 응답이 530명(46%), 사용하지 않겠다 251명(22%), 그때 가봐야 알겠다 375명(32%)로 나타나 이용하겠다는 쪽이 높은 것으로 분석됐다.

한편 회사는 사외에 복지회관의 건립과 관련, 부지 및 예산확보의 어려움과 일반시민에게도 개방치 않을 수 없는 점 또 사내건립시에는 이용도가 낮을 것이라는 설문조사 결과를 설계에 보완하도록 하여 사내 건립이 불가피하다는 결론을 지었다. 또한 복지회관이 사내에 건립될 경우를 대비하여 시설의 규모, 환경, 교통지원 등 제반여건에 대한 보완책을 강구하도록 하였다. 그후 1996년 12월 사내복지회관 기공식을 가졌다.

또 다른 설문조사를 소개하면, 1997년 1월에 실시할 열린경영에 대한 설문이었다. 회사는 1997년 1월 27일 한마음 생산회의를 실시하고 있는 부서의 과장급 이하 전 사원과 2월 11일부터 18일까지 본관지역 근무자를 대상으로 열린경영을 위한 설문조사를 실시했다.

설문분석 결과 직원들은 경영정책 및 제도에 대한 불만 또는 우려하는 점이 있으나 업무에 대한 성취감, 회사의 이미지가 외부에 좋게 알려질 때 보람과 긍지를 느낀다 등 애사심을 보여주는 응답이 가장 높은 비중을 차지하고 있는 것을 고려할 때 이는 회사를 아끼는 노파

심에서 제기한 것으로 해석할 수 있다.

근무중 보람과 긍지를 묻는 질문에는 목표달성, 무결함, 납기준수 등 맡은 업무를 성공적으로 수행해 성취감을 느낄 때(32.6%)라는 대답이 가장 많았는데, 본관, 현장 모두 가장 높은 비율을 차지하고 있었다.

또한 회사의 정책비전이 제시될 때(13.5%), 회사가 매스컴으로부터 좋은 평가를 받을 때(12.2%), 회사의 지속적인 흑자와 선물, 성과금을 받을 때가 각각 10.4%로 나타났다. 프로젝트의 성공적인 수행에 긍지와 보람을 느낀다는 의견은 9.9%였다.

근무중 인격적 모욕감을 느낀 적이 있는가에 대해 33.9%가 그런 적이 있다고 답변했는데, 가장 많았던 사례는 반말을 하며 편견과 감정을 가지고 폭언 등을 할 때로 응답자의 24.5%가 지적했다. 특히 본관 근무자의 경우 35%로 가장 높은 비율이었던 반면 현장 근로자 답변 중에서는 가장 낮은 비율(13.5%)을 차지하고 있어 대조적이었다. 현장 답변중 가장 많았던 것은 직급, 직책을 이용한 일방적·강압적 업무지시로 현장 응답자의 16.5%를 차지하였다.

근무에 방해가 되는 점에 대한 질문에는 12.5%에 해당하는 사원들이 잦은 회의, 교육, 행사와 잡무 등이 업무효율을 떨어뜨리는 경우가 많다고 지적했다. 본관 응답자의 13.4%가 이 부분을 지적한 반면, 현장 근무자는 잡무와 함께 비효율적인 업무지시를 같은 비율(10.8%)로 꼽았다.

본관지역에서는 보고를 위한 보고서, 강제적인 제안서 작성 등 형식에 치우친 업무(16.9%)를 들었으며 현장지역에서는 노사간의 갈등 및 부정적인 시각으로 인한 개인의 피해(11%)를 들었다.

이외에도 부서 또는 개인간의 이기주의를 지적하는 의견도 9%가 나와 부서 또는 본부간에 보이지 않는 벽이 아직 존재하고 있음이 지적됐다. 현장 지역의 기타 사례로 사장 또는 회사간부들이 현장을 순시한다고 작업을 중단하고 억지로 청소할 때라는 지적도 있었다.

근무중 보람과 긍지를 느꼈던 5가지에서는 회사가 대외 매스컴에서 좋은 평가를 받거나 자랑스럽게 알려졌을 때(12.2%)가 1위를 차지했다. 본관지역에서는 이 답변이 16.5%로 가장 높았으나 현장지역에서는 5.3%에 그쳤다. 현장지역 1위는 국내외 연수, 선물, 성과금, 포상을 받을 때(15.9%)라고 답변해 이들의 주관심은 금전적 보상인 것으로 파악되었다.

없애야 할 사규에 대해 본관과 현장지역 근무자들의 인식차이가 큰 것으로 드러났다. 또한 일부 규정에 대한 개정의견들도 상당수 있었다. 본관지역에서는 근무복 착용 자율화를 주장하며 복제규정(25.7%)을 개정해야 된다고 꼽은 반면, 현장지역에서는 인사평가제도 폐지, 인사위원회 노사동수 요구 등 인사관련 규정(21.8%)을 들었다. 인사관련 규정에 이어 현장 근무자들은 상벌규정(경고제도 폐지 등 16.4%), 진급지침(진급연한 융통성 부여 14.5%), 복제규정(10.8%) 순이었던 반면 본관지역은 급여규정 개정(실무근무시간에 따른 O/T지급 14.5%), 복리후생규정(사택입주기간 명시 11.8%), 진급지침 규정(11.2%) 등의 순으로 지적했다.

회사의 개선사항을 묻는 질문에는 전체적으로는 조직 및 인력운영 개선을 지적한 답변이 11.6%로 가장 많았다. 본관지역에서는 부서간 업무협조 미비 및 책임회피성 공문 지양(16%)이 많았던 반면 현장지역은 단일호봉제 및 진급체계 개선(20.9%)을 우선 개선사항으로 꼽았다. 이외에 지적된 사항은 노동조합과 대화 및 관계 개선(4.3%), 불필요한 인원과다 등이 지적되었다. 노동조합의 개선사항 중 첫번째로 꼽힌 것이 계파간 갈등(13.5%)이었다. 이러한 지적은 현장지역(24.1%)에서 가장 많았던 반면 본관지역은 7.3%로 주요

사례중 가장 낮은 비율을 보였다. 본관지역 근무자들은 노동조합의 개선점으로 회사와의 공동체 인식결여, 조합의 강경일변도 및 선명성 우선을 각각 11.9%로 꼽았다. 노사간 대화협상 노력이 부족하다고 지적한 것이 12.2%(본관 8%, 현장 19.3%)로 전체 의견중 두번째를 차지하였다.

사장에게 건의하고 싶은 내용으로는 신바람경영의 지속적 추진 및 활성화(20.0%)가 가장 높은 응답률을 보였고, 후생복지 확대가 17.8%로 그 다음이었으며, 해외연수를 늘려 달라는 요구가 11.8%로 3위였다.

자신이 속한 조직의 문제점에 대한 질문에서는 개인이기주의 심화, 상사들의 권위주의 팽배, 업무분장 및 인력의 적재적소 배치가 안된 점, 계층간 상호불신의 벽 등이 지적됐으나 이들 사례는 전체적으로 10%미만의 지적이었을 뿐 다수의 소수의견이 존재하고 있어 비능률, 무사인일 등 주변에 개혁해야 할 요소가 산재해 있음을 알 수 있었다. 이상과 같은 설문을 통한 여론조사를 나는 수시로 실시했고 또 그 여론을 수렴하여 개선해 보고자 애를 썼다.

자율과 책임경영

열린경영의 두번째 내용은 민주경영이었다. 사장이 아무리 훌륭하고 능력이 있다 하더라도 혼자의 생각과 능력으로는 한계가 있었나. 모든 사원들의 잠재력이 표출되어 그들의 의견과 아이디어를 수렴하고 또 합의(Consensus building)를 이루어야 경영혁신 활동의 추진이 가능하다고 생각하였다. 사원들의 자발적이고 열정적인 참여는 자기의 의견과 일치하거나 대부분의 사원이 공감하는 것이라야 가능한 것이라고 믿었다. 그리하여 나는 가능한 많이 듣고, 의견을 수렴하여 합의를 도출하고 다수의 의견에 따르고 되도록 권한과 책임을 하부로 이양하려고 노력하였다. 다만 개혁과정에 정당하지 못한 반대나 현상유지 차원의 온정주의 그리고 회사의 발전과 번영에 장애되는 의견들은 단연 배격하고 설득하였다.

민주적 경영을 실천하기 위해 도입한 몇 가지 사례를 들자면 첫째 신바람경영 혁신활동을 위한 자율경영팀을 조직했는데 팀원들이 적어도 1주일에 한 번씩 모여 혁신활동의 목표, 현재의 문제점과 혁신을 위한 시책을 토론하여 결론을 도출하도록 하였다.

매년 2회 보고를 받았지만 나는 어디까지나 팀의 역할을 촉진시키는 촉진자이며 팀 스스로 아이디어를 창출하고 문제를 해결할 수 있도록 도와주는 지원자로서의 역할을 담당하였고 참여와 열정을 불러일으키는 교육자 역할만 하려고 노력하였다. 가급적 많은 권한을 위임하고 팀원간의 협력과 수평적 대화를 통해 합의를 이루도록 지원하고 경청하고 칭찬하고 인정하는 역할을 하려고 노력하였다.

앞에서 살펴본 것처럼 팀조직 스스로 발동이 걸렸기 때문에 그러한 성과를 가져올 수 있었던 것이지 사장이 또는 본부장이 강요하고 지시하거나 명령한다고 그러한 결과를 가져올 수는 없는 것이다.

두번째로 생산현장의 기초적 조직단위로서 8~15명으로 구성된 '한마음 생산회의'란 자율팀을 도입했다. 노조에서는 노조파괴 공작이라며 물리적인 방해까지 자행했지만 팀조직을 중심으로 품질분임조, TPM, 현장실용화, 위험예지훈련 등 자율적인 활동을 촉진하기 위한 환경을 마련해 주었더니 2년이 지난 지금은 286개 반 중 80%이상이 자율팀으로 승격했다.

팀간에 경쟁을 유발시킬 수 있는 각종 시상과 칭찬, 인정 그리고 반장이 소대장 역할을 할 수 있는 최소한의 전결권 부여 등으로 활성화시켰다. 또 1998년 3월 1일자로 그들을 감독·감시하고 명령·통

제하던 직장을 코치, 기장은 수퍼바이저, 생산과장은 팀장이라는 새
로운 이름의 보직을 부여하여 전문가로서의 조언과 권고 등의 역할
을 하도록 하였기 때문에 기초자율팀의 활동이 가속화되어 나갔다.

1987년 포드(Ford)자동차에서는 1,000명 이하의 공장에서는 공장
장만 두고 모든 공식감독 직위를 없앴다. 대신 자율경영팀—포드사
는 프라이드 팀(Pride Team)이라고 불렀다—들이 모든 일을 관리하
도록 하였다. 한중에서도 1998년 3월 1일자로 1년 간의 검토 끝에 사
무관리 부서나 생산현장 할 것 없이 '대부대과제'를 도입, 부서장,
공장장 직책만 두고 그 하부조직은 전부 팀제로 바꾼 것은 팀원들의
능력과 열정을 스스로 마음껏 발휘하도록 하기 위한 것이었다.

그러나 새장에 오랫동안 갇혀있던 새가 문을 열어주어도 날아가지
못하는 것처럼 이러한 자율적 경영 팀조직의 운영은 기대에 못 미쳤
다. 하지만 보다 많은 권한을 위임하고 자율성을 조장해 나가면 분명
히 성과가 있으리라 기대했다.

세번째로 각 본부의 과장급 대표와 노조 대표로 구성된 예비중역
회의와 각 본부별 부장급 대표로 구성된 555부장회의를 설치했다. 그
리고 나도 직접 매월 1회씩 참석하여 그들의 의견을 경청하고 자문함
으로써 회사의 중추역할을 하는 과·부장들의 의견과 여론이 무엇인
지 파악하고 또 그들 스스로가 워크숍을 통해 회사의 경영혁신테마
를 개발, 선정하고 추진시책을 마련하도록 했다. 본부별 대표도 민주
직으로 신거에 의해 뽑았고 임기도 1년으로 하여 여러 과·부장이 한
번씩 참여할 수 있는 기회를 주었다.

나는 그들에게 당시 경영현황과 문제점, 그리고 주요 프로젝트의
추진현황을 소상히 알려주었고 또 이들이 바로 경영혁신활동의 불씨
가 되도록 교육시켰다.

신바람 예비중역회의에서는 식당운영제도 개선, 사규 개폐 검토,

한중인의 행동강령 제정, 집중근무제 실시, 근무복 개선, 우리가 남이가 하는 '더불어운동' 실천, 주차장문제 해결방안, 신바람 질서확립 방안 등 40여 가지 이상의 혁신시책을 성안하여 시행하였다.

555부장회의에서는 사업부제의 문제점 및 대책, 555달성을 위한 수주전략, 명예퇴직제 실시방안, 내부거래 및 손익배분방법 개선안, 기술영업능력 향상방안, 권한과 책임의 하부이양방안, 현장혁신활동 개선방안, 인재육성을 위한 교육체계, 낭비 및 비효율 추방실천방안 등 크고 작은 30여 가지의 혁신방안을 만들어 시행에 옮겼다.

넷째로 인사위원회가 8명의 상임이사 이상으로 구성되어 있는 것을 14명의 상무급 이상 본부장 및 직속 기관장으로 범위를 넓히고 차장급까지의 진급은 본부장 또는 직속기관장에게 위임하고 부장급 진급은 각 본부장이 복수 추천하여 인사위원회에서 다수결로 결정하도록 했고 이사급 이상 진급은 상임이사로 구성된 경영전략위원회에서 다수결로 결정하도록 함으로써 본부장들의 사기를 북돋아주었을 뿐 아니라 인사의 객관성을 확보하고 능력 있는 자, 업적 있는 자를 선별하는 등 민주적 인사질서를 확립하고자 노력하였다.

다섯째로 나는 취임한 직후 신문고제도의 하나인 '한중 참소리' 시간을 만들어 무조건 수요일 오후에는 사장실을 열어 놓고 사장과의 대화를 희망하는 사원에게 개방했다. 처음에는 혹시 동료의 비리나 중상모략하는 애기를 하면 어떻게 하나 하고 걱정했는데 다행히도 주로 개인의 애로사항, 회사의 문제점 그리고 개선요망사항 또는 제안사항 등 비교적 건전한 대화를 하게 되어 다행이었다. 1996년에는 94명을 면담했는데 갑사원 48명, 을사원 46명의 분포로 185건을 건의하였다. 이중에 160건을 해결했고 1997년에는 84명(갑 21명, 을 63명)이 78건을 건의했는데 54건을 해결했다. 나는 건의한 사원에게 일일이 직접 서신으로 답장을 써서 각 가정으로 부쳤다.

비공식적인 대화로 사장과 환담을 나누는 자리지만 그들은 모두 진지했고 회사를 사랑하고 아끼고 있음을 발견하고는 나는 회사 장래에 대한 희망을 가졌다. 또 입사한지 10~15년 된 현장사원이 입사 후 처음으로 사장을 만나보고는 좋아하는 모습을 보면서 얼마든지 시간을 할애해야겠다고 생각했다. 물론 곤혹스러울 때도 있었다. 산재환자가 아닌데도 산재처리해 달라는 것이나, 부서를 옮겨달라, 상관을 바꿔달라, 친척 취직을 시켜 달라는 무리한 요구가 있었으나 일단 경청하는 자세를 취하고 이해하는 입장과 진실하게 설명해 주는 노력을 보였다.

그리고 나는 경영혁신활동을 추진하기 위해서 또 노사화합을 이루기 위해서 공식, 비공식의 강도 높은 의사교환의 통로가 필요하다고 생각했다. 사원이 상을 당하면 상가를 찾았고, 문제해결이 필요할 때는 주로 점심시간을 활용해 그때그때 관련된 사원들을 수없이 정성관에 불러서 대화했고 저녁에는 노조대의원이나 또 칭찬해주고 싶은 경영혁신활동 팀원들을 불러 칭찬하고 인정해 주었다.

휴렛팩커드(Hewlett Packard)사의 록웰 반도체 사장은 무작위로 선정한 20명의 근로자와 매주 한차례 갖는 조찬모임을 가졌고 매월 근로자 부부 10쌍과 만찬을 가진다고 한다. 또 매달 하루씩 주요시설을 돌며 거리낌 없이 모든 근로자들과 정보를 주고받는 대화를 가진다고 했다.

밴넘 컴퓨터(Tandem Computer)사의 꼉형진은 매구 금요일 오후 4시 정각에 탠덤의 모든 공장에서 근로자들과 맥주파티를 갖는 것으로 유명하다. 별다른 구애를 받지 않고 진지하게 경청하는 분위기 속에서 서로간의 장벽을 무너뜨릴 수 있는 중요한 계기가 된다고 한다.

나도 사원들과 수없이 대화를 했고 나와 악수 한번 하지 않는 사원이 거의 없을 정도로 일일이 악수하며 공장을 돌아다녔다. 한 사원은

“사장님, 오늘 악수하면 사장님과 일곱번째 악수하는 겁니다”라고 말할 정도로 많이 했지만 2년 동안에는 진정한 노사간의 화합과 협력을 아직까지 이루어내질 못했다.

도덕적으로 흠이 없어야

열린경영의 세번째는 정도경영이었다. 모든 경영활동을 투명하게 하고 결정과 절차가 합리적이고 객관적이며 경영진의 행동이 도덕적·윤리적으로 한 점의 흠이 없고 언어나 행동이 사회적 통념에 기초한 상식에 입각하여 이루어지는 것을 정도경영이라고 했다. 나는 주변의 청탁이나 압력에 넘어가지 않고 학연, 지연, 인연 등의 연고로 인해 사원들을 편애하거나 또 의사결정이 잘못되는 일은 절대로 없도록 하겠다는 약속을 했다.

친조카를 내세워 돈 좀 벌어 보겠다는 어느 중소기업사장의 요구도 물리쳤고, 중학교, 고등학교 후배를 봐 주기는커녕 잘못하고 있는 후배에게 불이익을 주었다. 협력업체 사장들과는 오해를 받지 않기 위해 비공식적인 식사 한 번 하지 않았고 골프도 치지 않았다.

나는 이러한 강직한 생활태도 때문에 비판도 많이 받았고 욕도 많이 먹었다. 적도 많이 생겼지만 지난 30년 간 생활해온 신조를 바꿀 수도 없었고 사장자리를 유지하기 위해서 바꾼다는 게 내키지 않았다.

정도경영을 실천하기 위해 첫째로 회사와의 거래관계를 투명하게 만들었다. 한중과 거래하고 싶은 기업에게는 신문을 통해 등록신청 공고를 내고 또 객관적 선정기준에 따라 실사를 하여 한중협력업체로 등록시켰다. 그리고 물량이 있을 때 성능별, 품목별로 경쟁입찰이나 최소한 지명 비교견적에 의해 경쟁을 시켰다. 실시한지 1년이 지난 후에는 외부청탁이 극소수로 줄어들었다.

둘째로 인사면에 공정성과 객관성을 확보하기 위해 사장이 전권을 행사하던 것을 인사위원회와 경영전략회의의 의결사항으로 변경했기 때문에 사원들이 빽을 동원하기 위해 분주히 돌아다니는 일이 줄어들었고 또 빽 없어 진급 못한다고 한탄과 좌절에 빠진 사원도 없어졌다. 또 "쇠빠지게 열심히 일해봐야 무슨 소용이 있노?"란 자조적인 낙심과 원망이 사라지고 이제 일할 맛 난다는 분위기로 바뀌어갔다.

노조원들에게 진정으로 정을 주다

열린경영의 네번째 내용은 근경불이, 가사불이를 중심으로 한 한가족문화 창달이었다. 1987년 6 · 29선언 이후 전국적인 과격한 노사분규로 생산차질, 수출차질을 빚어 왔는데, 한중도 예외는 아니었다. 한중노조는 마창지역에서 가장 강성노조로 알려졌고 민주노총의 핵심노조이며 또 행동노조였다.

지난 10년간 투쟁경력도 화려했다. 쇠파이프로 임원들을 회사출퇴근 버스 안으로 몰아넣고 3일간 밥도 굶기고 대소변도 버스안에서 해결토록 한 노조였다. 또 부장급 이상 전 간부를 12층에 가두어 놓고는 사흘동안 밥과 물 공급까지 차단하여 굶긴 혁혁한 투쟁역사를 자랑하는 노조였다. 관리직 사원들이 007작전으로 식사와 물공급을 위하여 차단하고 있는 성문을 피해 바나를 이용해 배를 타고 비상수송작전을 벌였던 영웅담(?)은 아직까지 회자되고 있다. 사장을 굴삭기의 삽 위에 올려 놓고 흔들었다고 자랑삼아(?) 투쟁활동을 늘어놓고 있었다.

노사분규는 1990년을 기점으로 줄어들기 시작했는데 한중의 노사분규는 1992년 이후도 계속되었고 1995년에도 49일 간의 장기파업으로 그 해 한국내 최장파업기록을 세웠다. 그 결과 회사도 노조도 상처를 입고 피투성이가 되었다.

1996년 3월 내가 취임했을 때는 마치 전쟁터에서 휴전을 하고 불타버린 잿더미 속에서 피투성이가 된 채로 복구작업을 하고 있는 모습을 연상시켰다. 노사는 대화도 없이 앙금을 가지고 있었다. 몸과 마음이 모두 지쳐 있었으나 긴장을 풀지 못하고 상호 경계하고 있는 상태였다.

자, 어떻게 해야 이 앙금을 씻고 상처를 감싸줄 것인가? 어떻게 해야 분노와 적대감을 식히고 대화와 협력의 장으로 나오도록 할 수 있는 것인가? 정말로 실망스럽고 암담할 뿐이었다.

처음에는 근로자와 경영자는 "근경불이로 하나다"라고 외쳐봐야 씨알도 먹혀들지 않았다. 소수의 의식화된 핵심 강성노조의 지도력에 의해 4,200명의 노조원들은 전폭적인 지지와 무조건적인 복종으로 일관하고 있었다. 태풍의 핵과 같이 형성된 소수 노조원들이 진로를 잡는대로 강한 바람을 일으키며 돌진하는 태풍과 같았다. 회사의 경영정책이 아무리 좋더라도 지지하고 나서면 어용이라고 몰아세워 매장시켰다. 저들도 설마 사람인데 또 한중사원인데 생각하고 우리 내외가 밤에 과일꾸러미를 사들고 강성 대의원들의 가정을 방문했지만 아예 문을 열어주질 않았다. 나중에 안 일이지만 사장이 집에 찾아왔다고 하면 어용으로 몰려 매장된다는 것이었다.

그해 5월부터 시작된 임금단체협상을 진행하면서도 나는 상갓집을 열심히 찾아다녔다. 거기에서 소주잔을 앞에 놓고 흉금을 털어 놓으며 비공식 대화를 시작했다. 공장을 찾아 다니며 현장사원들과 악수도 하고 그들의 애기를 경청해 나갔다. 한중 참소리 시간도 놓치지 않았다. 한마음 생산회의도 매주 월요일 참석했다. 야간작업하는 현장사원들의 등을 두드려 주었다.

현장에서 노조대의원들은 영웅이었다. 공장장도 생산과장도 그들을 두려워했고 그들의 요구는 거의 다 수용해 주고 있었다.

이러한 상황에서 내가 할 수 있는 길은 세 가지라고 생각됐다. 역파도 타기와, 잘하는 노조원들을 칭찬하고 인정하며 관료적 규칙과 굴욕적인 조건들을 제거하는 길밖에 없다고 판단했다.

역파도 타기란 파도가 몰아쳐오면 파도의 제일 끝에서부터 새로운 파도를 역으로 보내는 것처럼 먼저 선량한 노조원과 우수사원들과의 대화부터 시작하여 점차 사원 전체의 마음을 여는 방법이었다.

조회를 통하여 회사경영상황을 알리고 〈신바람뉴스〉와 **HBS**를 통하여 회사뉴스를 전달하고 각 공장별로 또 기직장, 반장 반원별로 특강을 통해 회사사정을 알렸다. 진급자 교육에서 직접 강의하고 상조팀활동과 신문고를 통한 대화를 되풀이하고 기직장협의회, 성심회원과 등산을 가고 큰사랑회의 노력봉사활동에 동참했다. 동아리회 활동을 활성화시키고, 전직 노조위원장 및 부위원장으로 구성된 노조원로회의도 자주 개최하여 대화를 나누고… 나는 끝장을 볼 때까지 자기네들이 이기나 내가 이기나 한 번 해볼 작정이었다.

두번째로 생산현장 활동을 통하여 우수한 사례를 발표하고 상을 주고 우수한 사원을 칭찬하고 인정해 주었다.

더불어 관료적 규칙과 굴욕적인 조건들을 제거해 나가기로 하였다. 그러나 불행히도 과거 투쟁과정에서 경영진이 굴욕적인 조건을 많이 수용해 한중 노조원은 오히려 승리의 전리품을 누리고 있었다. 경영권과 인사권의 상당부분을 쟁취해 갔고 복리후생비를 선진국 이상으로 향유하고 있었다. 나는 노조와의 끊임없는 대화와 협상을 통해 설득하였다. 그리고 하나씩 바로잡아 나갔다.

요원한 노사화합

이상과 같은 열린경영활동을 실천한 덕택에 2년 연속 무분규임단협 타결을 이루었는지 모르지만 노사화합과 협력의 길은 멀고 험난했다. 노사간의 불신의 장벽은 너무나 두터웠고 노조원간의 갈등도 해묵은 비공식적인 4대 계파 활동으로 감정대립과 상처로 굳어져 있었다. 또 같은 노동조합원이면서도 보직반장 및 기직장급들과 일반 노조원간의 불신과 반목, 갈등과 경계심으로 앙금과 상처의 골이 깊이 패였다.

나는 열린경영을 통해 전 사원이 경영혁신활동에 열정적으로 참여하고 반목과 대결의 노사관계를 대화와 협력의 노사관계로 바꿀 수 있을 거라고 생각하고 지난 2년 간 꾸준히 실천해 왔다. 시간이 갈수록 차츰차츰 개선되어 갔으나 기대하는 만큼 진전되지 않았다. 사람의 생각과 행동을 바꾼다는 것이 얼마나 어려운 일인지 절실히 깨달았다.

노조원들은 스스로 많이 변했다고 얘기하지만 내가 보기에는 그 속도가 너무 느렸고 답답하기 그지 없었다. 회사간부들은 1년이 지난 뒤부터 신바람경영이 정상궤도에 진입했다고 자신있게 말했지만 내 느낌에는 아직도 살얼음판을 걷고 있는 단계로 지금까지 쌓아올린 공든 탑이 언제 일시에 와르르 무너질지 불안했다. 앞으로 3~5년 이상을 꾸준히 밀어붙여야 정착될 것 같았다.

나는 한중노조가 강성노조라는 것을 수없이 들었지만 그 실체를 몰랐다. 이들은 정직하고 순진한 사장을 다루는 법도 익히 알고 있었다. 지난 10년동안 여러 사장을 다루어 보았기 때문에 테스트해 보고는 거기에 맡는 전략전술을 구사했다. 1987년 6.29선언 이후 그 해에 21일 간 두 차례의 파업(매출 손실 220억 원), 1988년 31일 간(139억 원 손실), 1989년 21일 간(92억 원 손실)을 파업했다. 1990~91년은 분규없이 보냈으나 1992년 이후 95년까지는 매년 파업을 해왔다. 특히 1995년은 49일 간이란 파업으로 국내 최장기록을 세웠고 엄청난 손해를 입었다. 이 때문에 2년 재임동안에도 후유증이 마무리되지 못했다.

예를 들면 1998년 2월 울진 3호기 발전기 시운전과정에서 발전기 회전자가 출력상승시험중 고진동 발생으로 운전을 정지하고 그 원인을 찾기 위해 GE기술자와 함께 전부 뜯어 보았다. 그 결과 회전자 안의 구리로 된 바와 바 사이의 접합을 위해 프라스틱 필름을 100도 이상의 열을 가해 붙여야 하는데 그보다 낮은 80도 정도 열을 가해 붙인 결과 불량이 발생했던 것으로 밝혀졌다. 이것이 바로 1995년 7월 파업기간중에 작업한 것으로 판명이 났다.

3대 불가사의

한중 노동조합에 대하여 나는 3대 불가사의를 느꼈고 끝내 재임기간중 명확한 이유를 파악하지 못하고 퇴임했다. 한중노조의 첫번째 불가사의는 의심과 불신의 극치라는 것이었다. 왜 경영진에 대한 의심과 불신이 연유되었는지 그 실체를 파악할 수가 없었다. 난생 처음 노조와 대좌하여 1996년 5월 9일부터 7월 1일까지 20차례에 걸친 지루하고두 고통스러운 협상을 가졌는데 정상인이라면 미치고 화장하지 않을 수 없는 협상이었다. 상식이 통하고 사회통념이 통하는 대화가 아니었다. 협상 5일째 되던 날 성질 급한 나는 참고 또 참고 한 귀로 듣고 한 귀로 흘리려고 했으나 더 이상 억지주장들을 참을 수 없었다. 그러나 그런 감정들을 밖으로 발산을 못하니 그날 오후 회의에서는 몸에 열이 38도를 오르내리고 식은땀이 줄줄 났다. 사장실에 돌아와 누워서 회사내 의사를 불렀으나 당장 입원해야 한다는 것이었다. 그러나 회의를 계속해야 한다고 하여 해열주사를 맞았지만, 열은 내리지 않았고 결국에는 그 자리에서 쓰러지고 말았다.

자동차에 실려가면서도 "협상을 계속해야 한다"고 헛소리를 하면서 실려갔다고 한다. 나중에 깨어나 보니 마산삼성병원이었다. 사장이 쓰러져 병원에 입원했는데도 "사장이 덜 줄려고 쇼한다. 거짓으로 입원했다"는 헛소문이 사내에 퍼졌다고 한다. 노조위원장과 간부들이 병원을 다녀갔는데도 그러한 루머가 퍼지고 있었다. 사장을 못 믿었기 때문이다.

왜 저들은 경영진을 의심하고 못 믿는 것일까? 어떤 상처를 입었기에 저토록 의심하는 걸까? 정말로 안타까운 일이었다. 나를 포함한 경영진들이 그들의 얘기를 들으려고 노력하고 한가족으로 대우를 할려고 노력하는데도 또 잘못된 부분은 그렇지 않다고 누누히 설명하고 설득하는데도 믿으려 하지 않았다. 더구나 개인적으로는 이해를 하는데 조합이란 조직차원에서는 전혀 이해하고 납득하려고 하지 않았다. 그 이유가 무엇인가? 2년동안 나는 이 불가사의를 풀지 못했다.

두번째 불가사의는 어용이란 흑백논리였다. 사장이나 회사편을 들거나 동조하면 어용으로 몰아붙였다. 사장이 공개경영, 민주경영, 정도경영을 약속하고 그것을 실천하고 있는데도 회사의 주장을 이해하거나 지지하면 어용이 되어 노조에서는 발붙이지 못하고 매장되는 것이었다.

1996년 말 정리해고 등으로 노동법 파동이 전개되면서 민주노총의 지침에 의거, 파업을 할 때였다. 나는 파업결의하는 대의원대회에 뛰어들어가 그들을 설득했다. 그들은 사장이 대의원대회에 참석할 수도 없고 회의도중 발언할 수 없다고 내 발언을 막았다. 퇴장하라는 것이었다.

나는 못 하겠다고 버티었더니 그들은 정회를 선언하고 내게 발언권을 주었다. 그리하여 나는 "자식들이 집에 불을 지르려고 모의하고 있는데 아버지 보고 가만 있으란 말이냐? 이것은 민주노총지침에 따른 불법파업이다. 또 파업하면 여러분 동료의 임금이 삭감되는데 그짓을 왜 하려고 하는가? 일거리가 꽉 차 납기가 급한데 민주노총잔치에 무엇하러 간단 말인가? 민주노총이 밥 먹여 주나?"라며 호소를 했다. 그리고 끝내는 정문에 드러누워 시내 집회에 못 가도록 말렸다.

이러한 경영진의 저지활동과 설득이 먹혔들었는지 "노조집행부가 쓸데없는 파업을 한다"는 여론이 일어 파업 참여도가 저조하자, 특유의 흑백논리로 그들을 몰아붙여 몇번씩이나 창원공설운동장집회로 향했다.

노조의 생각은 종잡을 수 없었다. 공장에 보직을 가진 289명의 반장과 175명의 기직장이 있었는데 그들의 직책수당을 인상해 주려고 했지만, 노조가 오히려 반대하여 2년동안 좌절되었다. 같은 노조원이고 그들의 선배이고 또 기능을 가르쳐준 스승인데도 회사편에 가끔 선다고 어용이라고 보복하는 것이었다. 반장과 기직장들은 마치 6.25 당시 주민들이 북한군이 점령한 지역에서 붉은 완장을 찬 사람들에게 꼼짝 못하듯이 노조집행부와 대의원들에게 모욕도 당하고 창피도 당했다. 그러면서도 누구 하나 스스로 노조를 탈퇴하여 정면으로 맞서는 사람이 한 명도 없다는 것이 이상할 뿐이었다. 더구나 기능공출신 직장 중에 지난 2년동안 15명을 과장으로 진급시켰는데 신분이 과장이면 당연히 노조원 자격이 없는데도 진급을 하면서도 노조원의 신분을 유지하겠다는 이유가 무엇인지 정말 모를 일이었다. 그들은 노조원신분이 엄청난 보호벽이 되고 신분상 특혜를 누릴 수 있다고 생각하는 것 같았다.

　1998년 2월 IMF 고통을 분담하자고 회사가 제의했을 때 상당수의 근로자는 회사의 어려움을 이해하고 있어 단조공장 앞 중식집회의 참석률이 저조했다. 그러자 노조에서는 '집회참석필증'을 교부하면서 이 필증은 앞으로 고용조정할 때 면죄부의 특권을 갖는다고 유혹했다. 이것을 믿는 근로자의 머리속엔 무슨 생각이 있는걸까? 누가 저 지경이 되도록 저들을 일방적으로 피해를 주었던가? 누군가가 근로자의 인권을 유린했길래 저렇게 피해의식에 젖어 있는 것이 아닌가?

　시한부 파업시 창원운동장 집회에 참석하는 모임에는 700∼800명이 참석했는데 막상 집회에는 100여 명만 참가했다는데 이것은 무슨 의미일까? 집행부에 참가했다는 눈도장만 찍고 모두 집으로 돌아간다니 정말 이해가 가지 않았다.

　세번째 한중노조의 불가사의는 4대 계파간의 노·노 갈등이었다. 전·현직 노조위원장을 보스로 하는 동우회, 새탑회, 하나회, 철우회는 각각 300∼400명의 조직원을 가진 정치권의 정당 같았다. 자파 위원장을 선출시키기 위해 또 자파 대의원을 보다 많이 당선시키기 위해 흑백선전, 중상모략, 상호비방 심지어는 몸싸움까지 하는데 패거리 정치와 똑같았다. 또 첫번째 투표에서 과반수 득표가 되지 않으면 2위와 3위는 힘을 합쳐 정권(?)을 잡기도 하는 우리 정치판과도 흡사했다. 또한 1987년 이후 지난 12년동안 노조위원장이 11명이었는데 위원장이 2년 임기를 제대로 마친 경우는 단 1명에 불과했고, 다들 도중에 탄핵을 받아 중도하차했다. 도중하차한 10명의 평균 재임 기간이 8.45개월에 불과했다. 나머지 세 계파가 현 집행부를 이런 탈 저런 꼬투리로 흔들어 결국은 물러났기 때문이다. 1994년 당선자 김창근 위원장 1명만이 제대로 2년 임기를 마쳤다. 이들은 임금단체협상을 잘해도 꼬투리를 잡고, 못해도 흔들어 버린다. 따라서 회사로서는 아주 난처한 입장에 빠질 수밖에 없었다. 따라서 임단협 합의안은 항상 찬반투표에서 51~60%의 지지율로 통과하고 있었다.

노·노 갈등으로 노조의 의견일치를 얻어낼 방도가 없었다. 이들은 계파이익이 가장 우선이었다. 회사의 이익이나 노조원의 이익은 그 다음이었다. 정치판에서 국가의 이익이나 국민의 이익이 그들의 정파이익보다 우선할 수 없다는 것을 보고 배웠기 때문인가? 노조원의 부인들까지도 계파 세 불리기에 동참하고 있었으니 노사간의 화합과 협력은 정말 요원한 것으로 생각되었다.

툭하면 투서질

덧붙여 나를 괴롭게 만든 것은 투서질이었다. 2년동안 정성과 사랑으로 공개경영, 민주경영, 정도경영, 한가족 문화 창달 등을 위해 노력했음에도 불구하고 나를 모함하고 음해하는 투서가 계속되었다.

사장으로 취임한 직후부터 상관에 대한, 또 동료에 대한 투서가 서울 집으로 창원 사택으로 그리고 사무실로 한달에 평균 10통씩 날아들었다. 누구는 누구한테 아양 떨어 진급했고 누구는 누구파에 속하여 특혜를 받았다는 인사관계 투서와 누구는 무슨 부정한 짓으로 치부를 하고 어느 업체와 밀착되어 있다는 등등, 부정부패에 관련된 투서였다. 처음에는 호기심으로 감사실 조사도 시켜보고 직접 조사도 해 보았으나 모두가 허무맹랑한 무고성, 추측성 투서였다. 그리고 하나같이 가짜 주소에 가명을 써서 등기우편으로 띄우고 있었다. 왜 이런 짓을 할까?

실제로 현대양행출신과 한전출신 구성원간에 다소 소원한 관계는 감지할 수 있었다. 쌍용파니 영남대학파니 또 PK파와 TK파도 있다는 주장에 다소 개연성은 있을 수 있으나 이는 백해무익하다고 판단했다. 나는 조회와 경영간담회에서 여러 차례 "가명으로 투서하는 것

은 뜯어 보지도 않겠다”“뒤에서 비겁하게 총 쏘지 말고 정정당당히
나와라”“만약에 발각되면 가차없이 사표를 받겠다”고 강조하고 실
제로 가명·가짜주소 투서는 아예 무시해 버렸더니 점차 사라졌다.

그러나 사원에 대한 투서는 내가 막을 수 있었지만 사장에 대한 투
서는 막을 길이 없었다. 인사 불만자가 쓰는 것인지 내부와 내통하는
외부세력이 써대는 것인지 가짜 주소에다 가명으로 안기부장, 대통
령 비서실장, 감사원장, 국회 통산위원장, 통산부장관 등에 계속 등
기로 부치고 있었다. 전임사장은 투서를 몇십 회나 받았다 하더니 나
는 2년동안 일곱 번을 투서질당했다.

전쟁터에서 적에게 총을 쏠 때에도 뒤에서는 결코 쏘지 않는다는
말이 있는데 숨어서 그것도 가명으로 떳떳치 못하게 투서질하는 치
졸한 짓을 하는 인간들이 암세포와 같이 회사 내에 잠복하고 있다니
정말 한심하고 슬픈 일이었다.

동일인이 거의 같은 내용으로 가짜 주소도 바꾸어가면서 가명도
김길동에서 박동서까지 번갈아 가면서 일곱 차례나 무고·음해·저
주·화풀이성의 내용으로 투서질을 했다. 일부 내용은 언론에 보도
되어 사실이 아닌 것으로 밝혀졌지만 이로 인해 내가 입은 타격은 말
로 할 수도 없고 보상받을 길도 없는 것이었다. 이런 피해자는 어디
나뿐인가? 우리 사회에서 민주화 바람이 불면서 이런 가짜명의 투서
가 극성을 부리고 있는데 참으로 한심한 일이다.

투서한 자를 색출해 보려고 발신우체국에 확인하고 감사실 요원을
동원해 수소문도 하였다. 누구인지를 대충 짐작은 하였으나 확실한
증거가 없어 포기하고 “네가 투서하고 싶으면 해라. 하나님이 대신
갚아주겠지” 하고 체념해 버렸다. 우리 속담에 도둑질을 한 사람은
잠을 못 이루는데 도둑맞은 사람은 발 뻗고 잔다는 말이 있지 않은
가? 아무리 투서질을 한다 해도 사필귀정일 것으로 내가 그렇지 않으

면 상관없다고 위안하며 "개가 아무리 짖어도 한중열차 555호는 힘차게 달릴 것이다"라고 다짐했다.

이러한 투서로 내가 상심해있다는 소문이 퍼져 나가자, 많은 사원들이 찾아와서 또 전화로나 편지로 위로하고 격려해 주었다. 그 가운데 한 사원의 격려 편지를 공개하겠다.

존경하는 사장님!

무더운 여름철이 다가왔음에도 불구하고 "신바람경영"의 실현을 위해서 불철주야 열심히 뛰고 계심에 저희 8,000여 한중인 모두는 내심 안도하면서 서기 2001년 "한중 5·5·5"의 성공을 향한 사장님의 너무 큰 걸음에 감히 앞서 나가지 못하는 미력의 저희로서는 정말 송구하기만 합니다.

더군다나 요즘 안으로는 노사간의 임단협에 신경쓰랴, 밖으로는 국·내외를 막론하고 일감 따오기에 신명을 다 하시는데 저희들은 능력 부족으로 사장님 보시기에 괄목할 만큼의 성과를 거두지 못하는 것 같아 한중인의 한 사람으로서 부끄럽기조차 합니다. 돌이켜 보면 사장님께서 우리 한중에 오신지 이제 겨우 1년 남짓하였으나 그동안 저희 한중을 위하여 너무나 크고 훌륭한 업적을 쌓아 주셨습니다.

정도를 걷는 탁월한 경영수완으로 "신바람 경영"을 주창하시어 우리 한중과 한중인이 밝은 미래를 예정해 주셨고, 기업경영의 경험이 부족하심에도 불구하고 순수한 전문경영인의 입장에서 사심 없이 "근경불이", "가사불이"라는 경영철학을 몸소 체험하시면서 거대한 "한중호"를 무리없이 이끌어 가십니다.

이렇듯 사장님과 저희들이 혼연일체가 되어 역경을 헤쳐 나가고자 하는데, 일부 몰지각한 몇몇이 아무 쓸 데 없는 유언비어를 퍼뜨려 사장님의 심기를 어지럽힌다고 하니 정말 분통터질 노릇입니다. 이로 인하여 사장님의 순수함에 아주 조금이나마 흠이 될까 염려됩니다만, 사장님께선 그깟 일은 아예 무시하십시오. 아니, 도리어 너그러운 마음으로 그들을 용서해 주십시오. 언젠가 해외 출장길 비행기 안에서 읽어 보셨다는 《불씨》라는 책에 나오는 조용한 혁신가의 하루노리라는 성주처럼요.

우리는 이미 잘 알고 있습니다. 사장님께서 사리사욕 없이 오로지 우리 한중만을 위하여 역사하고 계시며, 조국과 민족의 번영과 안위를 위해 매일 하나님께 새벽기도 드리고 있음을, 언젠가는 그들도 사장님의 진실됨을 알아줄 날이 있을 것입니다.

사장님! 요즘 정말 힘드시지요?

해외시장 개척코자 그 머나먼 길을 쉼 없이 다니시고, 낯설고 물설은 곳에서 참으로 노고가 크십니다. 더군다나 한전공사마저 연기되어 공장과 건설현장에서는 오로지 사장님의 손길만을 학수고대하는 셈이라, 그러나 어쩌겠습니까?

저희들도 나름대로 열심히 "5·5·5운동"을 전개하여 사장님 기대의 일부라도 담당하고자, 지금부터라도 더욱 더 박차를 가하여 최선을 다해 보려 합니다.

저희들이 사장님을 믿듯이 사장님께서도 저희들을 믿으시고 이왕 함께 한 운명으로 생각하여 저희들과 같이 "555"를 성취해 나가길 원합니다.

지난번 매스컴에 보도된 "한중 민영화" 특별법 제정에 관련하여 한 말씀 드린다면, 한중인 그 어느 누구도 사장님이 쉽사리 한중을 떠나리라고는 생각하지 않을 것으로 보아집니다. 항간에 오가는 작은 소리에 너무 심려치 마시고 급격한 변화에 미처 따라오지 못하는 일부 직원들을 꾸짖기보다는 넓은 아량으로 감싸 주시어 사장님의 인격을 마음으로 존경할 수 있는 기회를 부여해 주십시오.

예년 같지 않게 무더운 나날이 계속되는 것 같습니다. 그렇지 않아도 마른 몸매에 진땀 내시는 모습이 역력합니다. 혹시 이러다간 작년 여름처럼 탈진하시어 쓰러지지는 않을까 염려되기도 합니다. 부디 앞날을 헤어려 건강한 몸을 유지하셔야만, 먼 발치에서나마 지켜보는 저희들도 사장님의 굳건한 모습에 안심하겠습니다.

사장님! 힘 내십시오. 저희들이 있습니다.

"한중 5 · 5 · 5!"

1997년 6월 18일
신바람 한중 "불씨" 올림

21세기를 위한 프로젝트 구상

가스터빈 국산화계획

취임 6개월간은 회사가 살아남기 위한 여러 가지 경영전략을 짜고 이를 실천하기 위해 고칠 것은 고치고 새로운 제도를 만들 것은 만들고 하는 데 집중하였다. 그러나 취임 6개월 정도 지난 뒤부터는 어미 제비가 먹이를 찾아 날아다니듯이 일감을 따기 위해 5대양 6대주를 헤집고 다녔고, 또 한중의 제2도약을 이루기 위해 장기프로젝트를 구상하는 데 전력을 다하였다. 여기에 해당하는 것이 복합화력발전소와 LNG인수기지를 건설하고 가스터빈을 국산화한다는 T-프로젝트와, A/E 자립을 위한 계획, 그리고 스리랑카에 산업단지를 조성하여 발전소·정유공장·미니밀(Mini Mill)과 시멘트 크링카공장을 건설하는 K-프로젝트였다.

T-프로젝트라는 이름은 수동적인 경영에서 벗어나 공격적 경영을 하겠다는 뜻에서 호랑이 프로젝트라고 명명하고 비밀이 누설되지 않게 하기 위하여 약자를 붙였다. 또 사장의 별명인 '타이거(Tiger)박'에서 따와 사장이 고안해낸 프로젝트란 뜻도 포함되어 있었다.

이 프로젝트를 추진한 배경에는 몇가지 이유가 있었다. 첫째로 국내 기업에게 IPP사업을 허용했으나, 한중은 재벌기업과 달리 보유하고 있는 땅이 없었다. 동아그룹이 가진 김포매립지를 이용하여 동아 51 : 한중 49로 첫번째 IPP사업 입찰에 뛰어들어 1997년 6월 제1위의 우선협상대상자로 선정되었으나 '사회정의를 구현하고자 하는 사람들의 피끓는 호소를 담아'란 정체불명의 진정서가 나돌면서 문제가 생겼다. 김포매립지는 농사를 짓기 위해 매립한 농업진흥지역이므로 여기에 발전소를 건설하게 하는 것은 특혜라고 시비를 걸어 국회와 정부에서 이 문제로 시끄러워졌던 것이다.

인천시에서는 이미 이 지역을 도시개발계획지역으로 고시했고 또 실제로 도심복판에 농사를 짓는다는 것은 토지의 활용측면에서도 바람직한 일이 못 되었지만, 결국 우선협상권을 반납하고 말았다. 그리하여 2위였던 LG가 1위로 선정되고 3위였던 현대가 2위로 선정되어 한중은 결국 실패하고 말았다.

한중은 발전설비제작 및 건설사업자로 제작 및 설치물량확보를 위해서는 IPP시장에 뛰어들어야 했다. 또 머지 않아 IPP사업이 외국인에게도 개방될 것이므로 땅을 가진 내국업체라야 합작이라도 할 수 있기 때문에 땅을 반드시 확보해야 할 입장이었다.

둘째로는 가스터빈을 국산화하기 위한 것이었다. 가스터빈 제작기술은 GE, ABB, 지멘스, 웨스팅하우스 등 4개 사만 보유하고 있었는데 고부가가치 사업으로 기술전수를 기피하고 있는 상황이었다. 그래서 IPP 자가물량을 확보한 후 기술도입 교섭을 전개하여 반드시 국산화하여 수출산업으로 키워 보겠다고 마음 먹었다.

미쓰비시중공업은 웨스팅하우스의 기술을 전수받아 생산하고 있고 알스톰은 GE의 기술을 전수받아 자회사인 EGT에서 생산하고 있는 등 세계에서 6개 사가 가스터빈 생산을 독점하고 있었다.

가스터빈의 국산화가 이루어진다면 연 3억 달러의 수입대체가 가능하다는 전망이었다. 게다가 2000년 이후 전세계에서 가스터빈발전소가 45MW기준으로 연 160기가 건설될 계획이었다. 그중 아시아시장에서 70기 이상 건설될 것으로 전망되어 아시아 시장규모가 연 90억 달러에 달했다. 따라서 10%시장만 확보하면 연 9억 달러의 수출이 가능한 것으로 예측되었다.

셋째는 LNG수요가 급속하게 증가함에 따라 한국가스공사만으로 공급하기엔 수요를 충족할 수 없을 뿐만 아니라 정부도 조만간 공급 독점을 풀고 자유화할 것이며 LNG인수기지 건설도 개방할 것이라고 예측하였기 때문이다. 그래서 가스를 파이프라인을 통하여 공급받지 않고 발전소와 인접한 곳에 LNG인수기지를 건설하여 직접 공급받으면 발전단가의 경쟁력을 갖출 수 있을 것이라고 판단하였다.

우선 토지 약 50만 평이 필요하므로 입지선정을 위해 내가 직접 거제도 안정공단, 삼천포, 전북 군장공단, 거제도 대우조선소 부근 등 전국을 누비고 다녔다. LNG인수기지 입지를 위해서는 깊이 11m이상의 수심이 필요하고 LNG수송선의 항로가 있어야 하며 송배전선이 주변에 있어야 하는데, 이러한 입지조건에 맞는 땅을 찾아낼 수가 없었다. 그러다가 바로 회사 뒤 귀산동 바다옆을 혼자서 거닐다가 여기는 어떨까 하는 생각이 들었다. 실무팀을 불러 바로 실사를 시작했다. 김석주 이사팀이 한달정도 실사를 한 결과 적지라는 결론을 얻었다. 등잔 밑이 어둡다고 바로 옆에 적지를 두고 전국을 헤매다니는 헛수고를 한 셈이었다.

바다를 일직선으로 매립하면 34만 4,000평의 땅이 생기고 한중소유 땅 6만 평을 포함해 산을 허물어내면 매립토도 확보되어 다른 곳에서 가져올 필요도 없었다. 바다깊이도 바로 11m이상이 되고 송배전선도 옆으로 지나가고 있었다. 바로 우리가 그렇게도 애타게 찾던 곳이었다. 우리는 이곳을 예정후보지로 하고 창원시, 경상남도, 건설교통부, 해양수산부, 통상산업부 등을 접촉하였다. 그리하여 1997년 3월 통산부에 산업입지법에 의거, 창원국가산업단지 확대지정을 요청하는 신청서를 제출하였다.

T-프로젝트의 입지 선정

이 과정에서 세 가지 문제가 발생했다. 첫째 바다옆 주변의 땅이 전부 그린벨트였다. 계획된 입지의 19만 4,000평이 그린벨트지역이었던 것이다. 산업입지법에 의하여 지방공단으로 지정받아 해제를 해 보려고 하였으나 건교부는 형평성의 원칙에 어긋난다고 하며 전원개발특별법에 의하여 추진해 보라고 권고하였다.

그러나 통산부는 우리의 신청을 거절했다. 전특법에 의할 때 민자발전사업자로 선정이 되지 않았는데 그것을 가정하고 어떻게 발전사업자가 아닌 한중에 전원개발지역으로 지정해 줄 수 있겠느냐, 또 그렇게 되면 한중에 특혜를 주었다는 시비가 일 것이라는 이유에서였다.

닭이 먼저냐 달걀이 먼저냐 하는 문제였다. 건교부는 통산부로 미루고 통산부는 건교부로 미루며 책임지지 않으려는 공무원의 속성을 드러냈다. 땅이 좁은 나라에서 이제 가용땅이라고는 그린벨트 아니면 바다매립지뿐인데 둘다 규제 때문에 방법을 찾지 못했다.

정부에 있을 때도 공장용지 공급을 확대해야 땅값도 떨어지고 공장을 짓겠다는 기업한테 자유롭게 땅을 확보해 줄 수 있기 때문에 그린벨트의 재조정과 바다매립의 규제완화를 계속 주장했으나 아무 소용이 없었다. 어느 누구도 욕 먹을 일을 하려 하지 않았다. 국가의 이익이라면 비판과 비난을 받더라도 용기있게 추진하는 정부부처나 공무원이 있어야 하는데 그런 소신있는 공무원을 찾아볼 수가 없었다. 아직도 나는 그린벨트는 재조정되어야 하고 바다매립의 규제완화와 절차간소화가 이루어져야 하고 그 권한을 지방정부로 이양해 주어야 한다는 생각에는 변함이 없다.

땅문제를 해결해 보려고 7개 부처의 24개 국을 돌아다녔지만, 헛수고였다. 정부의 경제부처 차관을 지낸 사람이 1년간 애를 썼는데도 성사시키지 못했다. 결국 뒤에서 언급하겠지만 건교부의 권유대로 마산시 창포만으로 입지를 옮겨가기로 하였다.

두번째 입지와 관련된 문제는 항로였다. 마산항로와 충무항로를 이용하여 LNG선이 자유로이 항해할 수는 있었으나 1968년 마산수출자유지역이 설치된 이래 한번도 준설한 적이 없어 모래가 퇴적하여 쌓인 천소구역이 항로상에 4km정도 길이에 3~4m의 높이로 돌출하여 있었다.

우리 실사팀이 배를 타고 나가서 10여 공구를 뚫어 보았는데 이를 준설하기 위해서는 약 600억 원의 투자가 필요하다는 판단이었다. 그리하여 해양수산부와 예산문제를 협의하였으나 한중이 선투자하고 그 실비를 예산에 계상해 갚아주는 것으로 결론이 났다.

세번째 문제는 주변에 154세대 약 400여 명이 횟집을 경영하거나 키위 및 포도재배를 하고 있었는데 유치를 찬성하는 쪽은 농민 등 2/3가 되었고 반대하는 쪽은 주로 횟집을 경영하는 사람들로 1/3이었다. 이들을 설득하는 데 어려움이 많았다.

편입토지가 19만 4,000평으로 토지소유주가 94명(원주민 42명, 외지인 52명)이었는데 횟집 12개, 주택 61동, 분묘 30기, 키위 800주, 포도 500주, 어선 50척, 홍합, 피조개 등 어업권 2만 7,000평, 전주 150주 등으로 총 보상비가 555억 원으로 평가되었다. 창원시와 함께 단독주택 중심으로 단지 내에 1만 9,000평 그리고 공동주택 중심의 별도 이주단지 1만 9,000평의 이주단지 조성, 공동주택과 근린생활 시설 등 보상 및 이주대책을 세워 주민설명회를 가졌으나 의견통일을 보지 못했다.

그뒤 소문이 퍼져 보상을 목적으로 전국의 헌배들이 모여들고 한 집에 다섯 가구가 이주해 주민등록하는 등 많은 사람들이 전입하는 사태가 일어났다. 심지어 한중 직원 가운데에는 고물어선 2척을 사두었다고 자랑삼아 말하는 이도 있었다.

결국에 우리는 그린벨트문제를 해결 못하고 마산시와 경남도와 협의하여 마산시 합포구 창포만 570만 평을 개발하여 첨단산업단지, 자동차산업단지, 물류단지, 중소기업단지, 에너지단지 등으로 활용하는 계획을 세웠다. 그리고 1997년 7월 18일자로 해양수산부의 반대가 있었음에도 건교부로부터 창포만 도시기본계획의 승인을 받아냈다. 그리고 그해 11월 10일 김혁규 경남지사, 김인규 마산시장, 김헌출 삼성건설사장 그리고 한중사장이 모여 창포지방산업단지 공동개발 기본합의서에 대한 서명식을 거행했다.

그러나 경남도가 창포지방산업단지 타당성조사 및 기본계획수립을 위한 용역계약체결 등을 추진하는 과정에 1997년 12월 3일 뜻하지 않은 IMF사태가 터졌다. 한전이 발전소건설계획을 전면 연기하고 장기 전원개발계획을 축소조정하는 작업을 시작하였고 1998년 3월에는 삼성건설이 재벌구조조정 차원에서 창포만 개발조사설계 용역착수를 유보하겠다는 의사를 표명했다. 게다가 당초 어업보상비를 900

억 원 정도로 추정했으나 전국 고물어선이 많이 유입되어 와 1,400억 원으로 평가되었을 뿐만 아니라 마산상공회의소는 창포산업단지를 외국인투자 자유지역으로 지정해 줄 것을 요청하는 바람에 입지문제는 다시 난관에 봉착했다.

그러나 우리는 포기하지 않았다. 다시 원점으로 돌아가 당초의 귀산동 긴급매립계획을 수립하였다. 당초 계획부지 54만 평 중에서 그린벨트를 제외하고 22만 평의 매립지만으로 T-프로젝트를 추진하기로 하였다.

복합화력발전소는 당초 20만 평에서 한전변전소부지 1만 2,000평을 포함하여 10만 평으로 축소하기로 했다. LNG인수기지도 당초 14만kl 4기를 2기로 축소하고 250만 톤/년 기화송출설비 1트레인(Train)을 건설하는 것으로 변경하여 14만 평에서 9만 2,000평으로 축소했다. 또 주거단지를 3만 8,000평에서 2만 1,000평으로 줄이고, 중소기업단지 5만 5,000평을 폐지하는 등 여러 부분을 수정하여 당초 부지조성을 위한 투자계획 3,323억 원을 평당 당초 50만 원보다 많은 59만 원이 소요되는 1,433억 원으로 축소시켰다. 그리고 창원시 해양수산부, 통산부, 건교부 등으로부터 구두로 매립허가를 약속받아 두었다.

복합가스발전소의 장점

발전소 건설에 있어서 우리나라는 발전단가가 저렴하다는 이유로 원자력발전소와 석탄발전소를 기저부하용으로 건설하고 복합화력발전소를 피크용으로만 건설하여 그 가동률을 40%로 유지해 오고 있는데 이는 잘못이라고 생각되었다. 가스발전소가 청정연료를 사용하는 환경친화적인 발전소라는 점을 차치하고라도 그 장점이 많다.

첫째 환경문제로 발전소입지 구하기가 너무나 어려운데다 국토가 좁기 때문에 토지가 적게 들어가는 발전소를 지어야 한다. 이 점에서 복합화력발전소가 가장 경제적이다.

우리나라에서 실제로 가동하고 있는 발전소를 기준으로 할 때 1MW(1,000kW)당 원자력발전소는 120평, 석탄화력발전소는 400평이 필요한데 LNG복합화력발전소는 석탄발전소의 1/8인 50평이 소요된다.

둘째는 건설단가이다. 최근에 지은 울진원자력발전소 3,4호기와 태안 석탄화력 3,4호기, 서인천 LNG복합화력 3,4호기를 비교할 때 원자력은 1MW당 220만 달러, 석탄화력은 142만 달러인데 비해 복합화력은 38만 7,000달러로 원자력발전에 비해 1/6, 석탄발전소에 비해 1/4에 불과하다.

셋째는 건설기간이다. 앞에서 예시한 발전소의 실제 건설소요기간은 원자력은 85개월, 석탄은 45개월, LNG복합은 32개월으로, 복합화력발전소는 원자력의 약 1/4기간으로 건설했다.

문제는 발전원가에 달렸다. 1995년 평균 발전소 이용률이 원자력은 82%, 석탄화력은 72%인데 비해 LNG복합은 41%로 억제되어 그 발전원가가 kWh당 원자력은 22원, 석탄은 32원인데 LNG복합발전은 50원으로 가장 비싼 것으로 나타났다.

그러나 실제로 일본과 미국의 LNG복합발전소 가동률을 조사했더니 1995년 1년동안 일본은 73.6%, 미국도 72.2%인 것으로 나타났다. 만약 복합화력발전소 가동률을 70%로 유지한다면 발전원가가 kWh당 41원으로 낮아진다. 게다가 청정연료인 점을 감안하여 석탄발전소에도 탈황, 탈질설비를 부착한다면 kWh당 발전원가가 41원으로 28%가 올라가고 또 LNG직도입으로 파이프라인을 통하지 않고 인수기지에서 직접 공급하면 복합화력발전원가가 kWh당 8%정도 낮아진다는 분석이 나왔다. 1995년 한전 복합화력발전소의 연료비가 kWh당 29원이었는데 직도입 인접공급시 kWh당 21원으로 27.5%가 저렴한 것으로 분석되었다. 또 실제로 일본의 발전원가가 LNG가 9엔, 원자력 9엔, 석탄화력 10엔, 수력이 13엔이었고 미국 엔론(Enron)사는 가스발전 6.3센트, 원자력 9.1센트, 석탄화력 9.7센트로서 LNG발전원가가 가장 낮은 것으로 나타났다. 이상과 같은 비교분석을 보면 결론은 당연하게 귀결된다.

즉 첫째 복합화력발전소를 민자로 건설하고 가동률을 70%이상으로 올려 기저부하용으로 변경한다. 둘째 앞으로 LNG인수기지를 복합화력발전소 단지내에 건설한다. 셋째 이미 EU에서 시행하고 있는 탄소세가 언젠가 시행될 것에 대비하여 수입석탄발전소의 추가건설은 중단해야 한다.

10년간의 투자계획

이와 같은 판단에 근거하여 한중은 22만 평의 부지에 450MW급 8기의 LNG복합화력발전소(가스터빈 150MW×2기＋스팀터빈 150MW×1기) 건설을 2단계로 나누어 진행하기로 했다. 1999년에 부지공사에 착공하여 1단계로 처음 4기(2기는 2002년에 준공, 다른 2기를 2004년에 준공)를, 그리고 2단계로 나머지 4기중 2기를 2006년에, 마지막 2기는 2007년에 준공하는 것으로 계획을 세웠다.

또한 LNG인수기지는 1999년에 착공하여 2006년에 준공하기로 했다. 그때까지는 영남권 가스주배관 공사를 한중이 수행하고 있으므로 봉암대교에서 한중부두까지 별도로 자부담으로 배관공사를 하여 가스공사로부터 파이프라인을 통한 가스공급을 받아 사용하고 그 후는 비상용으로 사용하기로 했다.

한편 앞으로 LNG수요가 증가할 것이므로 수급안정을 위해 LNG 도입권을 개방해야 하고 경쟁체제 도입을 위해 민자유치차원에서 LNG인수기지 건설도 개방해야 한다고 역설하여 통산부에서 1997년 12월 2001년 이후부터 자가발전 소비용에 한해 자유화하기로 가스사 업법을 개정했다.

한중에서도 LNG탱크제작, 기화공장건설 및 기기설치 등에 관한 기술도입을 위해 영국의 웻소(Whesso)사와 프랑스의 테크니가즈와 여러 차례 협상을 진행해오고 있다. 이 분야도 현재 국산화율 10%수 준에서 기술도입을 통해 2000년까지 80%수준으로 제고하여 프로세 스 엔지니어링을 비롯한 A/E능력을 구축하여 해외 턴키 프로젝트 수 행능력을 확보할 계획이다.

T-프로젝트 투자금액은 총 2조 6,000억이 소요되는 것으로 추정되 었다. 10년동안 매년 약 2,600억 원이 소요되는 거대한 투자였다. 그 리하여 관심있는 국내외 업체와 접촉하여 긍정적인 회답을 받았다.

세계 제8위 IPP업자이며 미국의 제5위 IPP업자인 CMS에너지사 가 49%지분참여에 해외 자금조달을 책임지겠다고 나섰다. 모빌사도 가스공급권을 준다면 50%지분에 금융을 책임지겠다는 반응을 보였 다. 국내에서도 삼성건설이 한중 다음 최대지분을 희망했고 LG그룹 도 적극 참여의사를 표명했다.

사업성을 면밀히 분석해 본 결과 LNG발전소 이용률을 50%로 가 정했을 때 투자수익률(IRR)이 18.63%, 미래가치(NPV)가 1,651억 원, 투차회수년도는 2,014년으로 추정되었다. 또 추정손익으로 이용 률을 50%로 가정하고 판매단가를 kWh당 52.11원으로 하였을 때 연 평균 매출액(2002~2027년, 25년 가동기준) 1조 5,700억 원으로 법 인세 차감후 당기순이익이 2,400억 원으로 추정되었다.

또 인력은 발전소 운영에 410명, LNG인수기지 운영에 286명, 총

666명이 소요되는데 정상가동하는 2008년에는 1인당 매출액이 25억 원이나 되어 현재 한중 1인당 매출액에 비하여 6배나 높을 것으로 예상되었다.

한편으로 우리는 LNG도입선을 찾아 나섰다. 카타르, 오만, 알래스카, 호주, 인도네시아, 말레이시아 등 수출선을 헤집고 다녔다. 그중 인도네시아 이리안자이어 지역에서 암코(Armco)사가 2003년부터 연 250만 톤, 2005년 이후에는 500만~ 1,000만 톤을 생산할 계획으로 투자하고 있었는데 흄퍼스(Humpus)그룹과 협의하여 1997년 6월 MOU를 교환했다. 즉 LNG수출기지를 건설 운영하기 위해 ① 각각 3,000만 달러를 투자, 합작사를 설립하고 ② 한중은 2005년 이후 연간 250만 톤의 LNG를 구매하고 ③ 동 LNG수출기지 건설시행자(약 17억 달러의 EPC계약자)를 한중으로 한다는 내용이었다.

기술도입선 GE와의 마찰

이제 남은 문제는 가스터빈 국산화계획이었다. 한중은 1991년에 GE와 가스터빈 국산화를 위한 기술도입계약을 체결하여 그간 6B모델(38MW급)을 6대를 조립생산했는데, 4대는 팔고 나머지 2대는 3년이상 재고로 보관하고 있는 상황이었다.

GE와 1991년에 체결한 기술도입계약으로는 국산화가 불가능한 것으로 파악되었다. 지멘스가 한라중공업과, 그리고 웨스팅하우스가 현대중공업과 최근에 맺은 기술도입계약보다 훨씬 불리하였다.

예를 들면 150MW급 최신모델 7FA를 조립생산할 때 선불금이 GE는 1,650만 달러인데 지멘스와 웨스팅하우스는 그 반 이하인 700만 달러였고 기술료도 순매출액에 kW당 12.60달러로 경쟁자의 4.00 ~4.50달러보다도 3배가 비쌌다. 더불어 경쟁자는 수출지역에 제한을 받지 않는데 비해 한중은 수출지역을 일본을 제외한 아시아, 아프리카, 오세아니아로 한정하고 이것도 한국이 금융제공할 때만 가능한 것으로 수출 자체를 묶어 놓았다. T-프로젝트에 필요한 가스터빈 16기를 조립생산한다고 가정할 때 기술료가 4,100만 달러로 경쟁사 기준 1,300~1,600만 달러보다 훨씬 비쌌다.

따라서 국내 생산보다 GE의 완제품을 사오는 것이 오히려 유리한 것으로 판단되었다. 따라서 기술도입계약을 변경하여 현기술료 수준을 1/3수준 이하로 인하하든가 아니면 합작투자로 기술료를 최소한으로 지급해야 하는 것으로 결론을 내고 GE와 교섭하기로 했다. 합작투자시는 7FA기당 80만 달러만 지급하면 되는데 기술도입시는 기당 260만 달러를 지급해야 하는 것으로 분석되었다.

두번째 문제는 기술도입료 부담 때문에 가스터빈용 케이싱과 제관물만 생산하고 GE로부터 핵심부품을 수입해와서 조립생산할 수 있는 능력밖에 되지 않았다. GE는 키트(Kit)를 독점가격으로 폭리를 취하고 있어 수입 키트가격이 최종 조립된 가스터빈가격보다 비싸게 공급되고 있었다. 이것은 기술 가진 자의 횡포인 것이다. 나는 이 문제 해결을 위해 1997년 4월에 웰치 회장을 만나 기술도입계약 변경과 경쟁력있는 국제가격으로 키트를 공급해 줄 것을 주장하여 긍정적 답변을 받았다. 그러나 밑의 실무자가 움직여주지 않아 아무런 변동이 없었다.

나는 한번 혼을 내주기로 마음을 먹었다. 한중이 인도에 IPP로 참여하는 ESSAR 복합화력 330MW(당사지분 50%)와 랑코의 복합화력 330MW(당사지분 11%)의 가스터빈 4대(9E모델)를 알스톰의 EGT로부터 구매하여 GE가격의 70%수준으로 계약하였다. 그랬더니 GE의 인도 지사장의 목이 날아가고 홍콩에 있는 아시아담당 사장 델 윌리엄슨(Del Williamson)과 프레스코(Fresco) 부회장이 한국에 날아오는 법석을 떨었다. 웰치 회장의 분노가 대단했다는 것이다.

우리는 알스톰가격으로 공급해준다면 검토하겠다고 하였더니 거꾸로 ESSAR회장과 랑코 회장을 통하여 나한테 GE가스터빈을 구매하자고 설득하였다. 나는 속으로 GE의 오만한 버릇을 고쳐야 되겠다고 마음먹고 끝까지 들어주지 않았다. 결국 GE는 포기했고 그후 부산복합화력발전소 입찰에 가스터빈 키트가격을 경쟁력있는 가격으로 제시하여 한중이 동 프로젝트를 수주하는데 기여하였다.

세번째는 국산제작이 과연 경쟁력을 가질 수 있는 것인가의 문제였다. 가스터빈 로터의 자재는 특수합금으로, 고철에 의한 주조나 단조품 제작을 위해서는 700억 원의 투자가 필요하다는 것이었다. 그리하여 로터샤프트 등 주단제품은 수입하여 가공만 하는 것으로 결정하고 1999년부터 로터제작설비를 갖추도록 128억 원을 투자하였다. 또 블레이드, 버킷, 노즐을 2000년부터 제작할 수 있는 설비 64억, 7FA 테스트 설비보완 15억 원 등 총 252억 원을 투자하여 연 20대의 가스터빈을 생산하기로 결정하였다. 1991년에 투자한 240억 원의 설비를 최대로 활용하고 자재창고 축소에 따라 생긴 부지 5,000평 위에 로터 라인, 블레이드 라인 그리고 7FA조립라인을 신축하도록 하였다.

계획대로 추진된다면 가스터빈 국산화율이 현재의 9%수준에서 2005년 94%까지 제고되어 현재 화력발전소의 92%정도까지 국산화가 가능할 것이다. 2005년에 가면 가스터빈 제네레이터와 주단조품만 수입하고 나머지는 전부 국산화되어 연 3억 달러의 수입대체효과를 올릴 수 있을 것으로 예상되었다. 그러나 경쟁면에서는 국제가격보다 약 10%가 비싼 것이 문제였다. 그러나 마침 IMF한파로 환율이 올라가 충분히 경쟁력을 확보하게 되어 국산화를 촉진시킬 수 있게 되었다.

네번째 문제는 연간 20대를 판매할 수 있는 물량확보 문제였다. 세계 가스터빈의 수요는 1996년에 2만 8,000MW였는데 공급능력은 GE 1만 3,000MW, 지멘스 8,000MW, ABB 7,000MW, 웨스팅하우스 7,000MW, 알스톰 5,000MW로 전체 4만MW로 1만 2,000MW가 공급초과상태인데다가 기술이전 기피현상으로 후발주자가 뛰어든다는 것은 힘든 일이었다.

한중으로서는 물량확보차원과 기술자립차원에서 T-프로젝트는 추진해야 하는데 인도 등 동남아시장에서 IPP 또는 턴키 프로젝트를 수주해야만 연 20대 3,000MW제작이 가능하였다. 따라서 최소한 국내물량의 70%를 확보해야 연 4~5기 제작이 가능해 수입대체 3억 달러가 가능하고 해외에서 15~16기의 수주를 확보해야 한다는 결론이었다. 아시아시장의 수요가 연 70기라고 볼 때 약 20%에 해당하는 물량을 확보한다는 것은 거의 불가능한 일이었다.

그렇다면 GE나 지멘스 그리고 ABB 중에서 합작선을 찾아 창원에 합작투자를 해야 한다는 결론이 나왔다. 그렇게 하면 저들의 기술기피현상도 피하고 자기들의 제작설비 일부를 이전하여 창원공장에서 제작, 공급함으로써 공급과잉상태를 방지할 수도 있게 된다는 결론이었다.

현재 GE가 세계시장의 50%를 점유하고 GE의 가스터빈생산능력이 연 100대이므로 GE는 최신모델 또는 대형모델을 생산하고 한중은 인도 등이 사용하는 50사이클인 9E모델, 최신기술은 아니지만 7FA와 같은 안정된 모델 또는 6B같은 소형모델을 생산하는 상호보완적관계를 구축할 필요가 있었다.

문제는 GE를 설득하여 일부 가스터빈 생산설비를 한국으로 옮기도록 하는 것이라고 생각하고 1997년 4월 GE의 잭 웰치 회장과 GE 파워 시스템(Power System) 사장 나델리(Nadeli)를 만나러 갔다. 보기좋은 한국호랑이 그림을 선물로 사들고 '한판 붙어보자, 만약 뜻대로 되지 않으면 ABB나 지멘스와 접촉하자'라는 생각으로 그들과 스케넥터디(Schenectady)에서 만났다. T-프로젝트 합작문제, 가스터빈기술 도입계약 수정 및 G/T합작투자문제 등 기탄없는 의견교환을 했다. 합의된 사항은 없었으나 세계시장과 한국시장을 놓고 윈-윈(Win-Win)전략을 심도있게 찾아보기로 했다.

그후 실무접촉이 수차례 진행되어 1997년 12월 홍콩주재 맘(Malm) GE아시아 사장과 프레스코 부회장이 한국에 와서 가스터빈뿐만 아니라 스팀터빈을 포함하여 GE의 지배주주(Majority)로 합작투자를 추진하고 이를 위해서 90일 실사를 진행하겠다는, 뜻하지 않던 제의를 해왔다. 우리측은 정부와 협의한 후 1998년 4월 GE를 방문하여 협의하겠다고 응답했다.

우리측은 이 문제를 놓고 심층토론을 했는데 찬반양론이었다. 찬성하는 쪽은 현재 스팀터빈의 설계기술도 완전히 자립이 되지 않은 상태이므로 합작을 통해 기술자립을 할 수 있다는 이유를 들었다. 또 물량확보에 큰 어려움을 겪고 있는데 GE의 연간 스팀터빈 60대의 생산설비 일부를 창원으로 이전해오면 물량확보가 가능하고 GE기술의 T/G를 아시아시장에 수출도 할 수 있게 될 뿐 아니라 GE 캐피털(GE Capital)의 금융도 이용할 수 있다는 장점이 있다고 주장했다. 반면에 반대하는 쪽은 정부의 민영화방침이 오리무중이고 합작시 강성노조가 고용조정을 우려, 강력히 반발할 것이라고 주장했다. 또한 같은 단지내에서 2개의 주인이 다른 공장으로 분리되는 공장운영의 복잡성 등을 단점으로 지적했다.

그러나 나로서는 기술의 자립, 가스터빈의 국산화, 해외진출과 물량확보를 통해 안정된 경영을 이룰 수 있다고 보고 나머지 장벽들을 돌파하기로 결심했다. 이에 따라 1998년 4월 18일 출발하여 4월 20~21일 양일간 GE와 회의일정을 확정했다. 그러나 정부로부터 사임종용을 받고 4월 16일자로 퇴임함에 따라 의욕과 열정으로 추진해 왔던 T-프로젝트는 후임사장의 손으로 넘어갔다.

스리랑카 공업화의 선봉장으로

한중이 21세기 제2도약을 위해 추진한 두번째 프로젝트는 K-프로젝트였다. 스리랑카 대통령인 쿠마라퉁가 여사의 이름을 따온 것이었다. 1996년 8월 쿠마라퉁가 대통령이 한국을 방문했을 때 열린 한·스리랑카 정상회담에서 EDCF자금 1억 달러를 추가 지원요청을 받자, 김영삼 대통령이 "작년에 1억 달러의 EDCF차관협상의 주역이 지금 한중사장을 맡고 있으니 추가지원 대신에 한중이 스리랑카에 투자하도록 하겠다"고 약속한 것에서 K-프로젝트가 시작되었다.

당시 배석했던 유종하 수석이 전화로 쿠마라퉁가 대통령을 만나라는 대통령의 지시를 전달해왔다. 그리하여 8월 12일 신라호텔에서 쿠마라퉁가 대통령을 만났다. 그 자리에서 실론 스틸사의 인수제의를 받았고 발전소 시멘트공장에 투자해줄 것을 희망하여 한 번 검토해 보기로 하였다.

나와 스리랑카의 인연은 통산부차관시절 1995년 9월에 한국의 투자사절단을 인솔하고 스리랑카를 방문하여 대통령, 외무장관, 산업장관들을 만난 것이 첫 시작이었다.

당시 UN비상임위 이사국에 입후보한 한국은 인도의 지지를 받고 있는 스리랑카와 아시아지역에 배정된 한 장의 티켓을 놓고 경합을 벌이고 있었다. 각자가 득표활동을 위해 각 공관 등을 통해 외교전을 전개하고 있었다. 한국은 스리랑카의 포기를 종용하기로 하고 이를 지원하기 위해 투자사절단이 스리랑카를 방문하였던 것이다. 며칠간의 거듭된 협상 끝에 양보의사를 언질받았으나 결국은 EDCF자금의 규모문제로 난항을 겪었다. 스리랑카에 줄 수 있는 한도는 훈령을 받아간 금액인 3,000만 달러가 최대한이었기 때문에 추후에 관계부처를 설득 1억 달러를 제공하기로 합의할 수 있었다. 이때 나는 스리랑카의 대통령뿐만 아니라 외상 등 여러 각료들을 알게 되었다.

이러한 인연과 정상외교차원의 합의사항을 실천하기 위해 당시 신상홍 전무를 K-프로젝트추진단장으로 하고, 이창식 상무를 실론 스틸 인수반, 구성모 이사를 골레 산업단지 경제성 검토(Galle Project Feasibility Study)반을 책임지도록 하여 수차례 실사와 협상을 전개하였다. 또 내가 직접 스리랑카를 세 차례나 방문하여 대통령과 직접 협상을 전개했다.

대통령과 직접 협상

본격적인 협상은 1997년 11월 6일 대통령 집무실에서 이루어졌다. 스리랑카측에서는 산업장관, 문교부장관 등 관련 장관과 BOI(Board of Investment) 회장, PERC(Public Enterprises Reform Committee) 회장, CEB(Ceylon Electricity Board) 회장, CPC(Ceylon Petroleum Corp.) 회장, 골레지역 지방장관, 항만청장 등이 참석했고 우리측은 나를 비롯하여 신상홍 전무, 구성모 이사와 프로젝트별 담당부장들이 참석했다. 오전 10시부터 시작하여 점심을 집무실에서 스리랑카 스낵식으로 때우면서 오후 3시까지 진행되었다. 골레 산업단지(Galle Industrial Complex)개발계획에 대한 신상홍 전무의 프레젠테이션을 시작으로 질문과 답변이 이어졌다. 그리고 대통령이 직접 주요 이슈별로 진행하고 결론을 내려갔다.

첫째가 토지규모와 임차기간 문제였다. 한중은 소요부지 710에이커를 90년간 무료사용을 요청하였으나 스리랑카측은 371에이커 50년 무료사용을 제시했다. 이 땅은 문교부 땅이었는데, 스리랑카측은 대단히 완강했다. 주변에 스리랑카의 주요 불교사찰과 국립공원이 있어서 파손할 수 없다는 주장이었다. 그리하여 한중이 자재야적장 등 여유부지를 축소하고 대통령이 불교사찰 및 공원을 대상에서 제척하고 문교부장관을 설득, 바다 가까이의 땅을 추가로 확보해 주는 것으로 의견을 모았다. 그리하여 610에이커로 합의하고 무료사용권은 90년으로 결론을 지었다.

둘째는 발전소건설과 관련한 문제였다. 현재 스리랑카의 1995년 1인당 전력소비량은 216kWh로 한국의 70년대초 수준이었다. 우리는 한국의 1995년 1인당 소비량이 3,630kWh인 점을 감안하고 스리랑카의 향후 10년간 연평균 경제성장률 6%(제조업 9%)를 전제로 할 때 전력수요가 연 12%씩 증가할 것으로 보아 스리랑카 정부가 제시한 2004년까지의 증설계획 1,240MW로는 전력부족이 심각할 것이라고 주장했다. 또 오일 정제소에서 나오는 폐유(Residue Fuel)를 전량사용하기 위해서는 경제성을 고려, 200MW×2기를 건설하자고 주장했다. 그러나 CEB에서는 수요예측이 너무 진보적이며 400MW 추가 증설은 무리라고 비판하였다.

또 전력구매량과 구매단가 문제에서 우리는 새로 개발하는 골레산업단지내의 자가 소비량 이외는 전량 kWh당 6.5센트로 구매하여 줄 것을 요청했는데 CEB는 강력히 반발했다. 토론 끝에 한중은 초기에 100MW×2기만 건설하고 2단계에 100MW×2기를 검토하는 대안을 제시하였다. 합의끝에 200MW중 공단소요 95MW를 제외한 105MW를 구매하기로 결정하였다.

가장 논란을 벌인 것은 전력구매단가 문제와 골레에서 마투가마 지역까지의 송전선 건설비 부담문제였다. CEB회장은 kWh당 5센트를 고집하다가 스리랑카내 유일한 IPP와의 전력구매협정(Power

Purchase Agreement;PPA)에서 5.5센트로 되어 있으니 5.5센트로 하겠노라고 수정제의했다. 나는 파푸아뉴기니에서 80% 가동에 9.5센트, 인도에서는 8센트 등으로 계약한 것을 예로 들었다. CEB회장은 계속 5.5센트를 고집, 반론을 펴다가 대통령으로부터 회의장 퇴장명령을 받아 나갔고 대통령이 6센트로 조정하여 우리측도 동의하였다.

세번째는 수송비부담 문제였다. CPC는 10만 배럴 생산능력을 가진 정유공장으로부터 연간 생산량의 40%를 구매하고 구매한 양만큼의 원유관세를 부담하기로 합의하였다. 그 대신 한중은 생산량의 60%를 수출하고 CPC는 향후 10년 간 증설하지 않는다는 조건이었다. 그런데 골레산업단지에서 콜롬보 항구까지의 수송비부담 문제로 격론을 벌였다. CPC는 1962년 내륙지에 일산 5만 배럴 규모를 소련 기술로 건설하였는데 가격경쟁력이 없자, 가격안정차원에서 수입독점권을 허용받아 연간 10만 배럴을 싱가포르 시장에서 싼 가격으로 구매하여 비싼 생산가격을 보전하고 있었다. 우리가 콜롬보 항구까지의 운임을 배럴당 1.50달러를 요구하자, 싱가포르 구입가격보다 비싸다는 이유로 합의에 도달하지 못했다.

이 문제는 끝까지 합의를 보지 못해 저녁에 계획된 MOU서명을 못할 지경에 이르렀다. 우리 일행은 밤 12시 비행기로 떠나도록 되어 있어서 대통령이 직접 호텔로 전화를 걸어와 전화협상한 결과 싱가포르 구입가격에 플러스 적정이익으로 잠정합의했다. 그리고 자세한 사항은 추후 다시 협의하기로 하여 그날 저녁 10시에 MOU서명이 이루어졌다.

네번째는 골레 항구의 개발문제로, 고철과 시멘트 크링카 수입을 위해서 적어도 14m 깊이로 준설되어야 하고 신항개발의 건설을 PPA와 인수계약 체결후 즉시 착공해야 한다고 주장하였으나 항구개발에 약 2억 달러가 소요되어 내부간에 이견이 많았다. 스리랑카 항만청장은 개발필요성을 강조하였고 대통령은 민자유치를 고집하다가 드디어 정부예산으로 개발하기로 용단을 내리고 미니 밀(Mini Mill) 시험가동 3개월전까지 개발완료하기로 했다.

다섯번째는 주민이주대책문제로, 우리는 스리랑카 정부 책임하에 이주 및 보상조건으로 이주할 토지를 마련해주면 소형주택단지를 건설해 주겠다고 제안했다. 이에 서로 합의를 보지 못하다가 내가 토지를 610에이커를 확보해주면 500만 달러를 이주비로 내놓겠다고 제안하여 대통령이 스리랑카 정부 책임으로 이주시키겠다고 동의했다.

남은 문제는 유류 인수가격과 골레에서 마투가마까지의 송전선로 설치비와 노동법개정 문제였다. 우리측은 비록 현행법에서 공단지역 내에 노조조직권만 허용하고 있더라도 한국내 노사문제에 혼이 난 터라 골레산업단지 내에 노조활동을 금지하고 노조의 조직, 집단행동과 파업을 금지하는 특별법을 제정해 달라고 요청하였다.

대통령은 이를 포함하여 남은 문제를 1998년 3월말 이전에 최종적으로 합의하고 1998년 4월 투자계획서를 신청하는 것으로 합의하여 장장 5시간의 회의를 마쳤다.

나는 이 프로젝트를 추진하기 위하여 쿠마라퉁가 대통령을 4번이나 만났다. 한 번은 대통령궁에서 비공식만찬을 새벽 2시까지 하면서 지도자로서의 고뇌와 한국의 경제개발경험, 타밀족의 위협과 야당의 정치적 공세, 불교국가로서의 불교계 영향력 등 많은 얘기를 하였다. 타밀족 문제를 해결하고 민주화와 시장경제개혁을 히고 싶은데 많은 제약이 따르는 모양이었다. 특히 공기업의 낭비와 비효율을 개혁하고 싶은데 기득권층의 반발이 거세다고 고충을 토로하면서 내게 CEB회장자리를 맡아달라고 제의하기도 했다. 박정희 대통령 스타일과 같은 개발의지와 부지런함을 지녔고 부패하지 않은 지도자였다.

실무자들은 이 프로젝트 때문에 수십 번 스리랑카를 방문했다. 나는 일본이 진출하지 않은 지역, 타밀 타이거(Tamil Tiger)의 위험 등이 상존한 지역에 진출해야 기회가 온다고 말하면서 위험이 큰 만큼 이익도 크다고 강조하였다. 인도를 중심으로 한 9개 국으로 구성된 SAFTA지역을 공략하기 위해 기업활동하기에 비교적 자유롭고, 영어가 통하는 나라에 베이스캠프를 쳐야 한다고 역설하였다.

스리랑카는 타밀 타이거에 의한 민족분쟁 때문에 테러의 위험이 상존하는 지역으로 외국인에게는 위험한 곳으로 여겨져 구미 각국을 위시하여 선진국에서는 투자를 기피하는 지역의 하나로 지목되어 왔다. 그러나 그런 문제는 북부 일부 지역의 문제이었고 스리랑카 전국적인 현상이 아니었으므로 프로젝트 진행에는 지장이 없을 것으로 판단하였다.

K-프로젝트는 약 10억 달러를 3년 간 투자하는 스리랑카 최대의 프로젝트였다. 완성되면 종업원 1,200명 규모에 연 10억 달러의 매출이 예상되었다. 한중으로서는 대단히 리스크가 큰 프로젝트였지만 90년 간 땅값이 무료인데다가 고철 및 크링카 관세를 제외한 법인세 등 모든 세금을 20년 간 면세혜택받기로 했기 때문에 그 리스크는 상쇄될 것으로 판단했다.

앞으로 1998년 9월 스리랑카 정부의 투자승인과 1998년 12월 EPC 계약(약 3억 3,700만 달러)으로 크링카 그라인더(Clinker Grinder)는 2000년 7월, 발전소는 2001년 12월, 정유공장은 2002년 3월 그리고 미니 밀은 2002년 6월에 상업운전을 개시할 계획으로 추진하고 있다.

자본금은 총투자비의 30%인 4억 3,000만 달러정도로 예상하는데 다행히도 인디언 오일사(Indian Oil Corporation)가 60% 생산량의 유류전량 수입과 최소한 26%이상의 지분을 요구하고, LG그룹은 최소한 45%의 지분참여의사를 표명했다. 세계 3대 은행인 프랑스의 인도수에즈(Indosuez)은행이 총투자비의 80%이상을 조달하겠다고

하여 프로젝트 파이낸싱 어드바이저(Project Financial Advisor)계약
을 체결하였다.

그러나 도중에 사장직을 그만두게 되어 K-프로젝트의 운명이 어
떻게 될지 예측을 할 수 없게 되었다. 우리의 분석에 따르면 이 프로
젝트의 투자수익률(IRR) 등 경제성은 매우 양호하며 경상이익률이
연 10%이상 보장되는 것으로 평가되었다.

A/E 자립의 필요성

세번째 21세기용 프로젝트는 A/E분야 기술자립을 위하여 미국의
서전 앤드 룬디(Sargent & Lundy)사를 인수(M&A)하는 것이었다.
5년 내에 엔지니어링능력을 갖춘 세계 제5위의 중공업체로의 진입을
목표로 조직한 A/E기술자립팀에서 3개월의 작업 끝에 "화력발전소
종합설계기술확보계획"을 작성, 보고하였다.

A/E팀의 보고에 의하면 2001년까지 화력발전플랜트 수행능력 및
경쟁력을 확보하기 위하여 선진 엔지니어링사와의 기술제휴를 통해
서 정보와 훈련을 받고, 현재 한중의 엔지니어링인력인 발전사업본
부의 플랜트기술담당팀 전 직원, 건설본부기술담당팀 내의 토목·건
축·기전·구조기술팀 등을 한중 엔지니어링센터로 통합하고 엔지니
어링 파크(Engineering Park)제를 도입하여 각 부문별 분업설계사무
소(Pillar Engineering Office)를 운영하자는 요지였다.

그러나 나는 세계 10대 발전소 전문엔지니어링사에 기술전수 제의
서를 발송하여 기술제휴선을 선정하겠다는 계획이 무리가 아닌가 하
는 생각이 들었다. 과연 경쟁사가 될 한중에 기술전수 의향이 있을지
또 로열티를 얼마나 달라고 할지 그리고 협상기간이 얼마나 걸릴지
예측할 수가 없었다.

　강승훈 이사는 이미 1996년 4월 16~26일 사이에 기술전수를 요청하는 조회서를 10대 A/E사(표 6-1)에 발송했으니 그 반응을 기다려 보자고 했다.

　두번째는 기술전수 방법이었다. 엔지니어링 자료와 툴(Tool)을 확보하고 70명이 6개월씩 기술훈련과 현장교육을 받고 또 프로젝트 추진시 취약부문을 보완하고 엔지니어링 및 사업관리를 전산화한다는 것이었다. 그러나 내 의견은 달랐다. 엔지니어링 자료와 툴은 돈을 주고 사면 되지만 기술훈련을 6개월정도 받아가지고 충분할 것인가? 또 영어가 신통치 않는데 제대로 소화흡수할 수 있을지 도무지 확신이 서지 않았다.

　세번째는 현재 A/E활용가능인력이 104명인데 당사에서 신규로 416명과 엔지니어링 파크 활용인력 280명 등 추가로 696명을 확보하겠다는 계획을 세우고 있었다. 그러나 국내의 발전소 설계인력은 오직 KOPEC 1개 사뿐인데 그들은 고임금에다가 매년 파업하는 고급

<표 6-1> 세계 10대 발전엔지니어링회사

순 위	회 사 명
1	Tractebel Eng'g (벨기에)
2	Sargent & Lundy (미국)
3	Black & Veatch (미국)
4	Stone & Webster (미국)
5	Burns & Roe Enterprises (미국)
6	Lahmeyer Int'l Gmbh (독일)
7	Raytheon Eng'g & Corp. (미국)
8	Foster Wheeler Corp. (미국)
9	The Parsons Corp. (미국)
10	Harza Eng'g Co. (미국)

*자료 : ENR (July 21, 1997)

인력으로, 특채하기에는 마음이 내키지 않았다. 만약 국내에서 신규로 확보한다고 할 경우 그 인력이 과연 있을 것이며 또 외국의 인도·필리핀 등지에서 자격있는 인력을 확보할 수 있을지 의문이었다.

넷째 서울지역에 약 2,000평 가량의 사무실을 확보하여 엔지니어들을 창원에서 서울로 이전시키고 중소엔지니어링사를 분야별 공모, 당사 협력업체로 선정하여 엔지니어링 센터와 같은 건물에 입주시켜 엔지니어링 파크제를 도입하자는 주장이었다. 그러나 한중이 앞으로 그들의 일감을 충분히 보장할 수 있을지 또 그들이 선뜻 옮길지도 의문이었다.

다섯째로 투자비로 기술도입비 43억, 기술훈련비 및 자문비 32억, 전산기기 하드웨어 16억 원, 소프트웨어 25억 및 사무실임대료 155억, 합계 270억 원을 계획했는데 정말로 이 돈만 들이면 5년 내에 A/E자립이 달성되는가? 미 달러로 3,200만 달러인데 정말 가능하냐고 되물었더니 최소한 5,000만 달러면 충분하다는 대답이 돌아왔다.

사장으로서는 이상과 같이 여러 가지 면에서 도무지 확신이 서질 않았다. 당사의 연간 A/E지급비용을 추정해 본 결과 1997년 2,500만 달러, 1998년 4,500만 달러가 되고 2001년은 2억 2,500만 달러로 추산되는데 해외 턴키나 IPP 프로젝트시장에 진출하려면 A/E자립은 필수적이었다.

우리가 수행한 태안 3,4(500MW×2)호기 화력발전소 건설에 A/E비로 5.6%가 지출되었고 울진 3,4(1,000MW×2)호기 원자력발전소 건설에 A/E비가 10.2% 지출되었다. 라마군담 프로젝트만 하더라도 EPC금액 5억 3,500만 달러인데 2,200만 달러 약 4%의 A/E비를 블랙앤드 비치(Black & Veatch)사에 지출하도록 되어 있어서 나는 하루빨리 A/E의 자립을 이룩하고 싶었다. 돈 때문만이 아니었고 경제성

〈표 6-2〉 세계 10대 컨설팅회사

	회 사 명	매출(백만 달러)	컨설턴트 수	1인당 매출(천 달러)
1	앤더슨 컨설팅	3,115	43,808	71
2	맥킨지	2,100	3,944	532
3	언스트 & 영	2,100	11,200	188
4	쿠퍼스 & 라이브랜드	1,988	9,000	213
5	KPMG	1,380	10,764	128
6	아더 앤더슨	1,370	15,000	92
7	딜로이트 앤 투시	1,303	10,000	130
8	머서 컨설팅 그룹	1,159	9,241	125
9	타워스 페린	903	6,262	144
10	AT커니	870	2,300	78

자료 : 〈컨설턴트뉴스〉 1997년 3월호

있는 설계와 현지에 맞는 설계로 경쟁력을 갖추고 싶었다.

나는 A/E기술의 도입이 아니라 A/E기술을 가진 해외엔지니어링사를 인수하는 것이 어떨까를 생각하게 되었다. 실제로 ABB, 지멘스 등 유럽업체와 미쓰비시중공업 등 일본경쟁사들은 A/E와 금융을 각각 전담하는 회사를 자회사로 가지고 있었다. 그리하여 세계 10대 컨설팅사(표 6-2)와 접촉하였고 마침내 1996년 8월 아더 앤더슨(Arthur Anderson)사와 접촉이 되어 뉴욕에서 만났다.

인수대상이 누구라도 알 수 있는 서전 앤드 룬디사라는 얘기를 들었을 때 나는 흥분하였다. 나는 귀국하자마자 이박일 부사장을 팀장으로 14명으로 구성된 A/E사 인수팀을 만들고 협상을 진행하라고 지시하였다.

세계적 설계회사 인수작전

서전 앤드 룬디사는 1891년에 설립된 회사로 지금까지 A/E수행실적이 837기에 10만 3,800MW나 되었고 미국내에서만 200MW급 이상 A/E를 109개 수행하여 세계 최다실적을 가지고 있었다. 한국내에서도 영광원전 3~6호기와 울진 3~6호기의 기본설계(A/E)를 맡았고 KOPEC과 기술도입계약이 되어 있었다. 종업원은 1,770명이었는데 이중 1,395명이 전문 엔지니어였다. 대학학사가 675명, 기술사(R.P.E)가 480명, 석사 264명, 박사 35명, 전문대 110명, MBA 49명의 고급인력으로 구성되어 있었다.

연간 매출액은 2억 달러가 약간 넘었지만 중국 단동 대련 프로젝트에 웨스팅하우스와 같이 프로젝트 매니저로 진출했다가 약 3,000만 달러의 손해를 보고 1996년 7월 주거래은행이 거래중지 통보를 하는 등 재정적으로 어려웠던 시기였다. 이것이 M&A를 동의하게 된 배경이었다.

우리는 M&A의 이론과 실제업무에 모두가 너무 생소하였기 때문에 아더 앤더슨사를 재정고문으로, 바틀 포울러사를 법률고문으로, 딜로이트 앤드 투시사를 회계/세무 고문으로 선택, 미국내에서 분야별 최고 회사를 고용했다. 이는 반드시 M&A를 통하여 A/E기술의 자립을 이룩하겠다는 의지였다. 또 S&L사의 명성을 이용해 세계시장에 진출하고 싶었다. 그리고 태스크 포스팀은 전경련에서 개설한 'M&A전략실무과정'에 등록하여 교육을 받았다.

1996년 10월부터 비밀리에 시카고에서 또 창원에서 여러 차례 협상이 진행되었다. 내가 직접 S&L사의 폴 와틀레드(Paul Wattellet) 사장을 만나 협상하기도 했다.

협상을 진행하면서 경험과 지식이 없어 미숙한 점이 많이 노출되었다. 또 100년 이상된 회사의 자존심, 특히 엔지니어출신들의 고집들을 이해하지 못해 마찰이 생겼다. 협상과정에서의 쟁점은 다음과 같았다.

첫번째는 인수금액이었다. S&L사는 100% 매각기준시 2억 1,000만 달러 중 일시불로 1억 3,000만 달러를 지불하고 6,500만 달러는 벌어서(earn-out) 지불할 것을 요구했다. 그에 비해 우리는 벌어서 지불하는 것을 포함, 8,000~1억 3,000만 달러를 제시했다.

와틀레트 사장은 경제적인 이유로 동양의 한 제작회사에 인수되는 것이 몹시 자존심이 상한 것 같았다. 그래서 인수하고 지배한다는 인상을 배제하기 위해 50 : 50의 합작을 제의해왔다. 이에 따르면 한중의 투자금액은 4,000~1억 달러가 되는 것으로 예측됐다.

우리도 1,770명의 콧대 높은 시카고 보이와 고지식한 엔지니어를 관리 감독할 수 없었기 때문에 50 : 50 합작에는 동의했으나 투자금액 문제로 결론이 쉽게 나지 않았다.

우리 자문사들에 의한 실사(Due Diligence)금액도 100% 인수시 1억 2,700만~1억 7,700만 달러였다. 우리는 1997년 1월 제1차 제의로 6,000만 달러(100%시 1억 2,000만 달러)를 내었더니 와틀레트 사장은 일언지하에 거절하고 휴가를 떠났다.

이 문제로 3월중 뉴욕에서 다시 만나 협의를 했다. 우리는 제2차 제의로 6,500만 달러(100%시 1억 3,000만 달러)를 제의했다. S&L사는 자체평가 결과가 1억 5,000만~2억 2,500만 달러였으므로 50% 인수기준으로 7,500만 달러가 되어야 하며 6,500만 달러는 현금, 1,000만 달러는 벌어서 지불하는 게 어떻겠냐는 대안을 제시했다. 이제 금액은 1,000만 달러의 차이로 좁혀졌다.

양사가 보여준 가장 큰 의견의 차이는, S&L사는 1억 5,000만 달러(100% 기준시) 이하로는 주주들을 설득하기가 불가능하니 가격을 확정하자는 것이고 우리는 실사 수행전에 거래금액을 합의하는 것은 불가능하다는 것이었다.

결국 뉴욕회의는 결렬되고 다시 S&L사의 새로운 제안이 4월 29일

자로 접수되었다. 그것은 ① 세금감면을 위해 한중에 49% 매각 ②
49%의 금액은 7,500만 달러로 하고 6,500만 달러는 현금지불 ③ 우
발채무와 소송비용은 S&L사가 책임 ④ 운용자금(Working Capital)
1,000만 달러에 대해서는 한중이 지급보증한다는 내용이었다.

1997년 6월 다시 뉴욕 맨해턴 회의에서 ①과 ③, ④항에 대해서는
합의를 마쳤다. ②항에 대하여 우리측은 6,650만 달러를 제의했으나
S&L사는 7,500만 달러를 고수해 받아들여지지 않았다.

두번째 문제는 7월 8일 양사간에 의향서가 서명된 직후 7월 14일
부터 2주의 실사기간동안 웨스팅하우스와의 1억 1,500만 달러의 소
송사건이 진행되고 있음이 확인되면서 발생했다. 이 문제로 와틀레
트 사장 등이 8월 21일에 내한하여 회의를 가졌다. 그 결과 웨스팅하
우스 소송을 비롯한 현재 계류중인 소송은 전 S&L사가 책임지고, 거
래종료후 발생되는 새로운 소송은 새 S&L사가 책임지는 것으로 합
의되었다.

세번째 문제는 주주들의 보상문제와 상호파견근무자의 급여수준
문제였다. 현재는 21명의 주주로 구성되어 있어서 그들의 급여와 인
센티브에 대해서는 그들의 주장을 수용함으로써 문제가 없었으나 오
히려 한중파견요원의 현재 인건비가 S&L사 수준보다 더 높다는 데
서 문제가 발생했다.

예를 들어 우리는 900% 보너스에 80%의 인센티브 보너스를 주는
데 그들은 실적에 따라 보너스가 1달러에서 1만 달러까지 다르게 지
급되고 있고 한중의 부장급 이상 급여수준이 그들보다 높아 한중직원
중에 시카고 파견근무를 희망하는 인원이 전혀 없을 우려가 있었다.
그래서 한중이 현행 급여수준으로 한중직원에게 지급하고, S&L사에
서 지급받은 모든 급료는 전액 회사에 입금시키는 것으로 합의했다.

기타 문제에 있어서 ① 이사회 5 : 5 동수 구성으로 공동의장제 ②

운영위원회를 5 : 5로 동수 구성 ③ 국내영업은 S&L사가, 해외영업
은 한중이 책임 ④ 상호교환 근무하고 자기 직원에 대한 급료는 각자
가 지급 ⑤ 해외지사에 합동근무 ⑥ 발전이외 분야 A/E에 대한 자료
와 툴 무료 제공 등을 합의하고 10월 말 계약서명을 완료하기로 합의
하였다.

수포로 돌아간 협상

그런데 7월 8일 L/I 서명후 S&L사에서 언론보도를 하면서 인터넷
에 "S&L과 한중이 발전부문에서 전략적 제휴를 위한 협상을 하다
(S&L and Hanjung announce Negotiation to forge Global Power
Alliance)"란 제목으로 기사를 실었다. 이것을 〈한국경제신문〉이 보
고 집요하게 취재하기 시작하였다. 내가 열심히 설득하고 계약서명
이 완료되면 특종으로 주겠다고 약속까지 했는데도 9월 23일자로
"한중이 미국 서전 앤드 룬디사를 인수"란 제목으로 기사화하였다.
그런데 이 기사 말미에 쓰인 "한중관계자는 한중이 지분인수 이후
S/L사의 경영권을 실질적으로 장악하게 되지만 현지 정황 등을 고려
해 회사명이나 경영진은 당분간 현행대로 유지시킬 것이라고 덧붙였
다"는 대목이 문제가 되었다. 이 기사는 S&L사의 서울사무소를 통해
신속히 영문으로 번역, 시카고로 타전되었고 9월 25일에는 〈코리아
헤럴드〉신문이 이를 기사로 받아 "한중이 미국 S&L사 인수협상중
(Hanjung Seeks to take over USA, Sargent & Rundy)"이라는 제목
으로 실어 큰 낭패가 났다.

처음에는 100% 인수할 생각이었으나 50 : 50 합작방침으로 진행되
었고 S&L측은 합작이란 용어도 싫어서 '전략적 제휴'라는 말을 썼
던 것이다. 그런데 비밀이 지켜지지 않고 잘못 기사가 보도되는 바람

에 큰 차질을 빚었다.

이 두 기사가 S&L본사 웹사이트에 오르면서 107년의 역사와 세계
최고라는 자부심을 가진 직업 엔지니어들의 자존심을 건드렸고, 서
울에서 9월 27일~10월 1일 협상을 진행하던 와틀레트 사장이 해명
할 시간조차 없이 시카고에서는 "서울에서 회사를 한중에 팔아 치웠
다(taken over)"는 오해를 받았다. 또 귀국 후 21명의 주주와 퇴직주
주들에게 보고하는 과정에서 웨스팅하우스와의 법률소송 문제 합의
사항에 강한 불만을 품고 "두 사람이 결혼하는데 좋은 점만 골라서
결혼할 수 있느냐?"고 반발했다는 것이다.

이와 동시에 재정상으로 큰 어려움을 겪고 있던 현 경영진이 50 :
50의 합작으로 돌파구를 찾으려 했으나 1997년부터 남미 진출로 경
영상태가 파산직전에서 크게 호전되었다. 때문에 현 경영진으로서는
외국회사에 지분매각을 반대하는 퇴직 주주들을 설득할 명분이 약했
다. 또 자존심과 옹고집으로 가득찬 간부들의 반발을 무마하기에는
역부족이었다. 그러자 협상도중 와틀레트 사장은 10월 1일 일방적으
로 귀국하고 10월 7일자 서신으로 거래중단의사를 표명해왔다. 그리
하여 오랫동안 많은 비용과 시간을 들여가며 비밀리에 추진했던
A/E자립의 꿈은 무산되고 말았다.

우리가 실패한 원인을 반성해보니 여러 문제점이 드러났다.

첫째 협상을 너무 오래 끌었다. 특히 1,000만 달러 차이의 가격문
제로 10개월을 수진했다. 지금 생각해도 7월 8일 서명한 의향서의 유
효기간인 9월 30일까지 끝냈어야 하는데 그러질 못했다. 또 와틀레트
사장이 8월에 서울에 왔을 때 내가 직접 협상에 나서서 결론을 냈어
야 하는데 당시 중국과의 엔진합작 및 IPP진출건으로 중국출장중에
있어서 그러지 못했던 것이 후회스러웠다.

그때 우리가 7,000만 달러로 50%지분 인수, 그중 1,000만 달러는

벌어서 지불한다는 조건을 제시했더라면 성공하지 않았을까 하는 생각이 든다. 그러지 못했던 것은 당시 사장으로서 "사업을 해외에 너무 벌린다" "한중 수주는 적자 수주다"라는 내외의 투서질과 질시가 워낙 심해서 한푼이라도 적게 줄려고 한 행동이었다. 지금 와서 생각해 보니 잘못된 생각이었다. 그런 것 신경쓰지 말고 그냥 소신대로 밀어붙여야 했다.

둘째는 우리도 S&L사도 M&A를 너무 몰랐다. 서로 모르니 자문사의 말을 믿게 되고 이들의 코치를 따라가다가 보니 복잡해지고 시간만 낭비하는 꼴이 되었다. 이들은 주로 변호사들로 엔지니어링업무를 전혀 이해하지도 못한 채 수수료만 챙기는 무책임한 조언을 하였다.

또 의향서는 우리 기준으로 구속력이 없는 것으로 생각했으나 그들의 기준에서 의향서는 계약의 기본사항에 대한 합의가 끝난 것이고 실사는 내용에 대한 확인 과정일 뿐이었다. 그러한 인식의 차이를 깨닫지 못했다.

어쨌든 "M&A는 신속히 추진되어야 하며 좋은 기업을 싸게 인수하려면 실패한다"는 교훈을 얻고 우리 인수팀은 해체했다. 그러나 우리는 A/E자립의 의지를 꺾지 않고 꿩 대신 닭이라는 심정으로 제일 처음에 시도했던 기술전수를 추진하였다. 그리하여 드디어 1998년 4월 14일 파슨스(Parson)사와 기술도입 및 지원계약을 체결하였다.

7

조직을 각성시켜라

미국 제조업의 회생

미국인들은 오늘날 미국에서 일어나고 있는 8년간의 장기 호황을 경제부흥기(Era of Business Renaissance)라고 일컫고 있다.

1980년대 중반 많은 미국인들은 미국 제조업의 몰락을 개탄했다. 미국의 언론들은 "일본은 우리를 매장했다" "미국의 종말이 다가왔다"며 패배주의적 기사를 연일 보도했다. 록펠러센터가 일본 기업에게 팔릴 때는 "일본은 미국땅을 드디어 다 사들이기 시작했다"고 울부짖었다.

그러나 1990년대 중반에 들어서면서 미국 제조업이 회생하는 징후가 분명히 나타나기 시작했다. 미국 제조업의 회생은 모든 분야에서 매우 거세게 일어나기 시작했다. 자동차에서부터 철강, 반도체, 컴퓨터, 정보통신에 이르기까지 미국을 다시금 세계적인 위치로 올려 놓았다. 이로 인해 1992년 미국은 다시 세계 제1위의 수출국이 되었다.

미국제조업자협회 회장인 제리 재시노스키(Jerry Jasinowski)는 《메이킹 잇 인 아메리카(Making it in America)》란 책에서 80년대 후반에서 90년대 전반까지 회생에 성공한 미국의 50대 성공사례기업을 선정하고 그 성공비결을 한마디로 "사람의 힘(People Power)"에서 찾았다. 1800년대 중반에 일어났던 미국의 산업혁명은 기계의 힘이 모든 것의 중심이고 종업원들은 기계의 부품으로밖에 취급되지 않았지만 1980년대 후반부터 일어난 제2의 산업혁명은 사람이 모든 것의 중심이며 기계는 부산물에 불과한 것으로 여기는, 인간중심의 경영혁명을 이루었기 때문이라고 결론내리고 있다.

따라서 기업의 성공여부는 구성원의 지적 능력과 상상력에 달려 있는 것으로, 융통성, 상상력, 창조력 등은 물론이고 변화에 대한 적극성, 창조적인 아이디어, 시스템의 변화, 그리고 혁신적인 기업가적 정신에 달려 있는 것이다.

GE의 잭 웰치 회장은 80년대를 통하여 GE의 큰 변화를 추구하면서 종업원들에게 "만일 여러분의 변화가 진정 개혁적이지 못하다면 여러분은 관료주의에 무릎을 꿇는 것이나 마찬가지다. 여러분이 인기와 지도력을 혼동하는 지도자라면 또한 모든 일을 스스로 제대로 처리하지 못하는 사람이라면 변화하는 것은 하나도 없는 것이다"라고 말하면서 지도자의 개혁에 대한 뜨거운 열정과 전 종업원의 자율성과 참여를 강조하였다.

성공기업들의 사례를 살펴보면 기업의 변화는 최고경영자의 비전과 열정에서 나왔지만, 성공여부는 종업원들의 태도와 행동에 달려 있었다. 변화가 시작되면 종업원들이 이를 어느 정도 받아들이느냐에 달려 있었다. 이러한 변화가 회사나 공장에서 성공적으로 이루어 지면 종업원들은 일에 더욱더 열정을 가지게 되는 것으로 나타났다.

《불씨》란 소설에서 보는 바와 같이 개혁이란 한 나라뿐 아니라 기업에 있어서도 최고지도자의 비전과 열정으로부터 시작하여 전 구성원의 참여와 화답이 있어야 비로소 성공할 수 있는 것이다. 아무리 지도자가 훌륭하고 열정을 가졌더라도 구성원들로부터 열정과 의지를 불러일으켜 적극적으로 참여하도록 끌어내고 동원하지 못하면 성공할 수 없는 것이다.

이 시대에 미국산업을 세계 최고로 끌어올린 GE의 웰치 회장이나 크라이슬러(Chrysler)의 리 아이아코카(Lee Iacocca) 회장, 콤팩사의 에크하드 파이퍼(Eckhard Pfeiffer) 회장, 베리언 어소시에이츠 (Varian Associates)의 트레이시 오루크(Tracy O' Rourke) 회장, 인텔(Intel)의 앤드류 그로브(Andrew Grove) 회장 등 수많은 성공기업들의 최고 경영자들은 바로 톱다운(top-down)과 바톰업(bottom-up)을 조화시켜 이러한 기업의 변화와 혁신을 성공시킨 장본인들이다. 이들의 노력으로 1980년대 후반 이후 미국제조업은 연평균 3%의 생산성 증가를 이루어냈다. 더불어 기술개발에서 눈부신 성과가 있었기 때문에 미국 기업의 르네상스가 가능했던 것이다. 미국 경제의 회복을 가져오고 빛줄기가 다시 살아나게 만든 장본인은 정부의 정책이나 계획이 아니라 바로 미국 기업의 노력이었다고 결론지을 수 있다. 정부는 기업인들이 열정을 가지고 변신을 시도할 수 있는 환경을 마련해주고 동기를 부여해 주는 것이 그들의 중요한 몫이라고 생각했던 것이다.

1980~93년 10년동안 미국제조업 수출물량이 연평균 9%씩 증가했다. 이것은 같은 시기의 일본 2.3%, 독일 1.7%에 비교하면 엄청난 증가였고 그 결과 미국의 세계수출시장 점유율이 80년대 초 10%

에서 90년도 중반에는 15%에 이르렀던 것이다. 미국제조업의 생산
성 증가로 단위노동비용은 1985~95년 연평균 일본 6.6%, 독일
4.2% 상승했으나 미국은 오히려 -6.4%를 기록했다.

US스틸을 살려낸 APEX운동

1980년대 초 미국의 철강산업은 최악의 상태였다. 생산의 고비용
과 저효율성으로 미국산업의 어두운 그림자였다. 1900년대 초반에
건설된 US 스틸의 인디아나주 게리공장은 세계에서 가장 많은 철강
을 생산하는 세계 최대의 공장이었다. 그러나 세월이 가면서 점차 쇠
락하여 전체 3만 명이었던 종업원 중 1986년까지 2만 명이 실직하여
1만 명 이하로 감소했다. 1987년에는 6개월간 휴업을 해야만 했다.
많은 공장건물들이 텅 비어갔고 상당수는 철거되었다.

일본이나 한국으로부터 들여오는 수입물량을 정부의 힘을 빌어 수
출자율규제란 이름으로 막아 보았지만 경쟁력을 상실한 미국의 철강
산업은 병들고 늙은 사자와 같았다.

US 스틸의 명물이던 1억 달러짜리의 거대한 용광로는 미시간호수
위에 세워진 흉물이 되어 버렸다. 이러한 상황에서 다섯 개의 노조측
임원들이 스스로 일어났다. 이들은 다섯 개의 팀을 만들어 게리공장
에서 생산해낸 철강제품의 문제점이 무엇인가를 밝혀내기 위해 자사
제품을 사용하는 주변의 공장을 찾아 나섰다. 그들이 생산한 철강제
품의 문제점이 무엇이며 고객들의 불만사항이 무엇인가를 찾아내기
시작한 것이었다. 그리고는 돌아와 매주 월요일 공장경영진과 문제
해결을 위해 회의를 가졌다. 경영진들은 이들에게 문제를 해결할 수
있는 권한과 책임을 위임했다. 이 활동이 바로 US 스틸을 살려낸 "전
제품 최고(All Product Excellence : APEX)" 운동이었다.

철강을 실어 나르는 트럭의 진동에 의해 제품이 손상을 입는다는 것을 발견하고 이를 방지하기 위해 트럭 위에 고무받침대를 갖다 대었다. 자신들이 만든 철강제품에는 선적하기 전에 꼬리표를 부착하여 "제품실명제"를 실시했다. 납품한 후에는 반드시 고객에게 품질과 납기, 재고수준 등을 확인하는 등 고객서비스에 최선을 다했다.

그리하여 단위톤당 생산에 소요되는 M/H가 10년 전 7.1시간에서 2.7시간으로 줄어들어 일본의 평균 5.4시간보다 반으로 낮아졌다. 주요 고객인 자동차업체들의 환불요구건수가 1987년 2.7%에서 1991년에 0.5%로 줄어들었다. 주변에 위치한 포드자동차와 크라이슬러사는 1991~92년 게리공장에 공급업자 품질우수상을 수여하였다. 1987년 GM자동차는 잦은 파업과 품질불량의 게리공장을 구매대상업체 리스트에서 제외시켰으나 1992년부터는 주문량을 종래의 7배로 늘리고 품질우수인증장을 수여했다. 호수위의 흉물이었던 거대한 용광로는 지금 연간 300만 톤의 쇳물을 녹여내고 있으며 이는 북미의 최고 생산량이다.

이와 같은 대형철강회사의 급진적인 구조조정과 소형철강업체의 효율성에 힘입어 1994년 미국의 철강수출이 400만 톤을 넘어섰다. 이는 10년 전보다 4배나 증가한 것이다. 미국내 수입철강시장 점유율도 10년동안 26%에서 20% 이하로 줄어들었다.

대대적인 종업원교육 프로그램

포드자동차는 1980년대 초까지만 해도 GM 다음으로 2위 자리를 고수했으나 1978년 이후 매년 10억 달러씩 적자를 냈다. 1982년 자동차판매량은 5년 전보다 47%나 감소했다. 이에 따라 1983년에는 직원의 절반을 감원했다.

이때 포드사의 회장으로 등장한 필립 칼드웰은 "수만 명 종업원들의 지적 능력과 건설적인 의욕을 부정하는 것은 어리석은 짓이다"라고 천명하고 미국자동차노조(UAW)의 협조 아래 1982년 노동조합과 단체협상을 통하여 해고를 중단하고 대대적인 종업원교육 프로그램을 도입하기로 결정하였다.

"성장의 길"이라고 명명한 일곱 가지의 교육 프로그램을 설치하여 직원들을 훈련시키기 시작했다. 여기에는 기술증진프로그램, 성공적 퇴직계획프로그램, 대학선택프로그램, 인생/교육계획프로그램, 자동차기술프로그램, 간부팀워크전략프로그램 등이 있었는데, 1985년 이후 6만 6,000명의 종업원들이 교육에 참가, 직원 한 명당 1년에 42시간의 훈련을 받았다. 이 훈련프로그램을 통해 종업원의 의식이 변화되기 시작했고 노사화합의 무드가 조성되었으며 적극적이고 창의적으로 회사의 회생에 참여하게 되었다.

이와 동시에 크라이슬러와 마찬가지로 전문가팀을 구성하여 개발한 토러스(Torus)가 혼다 어코드(Accord)를 밀어내고 미국에서 제일 잘 팔리는 자동차 자리를 차지했다. 그리하여 포드사는 1988년에 78년 종업원수의 절반으로 같은 양의 자동차를 생산판매했고 생산성, 품질, 이익면에서 GM사를 앞지를 수 있게 되었다.

부서간의 장벽을 허문다

미국의 제3위 자동차회사인 크라이슬러는 1980년대 후반 시장점유율은 낮아지고 이익이 감소하여 기업의 생존조차 위험하게 되었다. 1987년 크라이슬러사의 새로운 경영진으로 등장한 아이아코카 회장은 연방정부로부터 대출보증을 받아내는 한편 자신의 연봉을 1달러로 정하고 엄청난 경비절감과 하향식 관료적인 조직구조를 개편하여 플랫폼 팀(Platform team)을 조직하는 등 기업의 대변신을 시도했다. 아이아코카는 연간 40억 달러의 경비를 절감하겠다는 목표 아래 종업원들이 연 10억 달러의 경비를 절감하면 임금 10%를 인상해 주겠다고 약속하고 대대적인 물자절약과 경비절감운동을 실천함과 동시에 조직의 팀제 도입과 권한위임으로 변신에 성공했다. 아이아코카 회장의 성공 스토리는 너무나 유명하다.

1989년 획기적인 돌파구를 마련하기 위해 엄격한 부서장벽을 허물고 디자인, 제조, 마케팅, 구매, 재무 그리고 외부공급업체 등으로부터 전문가를 선발하여 제품개발팀을 구성하는 등 대규모의 조직개편을 단행했다. 팀제의 선구자는 "팀 바이퍼(Team Viper)"로 지원자 85명으로 구성되었다. 이 팀은 겨우 8,000만 달러의 비용으로 불과 3년만에 다지 바이퍼(Dodge Viper)를 회생시켰다.

크라이슬러사는 소형차, 대형차, 지프와 픽업트럭 그리고 미니밴에 각각 한 팀씩 모두 네 팀을 신속히 구성했다. 그리고 관리층에서는 차량의 특성을 정의했을 뿐, 나머지를 어떻게 할 것인지는 전적으로 팀에게 맡겼다. 그리고 이와 관련된 실행요원으로 50개 팀을 설치하고 한 팀을 200명으로 구성배치했다.

크라이슬러사는 팀제를 적극 이용하여 많은 신제품을 신속하게 개발하였고 보다 기민하고 민첩한 제조업체가 되었다. 1992~93년 중에 출시한 지프그랜드 체로키, LH세단, 다지램픽업트럭 등이 히트하였고 1994년에 9,000달러 이하 가격으로 출시한 소형차 네온은 '일본차 킬러'란 별명을 얻을 정도로 일본소형차의 아성을 무너뜨리는 데 성공하였다. 또한 4~5년 걸리는 미국의 자동차개발시간을 세계적인 수준인 31개월로 단축했고 그 개발비용도 50%정도 감축시켰다.

이로써 크라이슬러는 북미자동차시장의 14.8%를 차지했는데 이는 지난 23년간 최고의 시장점유율이었다. 1987년 수출이 거의 없었던 상태에서 1992년 70개 국 이상에 11만 2,000대를 수출하였다. 그리하여 1990년과 91년 파산위기에서 벗어나 1993년에는 25억 달러의 경상이익을 기록했다. 이 기간동안 주가는 거의 500%나 급상승하였다. 그 뒤 GM에서 34년 간 근무한 로버트 이튼(Robert Eaton) 회장을 CEO로 영입해 열정·속도·성장을 기업의 모토로 삼고 1,000여 개의 상품중심의 플랫폼 그룹활동을 통한 비용절감과 품질개선노력을 기울인 결과 1997년 매출 612억 달러, 북미시장 점유율 15.1% 차지, 주당 1.6달러 배당으로 8년 연속 주주에게 배당을 늘려주는 기록을 세워오고 있다.

일본의 자동차 생산대수는 1980년에 미국을 누른 이후 1993년까지 14년동안 세계 1위를 유지해왔다. 그러나 1993년 1,086만 대로 일본의 자동차 생산대수 1,123만 대에 밀렸던 미국은 1994년 1,236만 대를 생산해 1,055만 대에 그친 일본을 앞질러 15년만에 세계 자동차시장의 수위자리를 탈환했다.

비전을 제시하라

미국의 반도체산업은 그들이 누려왔던 세계의 선두자리를 1986년에 일본 반도체업계에게 넘겨주고 말았다. 미국은 1980년까지 세계시장이 60%를 차지했으나 80년대 후반 40%까지 줄어들었다. 이후 미국은 마이크로 프로세스와 같은 고부가가치제품을 생산하여 반격에 나섰고 특히 디자인부문과 소프트웨어부문에서 힘을 발휘하였다. 그리하여 1992년 세계 반도체시장에서 수위자리를 약 10년만에 다시 차지하는 영광을 가져왔다. 1993년에 미국은 세계 반도체시장의 41.9%를 차지해 41.4%에 그친 일본을 앞질렀다. 여기에는 인텔사의 공헌이 컸다.

1980년대 중반 일본과 한국반도체 제조업체들이 지나치게 많이 투자한 결과 과잉생산능력으로 반도체가격이 급락하였다. 당시 미국 반도체 제조업자들은 일본 및 한국 반도체 제조업자들의 덤핑에 대항하기 위해 미통상법 301조로 제소하여 싸웠다. 인텔사는 1970년에 D램 반도체를 최초로 생산한 기업체로 D램 시장이 다시 회복하리라고 전망하고 투자를 계속했으나 일본뿐 아니라 한국업체까지 몰려들자, 당시 인텔의 창업자였던 앤드류 그로브와 가든 무어(Garden Moore)는 D램 시장에서 빠져나가기로 결정하고 1985년부터 컴퓨터의 두뇌인 마이크로 프로세스 개발과 생산에 자원을 집중하였다.

1985~86년 일곱개 공장을 폐쇄하고 중역의 1/3을 퇴직시켰으나 기술개발투자만은 삭감하지 않았다. 매출액의 30%를 투자했던 것이다. 1990년대에 들어와 인텔의 생산규모는 2년마다 2배로 커졌고 1986년 제6위에서 1993년에는 드디어 일본 NEC와 도시바를 제치고 세계 제1위의 칩 회사로 부상했다. 1993년에 세계 1억 5,000만 대의 PC중 90%가 인텔칩을 내장하였고 매출액 88억 달러에 순이익 23억 달러를 기록, 순이익률 25%를 시현했다.

인텔사의 마이크로 프로세스 개발과 제조업공정을 변화시킨 주역으로 알려진 그레그 바렛(Greig Barret, 운영담당 사장)은 미국 사회에서 "미스터 제작(Mr. Manufacturing)"이란 별명을 얻었다. 그는 D램 사업 포기와 신제품 도전의 비전을 제시했고 자율적인 팀조직을 통해 세계 최고의 칩메이커를 만들어냈던 것이다.

그는 회사나 공장의 여기저기에 "마이크로 프로세스 부문에 1위의 위치를 굳혀라. 기술개발에 노력을 쏟아부어라. 공장종업원들을 기술자로 만들어라. 고객을 기쁘게 하는 방법을 찾아라. 종업원의 창의성과 혁신을 장려해라" 등의 구호를 써 붙이고 전 종업원이 일체감을 가지고 회사비전을 실천하도록 독려하였다.

성과에는 보상을

1980년대 초 일본과 미국 근로자들의 의식구조를 조사한 얀켈로비치(Yankelovich) 보고서에 의하면 "노동생산성의 향상으로 누가 가장 많은 이득을 누릴 것인가"란 질문에 일본 근로자의 93%는 그들 자신이 득을 본다고 생각한 반면에 미국 근로자는 단지 9%만이 그렇다고 생각하고 있었다. 만약 동일한 질문을 한국 근로자에게 던졌다면 그 결과는 어떠할 것인가? 분명히 한중노조원 가운데 그렇다고 대답하는 근로자는 아마 5%도 되지 않을 것이다.

일본 경단련의 조사에 의하면 1970~80년 사이에 500명 이상의 종업원을 가진 회사는 평균 보너스가 4.52개월의 봉급에 해당하는 금액이었고 30~100명의 근로자가 있는 회사에서는 3.21개월의 봉급액이었다.

《경영혁명》에서 저자 톰 피터스는 미국근로자의 20%미만이 생산성에 기초한 이윤분배 계획에 참여하고 있다고 분석하고 미국근로자들을 생산성향상과 품질개선에 참여시키는데 실패했다고 지적했다. 더불어 그는 평균 이상의 보수는 평균 이상의 성과를 낳는다고 전제하고 미국 기업들도 일본 기업과 마찬가지로 좋은 성과를 거둔 다음에 봉급이 25% 내지 50%까지 인센티브 보너스를 주는 제도를 본받아 적어도 기본급의 25%정도의 인센티브 보너스 지급을 목표액으로 정하라고 권고하고 있다. 반면에 일본 경단련 보고서에는 오히려 봉급의 25%는 생활급, 75%는 능력급으로 배분하라고 권유하면서 능력에 따른 보수체계는 생산성과 직결된다고 분석했다.

80년대 후반 〈비즈니스 위크(Business Week)〉지가 식품판매회사인 A&P의 인센티브 계획과 25%의 봉급삭감에 합의한 노·사협정을 커버스토리로 보도한 적이 있었다.

A&P상점 근로자들이 매출액의 10%로 노무비용을 유지할 경우 상점매출액의 1%를 현금보너스로 지급하고 11%에 해당할 시 0.5% 현금보너스, 노무비용이 매출액의 9.5%일 때는 1.5%를 받는다는 협약을 체결했다. 그리하여 상점근로자들은 매상을 올리려는 노력과 생산성 향상을 통하여 노무비용을 줄이려는 노력의 결과 1년 후에 매출액에 대한 노무비용이 13%에서 11%로 줄어들었다는 것이다.

미국의회는 1974년에 역사적인 종업원 지주제 법안을 통과시켰다. 이 법에 의하여 종업원주식소유제에 기여하는 기업주에게 봉급액의 최고 25%까지 세금감면혜택을 주었다. 1974년에는 50만 명 정도의 미국 근로자들만이 회사 주식을 소유했지만, 1994년에는 9,800여 개 기업체에서 900만 근로자가 주식소유제도에 참여하고 있는데 주식소유제도 실시 이후에 200~300%의 생산성 증가를 가져왔다고 분석하고 있다.

카레이 로슨(Carey Rosen)을 비롯한 세 명의 학자가 저술한《미국에서의 종업원 주식제도》에서 주식제도의 성공요건으로 ① 고용주의 기여수준이 높아야 한다(적어도 봉급액의 8~10%수준) ② 근로자를 동반자로 생각하는 진정한 경영철학이 있어야 한다 ③ 근로자의 참여를 위한 다각적인 방법이 모색되어야 한다고 결론짓고, 성공에 결정적인 요소로 작용하지 않는 것으로는 ① 근로자들이 소유한 주식의 비율 ② 의결권의 정도 ③ 종업원 주식소유제도 도입 이후의 주식시세 동향이라고 지적했다. 이것은 한국내의 비판여론과는 정면 배치되는 주장이다.

종업원지주제(ESOP)를 도입한 대표적 성공기업이 오리건(Oregon) 철강이었다. 1980년대 초 경기침체와 경쟁력 상실로 어려

움을 겪고 있는 가운데 노조의 되풀이되는 심각한 파업으로 서로에
대한 불신과 반감이 높을대로 높았다. 그런 분위기 속에 1982년 사장
으로 임명된 톰 복런드(Tom Bocklund)가 고안해낸 돌파구로 ESOP
트러스트를 결성하여 주식의 100%를 종업원이 소유하게 되었다. 그
결과 1989~92년 생산성이 300% 향상되었고 연간 판매량과 수익이
연평균 40%씩 증가했다. 철강 1톤을 생산하는데 1982년에는 9.5시간
이 소요되었으나 1988년에는 3시간으로 줄어들었고 1988년 주식을 상
장한 후 3년만에 종업원 517명 중에 100명 이상이 백만장자가 되었다.
　이상에서 살펴본 바와 같이 미국기업중 회생에서 성공한 기업의
10가지 비결을 재시노스키 회장은《메이킹 잇 인 아메리카》에서 다음
과 같이 요약하였다.

① 종업원들에게 권한을 위임하였다. 이것은 경영자의 종업원에
　　대한 신뢰, 팀워크와 정보와 의사소통이 이루어졌기 때문에 가
　　능했다.
② 근로자들에게 교육과 훈련을 계속하였다. 다운사이징만이 능사
　　가 아니고 생산성향상과 비용절감, 품질개선을 위해 훈련하고
　　의식의 변화, 사고와 행동의 변화를 위해 교육하고 재훈련할 때
　　비로소 회사에 대한 강한 소속감과 충성심을 발휘했다.
③ 우수한 성과에 대하여 보상하였다. 종업원들이 우수한 성과를
　　가져왔을 때에는 인센티브 보너스를 주었고, 직업할당량에 따
　　른 이익분배제도나 종업원 지주제를 도입했고 성과에 대한 포
　　상을 수시로 실시함으로써 그들의 성과를 인정하여 주었다.
④ 종업원들에게 고객에 초점을 맞추도록 하고 고객의 기대를 넘
　　었을 때에 보상을 주었다.
⑤ 토탈 퀄리티(Total Quality)를 추구했다. 조직 전반에 걸쳐 종

업원들이 품질에 몰입하도록 유도하였다.

⑥ 최고 경영자와 모든 종업원들이 같은 비전에 초점을 맞춘 뒤 협력과 응집력으로 비전을 실행에 옮겼고, 또한 조직을 단순화하고 감축시켜 부서장벽을 허물고 팀제를 과감히 도입했으며 관료적 규칙과 굴욕적인 조건들을 제거하는 등 조직을 새롭게 각성시켰다.

⑦ 환경상의 우수성을 성취하기 위해 종업원들을 환경관리자로 만들었고 환경연구개발에 과감히 투자했다.

⑧ 신제품과 신시장을 개척했다.

⑨ 미국밖의 시장으로 눈을 돌려 수출확대와 해외생산기지 수출을 통하여 세계시장에 진출, 해외에 투자하고 또 투자하여 세계화를 이룩했다.

⑩ 탄력적 생산, 민첩한 생산체제를 구축하고 CAD/CAM, CIM 등으로 공장을 현대화했다.

이상이 성공한 50개 기업의 사례에서 도출해낸 결론이었다.

나는 이상과 같은 미국기업의 회생성공사례를 바탕으로 한중에서도 전 종업원들의 적극적인 동참을 이끌어내기 위한 방법을 연구하였다. 그리고 그 방법을 생각하고 또 고민하였으나 여간 힘든 일이 아니었다.

8,000명의 창의력과 잠재력을 끌어내자

대부분의 한중 사원들은 지시나 통제에 익숙해 있었고 스스로 창의력을 발휘하여 앞장서는 것에 습관이 되어 있지 않았다. 또한 한중이란 조직에 소속은 되어 있어도 근로를 제공하고 가족의 생계유지와 교육에 필요한 봉급만 타면 된다는 인식에 젖어 있어서 한중의 미래를 위하여 내 젊음과 포부를 한번 펼쳐 보겠다는 생각을 가진 종업원이 드물었다. 또 조직의 명예와 발전을 위해 이 한몸 으스러져라 일해 보겠다는 의욕을 가진 종업원은 극히 드물었다.

나는 어떻게 하면 이들의 잠재력과 창의력을 발휘하도록 북돋아 회사의 회생과 번영을 위해 구성원의 응집력과 단합된 힘을 동원할 수 있을 것인가 고심했다. 더구나 21세기 초일류기업을 만들기 위한 신바람경영 5개년계획을 수립하고 10가지 경영혁신과제를 선정하여 신바람경영혁신 활동을 전개하기로 방향을 잡았으나 한중 555호가 목적항구에 도착하기 위해서는 선장, 기관장, 선원 등 모든 구성원들의 열정과 노력이 필요하였던 것이다. 선장 혼자서 북 치고 꽹과리를 두들기면서 독려하여도 따라주는 구성원의 노력이 없이는 모든 것이 허사가 되는 것이다.

8,000여 사원으로 구성된 조직을 각성시키기 위해서는 우선 노조원의 의구심이나 반발을 가져올 수 있는 것은 피해야 한다고 생각했다. 또한 구성원 어느 누구에게도 불이익이 돌아가지 않아야 하고 어느 누구도 반대할 수 없는 것부터 조심스럽게 시작해야 성공할 수 있다고 생각했다. 그리하여 맨 먼저 생각해낸 것이 잘하는 사원들에게는 칭찬하고 포상을 주는 것이었다.

그래서 1996년 7월 12일 신바람경영 선포식때 '자랑스런 한중인상'과 '신바람 시장상' 시상계획을 발표하고 매년 3~5명을 선발했다. '자랑스런 한중인 상'에는 애석하게 선발되지 못했지만 경영혁신 활동에 공이 큰 사원을 대상으로 '신바람 사장상' 수여, 1996년에 10명, 1997년에 11명에게 각각 포상금 100만 원과 6박 7일간의 부부 해외여행특전과 진급가점을 갑사원 1점, 을사원 3점을 주었다.

이들을 선발하는 데는 철저한 객관성과 투명성을 유지했고 갑사원

(대졸)과 을(고졸)사원간의 형평성을 유지하도록 노력하였다. 그리고 그해에 자랑스런 한중인 상의 수상자 사진을 확대하여 본관 등 사무실이나 현관에 1년동안 게시하여 모든 사원이 보도록 하였다.

두번째로 전사 차원의 경쟁력혁신활동의 우수사례 발표대회와 한마음생산회의 경진대회를 통해 푸짐한 상을 주었다. 이들에게는 시상금이 문제가 아니라 전 임원이 보는 앞에서 그들의 노력과 결과를 인정받았고 또 모처럼 팀 전원이 제주도 여행을 가서 가슴을 열고 토론하면서 친숙해지고 하나가 되는 계기가 되었다.

이상과 같은 여러 가지 상을 수없이 주었더니 간부들은 상이 너무 많아 헷갈린다고 좀 줄이자고 제안해왔다. 그러나 나는 휴렛팩커드사, 탠덤 컴퓨터사 등 성공기업들이 매달 최소한 5회 이상 크고 작은 행사를 마련하여 잘한 일에 대하여 시상하고 칭찬해주었다는 예를 들면서 Cut 20의 10%에 해당하는 금액을 상으로 나누어주고 적어도 한달에 한 번 이상씩 상을 주겠다는 각오를 밝혔다.

그리하여 포상금이 1996년에 1억 1,900만 원, 1997년에 10억 원이 지출되어 과거보다 10배나 되었고 국내·해외여행 포상도 1996년 230명, 1997년 222명이나 되었다. 그러나 Cut 20의 10% 해당금액의 1%도 쓰지 못했다.

존슨 왁스(Johnson Wax)사에서 사장이 사소한 일이라도 잘했으면 서류 맨위에 DWD(Damned Well Done, 굉장히 잘했다)라고 굵은 글씨로 써내려 보낸 사례를 참고하여 나는 결재서류에 "Good"란 글씨를 자주 썼다. 또 수주 등에서 잘한 본부에게는 경영간담회시에 박수를 쳐주면서 격려하였다. 간혹 부부동반으로 만찬에 초대하여 부인들이 보는 앞에서 칭찬해 주고 격려해 주는 비공식적 칭찬도 자주해 주었다.

물론 상을 타지 못한 종업원은 서운했겠지만 이것이 단기간 내에

신바람경영혁신 활동에 동참하고 성과를 거두었던 불씨가 된 것은
틀림없었다. 더구나 발표대회나 경진대회의 우수사례는 책자로 발간
하여 동료사원들의 자극제가 되었고 이를 본 가족들이 자랑스러워
하였다. 이러한 공식적인 시상과 더불어 나는 잘하고 있는 사원들에
게 공개된 장소에서 칭찬을 아끼지 않았으며 각 본부장이나 부서장
들에게도 따뜻한 마음으로 모범사원들에게 상을 주거나 칭찬해 주라
고 당부하였다.

본부별, 공장 및 부서별로도 별도의 시상이나 칭찬하기 운동이 퍼
져 나갔다. 어떤 공장은 매주 수요일을 붕붕데이로 지정하여 각자가
한번씩 상대방을 붕 띄워 칭찬하는가 하면 일주일 또는 그 달의 자랑
스런 부서원을 뽑아 게시판에 내걸기도 하였다.

이로써 회사 내에서나 각 공장, 부서 내에서 불신과 경계의 눈초리
가 사라지고 훈훈한 바람이 불기 시작하였다. 예비중역회의의 건의
를 받아들여 1997년 하반기부터 타부서원, 타본부 소속직원중 가장
협조적인 사원에게 본부장 또는 부서장 명의의 '우리가 남이가 상'을
월 1회 1명씩 10만 원 상당의 상품권을 시상하였다. 또 가장 비협조
적인 사원에게는 '골칫거리 상'으로 3만 원 상당의 상품권을 수여했
다. 예비중역회의에서는 협조 우수자에게는 손에 손잡고 상, 어깨동
무 상, 동반자 상, 흥부상, 불씨상, 장벽타파 상, 도우미 상으로, 협조
불량자에게는 굼벵이 상, 막가파 상, 될대로 상, 해바라기 상, 나도몰
라 산, 얼레리꼴레리 상, 놀부상, 나홀로 상 등 명칭을 예시하여 각
본부에서 선택하여 사용했다. 유머가 생기고 웃음이 터지면서 조직
에 협력과 생기가 돌기 시작하였다.

사장은 변화의 전도사

두번째로 시도한 것이 교육과 훈련프로그램의 대폭적 확충이었다. 한중사원들은 1990년대에 들어와 기업환경이 급속히 변화하고 있는데도 우물안의 개구리처럼 바깥세상의 변화를 모르고 있었다. 우루과이라운드를 기껏 쌀 시장 개방 정도로 이해하고 있었고 WTO의 발족은 우리 회사와는 아무 관련 없는 남의 일로 여겼다. 《리엔지니어링 더 아메리칸 컴퍼니(Reengineering the American Company)》의 저자 마이클 헤머(Michael Hammer)가 강조한 3C 즉, 변화의 시대에 살고 있는 오늘날의 핵심 키워드인 Computer(컴퓨터), Customer(고객), Competition(경쟁)을 이해하고 있는 사원은 거의 없었다. 국내외 기업환경의 변화와 그것이 우리 산업과 한중에 미칠 영향, 왜 신바람경영혁신이 필요한지 등에 대한 교육을 시켜야 할 필요성을 절실히 느꼈다.

그래서 내가 직접 강사로 나서기로 마음먹었다. 주로 아침 7시 식사시간을 이용하여 식당에서 취임 2개월 동안은 거의 1주일에 2~3회씩 전 사원을 대상으로 교육을 실시했다. 아마 8,000여 명 사원중에 사장교육을 받지 않은 사람은 한 사람도 없을 것이다. 그리고 월평균 1회씩 대운동장에서 아침조회를 실시하여 회사가 처한 대내외 환경과 그 영향, 돌파경영전략 등을 설명했고 신입사원교육, 진급자교육 등에도 내가 직접 강사로 나섰다.

8,000여 사원 가운데 너무나 많은 수가 "그럭저럭 넘어갈 만큼만" 일하고 있었는데 내 생각으로는 종업원들이 실제 할 수 있는 일의 60%정도만 적당히 해 나가고 있었다. 또한 회사의 장래에 대한 꿈과 비전도 없이 그냥 주어진 일만 지시와 명령에 따라 반복적으로 해 나가고 있는 전혀 활력이 없는 회사였다.

나는 이들에게 꿈과 희망을 주고 이들의 잠재력을 표출시켜 다 함께 열정을 바쳐 새로운 한중의 역사를 창조하고 싶었다. 나는 이들에게 급속히 변화하고 있는 기업환경의 실체를 인식시키고 현재 한중이 처한 현실과 앞으로 나아가야 할 방향을 뚜렷이 하고 구성원 모두가 신나게 일하는 직장을 만들어 세계 초일류기업의 목표를 달성하기를 바라면서 열정적으로 강의를 되풀이하였다.

현장체험교육과 국제화교육

더불어 강의식 교육만으로는 신바람경영혁신 활동을 실천에 옮기기는 어렵다고 생각하고 외국회사에서 직접 체험연수를 실시하기로 했다. 마땅한 회사를 찾다가 일본 고가시에 있는 도요타자동차의 자회사인 경삼전기를 선택했다. 이 회사는 1949년에 창립하여 도요타자동차 등 일본자동차업계에 자동차용 연료계통의 부품을 제작 공급하는 회사였다. 1,300명의 종업원과 매출 200억 엔의 중소기업으로 도요타자동차의 JIT와 자동화를 철저히 실천하고 있는 회사였다.

철저한 원가의식과 품질의식으로 낭비가 전혀 없는 회사로 우리 직원들이 직접 공장에 배속되어 현지 작업자와 동일한 조건하에서 현장체험실습을 함으로써 낭비와 비효율의 제거, 철저한 납기 준수, 품질관리의식을 제고하도록 하였다.

사전교육, 현장체험교육, 사후평가교육 등 3단계로 니누이 현킹사원, 반장에서부터 공장장, 이사까지 TPS(Toyota Production System) 교육을 1996년 11월 4일에 제1차 팀 교육을 시작으로 16명씩을 1조로 2주간 집중교육을 시켰다. 1998년 4월까지 18차에 288명을 교육시켰는데 소요된 자금은 11억 원으로 1인당 384만 원이 소요되었다. 교육받은 사원들에게는 반드시 팀별 교육 보고서와 개인별

소감문을 쓰게 하고 체험연수를 통해서 얻은 지식과 경험을 통해 배워야 할 사항과 한중에 적용해야 할 사항을 제시하도록 했다.

처음에는 해외연수를 간다고 하니 관광여행 가는 기분으로 즐거워하며 갔는데 경삼전기에서는 이들을 가만두지 않았다. 지위고하를 막론하고 그들 작업자와 똑같이 취급하고 적당주의를 배격했다.

여기 본사에서는 아침 8시가 되어야 어슬렁어슬렁 움직였으나 거기서는 10분 전에 작업준비를 완료해야 했다. 또 여기서는 소변도 가고 싶을 때, 담배도 피우고 싶을 때 수시로 작업장을 드나들었으나 거기서는 10분 휴식시간 이외는 어림도 없었다. 그들은 작업중에는 옆도 돌보지 않고 일에 몰입하고 있는데 우리는 잡담이 예사였다.

훈련을 마치고 돌아온 288명은 지금 생산현장의 혁신활동의 불씨가 되어 불을 붙이고 있는 중이다. 앞으로 이 연수교육은 전 사원이 다 마칠 때까지 몇년이고 계속해 나갈 계획이다.

세번째 교육프로그램은 국제화교육이었다. 대리급 이상을 대상으로 캐나다 브리티시 컬럼비아대학에 국제마케팅과 국제금융과정에 각각 20명씩 18주간 교육을 1년에 3회씩 실시했다. 하와이대학에는 부차장급을 대상으로 16주간 10~15명씩 차세대 경영자 양성과정을 개설했다. 또 코네티컷대학에 5명씩 세일즈 엔지니어링 MBA과정, KAIST에 3명의 박사과정, 경북대학교에 물류관리 경영학 석사과정 5명, 산업기술대학교에 학사과정 5명 등 전문화 교육과정을 도입했다.

이들이 교육을 받고 돌아오면 내가 직접 영어로 회의를 주재했는데 보통 5~7시간 걸렸다. 이들은 사장주재 영어회의에 상당한 스트레스를 받았던 모양이다. 교육도중에 스트레스 때문에 포기하고 돌아온 친구가 있었고 정신이 약간 이상해져서 돌아온 대리도 있었다. 이들은 사장의 예상질문을 사전에 선정해 모의가상회의를 현지에서 몇번씩 했다고 보고했다. 영어회의가 거듭할수록 영어구사능력이 훨

썬 좋아졌고 받은 교육을 실천하고자 하는 계획이 구체화되어 갔다. "영어회의가 스트레스가 쌓이면 집어 치우자"고 했더니 "아닙니다. 이 회의 때문에 더 열심히 하게 되고 또 사장님 면전에서 대답할 수 있는 기회를 가져서 좋습니다"라고 이구동성이었다. 이 테스트 결과 우수사원은 적재적소에 즉각적으로 배치했다.

나는 한중사원의 개인경쟁력이 세계 제일류가 될 때까지 훌륭한 동량재가 나올 수 있도록 계속 투자하겠다고 마음먹었다. 해외연수교육은 1996년 480명에 25억 원, 1997년 493명에 28억 원이 투입되었으나 회사에 대한 소속감과 자부심 고양, 조직원으로서의 응집력과 협조분위기 고취, 세계화 추세의 이해, 영어구사능력 배양 등의 효과만으로도 충분히 투자할 가치가 있다고 생각했다.

네번째는 전 사원을 대상으로 한 영어 등 외국어교육과 컴퓨터교육이었다. 세계화시대에 영어 등 외국어는 필수적이며 정보화시대에 컴퓨터작동능력은 기본이다. 한중직원(갑사원)의 평균 영어실력은 매년 향상되고 있었으나 재벌기업 사원들에 비해서는 떨어졌다. 연도별 평균 TOEIC 시험점수는 1993년 338점, 1994년 400점, 1995년 433점으로 향상되고 있었으나 국제교류진흥회가 실시한 재벌기업 사원들의 평균점수 1994년 436점, 1995년 465점보다는 뒤떨어졌다. 한중직원의 직급별 점수를 보면 부장 583점, 차장급 466점, 과장급 464점, 대리급 395점으로 직급이 낮을수록 영어실력이 낮은 것으로 나타났는데 사원들이 평균점수는 436점으로 대리급보다 높았다.

전체적인 분포도를 보면 600점 이상 12.2%, 500~550점 17.5%, 300~495점대가 52.8%로 사원의 반 이상이 500점 미만이었다. 이러한 현상은 회사의 부침과정을 극명하게 반영하는 것으로 부차장급은 1980년 공기업화 이전 현대양행 시절에 입사한 사원들로 비교적 우수한 인력이 들어왔으나 과장급은 공기업화된 이후에 입사했고 대리급은 일감이 없어 자본잠식과 노사분규로 큰 어려움을 겪던 시절에 입사한 인력이었으며 사원들은 90년대 들어와 경영정상화가 이루어진 이후에 비교적 우수한 인력이 입사한 결과였다.

'새 술은 새 부대'란 말과 같이 1996년 말 조직에 새로운 활력과 참신성을 불어넣기 위해 300명의 신입사원을 채용했는데 이 때 경쟁률이 80 : 1이었다. 1997년 말에는 120명을 신규채용했는데 이 때는 120 : 1의 경쟁이었다. 나는 이들 신입사원들을 모아놓고 특별교육을 실시하여 조직에 새바람을 불어넣고 경영혁신활동의 불씨가 되어 줄 것을 당부하였다. 이들 신입사원들의 TOEIC시험결과는 평균 600점대를 상회했고 최고는 900점을 넘어섰다.

전 사원들에게 영어는 필수, 제 2외국어중 하나는 선택할 수 있도록 다양한 교육프로그램을 짰다. 아침 6시반, 저녁 8시반, HBS 아침 및 점심방송교육, 그리고 중국어, 베트남어, 일본어 교육강좌도 설치하였다. 모범사원의 해외도전연수, 개인별 영어학원 강좌시에 50% 보조와 TOEIC 시험료 지원, 전사 어학능력평가 등 외국어교육에 열을 올렸다. 회사는 전 사원들의 외국어교육비로 1996년에 3,300명 2억 7,600만 원, 1997년 2,000명 2억 4,300만 원을 투자하였다. 그 결과 TOEIC 평균점수가 1995년 433점에서 1996년 463점, 1997년 500점으로 향상되었다.

부장급은 1995년 583점에서 1997년 563점으로 떨어졌으나 차장급은 466점에서 498점으로, 과장급은 464점에서 488점으로, 대리급은 395점에서 462점으로, 사원은 436점에서 532점으로 각각 괄목하게 향상되었다.

2년동안 586 PC 2,000대를 과감히 구입하여 전 사원 1인 1대 체제를 갖추고 최소한 워드, 엑셀, 파워 포인트, 인터넷 등의 소프트웨어는 자유자재로 사용할 수 있도록 교육에 들어갔다. 외국어교육과 마

찬가지로 아침반, 저녁반을 설치하고 핵심요원 교육을 위한 특설반
을 운영했고 전사원 PC활용능력 테스트를 상하반기별로 실시하였
다. 1997년 하반기 PC능력활용테스트 결과 평균 83.4점으로 1년 전
보다 15점이나 향상되었다. 여사원이 89.2점으로 최고로 높았고, 현
장사원인 6급이 68.0점으로 제일 낮았다.

연수원과 다기능훈련관 착공

마지막으로 합천연수원과 다기능관을 건립했다. 합천연수원은 회
사가 교육 및 여가용 목적으로 이미 6만 6,000평의 대지를 확보해 놓
았기 때문에 나는 GE의 경영전략(Business Design)의 산실인 뉴욕
크로톤빌(Croton ville)연수원을 그대로 본받아 연면적 1,351평의 연
수원을 약 148억 원 투자로 1998년 2월에 준공했다. 지금까지 호텔
등 외부시설로 전전하면서 가졌던 각종 워크숍, 신입사원 교육, TPS
교육 등을 여기에서 가졌고 각종 경영전략회의를 이곳에서 가지기로
하였다. 사장을 포함한 6시그마 교육을 1998년 3월에 가졌고 또 한중
민영화방안에 대한 워크숍을 1998년 4월에 가졌다. 앞으로 전 사원
의 재교육장, 각종 혁신과 단합의 장소로 활용할 계획을 세웠다.

회사에서는 지금까지 훈련부담금으로 1994년 16억 원, 1995년 15
억 원, 1996년 23억 원을 부담해 왔는데 나는 이 돈이 아까웠다. 이
돈은 지업훈련소에 출연하여 남의 사원교육에 들어갔기 때문에 자체
사원교육으로 전환하기 위해 다기능관을 짓기로 하였다. 이미 회사
에서는 을사원 중에서 디젤엔진발전소, 시멘트공장, 시운전요원으로
55명을 훈련중이었는데 이곳저곳으로 옮겨 다니며 교육시켰다. 앞으
로 가스발전 시운전 및 LNG인수기지 운전요원 등 100여 명을 훈련
시켜야 하기 때문에 실제모형을 축소한 가스발전소와 LNG터미널을

설치해 놓고 이론교육과 시운전교육을 시킬 계획이었다. 그리하여 사내유휴부지 740평에 연면적 1,362평의 다기능관을 76억 원의 투자계획으로 1997년 5월에 착공, 1998년 11월에 완공하였다.

이 다기능관에서는 시운전요원 이외에 설계를 위한 CAD과정, 생산자동화를 위한 CAM과정 및 FA과정과 특수공정과정을 설치하여 현 유휴인력의 전직을 위한 재훈련, 기능의 다양화 및 첨단화 등을 위한 교육의 장으로 활용할 예정이다. 이를 통해 현재의 사원을 해고하지 않고 고용안정을 유지하기 위해 그들을 고생산성화, 고부가가치화, 고기능화 인력으로 양성해 나갈 것이다.

이상과 같이 신바람경영혁신활동에 열정으로 참여시키고 회사의 비전공유와 창조력 배양, 인력의 경쟁력제고 등을 위해 1996년 1만 5,179명, 1997년 1만 7,894명이 교육과 훈련에 참가했고 각각 38억 원 및 48억 원을 투입했다. 나는 앞으로 매출액의 1%인 약 300억 원 투자, 1인당 평균 연간 40시간 교육을 목표로 하여 교육과 훈련, 재훈련에 투자할 계획을 세웠다. 미국의 성공한 기업들이 1년에 1인당 교육비로 551달러를 지출했다는 롬멜보고서에 비하면 300억 원은 1인당 375만 원으로 3,125달러가 되는 것이다. 한편 신바람경영혁신팀의 하나인 인력개발팀에서 비전 555의 성공적인 수행을 위해 창조성과 도전의식, 전문성, 협조성과 세계화된 사고 배양 등을 위한 새로운 교육체계를 갖추기로 하였다. 인력개발 5개년계획 작성에는 지역의 대학교수, 능률협회 등을 참여시켜 1998년 6월 말까지 수립하도록 하였다.

과감한 조직개편

이상의 포상 확대와 교육 및 훈련 확충 같은 두 가지 방안은 8,000

여 사원으로 구성된 조직을 각성시키며 경영혁신활동에 기여하였다. 이제는 팀제 도입을 포함한 생산성과 효율성을 확보할 수 있는 대규모 조직개편과 과감한 권한위임 그리고 연봉제, 능력급제 및 인센티브 보너스제를 포함한 '신인사 제도'의 도입이 필요하다고 생각하였다.

1997년 1월부터 '비전 555 달성을 위한 직제개편팀'과 '사규정비팀'을 설치하여 가동했다. 또한 1997년 7월 임단협에서 노사 동수로 신인사제도를 도입하기 위한 '제도개선위원회'를 설치, 운영할 것을 합의하였다. 이러한 개혁과제를 추진하는 데는 개인별로는 불이익을 감수해야 하므로 반발과 저항이 예상되었다. 그러나 전체조직의 효율성과 생산성을 제고하고 불신과 갈등을 제거하여 8,000여 사원의 응집과 단결을 가져오기 위해 과단성 있게 추진하기로 마음을 단단히 먹고 조직의 대변신을 시도하였다.

조직개편에 있어서 나는 3S(Small, Speedy, Slim)적용을 원칙으로 ① 최대 5단계로 하여 3단계 이내의 결재단계 축소로 빠른 의사결정 ② 직책과 직위를 엄격히 분리하여 직책보유자에게 권한과 책임을 최대로 하부이양 ③ 간접부서를 최대한 축소하고 중복 조직을 통폐합 ④ 집행이사로 보직을 부여하는 담당과 부차장급으로 보임하는 공장장, 부서장을 일하는 중심조직으로 탈바꿈 ⑤ 경영혁신활동의 전문조직화 및 과단위 이하 조직을 폐지하고 전문팀제의 도입을 골긴으로 하는 '85조직'(매출원가율 85% 이하 목표)을 1년 간의 직입 끝에 탄생시켰다.

그 중요한 내용은 먼저 개인의 직책과 직위를 엄격히 분리하여 사원들의 개인별 직위는 사원-대리-과장-차장-부장-이사대우-이사-상무-전무-부사장으로 하는 신분상의 기득권은 그대로 존속시키되 직책을 팀장-실장(소장)·공장장-담당-본부장-부사장의 5단계로 축소했다. 팀장은 대리—과장—차·부장—이사대우—
이사 중에서 어느 직위든 팀의 성격과 업무의 중요도에 따라 팀장의
직책을 보임하여 계급의식 타파와 결재단계의 축소를 도모하였다.

부서장은 최소인원 30명으로 하여 3개 팀 이상을, 담당은 최소한
90명 이상, 3개 이상의 부서로 구성하도록 하여 회사의 정상적이고
통상적인 업무를 맡기고 여기에 미달할 경우에는 모두 팀조직으로
바꾸어 8~20명으로 구성하는 것을 원칙으로 하였다.

부차장은 실장(공장장)으로 명하고, 담당은 부장—이사대우—이
사 중에서 보직발령을 내었다. 공장조직도 종래 반장—직장—기장—
생산과장—공장장의 5단계 조직도를 생산기능직 냄새를 제거하기 위
해 파트장—팀장—공장장으로 명명하는 3단계 조직도로 압축시켰다.
한 파트(Part)는 10~15명으로 하여 생산의 기초단위로 삼고 종래의
반장과 직장 중에서 우수한 자를 선발, 승진발령하였다. 그러고도 남
는 인력은 반장은 반원으로, 직장은 3개 파트 이상을 담당하는 코치
로, 기장은 공장장을 보좌하는 수퍼바이저란 보직을 만들어 보임시
켰다.

이러한 대규모 조직개편 결과로 본부장이 12개에서 3개가 줄어들
고 담당이 47개에서 39개로 8개가 없어지고 부서장 202개가 실장 97
개로 축소, 105개 직책이 없어진 결과가 되어 부장급 이상 보직이 모
두 116개가 없어져 43%의 직책이 감축되었다.

또한 과단위 조직은 871개 과에서 331개 팀으로 바꾸어 539개 과
를 폐지시킨 반면에 신규로 경영혁신활동 전담팀을 포함하여 86개
팀을 창설하였다.

또한 반장 320개, 직장 89개, 총 409개를 271개의 파트로 통합하여
138개의 직·반장 직책을 없앴다. 전체적으로 종래의 1,280개의 보
직자리가 603개로 축소되어 677개, 즉 53%의 보직자리가 없어진 셈

이 되었다.

종래 1개 부서당 평균 인원 18명이 일개 실당 33명으로, 1개 과단위 평균 5명이 1개 팀당 평균 10명으로, 1개 반당 10명이 1개 파트당 12명으로 대부대과의 형태를 갖추었다. 이러한 과감한 조직개편에 대해 반발이 일어난 것은 당연한 일이었다.

부장이나 차장급 이상에서 실(공장·소)장의 보직이나 팀장의 보직을 받지 못한 사원은 월 100 l 유류비 지원과 10만 원의 자가운전수당을 못 받게 되고 또 기직장 중에서 파트장, 팀장, 코치, 수퍼바이저의 직책을 받지 못한 사원은 직책수당으로 반장은 월 2만 5,000원, 직장은 4만 원, 기장은 5만 5,000원을 받지 못하게 되어 금전적으로 손해를 보았고 또 보직없이 실(소), 팀 및 파트원으로 백의종군하게 되면서 불만이 쌓일 수밖에 없었다.

가급적 금전적 손해를 덜 받도록 노력하였지만 과장 1명에 과원 2명, 부장 1명에 부서원 7명이란 위인설관식 보직을 주다보면 상위직급이 한없이 늘어나서 결재란만 길어지고 직책수당만 과다지급해야 할 형편이었고 직무가 세분화되어 권한과 책임소재가 불분명해지는 조직의 비효율성을 그냥 둘 수가 없었다.

만약 내가 이러한 조직개편을 취임초에 단행했다면 도저히 수용되지 않았을 것이고 벌집 쑤셔놓은 것 같은 저항으로 발전했을 것이다. 그 결과 수습하지 못할 정도의 조직불안을 가져왔겠지만 지난 1년 반 동안 사원들 사이에는 나에 대한 믿음과 신뢰가 쌓였기 때문에 나의 솔직하고 의지에 찬 설명에 대부분 수용해 주었다.

다만 노조원이었던 반장, 직장, 기장 중에서 "실컷 부려먹고 내팽개치는 토사구팽(兎死拘烹)당했다"란 반발이 있었으나 노동조합, 성심회, 기직장협의회와 진지한 협의 끝에 드디어 당초 계획보다 2개월 늦은 1998년 3월 1일자로 시행에 들어갔다.

이와 더불어 후속조치로 불이익을 받았다고 생각하는 40세 이상의 사원에 대해서는 명예퇴직제를 실시하여 1998년 상반기 중에 200~300명 정도를 퇴직시킬 계획을 세웠다. 그리고 명실상부한 직책수당으로 실장 8만 원, 팀장 6만 원, 파트장 4만 원, 코치 3만 5,000원, 수퍼바이저 5만 원을 지급할 계획이었으나 마무리짓지 못하고 회사를 그만두었다.

다음으로 조직개편에서 수화력본부와 터빈발전기본부를 통합하여 발전설비의 영업, 생산, 설계, 기술, 사업관리 등의 기능을 일원화하였다. 1998년 3월 1일 현재로 전사 인원 8,079명 중에 발전사업본부가 2,308명으로 28.6%를 차지하면서 수주 23.3%, 매출 28.8%, 영업이익 51.1%를 기여하고 있었다.

또한 자재본부를 별도 조직으로 두지 않고 자재구매, 예산, 자금, 경리, 기획, 정보시스템을 경영기획본부로 통합하여 상호견제와 조정, 정보의 공유화가 가능하도록 했다. 터빈본부에 소속되어 있던 시설운영, 환경안전, 정비기술, 출하관리 등의 간접지원 기능은 분리하여 관리본부로 이관하고 명칭을 지원본부로 바꾸었다. 이와 함께 총무, 인사, 근경협력과 함께 공장지원 및 정비기술업무를 통합관리하게 하였다. 이로써 직접 사업활동분야인 영업 및 생산 등과는 독립적으로 지원업무를 통합하여 간접인력을 축소시켰다.

전체 인력 중에 경영기획, 지원, 교육연수 등 간접부서 인원이 1,536명으로 종래 22%에서 19%로 감축되었으나 나는 2단계로 식당, 차량, 건설중장비, 정비 등을 떼내어 10%이하로 줄일 생각을 가졌었다.

또 하나 조직개편의 특징은 각 본부의 담당을 영업, 사업관리, 생산, 기획 및 품질 등으로 확연히 구획을 짓는 것이었다. 설계 및 기술을 생산담당 소속으로 통합하고 사무실 자체를 공장 옆으로 이전하여 제품의 제작기술이나 설계가 현장 생산활동과 밀착되도록 하였다. 또한 A/E기능은 통합하여 장차 엔지니어링 센터로 독립시키도록 하였다. 이로서 1년 반이나 걸렸던 조직개편을 완료할 수 있었다. 이후 내가 재임중에는 더 이상의 조직개편이 없다고 단언하여 그들을 안심시키고 조직의 안정을 도모하는데 노력하였다.

사규를 없애라

다음으로 이와 같은 조직개편에 걸맞는 책임과 권한의 과감한 하부이양작업을 사규정비팀과 555부장회의에 이원적으로 맡겼다. 그 기본방향으로 창의성과 자율성의 극대화, 신속한 의사결정과 효율적인 업무집행, 책임과 권한의 과감한 위임에 두고 회사의 규정, 지침, 내규, 매뉴얼 등 각종 형태의 사규를 정비하기 시작하였다.

나는 "사규는 따로 없다. 회사의 비전 공유와 애사심, 법질서 및 건전한 상식과 사회적 통념에 기초하여 결정, 집행하는 것이 사규이므로 전면폐지하겠다는 각오 아래 작업하라"라고 지시를 내리고 수시로 함께 검토하여 정비해 나갔다. 이 과정에 한중뿐만 아니라 한국 대기업 모두가 복잡하고 까다로운 사규가 많다는 것을 발견하고 정부의 규제완화 내지 철폐뿐만 아니라 기업 내부의 규제도 완화 내지 철폐되어야 한다고 생각하였다.

한국중공업의 사규는 107가지, 대우중공업이 사규는 164가지, 포항제철은 126가지, 한국전력은 128가지로 엄청난 사규를 가지고 있었다. 한국경제정책연구원은 회사표준사규로 80가지 이내를 권고하고 있었다.

우리는 정비기준을 다음과 같은 5가지 원칙을 정하고 개폐작업에 들어갔다.

① 회사경영상 전 직원의 인사, 조직에 관한 사항은 현행대로 유지
　 하되 현실에 맞게 수정
② 업무추진을 위한 유사한 내용 및 중복부문은 통폐합
③ 비현실적이고 규제적인 부문은 철폐
④ 전결위임사항은 하부로 대폭이양
⑤ 전사적으로 획일적으로 적용하지 말고 각 본부별로 업무특성에
　 따라 신축적으로 적용할 수 있도록 각 본부별 절차서 또는 지침
　 등의 내규로 규정

이로써 107개 사규중 완전폐기, 통폐합, 본부별 절차서로 전환하
는 등 폐지시킨 것이 47가지였고 개정 26가지, 현행 내용수정 보완
34가지 등으로 모두 60가지만 남겨두고 44%를 폐지시켰다. 이 사규
정비도 경영간담회와 경영전략회의의 심의를 거쳐 1998년 3월 1일자
로 직제개편과 동시에 시행에 들어갔다.

몇가지 사례를 들면 사장이 과거 과장급 이상의 인사권을 행사하
던 것을 부장급 이상에만 국한하고 차장급 이하 인사권은 본부장에
게 이양하였다. 또한 종래에는 사장이 50억 원 이상 응찰예정가 결정
이나 변경을 결재했으나 경상이익률 5%미만의 100억 원 이상 프로
젝트에 국한하였고 그 외에 100억 원 미만은 본부장, 10억 원 미만은
담당이 결정하도록 하였다.

또 사업관리 실행예산도 경상이익률 5%미만의 50억 원 이상의 프
로젝트만 사장이 결재하고 나머지는 본부장이, 프로젝트 정산도 100
억 원 이상 프로젝트 중에 경상이익률 5%미만에 한정하는 등 사장은
잘못되는 것만 짚어 보기로 하고 잘되는 것은 모두 구두, 전화, 메모
보고로 대체시켰다. 투자의 경우도 사장이 1억 원 이상 매건별로 결
재했으나 10억 원 이상으로 올리고 그 이하는 본부장에게 위임하는

등, 자율성을 부여했다. 또 식비, 회의비, 접대비, 교통비의 정산을 100만 원 이상은 본부장에게, 50~100만 원은 담당이사, 30~50만 원은 부서장, 30만 원 미만은 팀장에게 위임하고 그들을 믿기로 하였다.

능력과 성과급을 도입하자

다음 개혁대상은 인사제도와 급여규정이었다.

한중뿐만 아니라 한국 기업들이 유지하고 있는 이원적 급여기준과 진급기준이 노사간의 큰 쟁점으로 되어 왔다. 보수기준이나 진급 규칙이 학력별·성별 차별과 정규직과 계약직간의 차별을 특징으로 하고 있어 노동조합은 월급제 요구와 학력철폐를 투쟁대상으로 삼아왔다. 대졸을 중심으로 한 (갑)사원은 월급제를 실시하고 있는 반면에 고졸출신을 중심으로 한 (을)사원은 시간급제로, 또 갑사원은 대리–과장–차부장–이사 등 임원으로 승진의 길이 열려 있는데 을사원은 반장–직장–기장으로 끝나는 등 학력의 족쇄에서 벗어나지 못하고 있었다.

회사측면에서는 시간급제 때문에 국내외 건설현장에서 O/T를 실제 발생한 것을 기준으로 월 170~220시간을 주어야 하므로 40시간만 주는 갑사원과 형평성이 맞지 않았고 창원공장내 1997년 (을)사원 평균 잔업수당 57시간과도 균형이 맞지 않았다.

또 연장근로수당을 08:00~17:00의 기본근로시간급의 150% 내지 350%를 지급함에 따라 기본근로시간중의 생산성저하와 연장근로에 대한 과다한 임금부담을 가져왔다. 또 갑사원은 월평균 연장근로 40시간을 고정으로 하여 월급제를 실시하면서 실제로 그 이상의 연장근로를 하여도 인정해주지 않고 있으나 을사원에 대해서는 실적연장근로시간을 그대로 적용하니 실제 연장근로수당을 약 60시간 이상 지급하는 형평성의 문제가 발생하고 있었다.

또한 외국기업체들은 능력급과 인센티브 보너스제도를 골간으로 하는 임금체계가 확립되어 있는데 비해 한중의 경우 능력급은 전혀 반영되어 있지 않았고 보너스도 임금성 보너스로 이익이 나든 나지 않든 연간 900% 보너스를 지급해 오고 있는 것이 현실이었다. 나는 이상과 같은 근본적인 문제를 해결하지 않고는 구성원의 응집력과 단결을 가져올 수 없다고 판단하고 우리의 정서와 현실에 맞는 제도를 고안해 내야겠다고 결심했다.

하버드 비즈니스 스쿨 출판으로 로열 더치 쉘(Royal Dutch Shell)에서 38년 간 주로 기획을 담당한 아리에 드 제우스(Aire De Geus) 교수는 《더 리빙 컴퍼니(The Living Company)》란 책에서 기업은 생명체와 같은 것으로 경제적 기업과 대조시키면서 강물이 흐르는 것 같이 끊임없이 신진대사한다고 보았다.

〈포춘(The Fortune)〉지에서 조사한 바에 따르면 500대 기업의 평균수명은 40~50년인데 100년 이상 존재한 기업들의 생존이유을 다음과 같이 다섯 가지로 집약 설명하고 있다.

① 환경 변화에 민감하게 적응
② 구성원간의 강한 일체감으로 응집과 단결
③ 비상식적인 생각과 실험에 관용을 보이고 권한의 하부위임
④ 금융운용면에서 보수적이며 철저한 절약정신
⑤ 최고 경영자의 평균 재임기간이 15.2년으로 장기재임

특히 저자는 구성원들이 강한 일체감으로 응집력을 가졌다는 점을 강조했다. 아무리 여러 업종으로 다양하게 퍼져갔다 하더라도 종업

원이나 심지어 협력업체도 같은 회사에 소속되었다는 귀속감을 가졌기 때문에 회사가 100년 이상이나 발전해올 수 있었던 것이다. 마치 선단같이 개별 배들이 독립적으로 운영되지만 그 배들을 한데 묶어 놓은 것 같이 조직에 대한 소속감이 투철하였고 그러한 구성원간의 끈끈한 연결과 단결이 변화 가운데 생존할 수 있었던 근본적인 요소였다고 강조하였다.

하나의 공동체를 중심으로 한 응집력은 공동체의 발전과 번영을 가져온다. 이를 위해 최고 경영자들을 주로 내부에서 발탁하게 되었고 또 이들 경영자들은 스스로를 기관사(Stewards of the long standing enterprise)로 생각하며 최고의 우선순위와 관심을 공동체의 건강상태에 두었던 것이다.

나는 한중의 건강상태를 대단히 불량한 것으로 진단하였다. 동료나 상관을 숨어서 투서질하는 불만세력들이 체내의 폐 속에서 암세포와 같이 퍼져 있어 회사의 호흡을 방해하고 있었고 노조원의 4개 계파간의 갈등과 마찰 등 노·노간의 갈등은 위장암과 같이 소화흡수를 방해하여 허약한 체질로 만든 나머지 힘을 발휘하지 못했다. 구성원간에 성별, 학력차별에 따른 인사제도와 급여제도는 인체의 소아마비 같은 증세를 가져왔다. 그러나 대수술이 필요한 한중은 수술을 견디어 낼 만한 기력이 없었고 잘못하다가는 사망할 확률이 높았다. 더군다나 환자는 의사의 처방을 믿지 못하고 의심하는 지극히 불량한 정신상태였다. 이의 같은 진단이게 죽지 않고 살아날 수 있는 최소한의 수술을 해야겠다고 생각하고 내린 처방이 '신인사 제도'였다.

1996년 7월 임단협이 끝난 후 인사부장을 팀장으로 하여 1996년 9~11월 말 국내 동종업체와 해외의 동종업체인 GE, ABB, 히타치, 도시바 등을 방문하여 인사 및 급여제도에 대한 벤치마킹을 실시하였다. 이들이 실시하고 있는 철저한 업적평가에 의한 능력급과 인센티브 보너스제, O/T없는 시간급제, 작업할당량제도, 연봉제와 스톡옵션, 자유로운 고용조정 등은 우리로서는 그림의 떡이었다.

그러나 우리의 문화와 관습아래 생산성을 증대시킬 수 있는 우리의 독창적인 것을 찾아내어 공감대를 형성해 보기로 하였다. '신인사제도' 시안을 놓고 우리는 수없는 토론을 전개했다. 심지어 나를 포함해 주요 공장장 이상이 부곡호텔에 가서 밤새워 워크숍도 가졌다.

1년 정도 걸려서 회사안의 대충적인 윤곽이 드러난 이후 1997년 9월 9일 노사 동수(회사측 : 한교삼 차장, 최평하 과장, 이재진 과장, 노조측 : 강대균 부위원장, 김세훈 대의원회 의장, 심재훈 대의원)로 구성된 '제도개선위원회'의 사무실 개소식을 가지고 본격적인 협의 활동에 들어갔다. 그러나 결국은 노사간의 이견을 좁히지 못하여 1998년 3월 31일자로 제도개선위원회 활동을 종료하고 1998년도 임단협에서 협상하기로 하였다.

현행 한중 인사제도의 주요 문제점으로는 다음과 같은 것이 지적되었다.

① 학력과 성별에 의한 사회적 신분을 상징하는 사무직, 기술직(갑), 기술직(을), 별정직, 사무보조직(여직원) 등 직계 및 직급 구분, 임금보상 및 인사처우 구분, 직계간 직급 호칭과 직책 호칭의 구분, 동일 직계 내에서의 보직자와 무보직자 간의 호칭 혼용 등으로 인한 사회적 신분의 차별화로 노사화합의 걸림돌이 될 뿐 아니라 직무와 관련한 권한과 책임소재가 불분명하여 상호 업무협조가 미흡하거나 서로 책임을 전가하는 폐단이 발생하고 있었다.

② 지금까지의 연공서열형 인사제도 운영으로 인하여 개인의 능력

이나 업적, 회사에 대한 기여도 등에 관계없이 임금보상 또는
인사처우를 해주는 무조건적 평등주의와 무사안일이 팽배해 있
었다.

③ 현행 인사평가제도는 진급서열화 작업을 위한 사정도구로만 활
용되고 있어 합리적이고 객관적인 인사평가에 의한 신상필벌이
나 공정한 인사처우 및 보상을 저해하고 있었다. 또한 연공서열
형 인사제도의 폐단을 더욱 심화시키고 있었다.

한중 비전 555를 달성하기 위해서는 구성원의 응집력과 단결력이
필요한데 사원간의 이질감과 노·노간의 갈등이 그 걸림돌이 되었
다. 전자는 '신인사 제도'의 실행으로, 후자는 노조규약의 개혁으로
그 걸림돌을 제거할 수 있다고 판단하였다. 이러한 현행 인사제도의
제반 문제점을 개선하고 한중이 처한 대내외 경영환경에 적극적이고
능동적으로 대응할 수 있는 새로운 체제 구축 및 무한경쟁시대에 살
아남기 위한 생존전략으로 인사제도의 개편은 불가피한 조치라고 생
각하였다.

한중이 도입·시행하려는 새로운 인사제도의 제도개선 기본방향
에 대해 요약해서 설명을 하자면, 다음과 같았다.

① 기회평등의 보장이었다. 지금까지의 학력에 의한 인사제도상의
신분차별을 철폐하고 직계구분이 단순화, 직급체계의 단일화,
임금체계의 통합, 인사관리체계의 통합 등으로 직장 내에서의
성장, 보상, 처우, 신분 등에 대하여 누구나 평등한 기회를 누
릴 수 있도록 했다.

② 선의의 경쟁원리 도입이었다. 모든 조직구성원들이 평등한 기
회를 누릴 수 있도록 하되 상호 선의의 경쟁을 통한 능력과 업

적중심의 인사제도를 운영함으로써 임금, 진급, 보직, 교육 등 동기부여에 대한 공정한 인사처우와 보상이 이루어질 수 있도록 했다.

③ 노력에 대해 정당한 보상이 이루어지도록 했다. 현행의 인사평가체계를 다원화, 재정립함으로써 평가제도에 대한 불신을 해소하여 공정한 평가에 의한 공정한 처우와 보상이 연계, 운영될 수 있도록 했다.

④ 인적 자원의 경쟁력 제고였다. 다가올 21세기 경영환경은 전세계를 무대로 한 무한경쟁과 예측불허의 경제전쟁시대이다. 이러한 경영환경 속에서 사장을 비롯한 모든 구성원 개개인이 세계 무대에서 싸워 이길 수 있는 길은 인적 자원의 경쟁력을 조기 확보하는 길밖에 없다. 이를 실현하기 위해서는 인적 자원의 전문화, 다기능화를 기할 수 있는 인재육성형 다양한 열린 교육환경을 조성하여 모든 사원이 부단히 자기계발을 기할 수 있도록 하고 이를 통해 개인의 발전과 회사발전에 적극 기여할 수 있도록 하자는 것이었다.

직급체계 통합

직급체계 개선의 기본방향으로 첫째, 사원의 직계구분 재편성, 단순화를 추진하였다. 현재의 사무직 사원과 기술직(갑),(을)사원 등 3개 직계를 통합하여 '기간직계'로 하고, 사무보조직 사원과 별정직 사원 등 2개 직계를 통합하여 '지원직계'로 했다. 또한 이번 인사제도 개선에서 제외시킨 기술연구분야의 '전문직계' 등 3개 직계구분체계로 단순화했다. 이렇게 사원 직계구분을 재구성한 것은 현행 제도의 학력을 중심으로 한 직계구분방식을 과감히 철폐하고, 직무의 특성이나 중요성, 근무형태 등을 고려하기 위해서였다.

둘째, 직계별 단일직급체계를 도입했다. 현행 직급체계는 6개의 직계구분외에 각각 직계마다 서로 다른 직급구조를 갖고 있었다. 즉 ① 사무직 및 기술직 (갑)사원이 6개 직·등급 ② 기술직 (을)사원이 6개 직·등급 ③ 사무보조직이 3개 직·등급 ④ 전문직이 4개 직·등급 ⑤ 별정직 사원이 6개 그룹의 직종별 등급 등 총 27개 직·등급으로 직급구조가 다양하고 복잡하게 구성되어 있었다. 이를 사무직 및 기술직 (갑)사원과 기술직 (을)사원의 14개 직·등급 체계를 통합하여 4개 직급 9개 등급으로 기간직계의 직급체계를 단일화하고, 사무보조직 사원과 별정직 사원의 9개 직·등급 체계를 통합하여 2개 직급 5개 등급의 지원직계로 단일화했다.

셋째, 직급호칭 및 직책호칭의 통일이었다. 새로운 직급체계에서는 직장 내에서의 신분상승 및 진급에 따른 직급호칭이나 직책호칭을 통일하고 단일화함으로써 현재의 기술직 (을)사원이나 별정직 사원들도 사무직 사원이나 기술직 (갑)사원과 똑같은 직급·직책 호칭을 사용하도록 했다. 이로써 조직구성원간의 신분차별을 철폐하고, 현재의 혼용되고 있는 직급호칭과 직책호칭을 엄격히 구분하여 직무와 관련한 권한과 책임소재를 명확히 하는 인사관리체계를 재정립했다.

넷째, 신직급 배치시 계층간 위계질서를 유지하였다. 기존 직급에서 신직급으로의 전환배치는 현재의 직급간 위계질서가 유지되도록 히어 단일직급체계 전환에 따른 상·하위 계층간의 역진현상이나 혼란을 최소화시켰다. 더불어 일부 직급에서는 현재의 진급 정체를 해소하고 원활한 전환배치가 이루어질 수 있도록 발탁, 배치전환이 가능하도록 했다.

다섯째, 계층간 진급경로를 다원화하였다. 현행 제도의 표준연한을 중심으로 하는 단일 진급경로를 신직급체계에서는 다원화하여 ①

우수인력의 조기진급을 유도하고, ② 3급 이하 하위직급에서의 진급 정체를 해소할 수 있도록 최장직급 연한을 두어 상위직급으로의 자동진급을 보장하고, ③ 2급 이상 간부사원의 진급은 한계직급연한을 두어 엄격한 능력위주의 진급을 유도하고, 한계직급연한 도달시까지 진급이 되지 않을 때는 더 이상 진급의 기회를 부여하지 않고 현직급을 정년시까지 유지하도록 하였다. 그리하여 우수한 후배사원들에게 진급의 기회를 양보할 수 있는 건전한 직장문화를 형성할 수 있도록 했다. 사무보조직 및 별정직 사원으로 구성된 지원직계에도 진급제도를 도입·시행하도록 하고, 지원직계의 우수한 인력이 기간직계로의 지속적인 성장이 가능하도록 직계간 전환제도를 도입하여 진급의 문호를 개방하도록 했다.

임금체계를 바꾸자

임금체계 개선방향은 첫째, 전 사원 단일호봉제 도입이었다. 현행의 기본급체계를 분석해 보면 직계별, 직급별 23개의 기본급 호봉체계로 구성·운영되고 있었다. 신임금 체계에서는 이러한 복잡한 기본급체계를 기초급과 직무급으로 기본급을 구성하되 전 사원에게 공통적으로 적용되는 기초급은 단일호봉제를 채택하고, 직무급은 통합된 직급별 단일호봉제를 채택하여 매년 각각 1호봉씩 자동승급이 이루어지도록 기본급 체계를 단순화시켰다. 현행 기본급의 기초급 대 직무급 구성비는 하위직급은 평균 60 : 40으로 하고 상위직급으로 갈수록 직무급의 비중을 높게 책정했다.

둘째, 전 사원 월급제로의 전환이었다. 현재 한중에는 월급제 사원과 일급제 사원 등 이원화된 임금체계를 운영하고 있었지만, 이번 인사제도 개편안에서는 전 사원을 월급제로 전환하는 획기적인 단일임금체계를 도입했다. 현행 일급제 사원의 경우에는 개인의 기본일급 ×30.4일로 하여 월급제화했다.

셋째, 제수당체계를 단순화시켰다. 현행 제수당 종류는 30여 종으로 관리가 복잡하고 다양했다. 이번 제도개선에서는 이러한 수당체계를 15종류로 단순화했다. 즉 사무직, 기술직 (갑)사원의 직급수당, 생산지원수당, 조정수당 및 여사원의 자격수당을 기본급화하고, 기술직 (을)사원의 직급수당, 생산지원수당, 생산현장수당을 기본급화하였다. 전 사원을 지급대상으로 하는 가족수당, 경로수당, 건강관리비를 가족수당으로 통합하고, 기술직 (을)사원의 특수작업수당인 용접수당, 위해수당, 가공수당, 제관수당은 특수작업수당으로 통합하여 해당 수당의 지급기준을 재정립, 명문화하도록 했다. 사무직, 기술직 (갑)사원의 특수작업수당인 교육수당, 전산수당, 통신수당, 출납수당은 기수혜자에 한하여 조정수당으로 전환·지급하고 해당수당을 폐지했다.

넷째, 월고정 연장근로시간제의 도입이었다. 현재와 같이 월급제 사원과 일급제 사원간의 서로 상이한 연장근로형태를 하나의 기준으로 통합하고 평일근무형태를 현재의 1일 8시간 기본근로에서 1일 9시간 정상근로 형태로 전환하여 전 사원에게 월고정 연장근로시간을 45시간 지급하도록 했다. 고정 연장근로수당은 평일 1시간 연장근로를 전제로 월 45시간 수당으로 보상하되 월평균 20시간의 실연장근로시간에 대해서는 50% 할증하여 보상하도록 하고, 잔여 비근로시간 25시간은 할증없이 보상하도록 했다. 이러한 연장근로형태 개편은 현행 일급제 사원의 월평균 연장근로시간인 60시간을 기초로 하였다. 이를 통해 실연장근로시간을 줄여 개인의 여가활용시간을 늘려주고 회사지시에 의한 고정 연장근로시간을 초과하여 근로한 시간에 대해서는 월 20시간 범위내에서 실적급 O/T로 보상받을 수 있도록 하여 현재보다 20시간이 적은 월 40시간의 실연장근로만 하면 현재의 월 임금수준이 보장될 수 있도록 하였다.

다섯째, 능력과 업적중심의 능력급제 채택이었다. 이는 현행 제도에는 없는 새로운 임금체계의 도입으로, 일부 계층에서 우려하는 목소리가 있었다. 지금까지의 무사안일과 조건없는 평등주의적 임금보상체계에서 탈피하여 우수한 능력과 업적을 남긴 사원에게는 공정한 처우와 보상이 주어지는 새로운 인사풍토를 조성하고 조직의 활력을 불어넣기 위한 조치였다. 능력급의 기초금액은 현행의 고정상여금 200%에 해당하는 금액을 기준으로 통합직급간 최고 평균금액을 산출한 다음, 이를 해당직급의 능력급 기초금액으로 삼아 기준 C등급으로 하고 상하 각 2등급씩 5개 평가등급으로 설정하여 매년 인사평가 결과에 따라 능력급이 차등지급될 수 있도록 했다.

여섯째, 고정상여금 및 경영성과급 지급기준을 재정립하였다. 회사의 경영환경이나 경영실적에 관계없이 지급되고 있는 현행의 고정상여금 및 경영성과급 지급기준을 회사의 경영환경 또는 경영실적 그리고 개인의 능력이나 업적에 연동해서 보상, 지급될 수 있도록 하였다. 이는 현재의 상여금 및 성과급의 총지급액 규모를 감액하려는 것이 아니라 전체적인 지급수준은 유지하되 지급방법이나 기준을 보다 합리적으로 제도를 개선하고자 한 것이었다.

즉 현행의 상여금 900%를 500%는 연간 고정상여금으로 지급하고, 나머지 400%중 200%는 능력급으로 지급하고, 200%는 기존의 경영성과급에 합산하여 경상이익률에 따른 경영성과급 지급률을 0~400%까지 확대, 지급할 수 있도록 했다. 이렇게 고정상여금 지급규모를 축소하고 경영성과급 지급규모를 대폭 늘인 것은 기업의 성장발전과 조직구성원들에 대한 보상이 연동해서 이루어지도록 하여 모든 구성원이 주인의식을 갖고 회사발전에 기여할 수 있도록 하기 위한 것이었다.

인사평가제도를 객관적으로

현행 인사평가제도는 상급자가 하급자를 평가하는 일방위 평가체계이며, 평가결과가 임금보상, 교육훈련, 배치전환 등 인사관리 전반에 반영되지 못하고 진급 서열화 작업을 위한 사정도구로만 활용되고 있어 인사평가제도의 공정성과 수용성 및 신뢰도가 결여되어 있었다. 이와 같은 인사평가제도의 운영은 현재의 연공서열형 인사제도를 더욱 심화시키고 있으며, 공정하고 객관적인 인사평가에 의한 신상필벌이나 공정한 인사처우 및 보상을 저해하고 있을 뿐 아니라 평가결과에 의한 교육훈련, 개인의 능력개발, 인력의 적재적소 배치 등 능력개발형 인사평가체계가 확립되지 못하고 있었다.

이러한 인사평가제도의 여러 가지 문제점을 개선하기 위하여 첫째, 평가체계를 새로이 확립하고자 하였다. 활용목적별 평가체계를 확립하기 위하여 인사평가 구분을 ① 일정기간 직무수행을 통해 달성한 업무성과를 측정하는 업적평가 ② 경영목표 달성을 위해 필요한 직무수행능력을 측정하는 능력평가 ③ 직무수행 과정에서의 직무수행태도, 의욕을 측정하는 태도평가 등 3가지로 구분하여 평가하되 차수별 평가자 구성은 자기평가, 상위자 평가, 차상위자 평가 등 3단계 평가로 하고, 단계별 평가자의 가중치를 달리하였으며, 평가방법은 연 1회 동시에 실시하도록 했다. 특히 전방위평가제도를 보완하여 인사관리 전반에 공정하게 활용될 수 있도록 했다.

둘째, 평가결과 활용을 구분지었다. 평가결과의 활용은 ① 진급시의 평가활용 ② 임금보상시의 평가활용 ③ 교육훈련 및 배치전환시의 평가활용으로 대별하여 활용하되 진급시의 평가결과 활용은 능력평가의 가중치를 크게 하고, 임금보상시의 평가결과 활용은 업적평가의 가중치를 크게 했다. 이는 현재와 같은 연공서열형 진급서열화 작업도구로 활용되고 있는 인사평가제도의 불합리한 점을 개선하여 진급대상이 아닌 우수한 인력에 대해서는 적절한 임금보상이 이루어지도록 하기 위한 것이었다. 능력이나 업적에 관계없이 연공서열에 의한 진급과 임금보상이 동시에 이루어지는 폐단이 없도록 인사평가의 활용목적에 따른 가중치 적용을 달리했다.

셋째, 인사평가를 능력급에 반영하였다. 인사평가 결과의 능력급 반영은 업적평가, 능력평가, 태도평가의 항목별 배분비율에 의해 산출된 개인별 종합취득점수를 기준으로, 본부 내의 직급별 동일평가 집단을 서열화한 상대구분이다. 기간직은 A등급에서 E등급까지 5개 등급으로, 지원직은 A등급에서 C등급까지 3개 등급으로 나누어서 인사평가 결과를 능력급에 반영하여 능력이나 업적에 따른 임금보상의 차별화를 기했다.

넷째, 평가오류자에 대한 제재를 강화하였다. 인사평가자의 평가오류 즉 관대화, 중심화, 가혹화 현상에 대해서는 차상위 평가자가 개별면담을 통하여 평가결과를 조정하도록 하고, 전사인사평가결과 분석후 평가오류자로 분류된 평가자에 대해서는 인사평가심의위원회의 심의를 거쳐 별도의 교육 및 제재를 가할 수 있도록 했다. 이러한 인사평가체계의 재정립은 공정하고 객관적인 올바른 인사평가 문화를 조성하여 개인의 능력과 업적에 따라 정당한 처우와 보상이 이루어지도록 하고, 학력차별에 의한 신분상승 및 임금보상의 차별을 철폐하여 누구든지 열심히 노력하면 그에 상응하는 처우와 보상을 누릴 수 있도록 하기 위한 제도적 장치를 확고히 하고자 함이었다.

노조의 강한 반발

이상의 신인사제도안에 대한 노사 협의가 약 6개월 이상 계속되었으나, 능력급제 도입, 인센티브 보너스 확대, 신직급으로의 재배치기준, 연장근로 인정기준, 인사평가제도의 반영 범위 등에서 합의를 이루어내지 못했다.

먼저 900%의 보너스 중에 500%는 기본급 성격으로 고정지급하되 200%는 능력급으로, 다른 200%는 경상이익률에 따른 인센티브 보너스제로 전환하여 열심히 하는 자에 대해 봉급을 더 주고 경상이익이 많이 나면 보너스를 더 주는 형태로 변경하자는 회사안에 대해 노조는 노동강도를 높이고 인간차별화로 노조원간의 경쟁을 유발하여 반목과 어용화하려는 수작이라고 주장하면서 받아들이지 않았다. 회사에서는 일본 등 선진국에서는 급여의 25~75%수준을 능력급으로 적용하고 있는데, 겨우 급여의 8%수준에 해당하는 금액만을 능력에 연계하자는 것이고, 1년에 2회씩 평가하므로 열심히 하면 다음에 상위평가를 받을 수 있다고 설득했으나 그들은 절대반대였다.

나는 그들에게 현대중공업 등에서 월급제를 도입했으나 근태관리를 엄격히 해도 시간급제 실시때보다 생산성이 낮아지고 인건비만 더 부담했기 때문에 타경쟁사의 월급제는 실패하였다고 지적하면서 근태관리를 하지 않고 모두 열심히 하도록 하는 대안은 능력급제뿐이라고 설득하였다. 다른 좋은 대안이 있으면 제시하라고 하면서 월급제 실시를 원한다면 능력급제 실시는 불가피하다고 버티었다.

두번째는 900% 보너스 중 다른 200%는 인센티브 보너스로 전환하여 현재의 인센티브 보너스 80%와 합쳐서 평균 280%의 보너스 지급을 경상이익률에 연계하겠다는 안건에 대한 논란이었다.

이익이 나든 나지 않든, 이익이 크든 적든 상관없이 고정성 임금으로 지급하는 보너스제도는 철폐해야 마땅하지만, 500%는 기본급화하더라도 나머지 400%는 능력급과 인센티브 보너스제로 전환하여 모두가 열심히 일하는 풍토를 조성하고 싶었다.

따라서 경상이익률이 적자일 때는 인센티브 보너스를 지급하지 않으며, 경상이익률 0~3.0%일 때는 인센티브 보너스가 0~100%, 경상이익률 3.0~6.0%일 때는 100~250%, 경상이익률 6.0~9.0%일 때는 250~400%로 경상이익률에 비례하여 주주총회후 1개월 내에 지급하겠다는 것이었고 또 업무실적이 우수한 본부, 부서 또는 개인에 대하여도 경영전략회의의 결정에 따라 100%범위 내에서 특별상여금을 추가로 지급하겠다고 제안하였다.

이익을 많이 내면 현재 최고로 받을 수 있는 300%보다 많은 500%를 받을 수 있으나 이익이 나지 않을 때는 현재의 최저 250%에서 0%가 되어 포기하는 것이 되므로 노조는 이미 확보해 놓은 250%는 이익이 나지 않더라도 받고, 추가로 경상이익률에 따라 250%를 더 받겠다는 심사였다.

1996년 임단협시 노조의 강력한 요구로 200%의 인센티브 보너스를 과거 3년간 임금성 보너스로 계속 지급해 왔으므로 나머지 80%를 경상이익 목표와 연계하여 받아들이는 조건으로 고정상여금제 900% 요구를 수용했었다. 그러나 당시는 사장으로 부임한지 얼마되지 않아 내가 잘못 판단하여 실수한 것이니 원래대로 환원하는 것이 마땅하다고 설득했으나 한번 뺏은 것은 절대로 놓치지 않으려는 속성을 보였다.

나는 임단협시에 신중에 신중을 기해야 하고 사장의 경험이 쌓여야 그릇된 판단을 방지할 수 있다고 생각하고 작년에 양보한 것을 크게 후회했다.

외국에서는 인센티브 보너스가 개인별로 1~1만 달러까지 차등지

〈표 7-1〉 100대 기업 대졸초임비교

(단위 : 천 원)

순위	회 사	연 봉	순위	회 사	연 봉	순위	회 사
1	장기신용은행	33,800	11	교보생명	20,930	23	대우중공업
2	SK 텔레콤	31,504	12	한솔제지	20,821	24	현대정공
3	쌍용정유	22,896	13	만도기계	20,728	31	현대중공업
4	LG 정유	22,325	14	국민은행	20,665	37	대우자동차
5	현대해상	22,115	15	대우자판	20,546	40	현대전자
6	대한생명	21,878	16	한라중공업	20,396	44	기아자동차
7	한일은행	21,755	17	서울은행	20,168	48	현대자동차
8	유정정유	21,714	18	현대정유	19,970	51	현대건설
9	외환은행	21,691	19	동아건설	19,950	53	대한항공
10	한국중공업	21,440	20	(주) 대우	19,912	59	LG 산전

주1) 취업전문지 〈인턴〉, 1997년 9월 8일 자료기준
주2) 월급여, 상여금, 교통비, 휴가비 등 현금성 임금 포함

급하는 회사가 많고, 품질불량이나 생산성저하시에는 감점을 주어 임금이 삭감된다는 예를 들어가면서 지난 1992~96년 1인당 부가가치 노동생산성은 연평균 9.9% 증가에 그쳤는데 1인당 인건비는 19.6%씩 상승하여 연간 9.7%의 차이는 축소재생산으로 귀결되므로 종국에는 회사가 망한다고 강조하였으나 요지부동이었다.

회사가 재벌기업과의 완전경쟁체제에 돌입함에 따라 경상이익률이 1994년 17.3%, 95년 11.5%에서 96년 7.1%, 97년 3.1%로 자꾸 떨어지고 매출액에 대한 인건비 비중은 94년 13.6%, 95년 11.2%, 96년 11.0%, 97년 11.5%로서 11%대에 머물어 선진기업의 6~8% 수준보다 훨씬 높았다. 보너스 총액도 한중의 980%는 현대중 1,010%, 삼성중 1,080%, 대우중 980%보다는 다소 낮으나 그들 재벌기업과 경쟁에서 이기기 위해서는 달라져야 한다고 강조했다. 더구나 취업전문지 〈인턴〉의 1997년도 100대 기업 대졸초임 비교표(표

7-1)에서도 상여금을 포함한 현금성 임금수준이 한중은 연봉 2,144만 원으로 10위였다. 이는 16위 한라중공업, 23위 대우중공업, 31위 현대중공업보다 높으며 한중의 복리후생비를 포함하면 국내 5위권 내에 들어갈 것이라고 강조했다. 또 1996년 인건비 총액이 미국달러 기준(1달러=847.50원)으로 볼 때 연봉 4만 7,854달러로 GE, ABB 등의 4만 달러 수준보다도 높은 반면 노동생산성은 그들의 60~70% 수준에 불과하다는 설명을 누차례 되풀이해도 아무 소용이 없었다.

세번째는 대졸사원이나 고졸사원의 직급호칭을 4급 사원(4급병-고졸, 4급을-전문대졸, 4급갑-대졸)-주임-대리-과장-차장-부장-수석부장으로 부르기로 합의하여 종래의 반장-직장-기장으로 하는 학력차별직급을 철폐하였다. 누구라도 능력 있으면 사원에서 수석부장, 또 그 이상까지도 진급할 수 있도록 합의하였으나 신직급으로의 재배치에 있어서 노조에서는 현재의 5급 반장을 주임으로, 4급 반장을 대리로, 3급 직장을 과장으로, 2급 직장을 차장으로, 1급 기장을 부장으로 1계급씩 상향배치해 달라는 것이었다.

고졸신입사원으로 3년 미만 재직한 자는 4급 병사원, 3~10년 재직한 자와 전문대졸 5년 미만 재직한 자는 4급 (을)사원, 대졸 3년 미만과 전문대졸 5 년 이상 재직자와 고졸 10~13년 재직한 자는 4급 (갑)사원으로 배치하는데는 거의 합의가 이루어졌으나 5급 반장과 4급 반장 이상이 문제였다.

고졸사원으로 입사하여 12년 이상 재직하면 무조건 자동으로 반장으로 진급하는 평등주의를 타파하여 빠르면 7년 이상, 늦으면 15년 이상이 되어야 주임으로 진급할 수 있도록 하고 진급된 주임 중에서 파트장을 맡을 수 있도록 하자는 것인데 노조에서는 고졸 13년 이상자와 현재의 5급 반장을 모두 주임으로 배치시키고 현재의 4급 반장을 모두 대리에, 3급 직장을 과장에, 2급 직장을 차장에, 1급 기장을 부장으로 한 계급씩 진급시켜 배치하자고 주장하였다. 이렇게 하면 학력인정이 깡그리 무시되는 것이고 임금상승효과가 10%나 되어 도저히 수용할 수 없었다.

네번째는 현재의 연장근로시간급을 어떻게 월급으로 전환시키느냐 하는 것이었다. 회사에서는 현재 아침 8시에서 오후 5시까지 기본근무시간에다가 하루에 1시간씩만 일을 더하고 (주 5시간 월 20시간) 연장근로를 원칙적으로 없애려고 하였다. 그것은 17：00~22：00시 기본근로의 150%, 22：00~06：00는 200%, 공휴일 08：00~17：00는 250%, 공휴일 17：00~22：00는 300%, 공휴일 22：00~다음날 06：00는 350%로 지급하는 연장근로의 폐단이 너무나 컸기 때문에 기본근로시간에 생산성을 올리고 연장근로시의 엄청난 임금 추가부담을 줄이려고 하였던 것이다.

그래서 하루에 1시간씩만 연장근로하고 그 20시간에 대하여 50% 할증(실임금시간 30시간)해주고 기타 시간에는 회사의 지시에 의하여 월 30시간(임금시간 45시간) 한도내에서 변동연장근로를 허용하겠다는 것이었다.

연장근로는 실제 50시간, 임금시간으로는 75시간을 월급제로 반영하는 것이었다. 노조에서는 하루에 1시간씩 일을 더 할테니 40시간(실임금시간 60시간)을 O/T로 인정, 월급으로 달라는 것이고 연장근로시간의 월 30시간 한도는 받아들일 수 없다고 주장했다. 20시간은 실제로 연장근로하였으니 20시간을 일하지 않고 추가로 일급으로 계산해 달라는 것으로, 실제임금시간은 60시간이 되고 월 30시간 한도로 변동근로를 실시할 때 105시간의 실임금시간이 월급에 반영되는 결과였다. 변동연장근로도 현재와 같이 자유자재로 하겠다는 것이니 이를 계산하면 임금의 15%나 더 올라가는 결과가 되었다. 그럴바에야 차라리 현행 시간급제가 회사로서는 유리했던 것이다.

외국의 어느 회사를 가 보아도 연장근로수당을 25%만 가산지급하고 있는데 우리는 50~250%를 가산지급하고 있다. 이처럼 소련공산당 노동법의 할증 100%보다도 더 높은 연장근로 할증율을 적용하고 있는 것이 우리의 현실이었다.

나는 이들이 어렸을 때 가정형편이 어려워 대학에 진학하지 못한 죄로 사회에 나와서 인사상 불이익을 받는 것이 안타깝고 동정이 가서 월급제와 단일호봉제 실시와 동일한 진급기회를 보장하고자 하였는데 회사의 실정은 아랑곳없이 자기들의 욕심만 채우려고 하는 모습을 보니 괘씸한 생각까지 들었다. 그리고는 현행의 차별을 받아도 싸다고 생각하고 회사안을 수용할 때까지 현행제도를 고수하겠다는 결심을 굳혔다. 심지어는 이러다가 회사가 한번 망해봐야 정신차리겠다는 저주스런 생각까지 들었다. 그리하여 '신인사 제도' 추진을 포기해 버리고 제도개선위원회를 1998년 3월 31일자로 해체해 버렸다.

결국 과장급 이상 비노조원만 시행

그러나 나는 노조원이 아닌 과장급 이상에 대해서는 시행하겠다고 마음을 먹었다. 연공서열형 임금체계와 임금성 상여금제도로 인해 무사안일, 평등주의 팽배로 구성원의 하향평준화 결과를 가져오고 악화가 양화를 구축하는 조직을 그냥 둘 수가 없었다.

노력에 대한 정당한 보수가 아니라 사회주의적 보수체계로는 국제경쟁에서 살아남을 수 없고 구성원간의 경쟁원리가 작용하지 않으므로 자기개발이나 회사에 공헌하고자 하는 동기유발이 불가능한 상태에서는 한중 555의 달성이 불가능하다고 판단했다.

그리하여 고정상여금 900%중 200%는 능력급으로, 다른 200%는 인센티브 보너스제로, 개인별 부서별 특별상여금 100%를 신설하도록 하고 또 업적, 능력, 태도평가를 직상급자 50%, 차상급자 40%, 자기평가 10%의 가중치로 평가하여 진급에는 업적평가 40%, 능력평가 50%, 태도평가 10%를 각각 반영하고 능력급 임금에는 업적 60%, 능력 30%, 태도 10%를 반영하도록 하는 능력급제를 과장급 이상에 대해 1998년 3월 1일부터 시행하기로 하였다.

동시에 집행이사 이상은 연봉제를 채택하고 기본급, 제수당과 보너스 900%중 500%는 연봉에 포함시키고 400%는 사장과 함께 사외이사들로 구성된 비상임 이사회의 연도별 경영평가 결과에 따른 인센티브 보너스제로 전환했다.

과장급 이상의 사원들은 노조원이 아니란 죄로 항상 희생당하는 것에 불만을 가졌었다. 그러나 그런 불만을 승화시켜 신바람 경영혁신 활동에 불을 붙여나가고 있는 데에 나는 늘 고맙게 생각했다. 작년에는 국내경제가 어려워지자, 이들 스스로가 임금동결을 결의했다.

대학생활 4년이란 것이 이렇게 다를 수가 있을까? 대학생활동안 공부도 별로 않고 졸업장만 딴 것 같은데 고졸과 대졸사원 간의 사고와 행동이 이렇게 다를 수가 있을까? 과장급 이상은 간부란 이유만으로 사장의 결정을 따라오는 것은 아닌 것 같았다. 그들은 비전과 희망을 성취해 보고자 하는 의욕과 열정을 가진 것 같았다. 자기만 생각하는 이기주의를 버리고 더불어 살아가자는 공동체 의식을 가지고 있어서 나는 이들에 대한 신뢰와 든든함이 더해갔다.

이들이 회사의 장래가 자기네의 장래와 함께 묶여 있다는 인식을 가지고 있는 데 비해 고졸사원은 그렇지 못했다. 8,000명의 구성원중에 고졸사원이 50%이상인데 이런 소아병적인 사고를 하고 있는 이들을 각성시키지 않고는 조직의 결집과 잠재력을 발휘할 수가 없었다. 더욱 딱한 것은 50%에 해당하는 고졸사원 중에 상당수는 능력급제도에 찬성하고 있는데도 약 300명에 해당하는 강성노조가 이를 가로막았고 또 이들의 말만 듣고 적극적 의사를 표출하지 못하는 그들 다수의 나약함에 실망하였다.

회사로서는 신인사 제도에 따라 약 10%의 인건비 추가부담이 발생함에도 불구하고 현행 인사제도를 혁신적으로 개편하려고 했던 것은 기술직 (을)사원들의 숙원사항인 월급제 및 단일호봉제, 단일직급체계를 수용함으로써 한중가족 모두 하나가 되어 비전 555의 달성과 21세기 초일류 기업으로 도약하기 위한 나의 일대 용단이었는데 이들이 수용치 않아 섭섭하기 그지 없었다.

급여구조상의 문제점

마지막으로 한중은 외국경쟁사와 비교하여 급여구조상의 문제점을 가지고 있었다. 한중은 공기업이기 때문에 기본급 인상은 정부의 가이드라인에 따르다보니 기본급은 적게 올리고 각종 수당이 편법으로 신설되고 보너스와 복리후생비가 크게 인상되었다.

그 결과 임금구조를 기본급, 각종수당(귀성휴가비 포함), 상여금 등 현금성 통상임금을 100으로 하였을 때 대졸사원은 기본급 비중이 40%, 29가지의 각종 수당이 20%, 상여금이 40%를 차지했고, 고졸사원은 기본급 35%, 각종 수당 30%, 상여금 35%(갑,을사원 간의 구성비가 다른 것은 시간급제에 의한 연장근로수당이 을사원이 더 많기 때문이다)로 선진국 동종업체의 평균 기본급 70%에 비하여는 훨씬 낮았다. 또 인센티브 보너스 비중은 3%에 불과해 선진국의 동종업체 20~25%에 비하여는 턱없이 낮았다.

또 1996년 12월 말 기준으로 현금성 통상 임금수준을 연봉으로 비교하였을때 사장의 연봉이 최하위 6급의 연봉보다 5.2배로 미국의 20~22배 수준, 일본의 10~12배 수준보다 낮아 계급간 임금격차가 크지 않았다. 고졸 사원(을) 5급 반장 평균은 대졸 사원(갑) 과장급과 같았고 고졸 6급 사원의 연봉은 대졸 대리사원보다 약간 낮았는데 이는 그동안 노조의 투쟁결과로 노조원의 급여가 더 인상되었기 때문으로, 학력에 따른 임금의 차별은 없어졌다.

복리후생 급여액도 너무나 컸다. 1996년 12월 기준 연간 1인당 평균 총소득은 4,055만 6,000원이었는데 1인당 급여소득이 2,820만 7,000원으로 70%, 1인당 복리후생소득 1,230만 9,000원으로 30%를 차지하였다. 여기에는 급식비, 학자금 보조비, 통근버스 제공, 사택 지원비, 하계휴가비, 선물대, 퇴직급여와 의료, 고용, 산재 등 각종 보험료가 포함되었다. 복리후생소득 1,230만 9,000원 중에 선진국이 지급하지 않는 복리후생급여가 86.5%를 차지했고 각종 보험료는 13.5%에 불과해 우리는 단체협상을 통해 임금성 복리후생 급여수준을 너무 많이 인상해왔다.

또한 지금까지 하후상박의 원칙하에 임금인상을 지속하여 왔기 때문에 이사급 이상의 급여수준이 경쟁 3사와 비교할 때 1995년 말 기준으로 평균 65%수준에 불과하였다. 1996년 2월부터 발전설비 일원화조치가 해제됨으로 현대중공업, 삼성중공업, 대우중공업, 한라중공업은 경험과 기술이 축적된 한중인력을 스카웃해가는데 열을 올리고 있었다.

나는 우리 고급인력을 지키고 이들의 사기를 진작시키기 위해 현실화해주기로 결심했다. 1995년 말 기준으로 임원보수를 경쟁 3사와 비교하였을 때 사장은 56%수준, 부사장은 60%, 전무 69%, 상무 76%, 이사 83%수준이었던 것을 1996년 7월 1일부터 사장 및 부사장은 80%수준, 전무 및 상무는 90%수준, 이사는 95%수준으로 현실화하기로 작정하였다.

이와 같은 현상은 포철도 마찬가지였다. 김만제 회장이 과감하게 현실화했으나 감사원 등에서 문제가 되었고 언론에도 보도된 적이 있어서 나는 김만제 회장을 찾아가 자문을 구했다. 김 회장은 민간경쟁사와 일시에 일치시키지 말고 두 단계로 나누어 진행하는 것이 좋다는 조언을 해주었다. 김 회장의 충고에 따라 1단계 현실화를 실행에 옮겼다. 그 결과로 1996년 임원급여 인상률이 사장 18.0%, 부사장 18.7%, 전무 19.0%, 상무 18.5%, 이사 14.2%로 평균 17.3%가 인상되어 전 사원 평균 급여인상률 13.5%보다 높다고 감사원 감사에서 지적을 받았다.

감사원 지적대로 하면 하후상박은 지속되어 고급기술인력들은 민간회사로 빠져 나갈 수밖에 없었다. 사물의 한쪽면만 보아서는 안된다고 생각했다. 한편으로 1995년 12월 현재 부장급 급여수준은 경쟁 3사의 96.7%, 과장급은 96.4%, 대졸4급 사원은 89.4%였으나 고졸 사원 기술직(을)은 96.9%에 해당하여 앞으로 100%까지 일치시켜야 겠다고 생각했다. 실제로 1996년과 97년에 두 단계로 일치시켰다.

비록 이번에 신인사제도 도입이 실패하였지만 총급여 중에 능력급 및 인센티브 보너스 비중을 최소한 20%까지 올려야 생산성 향상과 이익을 제고할 수 있는 임금체제가 되는 것이며 복리후생적 급여는 사회주의적 요소로 이를 개선, 경쟁원리가 도입되도록 줄여나가야겠 다고 마음 먹었다. 반드시 임금구조개선을 위한 신인사 제도는 관철 시켜야 회사가 회생할 수 있다고 믿었다.

마지막으로 나는 인사질서 확립으로 '인사(人事)가 만사(萬事)'라 는 철칙을 지켜나가기로 최선의 노력을 다하였다. 나는 철저하게 학 연, 지연 등 인사관례를 배격했다. 사장의 후배며 중졸, 고졸 동창들 이 실제로 불이익을 받고 서운하게 생각했다. 또한 나는 인사청탁을 근절시켰다.

재임중 인사를 세 번 했는데, 두 번 하는 동안 무시못할 청탁이 있었으나 청탁한 자를 지방으로 보내든가 진급에서 제외시키는 등 불이익을 주었더니 세번째 인사에는 다행히도 단 한 건의 인사청탁도 없었다. 인사의 객관성과 공정성을 신조로 하여 인사위원회의 다수결 내지 만장일치를 원칙으로 진급시키고 가급적 보직부여는 각 본부장들의 재량에 맡겼다. 또한 새로운 사장이 오면 의레 자기 사람을 데리고 왔는데 나는 그 부작용을 의식하여 기사나 직원 한 사람도 데리고 가지 않았다.

그러나 미꾸라지족이나 뒷다리족에 대해서는 단호했다. 구체적으로 적시는 하지 않겠지만 상습 고스톱꾼, 알콜중독자, 여자관계가 복잡한 자, 부정행위를 저지른 자 등 대표적 악화를 계급별로 1명씩 골라내어 재임중 약 20여 명에게서 강제로 사표를 받았다. 이들이 인사의 불만을 품고 사장을 욕하고 투서질하였지만 조직의 각성과 생산성을 위해서 그 정도 욕먹을 각오는 하였다. 그리하여 나는 자주 경영간담회에서 "개가 짖고 염소가 울어도 한중 555호 기차는 힘차게 달릴 것이다"라고 단언했다.

기업은 돈을 버는 곳이다

국내기업은 경쟁상대가 안된다

한국중공업의 경쟁사인 대우중공업, 현대중공업, 삼성중공업과 외국의 중공업체인 ABB, 지멘스, GE, 미쓰비시중공업 등과 매출액 순이익률을 비교하면 지난 3년 간 GE 9.2%, ABB 3.1%, 지멘스 2.4%, 미쓰비시중공업 3.3%, 알스톰 3.3%였다. 국내기업은 현대중공업 1.5%, 대우중공업 1.5%, 한국중공업 4.9%로 그중에 한국중공업만이 양호한 실적을 유지해 왔다고 볼 수 있다.

지난 3년 간 매출액 증가율은 GE 14.8%, ABB 2.9%, 지멘스 8.2%, 미쓰비시중공업 4.2%로 GE가 가장 높았다. 1996~97년에 발표한 각 그룹의 5개년 매출계획에 의하면 1997~2001년 연평균 현대중공업 25.1%, 대우중공업 30.5%, 삼성중공업 33.8%, 한국중공업 29.0%를 목표로 하였는데 가장 매출액 증가율이 높았던 GE의 배 이상을 목표 증가율로 하고 있는 것을 보아도 얼마나 한국 기업이 성장 일변도를 지향하고 있는지를 알 수 있다.

1996년의 실적기준으로 재무구조분석을 해본 결과 자기자본 순이익률은 현대중공업 0.74%, 대우중공업 2.64%, 삼성중공업 -36.2%였는데 한중은 15.0%로 양호했다. 경상이익률도 현대 0.24%, 대우 2.36%였는데 한중은 7.09%를 기록하여 수익성면에서 선진국 우량 기업과 비교해도 손색이 없었다.

총자산 회전율도 현대중공업 0.67%, 대우중공업 0.58%, 삼성중공업 0.65%로서 총자산에 대한 매출액 비율이 낮아 과잉투자되었다고 볼 수 있는데 한중만이 1.01%로 건전한 활용성을 보여주었다. 부채비율도 현대중공업 303.2%, 대우중공업 215.8%, 삼성중공업 556.6%이었으나 한중은 182.3%이었고, 자기자본비율도 현대중공업 24.8%, 대우중공업 31.7%, 삼성중공업 15.2%이었는데 한국중공업은 35.4%로 건전한 재무구조를 가졌다.

1인당 매출액을 비교해도 현대중공업 1억 7,100만 원, 대우중공업 2억 5,700만 원, 삼성중공업 2억 4,900만 원, 한국중공업 3억 7,000만 원으로 생산성면에서도 한중이 제일 높았다(1997년도 기준으로 삼성중 2억 5,800만 원, 대우중 2억 5,300만 원, 한중 4억 300만 원, 포철 5억 9,000만 원). 종업원 1인당 부가가치 창출액은 1995년 기준으로 한국중공업 9,200만 원, 현대중공업 3,800만 원, 대우중공업 6,400만 원, 삼성중공업 4,400만 원으로 한중이 제일 높았지만 '숨은 강자들'의 평균 부가가치 창출액 1인당 9만 달러(환율 1달러=1,400원시 1억 2,600만 원)에 비하면 낮았고 히타치의 1억 5,000만 원에 비하면 60% 수준에 불과했다. 또 유동자산에 대한 유동부채비율이 현대중 83.8%, 대우중 131.8%, 삼성중 73.9%, 한국중 164.8%로 현대중과 삼성중은 유동성면에서도 부실한 상황이었다. 우리는 1994~96년 경쟁사의 재무제표를 비교분석해 보고 한중의 경쟁자는 국내 재벌기업이 아니라 외국의 GE, 미쓰비시중공업, ABB, 지멘스, 알스톰, 히타치, 도시바 같은 회사라고 생각하기 시작하였다.

비록 이들 재벌기업들이 발전설비분야에 뛰어들었지만 이러한 취약한 재무구조로는 기술의 축적이나 경험면에서 한중을 따라오려면 10년 이상 더 걸릴 것으로 판단했다. 재벌기업들이 아무리 투자해도 따라잡지 못하는 신도리코, 코리아 제록스, 영창악기 등 성공한 전문업체처럼 발전설비분야에서 우리는 정상적인 노력만 해도 그들을 물리칠 자신이 있었다.

협력과 경쟁

또한 이들 재벌기업들이 덤핑을 한다 하더라도 프로젝트 성격상 금액이 크기 때문에 손해 또한 무시할 수 없을 정도로 크다. 따라서 한두 프로젝트는 덤핑할 수 있어도 더 이상은 견디어내질 못할 것이라고 생각했다. 그리하여 우리는 발전설비 전문업체로 세계 5대 회사인 ABB, 미쓰비시중공업, GE, 지멘스, 알스톰을 벤치마킹하기로 하고 이들과 경쟁하면서 협력하는 "코피티션(Coopetition)"을 추구하기로 하였다.

GE와 ABB와는 터빈제네레이터부문과 원자로부문에 각각 기술도입계약이 되어 있고, 알스톰과는 수력분야에 기술도입계약을 맺고 있으므로 이를 발판으로 협력체제를 구축하기로 하였다. 또한 그동안 관계가 소원했던 지멘스와는 계측 및 제어(Instrument & Control) 분야의 기술도입계약을 1997년 11월 체결하여 이들과의 관계를 구축했다. 웨스팅하우스는 현대와 미쓰비시중공업과 협력관계를 맺고 있는 상태였는데, 한중은 1996년 매출액 35억 달러를 달성하여 W/H를 앞질렀다. W/H는 영업이 아주 부진하여 지멘스로 곧 팔려갈 것이기 때문에 이들 관계를 걱정할 필요가 없다고 생각했다.

나는 이상의 5대 회사중 미쓰비시중공업을 제외하고 같은 GE의 가족인 히타치 등을 포함, 5개 사와 전략적 제휴관계를 맺기로 하고 최소한 1년에 2회 이상 이들 최고 경영자를 만나 연례회의를 갖기로 방침을 정하고 이들과 교섭하였다. 그리하여 1996년 12월 유럽을 방문하여 알스톰의 빌저(Bilger) 회장 및 ABB의 발전부문사장 메이어(Meyer)와 연례회의를 갖기로 합의하여 1997년 12월에 그 1차 회의를 가졌다. 지멘스와는 1997년 12월에 발전부문의 휴텔(Huttel) 사장과 연례회의를 갖기로 합의를 하여 1998년 6월에 한국에서 제1차 회의를 가졌다. GE와는 연2회 서울과 페어필드에서 최고 경영자회의를 가졌고 일본 히타치의 가나이 사장과는 1996년 9월 도쿄에서 만났을 때 협력협정을 체결하기로 합의하였으며 1997년 9월에는 서울서 다시 만나 초안을 상호 교환, 실무협상을 전개해 나가기로 합의하였다.

한중은 기술면이나 자금조달면에서 이들보다 약하고 또 해외 마케팅에서 열세인 반면에 국내 마케팅과 제작면에서 강하기 때문에 이들과 충분히 협력해 나갈 수 있다고 판단하고 상호보완적으로 협력하면서 때로는 경쟁도 전개해 나가는 전략을 추진했다.

그리하여 지난 2년 간 이들과의 관계는 크게 확대되었고 개인적으로도 아주 친하게 되어 세계시장 진출에서 잘하면 호랑이 등을 탈 수 있는 기회를 포착할 수 있겠다고 생각했다. 그러나 그럴수록 우리는 정직하고 남을 이용만 하는 것이 아니라 도움을 주고 상호간의 강점을 조합하여 경쟁력을 갖추어 나가기로 했다. 특히 상대 회사 상호간에는 치열한 경쟁을 하고 있으므로 중간에서 지혜로운 행동으로 모두가 좋아하는 비즈니스 파트너가 되자고 강조하였다. 《코피티션(Coopetition)》의 저자 배리 J. 네일버프(Barry J. Nalebulf)와 아담 M. 브란덴버거(Adam M. Brandenburger)는 "비즈니스 세계에서는 파이를 만들 때는 협력하고 그 파이를 나눌 때는 경쟁한다"고 지적했다. 이 지적을 우리는 명심해야 한다고 다짐했다.

세계 5대 발전설비업체

〈그림 8-1〉에서 보는 바와 같이 발전설비분야에 있어 ABB가 선두자리를 고수해 왔고 2위 자리를 미쓰비시중공업이, GE는 1995년 이후 지멘스를 앞질러 3위 자리를, 지멘스가 4위, 알스톰이 52억 달러로 5위 자리를 유지하고 있고 도시바가 42억 달러로 6위, 히타치가 38억 달러로 7위(히타치의 발전 및 산업설비 분야 238억 달러와 도시바의 중전기분야 111억 달러 중에 발전분야만 히타치 38억 달러, 도

〈그림 8-1〉 발전부문 주요경쟁사 매출추이 비교

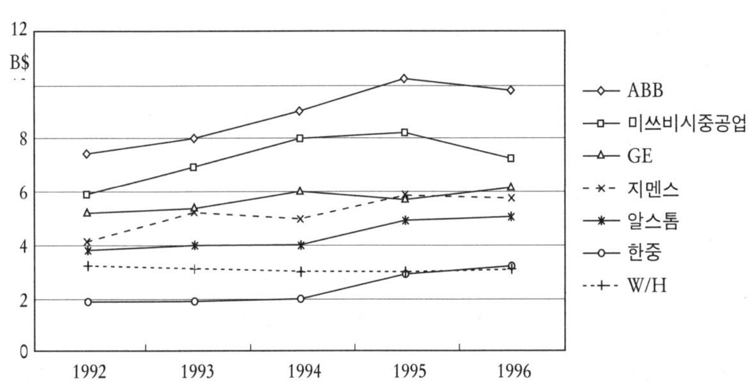

주1) 본자료는 ABB의 분석자료에 한중을 추가한 것임.
주2) 단위는 미 10억 달러 기준.

시바 42억 달러로 추정), 안살도가 36억 달러로 8위, 한중은 35억 달러로 9위를 유지했으나 1997년에는 32억 달러로 안살도 30억 달러를 앞질러 8위의 자리를 차지했다. 2001년 후에는 ABB가 1위, 지멘스가 W/H를 인수하여 2위, 미쓰비시중공업이 3위, GE 4위가 될 것으로 예상하고 한중은 히타치, 알스톰, 도시바를 따라잡아 5위를 하겠다는 포부였던 것이다.

GE의 웰치 회장이 "박 사장, 어떻게 5위를 하겠다는 거요?"라고 물었을 때 나는 "1996년에 W/H, 밥코크사를 추월하고 1997년에 안살도를 앞지르고 난 다음 마라톤 경주를 하듯이 운동장에 들어와 마지막으로 전력투구하여 도시바, 히타치, 알스톰을 따라잡겠다"고 했더니 과연 그렇게 될까 하고 고개를 갸우뚱했다. 그러면 21세기에 누가 발전분야에 빅 파이브(Big Five)가 되겠느냐고 물었다.

나는 "R&D투자를 가장 많이 하는 ABB가 계속 선두자리를 유지할 것이고 지멘스가 W/H를 인수하여 2위가 될 것으로 본다"고 대답했다. 그랬더니 "3위는 누구냐?"하면서 은근히 GE라고 대답할 것을 기대했다. 그러나 나는 "미쓰비시중공업이 될 것이다. 그것은 그들이 가장 큰 발전시장에 근접한 곳에 위치하기 때문이다"라고 대답했다. 나의 대답이 나가자 즉각적으로 "4위는?"하고 물었다. "4위는 GE가 될 것이다. 따라서 회장께서는 세계에서 1등 또는 2등이 안되는 것은 팔든지 문을 닫든지 하므로 발전분야를 포기해야 할 것이다 (No. 4 is GE. You must get it out of your business, because it is not No.1 or No.2)"라고 농담하고 "만약 한중과 협력하면 1위가 될 수 있다"고 자신있게 말하였다. GE의 기술과 자본력, 한중의 제작능력과 아시아시장 근접성을 상호보완적으로 합치면 누구도 우릴 이겨낼 수 없다고 강조하였다. 그도 ABB와 미쓰비시중공업을 강적으로 보고 있었다.

GE 본사에 가면 ABB의 상징인 독수리를 그려 놓고 화살을 박아 놓은 그림이 있다. 취리히의 ABB 본사에 가면 엉클 샘(Uncle Sam)을 권총으로 명중시키는 그림을 볼 수 있다. 비즈니스 사회는 냉혹하다. 전쟁을 수행하고 있는 종업원의 적개심을 돋구어 분발을 촉구하고자 상대방 경쟁자를 죽이는 그림을 곳곳에 붙여놓고 전의를 독려하는 것이다.

1991~95년 세계발전시장의 시장점유율은 〈그림 8-2〉에서 보는 바와 같이 가스터빈의 경우 GE 50%, ABB 13%, W/H & MHI 19%, 지멘스와 안살도 14%, 기타 4%였고 스팀터빈의 경우에는 GE 20%, 중국 3사 20%, W/H & MHI 16%, ABB 10%, 알스톰 8%, 지멘스 6%, 기타 20%의 점유율을 보였다.

1996년 세계발전설비 수주실적을 기준으로 할 때 〈표 8-1〉에서 보는 바와 같이 가스터빈의 경우 GE 21.9%, 지멘스 14.2%, W/H 13.1%, MHI 11.1%, ABB 10.6%였고 스팀터빈의 경우 MHI 22.3%, GE 14.2%, 지멘스 12.8%, ABB 9.7%, 중국의 할빈 터빈 8.4%였다. 보일러의 경우는 MHI 18.3%, 상하이 보일러 13.6%, 포스터 휠러(Foster Wheeler) 12.8%, ABB 12.2%, 할빈 보일러

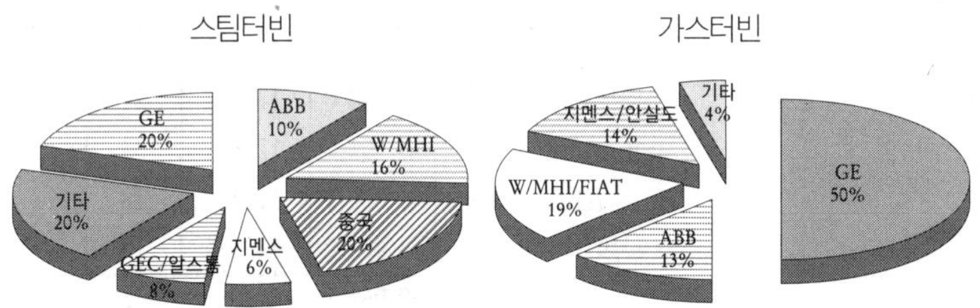

〈그림 8-2〉 스팀 및 가스터빈 세계시장점유율(1991~96)

※ 자료 : GE

11.0%로 MHI가 급부상하고 있었다.

세계 터빈시장에서는 GE, 지멘스, ABB, MHI가 각축전을 벌이고 있으며 중국시장의 수요가 급증하여 중국내 발전설비업체가 국산화 정책에 따라 중국내 물량을 확보하면서 새로운 공급자로 부상하고 있었다.

한중의 연간 생산능력은 스팀터빈 4,000MW, 보일러 4,000MW, 원자력 1,500MW, 가스터빈 1,500MW, 수력 300MW로 GE의 가스터빈 1만 3,000MW, 스팀터빈 1만MW에 비해 1/5수준이다. 7위인

〈표 8-1〉 1996년 세계 터빈발전기 수주실적 및 시장 점유현황

구분	순위	기업 명	출력	점유율	대수	비고
가스터빈 (10MW이상)	1	GE	6,560.7	21.9%	72	
	2	지멘스	4,254.2	14.2%	26	
	3	W/H	3,935.0	13.1%	33	
	4	MHI	3,321.2	11.1%	18	
	5	ABB	3,170.6	10.6%	32	
전세계 합계			30,025.5	100.0%	405	
스팀터빈	1	MHI	10,072.4	22.3%	47	
	2	GE	6,389.1	14.2%	31	
	3	지멘스	5,776.0	12.8%	20	
	4	ABB	4,371.1	9.7%	54	
	5	할빈 터빈	3,800.0	8.4%	13	
전세계 합계			45,114.1	100.0%	274	
보일러	1	MHI	7,330.2	18.3%	38	
	2	상하이 보일러	5,450.0	13.6%	21	
	3	포스터 휠러	5,103.0	12.8%	33	
	4	ABB	4,864.1	12.2%	18	
	5	할빈 보일러	4,400.0	11.0%	15	
전세계 합계			39,961.8	100.0%	233	

※ 자료 : McCoy Power Report

히타치의 경우는 스팀터빈 및 보일러 각 4,500MW, 원자력 4,000MW, 수력 2,000MW이지만, 한중이 GE와 합작시 스팀터빈 6,000MW, 가스터빈 2,500MW로 히타치를 제치고 세계적인 종합발 전설비회사로 부상하겠다는 꿈이다.

각사의 수익성 비교

문제는 매출액과 제작능력면에서 5위를 차지하는 것이 아니고 돈을 어떻게 벌 것인가에 달려 있다.

우선 이들 유수업체와 지난 5년 간 실적을 비교해 보자. 지난 5년 간 각사가 자기자본과 부채를 합친 총자산에 대한 세후이익(Return on Assets ; ROA)을 실현한 것을 비교할 때 GE는 2.7%, ABB 3.2%, 지멘스 2.5%, MHI 2.2%로 4사 평균 2.65%였는데 한중은 7.46%로 약 2.8배가 높았다. 자기자본에 대한 순이익률(Return on Equity ; ROE)을 볼 때 GE 23.6%, ABB 16.6%(1997년 1.8% 제외시 20.3%), 지멘스 9.5%, MHI 7.8%였는데(4사 평균 14.65%), 한중은 5년 간 연평균 23.6%로 최고 GE와 같은 수준을 유지했다. 그러나 이러한 현상은 산업합리화 조치에 의하여 한전물량을 독점적으로 수의계약에 의해 수주한 결과였다.

1996년 2월에 이 조치가 해제되었는데, 앞으로 치열한 경쟁에서 과연 ROA 2.65%, ROE 14.65%를 유지할 수 있을까? 1997년의 경우는 환차손 2,772억 원으로 ROA가 1.3%, ROE가 4.2%로 급락하였는데 앞으로는 어떻게 될 것인가? 만약 IMF가 없었다면 ROA가 4.8%, ROE가 15.4%로 4사 평균치보다는 높고 세후이익이 453억 원에서 1,839억 원으로 사상 최대기록을 세울 뻔했다. IMF가 언제 수습될 것인가에 따라 앞으로의 전망이 달려 있다.

각사의 1인당 매출액과 1인당 당기손익을 비교할 때(1996~97년 평균) GE는 1인당 매출액 33만 212달러, 당기손익 3만 90달러, ABB 15만 1,939달러 및 4,212달러, 지멘스 15만 4,563달러 및 3,921달러, 히타치 1인당 매출액(Power 발전사업 1인당 매출액) 58만 9,062 달러이었다(ABB와 지멘스는 해외투자가 많았기 때문에 상대적으로 낮았다).

한중은 1997년 평균환율 1달러=954.78원으로 환산할 때 1인당 매출액이 41만 4,493달러(1달러=1,420.15원 일 경우 27만 8,668달러), 1인당 당기손익이 1만 3,579달러(1,420.15원시 9,129달러)였다. 1인당 매출액면에서는 해외투자가 작고, 외국인 고용수가 적으므로 상대적으로 GE보다도 높았지만 1인당 당기순이익 실현에서는 GE의 임금수준보다 높은 점을 감안하면(4만 8,000달러 : 4만 달러) 최소한 현재수준보다 배 이상인 3만 달러 이상 수준을 유지해야 된다는 결론이었다.

각사의 발전부문의 매출액대비 영업이익률을 비교해 보면 지난 3년 간 GE가 연평균 14.35%, ABB 2.65%(1997년 말레이시아의 수력발전소 바쿤(Bakun) 프로젝트 연기에 따라 1억 달러의 손해를 보았기 때문에 영업이익률이 1.5%로 낮았다), 지멘스 4.90%, MHI 7.76%, 도시바 2.8%, 히타치 4.56%였는데 한중은 8.10%로 GE보다 못했지만 좋은 실적을 기록했다. 이는 한중이 지난 2년동안 85작전(매출인가 85%이히)을 케치프레이즈로 내걸고 물자절약과 경비절감 등 Cut 20운동을 적극적으로 전개한 결과였다.

여기에서 GE가 특히 수익성 제고(Profit Maximization)에 역점을 두고 경영하고 있다는 것을 알 수 있다. 따라서 한중의 목표는 ROA 3%, ROE 15%, 1인당 매출액 50만 달러, 1인당 단기순익 3만 달러, 영업이익률 10%를 중심목표로 하고 ±10%내에 들도록 경영해 보겠다는 마음을 먹었다.

　두번째로 각사의 업종별 매출액 구성비와 영업이익 구성비를 살펴보기로 하겠다. GE의 업종별 매출액 구성비를 보면 금융보험 등 서비스업이 2/3이상을 차지한다. GE는 더 이상 제조업체가 아니고 서비스업체로 변신했다. 80년대 후반 이후 매년 1개 이상 금융보험업체를 인수하여 지금 전세계에서 27개의 금융 · 보험업체를 운영하고 있다.

　웰치 회장의 설명에 의하면 항공기엔진 · 의료장비 · 발전설비 등을 구매하는 소비자가 막대한 투자자금을 조달해야 하는 부담을 가지고 있기 때문에 제품을 팔기 위해 금융도 제공할 필요가 있다고 생각하고 1987년 GE 캐피털을 설립했고 또 매각한 장비의 보험서비스를 제공하기 위하여 보험업에 진출하였다고 한다. 지금은 리스, 신용카드 영업까지 하게 되어 미국에 금융보험업체중 3위로 부상했다고 하였다.

　이에 따라 GE매출액 중 금융보험이 1993년 30.1%에서 42.3%로 증가한 반면 대부분의 제조업 비중은 줄었다. 항공기엔진이 11.5%에서 8.3%로, 가전제품은 9.7%에서 7.1%로, 산업설비는 14.9%에서 11.6%로, 발전설비는 9.6%에서 7.9%로 축소되었다.

　영업이익면에서도 금융보험업에서의 수익이 1993년 36%에서 37.4%로 늘어났고 기술료 수익, 배당수익 등 기타 수익이 23.7%에서 30.0%로, 방송업이 3.6%에서 8.5%로 크게 늘어난 반면에 항공기엔진, 가전제품, 산업설비, 발전설비 등이 줄었다. 제조업중 플래스틱, 인조 다이아몬드 등 고도기술의 소재분야만 매출액 구성비도 늘어났고 영업이익 기여율도 11.4%에서 12.6%로 늘어났다. 이 때문에 웰치 회장은 종업원의 56%가 제조업에 종사하는데 이익창출은 25%밖에 하지 못했다고 불평하면서 미국 제조업은 재미가 없다고 말하였다.

나는 공장방문을 일주일에 서너번 간다고 했더니 자기는 돈도 벌지 못하는 공장에는 가지 않는다면서 대신 고객들에게는 수시로 방문하여 직접 그들의 불만사항과 건의사항을 듣는다고 말하였다.

GE는 지난 6년동안 120억 달러를 들여 325개 이상의 기업체를 사들였고 80억 달러의 대가를 받고 225개 기업체를 싼값에 팔아치우는 등 1위 또는 2위가 아니면 과감하게 구조조정했기 때문에 초우량기업으로 변신할 수 있었다.

ABB의 매출액 구성비를 보면 발전설비와 송배전설비 등 발전과 관련된 사업이 1993년 51.5%에서 1997년 44.1%로 줄어든 반면에 금융보험업이 신규사업으로 등장하였다. 발전설비와 산업설비 제조업으로 전문화된 것은 한중과 비슷한데 1989년에 ABB 에너지벤처(Energy Ventures)를 설립한 뒤 GE와 마찬가지로 금융보험업에 뛰어 들었다.

세계 140여 개국에 1,300개에 달하는 자회사와 5,000여 개의 이익센터(Profit Center)에 금융제공, ABB 프로젝트에 금융제공(Structured Finance), 자본참여(Energy Ventures), 보험과 장비대여(Treasury Centers & Insurance) 등으로 주로 ABB의 제품판매와 프로젝트에 연계된 금융보험업에 진출하여 이미 상업금융 및 보험업에 진출한 GE보다는 초기단계이지만 영업이익 창출기여율은 1997년에 26.1%에 달했다.

ABB는 발전설비업체중 가장 세계화가 빠른 기업이다. 해외에 50%이상 투자한 기업만도 150개 이상이 되어 경쟁력 없는 부문을 이전했거나 현지시장 개척을 위해 투자하였다.

ABB그룹은 1988년 역사가 100년 이상된 스웨덴의 ABB AB사와 스위스의 ABB AG사가 50 : 50으로 합병한 이후 유명한 경영자로 알려진 바나빅 회장의 "생각은 세계적으로, 행동은 지역적으로"라는 캐치프레이즈 아래 세계 발전시장과 산업설비시장을 석권해오고 있다. 그간 중앙집권식 관료주의를 제거하고 세계 도처에 수천 개의 이익센터를 설립, 독립채산제로 운영하고 있는데, 고객 및 종업원 제일주의와 주주에게 보다 많은 이익을 제공하는 것을 특징으로 경영하고 있다.

150년 전 독일의 에른스트 지멘스(Ernst Siemens)가 디젤 엔진을 개발하고 에디슨과 거의 동시에 전기생산을 개발하여 설립한 지멘스그룹은 지난 20년 간 엄청난 구조조정을 통해 자동화설비, 정보통신, 컴퓨터 등 정보산업, 반도체 등 첨단산업부문이 전 사업의 2/3를 차지할 정도로 변신했고, 전통업종인 발전설비, 송배전, 철도, 조명기구 등은 30%의 비중으로 줄어들었다. 또한 영업이익의 70%가 첨단산업으로부터 창출되고 있다.

지멘스 그룹도 역시 1997년 10월 지멘스 파이낸셜 서비스(Siemens Financial Services)사를 설립하여 프로젝트 및 고객에 금융을 제공하고 리스업을 시작했다.

MHI나 히타치 등 일본 회사도 조선, 소비재, 발전설비분야 등 전통산업의 비중은 줄어들고 자동화설비, 항공우주산업, 정보시스템산업의 비중이 상대적으로 높아지고 있다.

한국중공업에 주는 교훈

이상과 같은 발전설비업체의 사업구조와 영업이익 비중을 살펴볼 때 한중은 다음과 같은 시사점을 발견할 수 있었다.

첫째, 발전설비제작업은 선진국에서 이미 성숙산업으로 더 이상의 확장투자는 기대되지 않으며 오히려 축소조정과정에 있으므로 한중

이 지향하는 '세계 제일의 설비제작업체(The Best Manufacturer)'
전략이 성공할 가능성이 많다. 설계나 기술분야를 제외하고 설비제
조업분야에서는 이들로부터 이전을 받을 기회가 오고 있으며 동남아
시아 시장뿐만 아니라 선진국 시장에도 수출할 수 있는 기회가 올 것
이란 것이다. 일본 회사는 발전설비분야가 조선산업과 같이 그 구조
조정이 더디겠지만 GE, ABB, 지멘스 등 구미업체는 이익지상주의
(Profit Centric Thinking)와 고객우선주의(Customer Centric
Thinking)를 내세우고 있으므로 구조조정이 생각보다 빨라질 가능성
이 있다. 그러므로 한중은 이들과 합작투자를 추진하여 그들의 설비
를 이전받아 "발전설비 공급기지" 역할을 하도록 해야 한다고 생각했
다. 특히 가스터빈이나 스팀터빈의 경우 합작투자는 그들의 기술이
전과 금융이용을 위해 또 물량확보를 위해서도 불가피하다고 생각하
였다.

한편으로 기술개발투자를 확충하여 기술자립은 물론, 나아가 독자
모델개발 등 독창적 기술개발을 앞으로 10년 내에 이룩하면 승산이
있다고 생각했다. 이미 이들은 보일러분야에서 인도, 인도네시아 등
에 합작사를 설립했으므로 가스터빈 등 고부가가치, 고도기술분야에
서도 인도, 중국 등에 진출하기 전에 한국으로 불러들여야 한다고 판
단했다. 또한 한중은 발전설비 제작업체로 송·배전분야에는 전혀
관여하고 있지 않는데 ABB나 지멘스와 합작형태로 그들의 설비를
이관하여 공장내 나대지 활용차원과 기존설비활용을 제고하는 차원
에서 신규로 진출하는 것이 바람직하므로 우선 중소업체 인수를 통
한 765kV사업 진출계획을 1998년 내에 결론내겠다고 마음 먹었다.

둘째, GE나 ABB, 지멘스가 금액이 큰 자사제품의 시장확보를 위
하여 금융보험업에 진출하여 설비와 금융·보험 등을 하나의 패키지
로 고객에게 제공하고 있듯이 한중으로서도 자금력이 취약한 동남아

시아 진출을 위해서는 금융산업 진출이 불가피하다고 생각했다. 금융산업의 규제가 많고 취약한 국내에 진출하기보다는 영업이 자유로운 미국이나 싱가포르 등에 있는 기존의 금융이나 리스·보험회사를 인수하는 것이 바람직하다고 생각했다. 실제로 싱가포르 내에 7위인 모금융회사를 인수하려고 협상을 벌였으나 실패했다. 그리하여 우선 금융을 조달하고 해외금융회사를 인수하기 위해 한국은행 출신으로 ABB에 20년 근무한 전문가를 금융고문으로 1998년 2월 1일자로 영입했다.

세번째, 이들 선진회사들은 자기네가 제작설계한 설비의 애프터서비스 시장에서 독보적인 경험과 기술력을 가지고 그 분야에서 높은 이익을 창출하고 있었다. 이들은 설비판매, 금융 및 보험제공과 애프터서비스를 패키지로 하여 제품과 서비스를 한 묶음으로 보고 국내는 물론 해외에도 활발한 영업활동을 벌이고 있었다. 특히 후진국은 자금능력면에 취약하여 개보수쪽으로 눈을 돌리고 있으므로 성능개선 및 개보수(Revamping & Retrofit)분야에 진출할 필요가 있었다.

GE의 파워 제네레이션 분야에서는 75억 달러 매출액중 애프터서비스 분야의 매출이 이미 12억 달러로 16%에 달했다. 따라서 한중도 서비스본부의 영업능력을 확충하고 한전의 서비스 자회사인 한전기공 매각시 인수해야 한다고 생각했다. 이미 추진하고 있는 알스톰과의 한전기공 공동인수계획과, 지멘스와 원자력발전소 개보수 합작계획을 1998년 내에 마무리짓기로 했다.

네번째, 한중의 매출액 구성비를 보면 발전분야가 높은 비율을 차지하고 있다. 지난 5년동안 산업설비, 디젤엔진, 서비스분야 진출이 눈에 띄지만 디젤엔진을 제외하고 건설부문은 발전소 기기설치, 산업분야는 석탄설비 수처리 등 발전소 보조기기가 대부분인 것을 감안하면 1997년에도 발전설비 매출이 70%나 되었다. 더구나 한전 의

존율이 65%나 되어 한전이 잘못되면 한중도 잘못되는 큰 위험부담을 안고 있었다. 더군다나 매출원가율면에서 한전에 대한 매출은 1993년 66.7%, 1997년 78.0%인데 반하여 한전을 제외한 나머지 회사에 대한 매출원가율은 각각 94.4% 및 93.5%로써 정부의 산업합리화조치에 의하여 경영정상화가 되었고 한전의 관용과 보조에 의해 이룩되었다고 할 수 있다.

1990년 7월 19일 산업정책심의회의 의결로 주기기 제작 및 설치공사의 주계약자로 한중을 지정하고 보조기기의 일괄공급 권한을 한중에 부여했기 때문에 한중은 1989년 말 자본 잠식 4,700억 원 상태에서 벗어나 1991년 이후 흑자를 기록하여 1993년에 누적결손을 보전할 수 있었다.

그러나 1996년 2월부터는 산업합리화조치가 끝남에 따라 무척 어려운 경영여건을 맞이했다. 이것은 자기자본 이익률의 변화에 잘 나타나고 있는데 92년 69.8%, 93년 64.5%, 94년 30.3%, 95년 22.4%, 96년 16.1%, 97년 4.4%로 계속 떨어지는 추세에 있다. 따라서 한중은 한전에 대한 높은 의존율에서 하루 속히 벗어나 영업의 수익성을 확보하는 것이 지상과제로 제기되고 있었다.

각사의 재무구조 비교

세계 일류회사들의 재무구조를 한번 들여다보자. 자기자본 비율은 1997년 GE가 344억 달러로 11.3%(96년 11.4%), ABB는 53억 달러로 17.7%(96년 19.0%)였고 지멘스는 284억 마르크(167억 달러) 28.9%, MHI는 108억 6,000달러로 30.9%, 히타치는 265억 달러 32.9%였고 한중은 1조 704억 원(1달러=1,420.15원일 경우 7억 5,400만 달러)으로 31.6%였다. 국내 기업들로는 현대중공업

24.6%, 대우중공업 31.7%, 삼성중공업 15.2%였다. 부채비율은 1997년 GE가 772.1%(96년 765.5% GE 캐피털 제외시는 97년 94.1%, 96년 91.0%), ABB 463.8%(96년 425.9%), 지멘스 212.9%(96년 222.7%), MHI 223.7%(96년 232.4%), 히타치 203.4%(96년 206.4%), 한중 216.5%였고 현대중공업 303.2%, 대우중공업 215.8%, 삼성중공업 556.6%였다.

보스턴 컨설팅그룹의 기업구조조정 보고서에서 1인당 GDP가 1만 달러에 도달했을 때의 부채비율을 비교해보면 일본은 1976년 부채비율이 488%, 독일은 1973년에 274%였는데 한국은 1995년 287%로 높은 것이 아니라고 지적하면서 기업의 이익성과가 더 중요하다고 강조하였다.

해외영업 비교

이들 회사의 해외진출상황도 살펴보도록 하겠다. GE의 경우 1993년 매출액의 34%를 해외판매로부터 얻었는데 1997년에는 42%가 해외매출로 385억 달러를 기록했다. GE 캐피털을 제외하면 48%가 해외매출이었다. 또한 영업이익의 41%인 48억 달러를 해외시장에서 실현하였는데 1995년 32억 달러, 1996년 40억 달러씩 해마다 해외영업이익이 증가하였다. 매출의 구성비를 지역별로 보면 미국내 70.3%, 유럽 19.1%, 아시아 4.3%, 남미 등 기타 지역 6.3%로 GE는 아직까지 ABB나 지멘스처럼 해외진출이 적극적이지 못하다.

GE는 경쟁력이 없으면 매각하든가 폐쇄하는 쪽으로 방향을 잡고 있는 반면 ABB나 지멘스는 기존 생산라인을 이전하든가 현지 시장 개척을 위해 투자하는 경향을 보이고 있어서 한중이 합작파트너로는 ABB나 지멘스를 선택하는 것이 바람직하다고 내심으로 생각하고 있었다.

GE는 1997년 112억 달러를 수출하고 50억 달러를 수입하여 미국 국제수지에 62억 달러를 기여했다. 수출은 아시아 지역에 32억 달러, 유럽 24억 달러, 남미 16억 달러, 기타 지역 16억 달러였고 해외 자회사 25억 달러(22.1%), 일반고객에게 88억 달러를 수출한 반면 수입은 해외 자회사로부터 20억 달러(40.0%), 외국사로부터 30억 달러를 수입했다.

ABB는 스위스 취리히에 본사를 둔 국적없는 세계기업이나 마찬가지다. 지역별 매출액 구성비는 유럽 54.7%(독일 12.7%, 스위스 2.6%), 미주대륙 20.4%(미국 13.2%), 아시아 17.4%, 중동 아프리카 7.6%였고 1,000여 개 자회사를 포함해 총 종업원 21만 3,057명 중에 유럽고용인원 65.5%(독일 13.6%, 스위스 5.8%, 스웨덴 11.4%), 미주대륙 14.8%(미국 10.1%), 아시아 14.5%, 중동 아프리카 5.1%를 차지하여 세계 여러 국적의 사람들이 함께 근무하고 있다.

각 사업별로는 파워 제네레이션의 4만 3,093명(20.2%, 1인당 매출액 18만 8,000달러)이 매출액 26.0%를 창출했고, 송배전분야의 5만 846명(23.9%, 1인당 매출액 15만 5,000달러)이 매출액 25.2%를, 산업설비의 9만 6,887명(45.4%, 1인당 매출액 16만 달러)이 매출액 49.7%를 창출했다. 1인당 영업이익은 발전분야 2,901달러, 송배전분야 1만 955달러, 산업설비분야에서 1만 1,030달러를 실천했는데 발전분야는 영업이익률이 1993년 4.8%를 정점으로, 매출액은 1995년 97억 달러를 정점으로 계속 하락(1993년 1인당 영업이익 9,263달러)하고 있어 조만간 제작설비의 해외이전이 이루어질 것으로 예상된다.

지멘스의 지역별 매출액 구성비는 독일 34%, 아시아 태평양

11%, 유럽 29%, 미주대륙 20%, 중동 아프리카 6%로써 ABB보다는 적지만 해외매출비중이 66%를 차지했다. 독일이외 해외투자 자회사에서 매출액의 59.1%를 창출했고 영업이익은 독일에서 44.4%, 기타 해외에서 55.6%를 실현하였으므로 해외영업비중이 국내 영업비중보다 커졌다.

지역별 고용비중은 총 38만 6,000명중 독일 51.0%(19만 7,000명), 유럽 22.5%(8만 7,000명), 미주 18.1%(7만 명), 아시아 태평양 7.0%(2만 7,000명), 중동 아프리카 1.3%(5,000명)로 독일이외의 고용이 49%에 이르러 ABB와 함께 세계인이 함께 일하는 기업이 되었다.

MHI도 1997년에 해외로부터 74억 달러의 매출실적을 올려 전체 매출액의 29.3%를 기록했는데 지난 4년 평균 아시아 50.5%, 북미 13.6%, 중동 12.9%, 중남미 11.2%, 아프리카 5.3%, 서유럽 4.8%, 러시아 및 동구 1.2%, 오세아니아 0.5%였다.

이상에서 살펴본 바와 같이 자국의 내수시장이 작았던 ABB나 지멘스는 일찍이 해외진출을 실현했던 것처럼 한중도 매출액 구성비에서 적어도 50%이상이 해외매출로 이루어져야 한다고 생각했다.

그리하여 신바람경영 5개년계획에 국내, 해외 매출구성비를 1995년 80 : 20을, 2001년에 현재의 지멘스 수준인 40 : 60으로 계획했다. 5년 전에 9%에 불과했던 해외 매출비율이 지난 2년동안의 세계화 노력으로 1997년 24%까지 증가했다.

1993년 한중의 수출은 1억 7,200만 달러, 수입은 3억 5,200만 달러, 1996년 수출 4억 800만 달러, 수입 5억 2,000만 달러로 만성적인 무역수지 적자기업이었으나 국산화 및 해외부품의 경쟁체제 구축 등으로 1997년에는 수출 4억 100만 달러, 수입 3억 5,900만 달러로 4,200만 달러의 흑자를 처음으로 실현하여 흑자원년을 기록했다.

해외수주도 1995년 5억 달러에서 2001년 이후 100억 달러(국내 :
해외수주 34 : 66)를 목표로 하였는데 1995년도 국내수주 : 해외수주
비율이 85 : 15에서 1997년에 22억 달러를 수주하면서 53 : 47까지 제
고되었다.

1997년 발전부문에서 ABB가 100억 4,000만 달러를, 지멘스가 93
억 마르크(55억 달러), GE는 66억 달러(96년 80억 달러)를 수주했
는데 5년 전인 1993년에 ABB가 77억 달러, 지멘스가 75억 마르크
(50억 달러)를 수주한 실적을 감안하고 아시아시장이 급성장하는 것
을 고려한다면 5년 후에는 5년 전 ABB수준인 70~80억 달러의 해외
수주가 가능하다고 생각했다. 여기서 좀더 적극적으로 밀어붙이면
목표수주금액 100억 달러 달성도 이룰 수 있다고 판단했다.

해외투자도 활성화해야겠다고 생각했다. 해외생산기지로 중국
DHD와 베트남의 한비코 2개 사의 합작투자가 각각 1996년 5월과
1997년 10월에 준공식을 가졌다. 뿐만 아니라 신규로 스리랑카 실론
스틸 인수, 인도네시아에 람풍공장 투자, 파푸아뉴기니 디젤발전소
의 IPP참여, 하일롱시멘트, 콘다팔리 복합발전소 투자 등 5개 사업
의 해외투자를 실현하여 해외진출의 기초를 다졌다.

또한 물량확보와 수출증진 차원에서 IPP시장에 진출할 계획을 세
웠다. 지멘스는 1996년말 현재 해외 11개 발전소 6,280MW를 IPP로
참여, 4억 2,100만 달러를 투자하여 운전중이거나 건설중에 있다.
ABB는 구체적 자료는 없으나 지멘스의 배 이상이 된다고 한다. 따
라서 우리는 5년 후에 1만MW의 IPP사업을 목표로 세웠다.

설비투자 및 R&D투자의 벤치마킹

ABB는 1997년에 설비투자 11억 달러, M&A투자 3억 달러, 합계

14억 달러를 투자했고, R&D에도 26억 달러를 투자했다. 이것은 각각 매출액대비 4.3% 및 8.5%를 투자한 셈이다. 특히 지난 5년 간 연평균 매출액에 대한 R&D투자비율이 8.2%로서 ABB가 120년 유지될 수 있었던 것은 바로 높은 기술개발투자로 경쟁력을 확보했기 때문이다. 마찬가지로 지멘스도 1997년에 자본투자 57억 달러(98억 마르크), R&D투자 48억 달러(81억 마르크)로 매출액대비 각각 9.1%, 7.6%였고 R&D투자의 5년 평균비율이 8.3%로 ABB와 같은 수준이었다.

GE의 R&D투자는 1997년에 19억 달러로 매출액대비 2.1%에 그쳤으나 GE 캐피털 매출액을 제외한 GE자체 매출액(545억 1,500만 달러)에 대한 비율은 3.5%였다. 보스톤경영컨설팅회사 회장인 헤르만 시몬(Herman Simon)이 쓴 《숨은 강자들(Hidden Champion)》에서는 이들 회사의 36.2%가 시장을 주도하는 힘은 기술력으로 결정된다고 대답했으며, 17%는 품질에 있다고 대답했다. 이들 회사 R&D투자 비율은 평균 6.3%였다.

ABB와 지멘스의 R&D 투자비율이 지난 5년 간 매출액대비 최저 7.6% 최고 9.3% 범위내였고, 자기자본의 최저 28.6% 최고 59.2%의 범위였다. 이처럼 R&D는 매출액대비 중간치인 8.5±1% 및 자기자본대비 45±10% 범위 내에 들면 무리가 아닌 것으로 이들 초우량 기업의 실적으로 증명될 수 있다고 생각했다.

또한 설비 및 M&A투자도 양회사가 매출액대비 최저 3.7% 최고 9.1% 범위였고 자기자본대비 24.0~34.4%였으므로 자본투자는 매출액대비 6±2%, 자기자본대비 29±5% 범위 내에 들도록 투자결정을 하면 무리가 없겠다고 생각했다. MHI의 1997년 자본투자는 12억 달러로 매출액대비 4.6%, 히타치는 자본투자 60억 달러로 매출액대비 8.7% 및 R&D투자 41억 달러로 5.9%였으므로 자본투자는 앞의 기준인 매출액대비 6±2%가 MHI나 히타치의 경우에도 유효했다.
히타치의 R&D투자도 매출액대비 8.5±1%에 근접하였다.

실제로 한중의 투자실적을 검증해 보면 설비투자는 매출액대비 6
±2%에는 근접했으나 자기자본의 29±5%에는 1997년을 제외하고
는 훨씬 못미쳤다. 또한 R&D투자는 매출액대비 5년 평균 1.04%로
매출액대비 8.5±1%에는 훨씬 못미쳤고 자기자본대비 5년 평균
2.7%로 45±10%에 비하면 태부족이었다.

다시 말하면 한중은 지난 5년 간 설비투자나 R&D투자를 회사의
투자능력보다 훨씬 미달하게 하면서 축소 재생산의 소극적 경영을
지속했다고 할 수 있었다.

신바람투자계획도 자본투자의 경우 매출액대비 8.0~12.0%로서
과대하게 계획된 1998~2000년의 계획은 축소하여 2001년 이후 투자
계획으로 연기해야 하겠다고 생각했다(자기자본의 23±5% 범위 밖
에 있는 1999~2000년도 동일). R&D투자계획은 연평균 1.0%로서
매출액대비 8.5±1%의 범위에는 훨씬 못미쳤고 기술료 지불액 등
경비를 R&D비용으로 1.5%를 추가하더라도 R&D투자비율은 2.5%
로서 2배정도 올려도 무리가 없다고 생각하고 1998년 12월 제3차 조
정(Rolling Plan)계획상에 반영해야겠다고 마음 먹었다.

이상과 같은 실증적 투자기준에 의하여 투자된 것을 자산집중도
(Asset Intensity)로 검증을 해보도록 하겠다. 자산집중도란 투자된
자산으로 얼마만큼이 매출을 올리고 있는지를 살펴보는 지표로 우리
나라에서는 총자산회전율이라고 한다. 총자산을 100으로 볼 때 총자
산회전율은 100 이상이 되어야 건전하다고 본다. 지난 5년 간(93~
97) 실적평균치로 볼 때 〈그림 8-3〉에서 보는 것처럼 ABB는 105.2,
지멘스 108.2로 자산의 효율적인 이용이 이루어졌는 데 반해 현대중
공업, 삼성중공업, 대우중공업은 100 이하로 매출액으로 연결된 자산

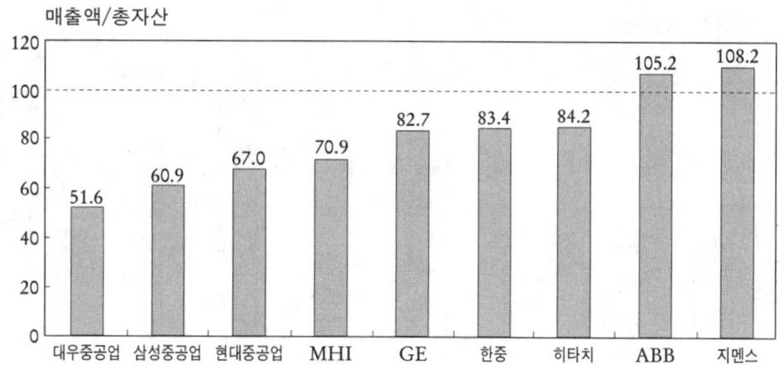

의 효율적인 활용이 크게 떨어졌다.

투자된 유동자산을 제외한 고정자산을 100으로 볼 때 300이 넘어야 건전한데 ABB, 지멘스, 한중은 투자된 자산의 이용률이 높았고 히타치, MHI는 비교적 건전했으나 삼성중공업, GE, 대우중공업은 고정자산이 충분히 활용되지 못했다(그림 8-4 참조).

한중은 앞으로 ABB, 지멘스 수준에 도달하도록 매출액을 더 늘이는 노력을 해야 함과 동시에 생산에 이용되지 않거나 가동률이 낮은 장비는 매각처리하거나 이전하여 외주처리를 해야겠다고 생각했다.

한국 기업들의 이러한 현상은 연장근로수당의 부담 때문에 장비를 24시간 풀가동하는 것을 자제했거나 과잉중복투자로 유휴장비가 상대적으로 많다는 것을 의미한다.

이익창출 제일주의

《이익지대(The Profit Zone)》의 저자 아드리안 스리워츠키(Adrian Sylywotzky)와 데이비드 모리슨(David Morrison)은 "오늘날 기업 경영에서 가장 중요한 문제는 어디에서 어떻게 이익을 창출할 것인

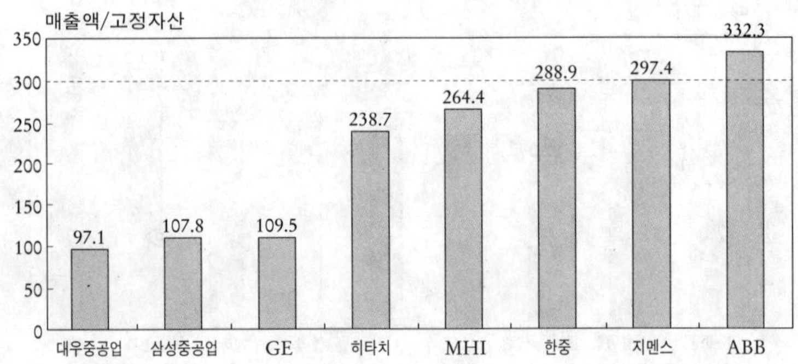

〈그림 8-4〉 고정자산회전율

가이다. '높은 시장점유율을 차지하면 이익이 저절로 나올 것이다, 높은 성장을 이룩하면 이익은 확대될 것이다' 라는 종래의 경영전략은 덫을 쳐놓은 미로(mazes riddled with trap)에 봉착할 것이다"라고 경고하고 있다.

제품을 개선하고 규모의 경제에 포커스를 두는 제품중심의 사고(Product Centric Thinking)는 과거의 경영철학이다. 이제는 시장점유율(Market share)이 중요한 것이 아니라 수익성이 가장 중요하므로 이익중심의 사고(Profit-Centric Thinking)를 해야 한다고 권고하고 있다.

세계시장을 석권하는 숨은 강자들은 "당신은 왜 시장을 주도하고 있다고 생각하는가?"의 질문에 대해 이들의 72.6%가 그 기준으로 수익을 꼽았고 42.7%는 매출을 들었다고 한다. 수익창출이 기업의 목적임에 틀림없다.

한중사장으로 신바람 5개년 계획을 작성하면서 나는 스스로에게 질문을 해 보았다. "나는 시장점유율 확대를 위해 경영할 것인가? 아니면 보다 많은 이익창출을 위해 경영할 것인가?" "나는 양적 성장(Volume Growth)을 위해 경영할 것인가? 가치성장(Value Growth)

을 위해 경영할 것인가?" "매출제일주의(Growth Maximization)와 이익제일주의(Profit Maximization)에서 어느 쪽을 선택할 것인가?"

당연히 기업은 돈 버는 곳이므로 이익중심의 경영을 해야 하지만 한중은 투자된 설비의 이용률이 낮았고 종업원의 생산성이 낮아 한중의 자산과 인력 자원이 충분히 활용되지 못하고 있었다. 따라서 현재의 자산과 인력을 최대로 활용하여 이용률을 높여야 코스트도 줄이고 이익도 창출될 수 있다고 판단하고 2001년까지 초기 5년 간은 '양적 성장' 전략으로, 그 이후는 '가치 성장'을 중심전략으로 변경한다는 전제아래 1997~2001년 매출액 성장률을 연평균 29.1%로 잡았다.

따라서 ① 총자본 순이익률은 앞에서 언급한 대로 연평균 3%이상으로 ② 자기자본 순이익률은 초기에는 9~10%수준에서 차차 높여 목표년도인 2001년 이후는 15%수준으로, ③ 매출액 경상이익률은 5%이상을 유지한다는 계획을 세웠다.

또 사장이 챙겨야 할 지표로써 단기이익률지표 이외에 ④ 유동성 비율 150%이상, ⑤ 1인당 매출액 50만 달러(사원들에게는 100만 달러로 강조하였음) ⑥ 1인당 당기순이익은 1인당 인건비의 1/2이상인 3만 달러, ⑦ R&D투자는 매출액대비 3~4%로 ⑧ 설비투자규모는 매출액대비 6±2%범위내에서 ⑨ 총자산에 대한 매출액비율은 100이상 ⑩ 고정자산에 대한 매출액비율은 300 이상 등 10여 개의 주요 경영지표를 챙겨가면서 신바람경영계획을 실천해 나갔다.

GE의 사례

제품중심의 사고와 고객중심의 사고를 가장 철저히 실행에 옮기고 있는 기업은 아마도 106년의 역사를 가진 GE일 것이다. 1997년에 세계에서 더치 쉘, 엑슨 다음으로 세번째로 큰 당기순이익을 내었고, 1

년동안 주식가격이 마이크로소프트사와 같이 50%나 올라갔고 주식이 시장가치로 세계 최고값인 2,540억 달러, 1998년 1월 기준 1주당 82달러짜리로 만든 장본인은 1981년에 45세로 GE의 CEO자리에 오른 잭 웰치 회장이었다. 그는 세계 제일의 경영인, 미국에서 가장 존경받은 경영인, 일본을 포함한 아시아기업인들 중에서도 가장 존경받는 경영인으로 꼽히고 있다.

한중은 GE로부터 스팀터빈과 가스터빈기술을 전수받았고 한국 내 발전소건설에 가장 많이 협력한 회사이므로 나는 1996년 9월 초 웰치 회장을 처음 만난 후 다섯 차례 만났다. 처음 만났을 때는 오만해 보이고 직설적이고 독선적인 것 같아 다소 거부감이 있었으나 만나는 횟수가 거듭될수록 형님 같았고 인자한 선생님 같았다. 그는 처음 만났을 때 통산부차관을 그만두고 경영인이 된 나를 테스트하기 위해 여러 가지 질문을 던졌다. 비전 555의 뜻과 달성가능성, 그리고 경영 전략에 대한 질문이 많았다. 먼저 매년 10%씩 생산원가를 어떻게 줄일 수 있느냐고 물었다.

나는 Cut 20운동 등 여러 가지 예를 들어서 설명했으나 그는 믿지 않았다. 그래서 나는 "취임하자마자 본사 건물의 보일러실에 들어가 더운 물을 공급하는 파이프라인을 끊어 버렸다. 우리는 겨울에 더운 물을 쓰지 않는다"고 설명했더니 그제서야 믿었다. 그 뒤에 들은 이야기인데 매년초 경영전략회의를 하는 뉴욕주의 크로톤빌 회의에서 각사 사장에게 1998년도 Cut 20 실천계획을 제출하라고 지시하였다고 했다.

그는 나를 만날 때마다 기업경영하는데 많은 가르침을 주었다. "비전제시는 간결하고 강한 메시지가 담겨야 한다" "이익중심의 사고를 하고, 4~5년마다 경영전략을 바꾸어라" "한 회사에 너무 의존하는 것은 막다른 골목(dead end)에 이른다" "기업내 관료주의 타파를 위해 종업원들이 부서장벽 타파(Boundaryless behavior)를 실천하도록 훈련시키고 워크아웃 프로그램이 경쟁력제고에 주효하다"는 등등 한두마디씩 던져주는 말에 정신이 번쩍번쩍 들었고 경영에 큰 도움이 되었다.

1997년 3월에는 GE와의 협력으로 아시아시장에서 윈-윈 전략을 추진하기 위해 뉴욕주 스케넥터디에서는 발전부문의 나델리 사장과 협의하고 그 이튿날 본사로 가서 웰치 회장을 만나 그의 방에서 오찬회의를 가졌다. 회의에 들어가기 전에 "본사건물에서는 몇 명이 근무하느냐?"고 물었더니 동석했던 나델리 사장이 "한 500명 된다"고 대답하니 웰치 회장은 즉석에서 "너무 많다"라고 코멘트를 했다. GE종업원을 20만 명이나 해고한 웰치 회장다운 코멘트였다.

그때 회의의 요지는 첫째 한전이 5개 프로젝트 1조 4,200억 원 어치를 16~30개월 연기하여 한중은 일감이 없어 큰 어려움을 겪고 있으니 도와 달라는 것이었고 둘째는 가스터빈 합작투자로 아시아시장에 공동 진출하자는 것이었다. 첫번째 문제에 대해서 1년에 약 1억 달러의 물량을 주겠다는 약속을 받아냈으나 두번째 문제는 합작시 가스터빈기술이 이전될 가능성이 있다는 이유로 선뜻 결론을 못 내렸다.

나는 아시아시장을 경쟁사인 ABB나 지멘스에 맡겨두지 말고 창원에 생산기지를 합작으로 건설한다면 국내시장은 물론이고 아시아시장을 석권할 수 있다고 설득했다. 그리하여 원칙적으로 윈-윈 전략으로 아시아시장에 공동진출하는데는 합의했으나 그 구체적 방법은 연구 검토하기로 하였다. 그 뒤 1997년 12월에 프레스코 부회장을 보내 "가스터빈과 스팀터빈을 묶어 GE 지배주주(Majority)로 합작하자"는 제안을 해왔다. 그리하여 내심으로 반기면서 정부와 협의하여야 하니 1998년 4월에 웰치 회장을 만나 협의하겠다고 대답했다. 이 문제에 대해 우리는 사내토론을 거쳐 "50 : 50으로 합작, 3년씩 번갈 아 경영"하는 원칙으로 4월 21~22일 웰치 회장을 만나기로 약속하 였다.

1997년 3월 페어필드에서 오찬회의가 끝난 후 웰치 회장은 '헤븐 우드(Heaven Wood)' 골프채 하나를 선물로 주면서 골프를 배우라 고 권유하였다. 나는 그 자리에서 경영에서, 또 골프에서도 당신의 "가장 우수한 학생중 한 명(One of the best Student)"이 되겠노라고 약속하고 나오는데 웰치 회장은 관례에 없이 건물밖에까지 내려와 우리 일행을 전송해주었다. GE로 보면 한낱 동양의 중소기업사장에 불과할텐데 과분한 대접을 받고 보니 영광스럽기 그지 없었다.

한중은 여러 가지 면에서 GE를 벤치마킹해 오고 있다. 워크아웃 프 로그램을 1996년 5월부터 실천하고 있고 GE가 1995년부터 실천하고 있는 6시그마(Six Sigma) 운동을 1997년 하반기부터 부사장을 비롯 한 간부들을 GE에서 교육을 시키면서 열심히 전수받고 있는 중이다.

GE는 1997년에 매출액 908달러로 미국내 4위, 세계에서 6위이며, 또한 순이익 82억 달러로 미국에서 2위, 세계에서 3위를 기록했다. 1981년 매출액 272억 달러보다 3.3배, 순이익 16억 달러보다 5배가 는 것이다. GE주식의 시가 총액(Market Value)기준으로 1981년 12 억 달러에서 1997년 말 2,460억 달러로 205배가 올라가 연평균 18% 씩 증가했다.

1998년 7월 13일지 〈비즈니스 위크(Business Week)〉지는 1998년 5월 말 현재 주가총액을 기준으로 세계 100대 기업을 발표했는데 GE 는 2,716억 달러로 1위, 마이크로소프트사는 2,090억 달러로 2위를 차지했다. 3위 로열 더치 셀, 4위 코카콜라, 5위 엑슨, 6위 머크 (Merck), 7위 화이자, 8위 NTT, 9위 월마트, 10위 인텔이었다. 말 이 순이익 82억 달러이지 우리 돈으로 환산하면 세후 이익이 11조

6,450억 원이니 한중 매출액과 비교해도 4배나 많은 금액이다. 주주에게 한 주당 2.50달러씩, 35억 달러를 배당하는 등 지난 22년 간 연속으로 배당금액이 늘어났다. 더구나 1981년에 41만 4,000명이 272억 달러의 매출을 올렸는데 1997년 말 27만 6,000명이 908억 달러의 매출을 올렸으므로 1인당 매출액은 6만 5,760달러에서 21만 9,324달러로 3.3배가 늘었다. 1인당 순이익도 3,865달러에서 2만 9,710달러로 7.7배가 늘어난 것이었다.

잭 웰치 회장의 4단계 경영전략

그의 지난 18년 간 경영전략은 4단계로 나누어 볼 수 있다. 그는 이를 통해 GE를 제품중심 경영(Traditional Product-Centric Manufacturing)에서 이익위주의 고객 중심 경영(Profit Centric Product & Service Solution) 회사로 변모시켰다.

첫단계는 1981년 취임 이후 5년동안 과감한 구조조정을 이루어내었다. 세계에서 해당사업분야 1~2등만 남겨두고 나머지는 팔든가 폐쇄시켰다. "세계에서 1등 또는 2등이 되라, 그렇지 않으면 팔든지 문을 닫아라"란 간결하고도 분명한 메시지를 전달하는 비전으로 구조조정에 들어갔다.

전구부터 제트엔진, 철도기관차, 플래스틱레이진 등에 이르기까지 45개 사업부문을 12개 사업부문으로 통폐합하고 첫해에 41만 종업원 중 13만 명을 해고했는데 이는 전 종업원의 30%에 해당되었다. 추진과정에 저항도 많았다.

4위 또는 5위의 회사를 경영하던 어느 사장이 "회장님, 합리적이라야 합니다. 제가 처음 맡을 때 6위였으나 지금은 4위가 되었습니다. 이 사업은 남겨두어야 합니다"라고 달려들었다고 한다. 웰치 회장은 "나는 합리적이지 못해. 그러니 2년동안 1위나 2위로 만들어라" 하고 2년의 유예기간을 주었다고 한다. 그 결과 2년 후 그 회사는 1위가 되었다고 하였다. 1987년에 소형가전사업을 프랑스 톰슨사의 의료기기사업과 맞바꾼 것은 사내뿐 아니라 언론에서도 논란거리가 되었다. 당시 이 사업은 32억 달러의 매출에 시장점유율 25%의 간판사업이었고 GE의 자존심이었다. 또 에디슨이 창립한 GE에서 소형 가전사업은 신성불가침의 성역이었다.

웰치 회장이 매각을 결정하자, 언론은 "미국의 유산을 팔아넘기려는 매국행위"라고 비판했다. 그러나 그의 경영사전에는 전통이고 국익이고 자존심이고 체면이고 하는 단어는 없었다. 오로지 회사의 수익성만이 있었다. 그러나 이러한 경영전략으로 대규모 구조조정을 성공적으로 단행했으나 남은 1위 또는 2위 사업들의 생산성 증가율이 1981~85년 연평균 2%에 머물렀다.

일본 산업의 비약적 발전과 후진국의 공업화로 미국 시장은 공급과잉상태로 판매가격은 점점 하락하여 이익을 창출할 수 없는 지경에 이르렀다. 이때 두번째 단계로 새로운 경영전략으로 내놓은 것이 워크아웃 프로그램이었다. 이것은 "절차를 무시하라(Take Work Out of the Process)"란 뜻으로 부서간의 장벽을 허물고 기존의 절차를 무시하고 종업원들을 한 팀으로 구성하여 권한위임을 하고 종업원 스스로 문제를 해결하도록 하는 것이었다.

전 종업원의 참여와 열정(Willingness and Passion to Participate)을 촉진시켜 명령이나 지배적인 관료적 조직구조에서 종업원의 참여와 자율로 이루어지는 조직구조로 바꾸어 생산성 향상과 경쟁력제고에 박차를 가했다. 공식적으로는 1988년 10월 발진대회를 가졌는데 1992년까지 20만 명의 종업원이 워크아웃 교육을 받았고 1993년에는 2만 명이 워크아웃 프로그램을 전담하여 경쟁력 혁신활동을 전개하

였다. 그리하여 1987~91년 과거 2%의 연평균 생산성 증가율이 4%
로 높아졌다.

이 워크아웃 프로그램의 캐치프레이즈는 각 부서가 타부서의, 또
타기업의 "성공사례를 벤치마킹하는 것(Sharing best Practices)"과
조직과 조직, 조직 내의 "부서장벽 타파(Boundaryless behavior)"였
다. 한중도 이 워크아웃 프로그램을 GE로부터 도입하여 "경쟁력혁
신팀"이라 명명하고 GE보다 8년 후인 1996년 5월에 첫모임을 가졌
다. 1996년에 128개 팀 4,450명이 참여하여 227억 원의 원가절감 실
적을 내었고 1997년에는 97개 팀 4,113명이 참여하여 663억 원의 원
가절감을 실현했다.

세번째 단계는 고객만족(Customer Solution Business Design)단계
였다. GE는 지난 10년동안 강력한 구조조정과 경쟁력혁신 활동으로
높은 생산성과 세계 1,2등의 시장점유율을 차지할 수 있었으나, 웰치
회장은 이것만으로 지속적인 이익확보를 보장하지 못하자, 지금까지
의 물건을 파는 전략에서 고객의 문제를 해결하는 전략으로 바꾸었다.

기술의 평준화 현상으로 경쟁자가 모두 좋은 기술제품을 만들 수
있게 되었고 고객들도 치열한 경쟁에서 살아남기 위해 비용을 줄이
고 이익을 많이 창출하는 방향으로 집착하게 되었으므로 종래의 구
매결정이 구매담당자나 기술자, 엔지니어에서 최고 경영자나 경리담
당 부사장 등에 의해 결정된다는 점을 간파한 것이다.

웰치 회장 스스로가 GE의 고객인 항공사, 병원, 자동차회사, 발전
소 소장 등을 수없이 찾아 다니면서 고객의 애로사항, GE제품의 취
약점, 수익성 등에 관한 고객의 문제점을 파악했다. 그리하여 90년대
초부터는 GE의 이익창출 전략을 고객의 문제해결, 고객의 성장과
이익창출을 위한 해결에 초점을 맞춘 고객중심 경영으로 바꾸었다.
종래의 전통적인 생산·판매 관계에서 진정한 동반자관계로 바꾸어

나갔다.

예를 들면 웰치 회장은 포드 자동차를 방문하여 알렉스 트로트먼(Alex Trotman) 회장을 직접 만나 GE의 플래스틱부품에 대하여 포드의 구매예산 절약과 수익성 제고를 위해 GE가 할 수 있는 일을 의논하고 직접 공장에 가서 생산현장의 근로자를 만나 GE제품의 좋은 점과 나쁜 점, GE가 개선해야 할 점 등을 일일이 체크했다. 웰치 회장은 최고 경영자 레벨의 영업활동을 직접 전개했다는 점에서 이 분야의 개척자였다.

그리하여 그는 지금까지 수석부사장의 직책을 주었던 13명의 부사장에게 대표이사 사장 타이틀을 주고 최고 경영자 레벨의 마케팅을 전개해 나갔다. 그리고 GE는 고객문제 해결에 초점을 맞추기 위해 제품·유지보수 및 정비·서비스·금융 등을 패키지로 고객에게 제공하여 제품위주에서 고객문제해결위주로 방향을 바꾸었던 것이다.

이중에 가장 특징적인 것이 GE의 금융부문이었던 GE 캐피털을 90년 초반 이후 과감하게 확충하였던 것이다. 1986년에 창설된 GE 캐피털은 GE의 최고 효자로 부상하였는데 이는 유명한 게리 웬트(Gary Wendt) 사장의 노력이 컸다. 원래 GE의 금융서비스는 GE의 가전제품에 대한 소비자금융에 연유하였으나 웰치 회장은 금융이 고객들의 문제해결에 가장 핵심적인 부문이라 보고 전 GE제품에 금융서비스를 제공하기로 결정하였던 것이다. 1991년 이후부터 매년 보험·신용카드·리스 등 금융보험회사를 한두 개씩 사들여 지금까지 30개 사를 매입하여 GE 캐피털을 미국 내에서 세번째로 큰 금융회사로 급성장시켰다.

예를 들면 GE는 항공기회사에 제트엔진에 대한 금융·유지보수 등을 패키지로 제공하며, 발전소에는 스팀터빈·가스터빈과 연계하여 금융·부품·유지보수·정비 등을 제공하고 있다. 현재 GE의 종합해결(Package Solution)을 제공받는 발전소는 100개를 넘어섰다.

GE는 최근에 영국항공(British Airway)의 정비부문을 인수하고 그린위치 항공서비스(Grenwich Air Service)를 인수하였으며 자동차 할부금융(Auto Financial Service)사를 인수하여 GE자사제품과 관련이 없는 자동차금융에도 뛰어들었고 신용카드업에도 진출하였다. 지금 GE는 병원, 발전소, 항공기 등에 대한 애프터서비스분야에서 총이익중 약 30%의 이익을 올리고 있다.

또 세계각국 병원에 판매한 1만 1,000개의 의료장비에 온라인진단서비스를 제공하고 있다. GE 캐피털은 1997년에 399달러의 매출액에 33억 달러의 순이익을 창출하여 GE매출의 43.9%, 순이익의 40.2%를 차지하였다.

《이익지대》에서는 이익지대가 제품에서 애프터서비스(down stream service)와 금융서비스(finacial service)로 옮긴 대표적인 회사가 GE라고 지적하였다. 현재 GE의 영업이익중 40%가 이들 서비스와 금융업에서 창출되고 있고 GE 캐피털의 순이익은 연평균 18%씩 증가하여 왔는데 GE제조업의 평균 순이익 증가율 4%에 비하여 4.5배가 높다.

GE의 경영혁신의 네번째 단계는 6시그마이다. 6시그마란 100만개 제품이나 프로세스 중에서 실패나 결함을 3.4개 이하로 줄이자는 것이다. 6시그마 경영혁신기법은 1987년에 모토롤라(Motorola)가 개발한 것으로 8년만인 1995년에 6시그마에 도달하였다. 웰치 회장이 이를 도입, 1995년 6월에 2000년에 6시그마를 도달한다는 목표인 "비전 2000"을 선언했다.

GE는 6시그마 실천과제로 1995년에 200개 프로젝트, 1996년에 3,000개 프로젝트, 1997년에 6,000개 프로젝트를 선택하여 혁신활동에 들어갔다. GE는 1996년에 30만 8,537PPM으로 시그마 기준으로

2시그마, 1997년 6만 6,807PPM으로 3시그마 수준이었는데 1998년 에는 6,210PPM으로 4시그마에 도전하고 있다. 1997년에 6시그마로 3억 2,000만 달러의 이익창출에 기여했다.

1997년 3월에 GE를 방문했을 때 우리 일행은 4시간 정도 6시그마 에 대한 설명을 들었다. 나는 회사방침으로 이를 추진하기로 결정했 다. 이를 위해 부사장을 포함한 28명을 GE 6시그마 아카데미 교육을 시켰고 블랙벨트(Black Belt) 20명을 양성하여 1997년 하반기에 31개 프로젝트를 시범과제(Pilot Project)로 선정, 실천에 들어갔다. 그리 고 사내훈련용 교재를 만들어 1997년 하반기에 1,500명 정도를 자체 훈련을 시켰고 1998년에는 107개의 프로젝트를 선정 착수하고 62명 의 블랙벨트 요원을 추가로 양성하기로 하였다.

이를 확산시키기 위하여 1998년 4월 초 사장을 포함한 이사급 이 상 전원이 합천연수원에 모여 1박 2일 과정으로 교육을 받았다. 이때 GE의 6시그마 리더인 마이크 바셋(Mike Basset) 이사와 마이크 가 스통과이(Mike Gastonguay) 부장을 초빙강사로 초청하여 밤을 새워 가며 교육을 받았다. 우리는 1998~99년을 6시그마 실천 5개년계획 을 수립하는 기간으로 정하여 기필코 달성해 보리라는 의지를 굳혔 다. 1987년에 시작한 GE의 워크아웃 프로그램을 우리는 8년 뒤인 1996년에 도입하여 그들이 8년 간 추진한 것을 우리는 4년동안 완성 할 계획이고 GE가 1995년에 도입하여 2000년에 완성할 6시그마를 우리는 2000년에 도입, 2004년에 완성할 계획을 마련한 것이다.

1955~80년 〈포춘〉지가 선정한 500대 기업 명단에서 238개가 사라 졌다. 1985~90년 143개 기업이 명단에서 추가로 사라졌다. 1897년 미국의 다우존스(Dow-Jones)사가 선정한 독창적인 미국 기업 100개 중에 유일하게 GE 한 회사만이 100년이 지난 뒤에도 그 명단을 지키 고 있다.

GE는 1981년 이후 100억 달러어치의 회사를 팔아치웠고 190억 달러어치인 600개 회사를 사들였다. 1991년 41만 4,000명이 272억 달러의 매출을 올렸으나 1997년에는 27만 6,000명이 908억 달러의 매출을 올렸다.

〈포춘〉지는 1998년 1월 26일자에 가장 존경받는 10대 경영인으로 ① GE의 잭 웰치 ② 마이크로소프트의 빌 게이츠(Bill Gates) ③ 코카콜라의 로버트 고이쥬에타 ④ 인텔의 앤드류 그로브 ⑤ 휴렛팩커드의 루이스 플렛(Lewis Platt) ⑥ 사우스웨스트 에어라인의 허버트 캘러허(Herbert Kelleher) ⑦ 버크셔 헤서웨이의 워렌 버핏(Warren Buffet) ⑧ 디즈니의 마이크 아이스너(Michael Eisner) ⑨ 존슨 앤드 존슨의 랠프 라슨(Ralph Larsen) ⑩ 머크의 레이먼드 길마틴(Raymond Gilmartin)을 선정했다. 미시간대학의 경영학교수인 노엘티치(Noeltichy)는 "20세기에 가장 위대한 경영인은 GM의 알프레드 슬로언(Afred Sloan) 회장과 GE의 잭 웰치였으며 둘 중에 웰치가 더 위대했다"고 코멘트하였다.

그는 일을 보면 못 참았고 열정과 부지런함에는 세상에서 둘째가라면 서러운 사람이다. 관료주의를 제일 싫어하고 종업원의 능력을 무한대라고 믿고 있는 분이었다. 2000년 말에 65세로 정년퇴직할 그는 2000년에 GE의 매출액 1,300억 달러를 목표로 지금도 정신없이 뛰고 있다.

이익창출조건

《이익지대》에서는 이익을 창출할 수 있는 경영전략을 다음과 같이 11가지로 분석했다.

① 고객의 문제해결전략(Customer Solution Profit) : GE, ABB,
   휴렛팩커드 등
② 핵심고가품 이익전략(Product Pyramid Profit) : 스워치, 마넬
   (Mattel) 등
③ 전문화(Specialization) : ABB, 왈레스(Wallace) 등
④ 두단계 앞선 기술개발(Two Steps ahead Profit) : 인텔, 소니
⑤ 관련업종 계열화전략(Multiple Component System) : 코카콜
   라
⑥ 시장표준화전략(Defacto Standard Profit) : 마이크로소프트,
   오라클 등
⑦ 상표 명성전략(Brand Profit) : 코크, 나이키
⑧ 이익연쇄 창출전략(Profit Multiplier Model) : 디즈니, 머크
⑨ 구축된 기존판매망 이용전략(Installed Base Profit) : 오티, 질
   레트
⑩ 월등한 가격경쟁력(Low-cost Business Design Profit) : 사우
   스웨스트 에어라인
⑪ 최고 품질전략(Top Quality Profit) : 도요타

더불어 이익을 창출하려면 첫째로 고객의 이익창출(Customer
Profitablity) 위주로 경영전략을 세우고 둘째로 투자에 있어서 과잉
투자가 생기지 않도록 히며 셋째로 이익창출할 수 있는 전략적 우위
(Strategic Control Point)를 유지시켜 나가야 한다고 보았다. 즉 상
표나 특허보유, 2년 앞서가는 기술제품 개발, 20%이상의 가격경쟁
력 유지, 공급과 유통시장 장악, 독특한 기업문화 구축, 품질의 우수
성 등을 계속 유지 발전시켜야 한다. 또한 최고 경영자나 종업원 모
두가 근검절약(Frugality)을 실천해야 한다는 등 4가지를 제시하면서

이를 실천해 나가면 기업은 반드시 이익창출지대(Profit Zone)에 머물러 장수할 수 있다고 결론지었다.

이 책을 읽고 난 다음 한중의 경영전략은 전문화(Specialization), 구축된 기존 판매망 유지(Installed Base Profit), 월등한 가격경쟁력 이익전략(Low Cost Business Design Profit Model), 최고품질전략(Top Quality Profit Design)을 추구하면서 다음 단계로 고객문제 해결이익모델(Customer Solution Profit Model)과 두 단계 앞선 기술개발모델(Two Steps ahead Profit)전략을 추구해야 할 것이라고 생각했다.

스워치 시계의 성공

이 책에서 가장 인상 깊었던 스워치 시계의 성공사례를 소개하고자 한다. 1970년대 초까지 연간 100억 달러가 넘는 세계 손목시계시장을 석권해 왔던 스위스 시계업계가 디지털 타입의 저렴한 시계인 카시오(Casio), 세이코(Seiko), 씨티즌(Citizen) 등의 등장으로 흔들리기 시작했다.

1970년대 중반 9만 명이 종사하던 스위스 시계업계의 종업원이 1980년대 초 3만 명으로 줄어들어 스위스 시계업계는 파산직전까지 몰렸다. 은행들로부터 시계업을 포기하고 제조시설을 팔아 빚을 갚으라는 독촉이 성화같았고 또한 오메가상표를 4억 스위스프랑(SFr)에 사겠다는 일본업체의 제의를 받아들이라는 압력이 가해졌다. 이리하여 스위스시계 및 그 부품제조업자협회가 당시 경영컨설턴트회사를 운영하고 있던 니콜라스 하이에크(Nicolas G. Hayek)를 찾아와 "300년 전통의 스위스 시계제조업계가 파산직전에 있는데 회생방법이 없겠느냐?"고 자문을 구했다.

당시 스위스는 "파산직전에 있는 스위스의 자랑인 시계업계가 일본업계에 300년동안 쌓아온 상표권을 팔아치워야 할 것인가?"라는 논란으로 나라 안이 시끄러웠다. 스위스은행들은 스위스 종업원의 임금이 일본업계의 임금수준보다 5배나 높아 버텨낼 수 없으므로 일본업계의 상표권 구매제의를 받아들이라고 압력을 가해왔다. 그러나 하이에크가 조사한 바에 의하면 고임금이 문제가 아니었다. 미국시장에 파는 100달러짜리 스위스시계의 인건비는 20%에 불과했고 미국까지의 수송비용은 일본 시계업계보다 싸게 들었다.

하이에크는 똑같은 시계에다가 하나는 "메이드 인 스위스"로, 또 하나 시계에는 "메이드 인 재팬"으로, 다른 하나 시계에는 "메이드 인 홍콩"으로 표시하고 가격을 각각 110, 100과 90달러로 매겨 전 유럽과 미국, 일본 등 시계판매장에 내놓았다. 이탈리아에서는 99%가 스위스제품을 구입했고, 스위스에서는 97%가, 미국에서는 65%가, 일본시장에서는 42%가 스위스제품을, 51%가 일본제품을 구입했다.

하이에크는 이와 같은 시장조사 결과를 보고 만약 기업전략을 바꾸면 일본 기업을 이길 수 있다는 자신이 생겼고 스위스 시계산업을 재건할 수 있겠다고 생각했다. 고임금은 작은 장애물에 불과하고 문제는 경영 및 판매방법, 기술혁신과 디자인혁신 등에 달렸다고 결론을 내렸다.

하이에크의 건의에 따라 스위스 시계업계는 힘을 모으기 시작했다. 먼저 1억 5,000만 프랑(1억 200만 딜러)을 모아 스위스시계 및 부품제조협회 소속업체의 주식 51%를 인수하여 회사 이름을 SMH라고 지었다. 경영권을 장악한 하이에크 사장은 종래의 기능품으로서의 시계를 액세서리 스타일, 패션개념의 시계로 바꾸었다. 최고급 시계시장에서는 스위스시계가 90%의 시장점유율을 지켰으나 중급 이하 시계시장에서는 일본 및 홍콩업계에 다 빼앗기고 3%의 시장만 지켰다. 이 시장을 다시 쟁탈하기 위해서는 일본시계 판매가격보다 50~70% 비싼 종래의 스위스시계로써는 승산이 없다고 판단하고 디자인과 마케팅의 차별화를 시도했다.

그는 "귀걸이나 넥타이핀 같은 장식품으로 스위스가 팔 수 있는 30달러짜리의 새로운 시계를 만들어내겠다"는 결심을 하고 금속이 아닌 플래스틱시계를 만들었다. 시계 부품수를 155개에서 51개로 줄였다. 하루에 3만 5,000개를 제조할 수 있도록 자동화 조립라인을 설치했다. 그랬더니 노동비용이 30%에서 10%로 줄었다.

시계의 기능과 품질은 종전의 전통시계보다 좋았다. 다음으로 품질좋은 값싼 시계에다가 정신을 불어넣었다. 즉 재미(a sense of Fun), 스타일, 감동 등 모든 소비자에게 감정적으로 어필할 수 있는 여러 종류의 시계를 디자인했다. 이제 남은 것은 브랜드이름이었다.

미국 광고회사에게 상표명 개발을 의뢰했으나 마음에 들지 않았다. 함께 점심식사하러 갔을 때 한 광고 전문가가 "Swiss Watch"와 "Second Watch"를 흑판에 쓰고 그 옆에다가 "Swatch"를 썼다. 그래서 Swatch를 브랜드네임으로 채택하였다. 하이에크 사장은 그때 Swatch란 영어의 뜻이 닦는 수건(cleaning towel)이란 걸 알았더라면 채택하지 않았을건데 영어를 잘 몰랐던 것이 큰 다행이었다고 술회했다.

이상과 같은 특징을 가진 스워치는 스위스시계의 자존심 회복을 위한 도전이었다. SMH는 "생일케이크 작전"을 구사하여 제품 피라미드 구조를 만들었다. 맨 아래층에는 100프랑짜리, 중간층에는 1,000프랑짜리, 최상급의 부유층을 위해서는 1만 프랑짜리의 고급시계로 소비자의 소득계층에 따라 각각 취향에 맞는 차별화된 시계를 만들었다. 마치 1920년대에 GM이 밑바닥층 세비부터 최상층 캐딜락까지 만들어 시장을 차별화한 것 같이 시계도 시장 차별화를 했다.

또한 그는 최상층과 최하층의 이익지대를 지키기 위해 최하층을
대상으로는 대량생산의 저가품을, 최상층을 대상으로는 제한적인 수
량의 고가품을 출시하고 각각 누구도 침입 못하게 방화벽(Fire Wall)
을 쌓기로 하였다. 그리하여 최상층의 브랜드로 블랑크페인
(Blancpain) 상표를 1992년에 사들이고 1997년 캘빈 클라인(Calvin
Klein) 상표권을 도입했다.

하이에크는 GM이 최하층에 세비보다 싼 소형차를 개발하고 최상
층부에 캐딜락보다 비싼 대형차를 개발했어야 하는데 그렇지 못했기
때문에 독일과 일본의 자동차 회사가 미국시장의 저가품과 최고급품
모델시장을 파고들도록 허용하여 마침내 큰시장을 내어 주었다고 주
장했다.

시장에 있어서 약간의 빈틈은 아킬레스건과 같으므로 하이에크 사
장은 철저하게 방화벽을 쳤던 것이다. 그리고 그는 값싸게 광고할 수
있는 기발한 아이디어를 생각해냈다. 그는 프랑크푸르트 시내 최고
높은 건물이었던 독일 상업은행 건물 꼭대기에 500피트 길이의 대형
스워치시계를 만들어 "Swatch, Swiss DM 60"이라고 광고문안을 넣
어 세워놓았다. 덕택에 2주내에 독일사람들 모두가 스워치 시계를 알
게 되었다. 다음으로 대형 스워치의 광고탑을 도쿄 시내 긴자거리에
내걸었고 뉴욕 등 세계 큰 도시마다 광고탑을 세웠다. 1996년 애틀랜
타 올림픽에는 무료제공하여 공식시계로 광고하면서 40억 인구가 스
워치를 알도록 했다.

1983~92년 10년동안 1억 개의 스워치 시계를 팔았는데 4년 뒤인
1996년에는 1년에 2억 개를 팔았다. 1983년에 시작한 스워치 시계는
10년 뒤인 1992년에 매출 20억 달러, 순이익 2억 8,000만 달러를 올
렸다. 주식의 시장가격은 38억 달러로 뛰었다.

지금 스위스에서는 하이에크 사장을 스위스 시계업계를 재건한 국

민적 영웅으로 대접하고 있다. 현재 그는 다임러 벤츠(Daimler-
Benz)와 공동으로 스워치 시계와 같은 1만 달러짜리 이하의 스워치
자동차(Swatch mobile) 개발에 나서고 있다. 그는 옷색깔에 따라 자
동차가 다르고 파티장소마다 다른 자동차를 몰고 나가는 시대가 곧
올 것이라고 믿고 있다.

기업은 경제발전의 원동력

이러한 기업들의 활약을 보고 있노라면 한국 기업들이 지금 고임
금 타령만 하고 IMF핑계를 대고 정부와 은행의 지원만 기대하면서
기업의 어려움을 남의 탓으로만 돌리고 있는 현실이 부끄럽기만 하
다. 또 기술이 없다고 좌절하고 브랜드가 신통치 않다고 체념하는 경
우가 허다한데 안타깝기 그지없다.

우리는 해낼 수 있고 또 해내야 한다. 정부는 기업의 사기를 진작
시켜야 한다. 기업인이 신바람 나도록 만들어야 한다. 지금 우리 사
회는 기업가에게 돌팔매질을 하고 있다. 그들이 IMF사태의 주범인
것처럼 오해하고 있다. 노사분규에서 모든 죄는 기업가들에게 덮어
씌웠다. 기업인들이 정치에 눌리고 정부의 눈치를 보며 은행 앞에서
는 설설 기어야 하고 언론에 아부해야 하는 풍토가 고쳐지지 않는 한
기업인들은 신명이 날 수가 없다. 지금 기업가 가운데 기업가정신을
포기하는 사례가 늘어나는 것이 안타깝다. 돌팔매질도 지겹고 돈도
벌리지 않고 노조는 속썩이고 하니 아예 기업하기를 포기하는 것 같
다.

요제프 슘페터(Joseph Schumpeter)는 기업이야말로 경제발전의 원
동력이라고 했다. 기업가의 역할은 혁신이다. 우리 기업인들이 혁신
을 포기할 때 경제의 회생은 어렵다. 성공적인 기업가 없이 성공하는

경제는 없는 것이다. 따라서 기업인들이 어렵더라도 힘을 내야 한다. 지난 30년 간 고생하여 일으켜 놓은 한강의 기적을 여기서 흘려 보낼 수는 없지 않는가?

기업인은 자신감을 가지고 회생방법에 대해 고민에 고민을 거듭하여야 한다. 전 종업원은 의욕과 열정을 가지고 탈출구를 찾아야 한다. 나라 안팎의 시장에서 필요로 하는 물건을 경쟁력 있게 만들 때 기업가는 성공하여 돈을 벌 수 있는 것이다. 이제 사회는 기업가를 부추기고 기업가는 스스로 기업가정신을 추스려보자!

9

노동조합과의 대결과 타협

불법파업자 징계건

한중 노동조합도 1987년 6.29 민주화선언 직후 타기업체와 마찬가지로 민주화열기가 전국적으로 봇물처럼 터지던 때 설립되었다. 지난 10년동안 1990~91년, 1993~94년을 제외하고는 파업 등 극심한 노사분규로 회사는 매출 및 생산에 큰 차질을 빚었고 14명이 해고되었다가 복직되었으며 상당수가 구속되는 등 고소고발이 반복되면서 대결과 갈등으로 얼룩져 있었다.

노동조합 자체도 조직의 안정을 이루지 못했다. 1987년부터 97년 말까지 10년동안 10명의 위원장이 평균 10.85개월을 재임하여 2년 임기를 무사히 마친 위원장은 1994년 11월 1일~1996년 10월 31일

재임한 김창근 전임 위원장 한 명뿐이었고 나머지 9명 모두가 조합원의 불신임으로 제대로 임기를 마치지 못하고 중도 퇴진당하였다.

회사의 경영진도 공기업화된 1980년 8월 20일 최각규 사장 이후 제10대 사장이었던 전임 이수강 사장의 임기만료일 1996년 3월 27일까지 평균 18.7개월의 짧은 재임기간으로 노사안정을 근본적으로 이룩하지 못했고, 4년 4개월 재임했던 성낙정 사장을 제외하면 평균 15개월 재임에 불과하였다. 더구나 전국적으로 1990년 이후 노사안정을 회복하고 있는 추세였는데도 한중은 1995년 7월 7일~8월 24일 49일간의 파업으로 엄청난 손실을 입었다.

1996년 3월 28일 취임한 내 앞에 맨 먼저 놓인 것이 1995년 불법파업을 주동한 노조위원장 김창근 등 9명에 대한 징계위원회에 상정된 해고 등 징계안의 처리문제였다.

이중의 6명은 1996년 2월 7일 징역 10월 또는 1년과 집행유예 2년의 실형을 받았다. 원칙대로 한다면 당연히 해고 등의 징계의결로 징계를 하는 것이 마땅한 사안이었다. 그러나 1987년 이후 노동자들의 수많은 불법행위에 대하여 무원칙하게 대처하여 왔기 때문에 법질서가 확립되지 않았다. 또 회사마다 각사의 사정에 따라 제각기 결정하여 대처했기 때문에 불법파업을 주도한 노동자에게 적용하는 어떤 원칙과 기준도 확립되지 않아 파업-고소고발-취하-파업-고소고발이 반복되어 왔고, 해고-복직-해고-복직이 되풀이되어 왔던 것이다. 더구나 고소고발이나 징계건은 회사경영진의 방침으로 일방적으로 결정할 수 있는 사안이 아니었고 중앙정부와 지방정부, 노사분규에 깊숙이 관여했던 경찰, 안기부 등과도 협의해야 하는 것이 통례였다.

당시 현장 노사문제를 처음으로 접하는 나로서는 이들에 대한 징계건에 대하여 징계하느냐 취소하느냐 하는 두 가지 중에서 하나를 선택하기란 매우 어려운 사안이었다. 회사 내에서도 두 가지 의견으로 갈라졌다. 이 문제를 직접 다루는 관리본부에서는 취소하는 쪽으로 건의했고 기타 본부에서는 본때를 보여 주어야 한다는 의견이 지배적이었다. 외부의 의견도 각각 달랐다. 경찰측에서는 취소를 지지하는가 하면 안기부쪽에서는 징계해야 한다는 의견이었다.

나는 취소쪽을 선택했다. 사장은 회사의 경영목표를 달성하는 것도 중요하지만 무엇보다도 한중으로서는 노사의 안정을 이룩하는 것이 급선무이고 지상의 과제라고 생각했기 때문이었다. 나는 과거의 잘잘못을 덮어두고 새로 시작해 보겠다는 뜻으로 불법파업을 주동한 이들을 용서해 주기로 결정하였다. 과거의 모든 것을 지우고 백지상태에서 새로 시작해 보겠다는 것이었다. 일단 없었던 것으로 하고 저들의 불만이 무엇이고 왜 갈등과 대결을 되풀이하는지 근본이유를 파악해 보기로 하였다.

시중에 나도는 소문처럼 북한간첩들이 배후에서 조정하지 않는 한, 또 내부에 외부세력과 결탁한 자들이 없다면 노사화합은 반드시 이룩해 낼 수 있다고 생각했고 또 회사의 발전을 위해 신바람경영혁신활동의 성공을 위해 반드시 이룩해 내고야 말겠다는 의지를 가졌었다.

1996년 4월 중순 그들을 사장실로 불러 놓고 "금번에 내가 용서하기로 용단을 내린 것은 노사화합을 이룩해 보고자 하는 나의 간절한 소망 때문이다. 회사가 잘되면 여러분도 좋아지는 것이므로 함께 한 가족으로서 경영혁신을 이룩해보자. 여러분도 변하여 새로운 역사를 함께 창조해 나가자. 두 번 다시 이런 일이 있을 때는 용서하지 않겠다"라는 요지로 말했다.

그러나 그들은 당연한 것으로 생각하고 고맙다는 한마디 말도 없어 내가 잘못 판단한 것이 아닌가 하는 생각도 들었다.

상갓집을 찾아서

한중노조는 앞장에서 언급했지만 마산·창원지역에서 최고 강성 노조였고 민주노총의 핵심 행동노조였다. 1995년 12월 말 현재 노조원수는 4,142명으로 임원과 계약직 281명을 제외한 전 직원 7,002명의 59.2%였다. 1998년 3월 말 현재 노조원수는 4,127명으로 임원 및 계약직 305명을 제외한 전 사원 7,853명의 52.5%였다. 노조가입률은 줄어들었으나 절대수는 줄어들지 않았다. 다만 한 가지 특징이라면 대졸신입사원의 노조가입률이 1995년 45.5%에서 1997년에는 15.5%로 크게 줄어들었다.

그 해 4월부터 이들의 불만이 무엇인지, 왜 회사와 갈등을 빚는지를 파악하기 위해 개별방문을 통해 대화해 보기로 하고 저녁 9시 이후에 강성노조원으로 대표되는 대의원 가정집을 은밀히 혼자서 방문하였다.

그러나 당황스럽게도 사장이란 것을 알고도 문을 열어주지 않았다. 개별적인 대화를 거절하는 것이었다. 후에 안 일이지만 과거 노사분규시 회사경영진이 은밀한 개별 포섭작전을 전개하여 정보수집과 무마작전을 폈을 때 회사에 협조한 이들을 어용으로 매도하고 노조원 자격까지 박탈하는 등 노노간의 갈등을 빚은 일이 있었다고 한다. 그래서 새로운 사장의 동일한 작전에 말려들지 않겠다는 게 공통된 의견이었다는 것이다.

나는 개별 가정방문을 통한 대화를 포기하는 대신 조합원을 포함한 전 사원들의 상갓집을 방문하여 그들과 자연스럽게 대화해 보기로 하였다. 마산, 창원, 진해 시내는 회사에서 거리가 얼마되지 않으므로 한중사원이면 모두 방문하여 문상을 했다. 처음에는 느닷없이 사장이 나타나니 어리둥절하였으나 곧 반가워했다. 거기서 10~20명이 둘러앉아 소주잔을 기울이며 대화를 풀어 나갔다. 회사경영방침에서부터 노사문제까지 솔직하게 의견을 교환했다. 불만도 많이 터져나왔고 과거애기도 많이 들려주었다.

나는 우선 상가에 필요한 물건들을 회사에서 구입하기로 하였다. 버스 등 차량 3대, 병풍 10개, 대형텐트 10개, 비상발전기, 대형선풍기, 히터, 촛대, 식탁 등 상가에 필요한 물건들을 1억 800만 원을 투자하여 구입하였다.

또한 동료사원 중에 3명을 상조팀으로 구성, 삼우제까지 유급휴가 처리를 해 주었다. 사장이 나타나니 본부장, 부서장, 공장장들도 방문하기 시작했고 가족들은 고마움을 표시했다. 마창지역에서는 아직까지 굴건제복하고 전통형식으로 장례식을 치루고 있어 큰일을 치루자면 여간 곤욕이 아니었는데 회사에서 전폭적인 지원을 해주니 고마웠던 것이다.

형제들 중에 삼성, 현대, 대우 등에 다니는 상주가 있었지만 한중 다니는 상주가 최고였다. 농담으로 "한중사원은 상을 당하면 울기만 하면 된다"는 말이 퍼졌다.

나는 이들 가족들로부터 수없이 많은 감사편지를 받았고 전화도 많이 받았다. "한중에 다니는 아들을 둔 것이 자랑스럽게 느껴지며 우리 아들이 이렇게 좋은 회사에 다니고 있는 것에 긍지를 가지게 되었고 내 아들이 이렇게 훌륭한지 처음 알았다"는 내용들이었다.

노조원들을 설득하기 위해서가 아니라 진정으로 그들의 슬픔을 같이 하는 순수한 한가족이란 마음을 배양하고 싶었다. 밤중에 묘역을 하는 일이 종종 있는데 비상발전기로 훤하게 전깃불을 밝혀주니 작업하기에 편했고 더운 날은 대형선풍기를, 추운 날은 전기히터를 제공했다. 나는 비오는 날이고 눈오는 날이고 해외출장중 이외에는 재임 2년동안 거의 빼놓지 않고 문상을 했다. 어떤 때는 하루에 3~4집을 문상하다 보면 새벽 3~4시에 귀가하기도 했다. 나의 주량은 소주 3잔 정도였는데 이들이 권하는 술잔을 받아 마시다보니 주량이 늘어 퇴임시에는 한 자리에서 15잔 정도를 받아 먹을 수 있을 정도로 늘었다. 그들이 사장에게 술 한잔 권하는 것을 영광으로 생각하고 있는데 받아 먹지 않을 수 없었다.

우리 사원들의 90%이상은 착하고 순진한 보통 사람들이었다. 이들의 생각과 내 생각은 같았다. 우리는 소주잔을 들고 한중 555를 함께 외쳤다. 노조대의원들과 노조간부 출신들만 대화하기가 어려웠고 사고와 행동에 이해가 되지 않는 부분이 많았다.

나는 이 상조활동을 통하여 노사화합이 가능하다는 자신감을 얻었다. 정상적인 사고를 가진 선량한 보통사원을 비정상적이고 불량한 사원과 분리해야겠다는 생각을 했다. 나는 이를 "역파도 타기"라고 이름을 붙였다.

일반적으로 그들의 불만은 사람대접을 받지 못하는데 있었다. 임금수준에 대한 불만은 별로 없었다. 권위주의적 지시나 명령, 인격적으로 모욕적인 행동과 언사, 인사나 연수결정시의 불공정성에 불만이 있었다. 또한 중졸이나 고퇴의 저학력 그리고 해고되었거나 징계이력을 가진 사원들 스스로의 열등의식도 내면에 잠재하고 있었다. 대부분 회사에 대한 소속감은 강했고 회사와 자신과의 일체감을 가지고 있었다.

이 선량한 사원들이 불만을 노조가 풀어주고 있었기 때문에 노조 집행부의 지시와 명령을 따르고 있었다. 회사가 그들의 불만을 해결해주면 문제는 풀릴 것 같았다. 이들은 회사에서 해고당하는 것을 가장 두려워하고 있었는데 노조가 바로 자기들의 보호막 역할을 해준다고 생각하고 노조에 대한 믿음과 충성심을 가지고 있었다. 저들에게 사람대접 해주고 학력을 철폐하여 기회를 동등히 부여하고 회사가 고용안정에 대한 확신을 심어주면 노사화합을 이루어내는 것은 그리 어렵지 않을 것이라고 생각하였다.

1996년 4월 24일부터 신문고제도의 하나로 매주 수요일 오후를 '한중 참소리 시간'으로 정하고 면담 희망자와 개별면담을 시작했고 사장직통 핫라인과 고충전용 팩스를 설치하고 컴퓨터 네트워크인 하니스에 '참소리 란'을 개설하였다. 이들이 제기한 문제와 건의에 대하여 내가 직접 회신해 주었다.

그해 5월 9일부터는 부문별 고충처리 상담제도를 운영하여 사원들의 애로와 고충사항을 회사차원에서 처리해 주어 직무만족도를 향상시키고자 하였다. 법률상담 등 8개 부문에 각 전담부서를 지정하고 법무사, 회계사, 변호사 등 분야별 전문가를 알선해 주든가 촉탁으로 선임하였다.

한마음 생산회의로 마찰

회사는 1996년 1월 1일부터 시범적으로 생산현장과 현업부서를 중심으로 매주 월요일 아침 8시에 반별로 한마음 생산회의를 실시하고 있었다. 한 반이 7~12명으로 구성되어 있는 회사의 생산 기초조직이었다. 나는 한마음 생산회의를 1996년 5월 1일부터 약 300여 개의 모든 반으로 확대실시하기로 하였다. 단순히 금주의 작업계획만 전달하는 회의가 아니라 전주 작업의 문제점을 토의하고 금주 작업의 주의사항 등 생산작업과 관련된 사항뿐만 아니라 품질분임조활동, 위험예지훈련, 현장실용화과제 토의, TPM, TPS 등 회사의 경영혁신활동을 수행하는 기초단위조직으로 발전시켜야 되겠다고 마음 먹었다.

회사는 소대장격인 반장에게 힘을 실어주기 위해 반장당 월 7만원의 예산집행권과 진급 및 연수추천권, 근태관리권 등을 주었다. 회사의 핵심조직인 반장들이 노동조합원이란 이유로 노조대의원들의 하부조직으로 전락하는 것은 있을 수 없는 일이라고 판단하고 회사의 공식조직으로 사단장-연대장-내내장-중대장-소대장 중의 한 역할을 맡도록 키워 나가야겠다고 마음 먹었다.

공장장, 부서장급 이상 사장까지 반드시 한마음 생산회의에 참석하여 이들의 활동을 올바른 방향으로 이끌어 나갔다. 그러나 노조에서 정면으로 반대하고 한마음 생산회의 개최를 방해하고 나섰다. 노조집행부가 반대를 하고 나서니 한마음 생산회의는 하는 둥 마는 둥 저조했다.

그들은 회사가 노동강도를 높이려는 수작이고 노조원들을 어용화하자는 목적이라고 주장했다. 안타깝게도 소대장인 반장들은 팔을 걷어붙이고 나서기는커녕 노조의 눈치만 보고 어영부영하는 자세를 보이고 있었다. 회사의 기초조직으로서의 역할보다는 노동조합의 조합원자격을 더 중시했다. 생산활동을 원활하게 하고 품질과 납기관리를 철저히 해야 하는 책임을 맡고 있고 더욱이 생산현장의 경영혁신활동을 추진하는 주체들인 저들이 노조의 반대행동에 맞서야 하는데도 비실비실 노조의 눈치를 살피면서 피하고 있는 모습들이 한심스러웠다. 마치 강한 동물 앞에 꼬리를 내리는 약한 동물의 모습을 연상시켰다. 노조에게 밉상보이기 싫다는 생각 때문에 반장으로서의 기본책무를 저버리는 것이었다. 따라서 이러한 고민 때문에 반장을 서로 맡지 않겠다는 풍조가 만연하였디. 마치 전갱터에서 소대강을 서로 맡지 않겠다는 풍토였다. 생산의 기초조직이 건전하게 구축되어야 회사가 정상적인 생산활동을 할 수 있으므로 이번에는 물러서지 않겠다고 마음 먹었다.

노조위원장 등 집행부와 여러 번 대좌하여 설득했으나 실패하였다. 한마음 생산회의를 놓고 회사와 노동조합이 서로 합의점을 찾지 못한 채 평행선을 달리고 있었다. 노동조합은 그해 9월에 대의원대회를 통해 한마음 생산회의 거부를 결의하고 매주 월요일 시행되는 한마음 생산회의에 참석하지 말 것을 조합원에게 지시했다. 그리고는 단조공장앞 노동광장에서 집회를 갖고 한마음 생산회의 거부서명운동을 펼쳐 나갔다.

회사는 노동조합이 벌이고 있는 한마음 생산회의 거부서명운동을 즉각 중단할 것을 당부하고 각종 사규 및 관련법규 위반행위에 대해 엄중조치하겠다고 경고하였다. 그리고 한마음 생산회의를 방해한 주동자 5명을 검찰에 업무방해죄로 고소하고 회사에서는 이들을 해고 등 징계하기로 결정하였다. 이러한 대결이 그해 10월까지 약 4개월 가까이 계속되었다.

10월 9일 한마음 생산회의 문제를 놓고 노조집행부 및 대의원들과 간담회를 가져 열띤 토의를 가졌다. 이 과정에서 직장 및 기장들의 모임인 기직장협의회에서는 월 10만 원의 예산전결권을 노조의 비판을 두려워한 나머지 반납하는 나약함을 보였다. 며칠 후에 노사협의회가 개최되어 반장에게 5~10만 원씩 차별적으로 지급하던 한마음 생산회의비의 예산 전결권을 월 7만 원으로 통일하고 고소 및 징계권을 백지화하는 조건으로 타협했다. 이로써 한마음 생산회의 문제는 종결되었다.

지금은 한마음 생산회의가 정상적으로 개최되고 80%이상이 자율반으로 발전되었으며 반원들 가족의 야유회, 등산, 자원봉사, 불우이웃돕기 등 비공식활동으로까지 확산되고 있다. 또한 회사의 품질분임조활동, 위험예지훈련 등 4가지 경연대회도 활발히 개최되고 있다. 다만 적어도 골칫거리였던 방해자 3명은 이 기회에 해고하여 제거하기로 마음 먹었는데 또다시 한발 물러서게 된 것이 아쉬웠다.

비공식적 활동으로 친목 도모

또한 노사 모두가 보다 친해지고 화합하기 위해 사내 동호회인 농아리회의 활동을 활성화하기로 하였다. 그해 4월 약 20여 개 동호회 회장들을 모아 놓고 활성화방안을 토의하였다. 나부터 테니스회, 산악회, 낚시회 등에 회원으로 가입하고 고문직을 자청하였다. 매주 토요일 이들과 테니스를 같이 쳤다. 산악회의 등산도 따라 다녔다. 직장별 테니스, 축구, 탁구대회 등에도 참석하여 열심히 응원하였다.

부장급 이상 간부들에게 최소한 3개 이상 동아리회 가입을 권유하였다. 약 800명의 반장급들의 모임인 '성심회' 주최 등산대회에는 이사급 이상 간부들이 참여했고 기직장협의회 회원들의 부부등산에는 우리 부부도 동참하였다. 농구회, 야구회 등 7개의 동호회가 새로 생겨 27개로 늘어났고 이를 통해 갑사원과 을사원간의 친목과 화합이 증대되어 갔다.

우리 회사에서도 일부 회사와 마찬가지로 1,000원 미만의 동전을 봉급에서 공제하여 불우이웃을 돕고 회원의 치료비 보조를 하는 큰사랑회가 1995년 1월에 결성되어 운영되고 있었다. 그해 4월 나는 이들의 활동현황을 파악한 뒤 노사간의 화합과 지역사회봉사, 사원들의 사고 변화 등을 촉진하기 위하여 사장이 큰사랑회 명예회장을 자청하고 나섰다.

지금까지 단순히 명절때 간부들이 금일봉만 전달하는 소극적이고 간접적인 봉사활동에서 벗어나 주변의 양로원, 고아원, 장애자시설 등을 찾아가 노력봉사를 하고 공장주변 마을과 자매결연도 맺고 또 소녀소년가장돕기 등 보다 적극적인 봉사활동을 시작했다.

1996년 7월 11일 큰사랑회 자원봉사단 발대식을 가지고 월 2~3회씩 노력봉사에 나섰다. 우리 부부도 동참하였다. 노력봉사단은 불우이웃시설을 찾아 청소, 빨래, 목욕시켜 주기, 시설주변정비, 농사일 돕기, 장작패기, 나무심기, 전기수리 등 각종 형태의 노력봉사를 몸소 실천하였다. 마침 초중등학교에서도 학생들에게 봉사활동을 권장하여 온가족이 동참하게 되었다.

회사버스를 이용하여 마창지역 주변 장애자시설인 '소망의 집' 등 6개 불우이웃시설단체를 정기적으로 방문하여 노력봉사를 하였는데 한번에 자원자가 보통 50~100명에 이르렀다. 1996년 7월~1997년 12월 평균 43명씩 참여하여 봉사했다. 지방 언론에도 보도되고 참여자의 숫자도 늘어만 갔다.

창원시장의 감사패도 받고, 대한적십자총재의 표창도 받았으며, 경남사회복지협의회 봉사상과 경남도지사상 등을 받아 지역사회에서도 많이 알려지면서 좋은 이미지를 심을 수 있었다. 1997년 12월 31일에는 경상남도 주최 전국 자원봉사 대축제에서 1,648개 팀중 우수상을 수상하기도 하였다.

자원봉사활동을 통해 이웃사랑을 직접 체험하는 계기가 되었을 뿐만 아니라 사원들 상호간의 유대강화와 갑·을 사원간의 화합증진의 효과를 거둘 수 있었다. 뿐만 아니라 가족들과 함께하는 활동으로 가족사랑의 정신을 함양하였고 사원자녀들의 학생봉사활동 확인서 발급시에 반드시 활동소감문을 작성하게 하여 형식적인 활동이 아니라 진정한 자원봉사의 정신을 느낄 수 있도록 함으로써 참다운 인성교육의 장이 되었다. 이는 가사불이(家社不二)를 실천하게 되는 효과도 가져왔다. 특히 참가자중 80%이상이 을사원으로 갑·을사원간 친목도모로 장벽을 허무는데 도움이 되고 있었다.

나는 노조위원장한테도 여러 번 노조집행부의 공식적인 동참을 요청하였고 그들은 노조원의 여론이 형성될 때까지 시간을 좀더 달라고 하여 그들의 참여를 기다리고 있었다.

1996년 5월부터는 각 본부별로 주변에 있는 소녀소년가장돕기에 나섰다. 사원들이 집을 방문하여 청소도 해주고 저녁도 같이 먹고 심지어는 영어, 수학도 가르쳐주는 가정교사 역할도 했다. 본부장 또는 이사 부인들이 이들을 가족처럼 데리고 외식도 하고 소풍도 같이 가고 명절때가 되면 집으로 초청해 함께 즐기기도 했다. 여름철이 되면 사원자녀 중 초중등학생들을 대상으로 실시하는 학생여름캠프와 극기훈련, 열린음악회 등에 이들을 초대했고 또 2박 3일간의 청학동예절훈련과 사원들의 하기휴양지에도 이들을 초대하여 한중 한가족이 되도록 유도하였다. 나도 아버지가 우리 회사 반장으로 일하다가 간암으로 사망한 뒤 어머니가 집을 나가 할머니 밑에서 사는 3남매를 직접 돌보았다.

1998년 4월 현재 44세대 77명의 소녀소년가장과 자매결연을 맺고 있다. 나는 한중사원들로 하여금 불우한 처지에 있는 이웃들과 비교해 보고 우리의 입장이 얼마나 나은가를 깨닫고 또 이웃사랑을 실천하면서 더불어 살아가는 정신을 배우길 바랐던 것이다.

1996년 5월 2일부터 간부사원 부인들로 구성된 주부들이 일손이 달리는 식당일을 돕기 위해 자발적인 봉사활동에 나섰다. 회사 직영 5개 식당에서 하루 5,000~7,000여 명의 급식인구에 중식을 제공하고 있었는데 파트타임 주부들을 10~15명을 고용하고 있었다. 매출규모가 2조 원에서 3조 원으로 늘어나면서 식사인원도 외부협력업체 출입사원을 포함하여 늘어나고 있어서 식당종업원을 신규로 채용해야 했다. 그러나 주부들의 자원봉사로 인건비가 절감되었고 기왕 회사를 방문하는 기회에 공장견학을 시키고 또 주부대학을 개설, 미용술, 상식, 도덕, 자녀교육 등에 대한 강의를 마련해 주었다.

지금까지 남편이 다니는 회사가 무엇을 하는지도 몰랐는데 회사사정을 알게 되고 난 뒤부터는 남편에 대한 자부심이 생겼고, 식당봉사하면서 남편 얼굴도 볼 수 있게 되고, 주부대학에서 좋은 강의도 들을 뿐 아니라 부인들간에 얼굴도 서로 알게 되어 좋다며 그 참여인원이 날로 늘어났다. 21개 팀으로 구성된, 약 700여 명의 주부들이 한 달에 한번씩 돌아가면서 봉사했기 때문에 큰 부담이 되지 않았다. 그러나 이를 두고 말도 많았다.

먼저 강제로 시킨다는 것이었다. 전 사원을 대상으로 자발적으로 참여하는 것을 원칙으로 하였는데 참여할 수 없는 사정 때문에 참여치 못한 일부 주부들의 입에서 나온 것 같았다. 심지어는 사장부인의 강요에 의하여 어쩔 수 없이 서울서 비행기 타고 내려와 2시간 봉사하고 비행기를 타고 돌아갔다고 비아냥거렸다.

처음에 자원봉사단을 조직하기 위해 본부장 및 이사부인들을 모아 취지를 설명하고 팀을 짜고 연락책을 정하고 하는 과정에서 식사도 하고 잡비도 들었으므로 사장의 법인카드를 사용하였고 또 주부봉사단체육대회 등 경비를 회사가 부담하였는데 이를 두고 감사원은 부당한 사례라며 답답하고 속좁은 지적을 해왔다. 이 일로 인하여 사장부인이 제멋대로 회사돈을 쓰고 다닌다는 소문이 돌았다.

심지어는 노조에서도 정식으로 자원봉사를 취소해 달라고 요청하였다. 나는 노조가 간여할 문제도 아니고 회사는 오히려 부인들의 봉사를 감사해야 할 형편이므로 노조간부 부인들도 동참하여야 한다고 권유하였다.

처음 경험하는 임단협

드디어 1996년 5월 9일부터 노조와 임금단체협상이 시작되었다. 노조에서는 임단협 발대식을 한다고 울긋불긋한 깃대를 휘날리며 머리에 '단결 투쟁'이란 뻘건 띠를 두르고 빨간 조끼를 입고 꽹과리와

북을 치면서 마치 전쟁터에 나가는 출정식마냥 공장에서 본관까지
행진했다. 그런 광경을 처음 보는 나는 섬찍하기까지 하였다.

노조원들은 며칠전부터 임단협 투쟁출정식을 갖는다며 단조공장
앞 노동광장에 모여 우리가 흔히 보는 이해할 수 없는 율동과 구호를
외치며 전의를 돋구었다. 그날 아침에 나는 노조협상대표들에게 "세
상이 변했는데 제발 뻘건 머리띠를 벗어달라"고 타일러 협상장에서
는 머리띠를 풀었다.

그해 협상은 실무회의를 13차, 본회의를 7차에 걸쳐 진행하였다.
노조위원장과는 몇차례 별도 협상을 전개하기도 하였다. 양쪽의 주
장은 평행선을 달렸고 전혀 이해가 되지 않는 상식 이하의 주장과 예
의범절에 어긋나는 무례한 행동과 발언에 참기 어려운 일이 여러 번
있었다. 한마디로 인간들이 아니란 생각까지 들었다. 어쩌다가 저렇
게 삐뚤어진 사고와 색안경을 쓴 생각과 몰지각한 행동을 하게 되었
을까 하는 느낌뿐이었고 참으로 답답하고 측은하기까지 하였다.

주 40시간 근로시간 단축문제

첫번째 쟁점은 주 44시간 근무를 42시간으로 단축하는 문제였다.
이미 여러 회사가 주 42시간 또는 40시간까지도 합의해 주었듯이 근
무시간을 단축하는 것은 일반적인 추세였다. 미국은 주 40시간, 일본
은 주 44시간이나 중소기업은 46시간, 독일은 주 48시간이나 실제는
38시간만 일하고 프랑스는 1일 10시간 주 39시간을 상한선으로 하고
있었다.

동시에 이들 국가 모두가 변형근로시간제를 시행하고 있었고 또
초과근무시간에 대한 연장근로수당을 지급하고 있었다. 가장 많이
지급하는 국가에서는 국제노동기구(ILO)의 규정대로 25%를 할증

해 주고 있었고 미국은 50% 가산지급하고 있었다.

우리나라에서는 변형근로시간제도가 법적으로 뒷받침이 되어 있지 않아 주당 44시간 근로를 지켜야 하고 여기에 초과한 근로시간에 대해서는 근로기준법 제 55조 "연장근로, 야간근로, 휴일근로에 대하여는 통상임금의 50%이상을 가산하여 지급하여야 한다"는 규정에 따라 50%이상 초과근로수당을 지급하고 있었다.

변형근로 및 초과근로수당은 근로시간과 밀접히 연계되어 있는 것이 일반적인 관례였다. 독일은 2주 단위와 5주 단위의 변형근로시간제를 운용하고, 프랑스는 1년 단위로, 미국은 26주 단위와 52주 단위로, 일본은 주단위, 1개월, 3개월 단위의 변형근로시간제를 실시하고 있었다.

우리나라에서는 주 44시간 근로를 주간단위로 지키도록 못박아 놓고 일이 많아 연장근로를 할 경우에는 반드시 50%이상의 연장근로수당을 지급하게 되어 있다. 또 일이 없을 때도 각사별 단체협약에 의하여 최소한 월 40시간의 연장근로를 보장하고 여기에 따라 연장근로수당을 주도록 합의하고 있기 때문에 일하지 않고도 임금을 지급해야 하는 모순에 빠져 있었다.

회사는 노조의 주장대로 주 42시간을 수용하되 1개월 또는 3개월을 평균하여 주 42시간을 지키도록 하는 변형근로시간제를 채택하자고 주장하였으나 노조는 법에 없는 제도를 도입할 수 없다고 거부하였다. 그러면 주 42시간을 일하는 경우 단축되는 2시간에 대한 임금은 자동적으로 '무노동 무임금'을 적용하겠다고 했더니 노조는 주 42시간 일하고 주 44시간의 임금을 받겠다는 당치 않는 주장을 했다.

그리하여 회사는 다시 주 42시간 근로로 축소하고 연장근로수당 50%는 근로기준법에 있으니 할 수 없이 지급하지만 야간근로 100% 할증, 휴일근로 150% 및 휴일야간근로 250% 할증은 모두 50%로 통일하자고 제의했으나 노조는 임금삭감이라고 받아들이지 않았다. 그러면 회사가 작업물량을 확보하여 반드시 월 40시간 초과근로를 보장해야 한다는 합의를 취소하자고 주장하였으나 노조는 확보해 놓은 전리품을 절대로 포기하지 않았다.

'연장근로 50%이상 지급', '연장근로와 휴일근로는 당사자간의 합의'로 규정해 놓고 변경근로제 실시, 연장근로수당의 규제를 해야 앞뒤가 맞는 것인데, 우리 노동법은 '주당 44시간 근로'와 '연장근로수당 50%이상'만 규정해 놓고 자동연계된 제도는 마련해 놓지 않으니 회사는 무얼 어쩌란 것인가? 당사자간에 합의해주지 않으면 될 것이 아닌가 반문하겠지만 어디 그렇게 지도했으며 또 모든 회사가 다 100~250% 할증하고 있는 것이 현실이 아닌가?

회사는 격주휴무 토요일에는 일하지 않으므로 월 8시간의 임금을 줄 수 없다고 강변했으나 다른 회사들이 이미 수용하였기 때문에 어쩔 수 없었다. 노조는 다시 주 40시간 근로를 주장하고 나올텐데 그 때도 월 8시간을 일하지 않는데도 임금을 지불해 주면서 수용해 줄 것인가? 다른 회사는 무슨 돈이 그리 많아 헤프게 합의해주고 있는가?

이 문제로 노사협상은 몇번이나 결렬의 위기를 맞았다. 협상최종일 저녁에 내가 바보되는 셈치고 '격주 토요일 연장근로와 휴일근로는 회사지시에 의하여만 실시한다'는 대안에 동의하면 42시간 일하고 44시간 임금을 지급하겠다는 최종안을 제시하자, 이에 노조가 합의해 겨우 위기를 넘겼다.

지금도 주 42시간이든 주 40시간이든 반드시 변형근로시간제는 도입되어야 하고 50% 할증제도는 다른 나라와 마찬가지로 25% 가산지급으로 개정되어야 하며 야간근로나 연장 휴일근로의 가산지급률을 일본처럼 25~50% 범위내로 정하고 일하기 싫으면 '임금을 포기해야 한다고 생각한다.

고가의 기계설비를 24시간 풀가동하여야 감가상각비 부담을 줄이고 경쟁력을 제고할 터인데 풀가동하면 연장근로에 대하여 50～250%를 가산지급해야 한다. 이렇게 되면 인건비부담이 가중되어 기업의 경쟁력이 생겨날 수 없다. 소련공산당 노동법에서도 100% 가산지급하도록 되어 있는데 무슨 회사가 250%까지 가산지급하도록 합의해 주었는지 이해할 수가 없었다. 주중에 이틀 반을 파업하고 휴일에 하루 8시간만 일하면 임금이 보전되는 꼴이 아닌가?

더구나 정상근로시간 8시간 중에는 어영부영하고 오후 5시 이후 일하면 임금이 50% 내지 100%가 인상된 금액으로 일하게 되는 결과니 정상근로시간 중에는 노동생산성이 향상될 수가 없다.

노조전임자 문제

두번째 쟁점은 노조전임자 문제였다. 노동조합은 현재 전임자수 13명을 16명으로 증원해 달라는 것이고 회사는 5명으로 축소하자는 것이었다. 또한 회사는 노조상급단체에 전임으로 파견된 자의 임금은 조합이 부담해야 하고 노조전임자로 근무할 때는 급여 및 승급 기타 제대우는 정지되는 것으로 처리해야 한다고 주장하였다.

재임 2년동안 살펴보아도 노조전임자에 대한 급여를 회사가 책임지고 있는 나라는 없었다. 노조전임자 13명에 여직원 보조 1명 지원으로 사실상 14명인데 타경쟁사에 비하여는 1인당 조합원 317명으로 많지는 않았지만 정부에서 정한 공기업의 노조전임자 산정기준으로는 5명이 적당하였다.

또 상급단체파견은 별도 전임자이므로 노조가 부담하는 것이 당연하고 노조전임자로 근무하는 동안은 회사업무를 중단하였으므로 휴직자와 마찬가지로 재임기간중 자동적으로 급여 및 승급이 정지되어야 마땅하다고 생각했다. 여기에다가 회사는 별도로 노조전임수당과 O/T 67시간을 주는 것으로 간사회의록에 합의해 놓고 있으니 정말 이해가 되지 않았다.

내가 앞장서서 격론을 벌였으나 한 가지도 얻어내지 못하고 시간만 낭비하였다. GE공장에서는 노동조합으로부터 임금을 받는 노조전임자들이 '공장안내대사(shop tour ambassador)'란 호칭으로 공장견학자들에게 공장안내를 하고 있는 걸 보고 부러웠다.

한 회사가 잘못된 사례를 남기면 다른 회사는 따라가지 않을 수 없다는 것을 절실히 깨달았다. 또 대기업들이 나만 살면 그만이다란 생각으로 임금인상과 단체협약갱신에 앞장서고 있다는 비난을 이제야 이해할 수 있게 되었다. 이러한 사례가 한두 가지가 아님을 발견하고 언젠가는 재벌기업들이 한번 혼이 나고 큰코 다칠 날이 올 것이라고 생각하였다.

연월차수당 문제

세번째는 연월차수당 문제였다. 회사는 1996년분 연월차수당 108억, 1997년분 128억 원을 지급하였는데 연간 급여총액의 각각 8.2% 및 8.8%나 되었다. 연차유급휴가는 일본에서 1년 이상 근속자가 80% 개근하였을 때 10일 간의 유급휴가를 주고 근속 1년당 1일 추가, 독일은 6개월 이상 근속했을 때 18일의 유급휴가를 부여하고 있다. 미국이나 영국은 규정이 없었다. 한중은 1년 간 개근시 10일, 95% 개근시 9일, 90%이상 개근시 8일의 연차휴가를 주고 있고 2년 이상 근속시는 1년을 초과하는 근로연수 1년에 대하여 1일씩의 연차휴가를 가산하여 부여하였다.

월차휴가제도는 어느 나라에서도 시행하지 않는 우리나라 고유제도로서 월간개근시 1일의 유급휴가를 부여하고 있다. 나는 월차휴가를 폐지하고 정기무급휴가로 대체하여 현행 4일을 약 12일 정도 주는 것이 타당하다고 생각하였다. 문제는 미사용 연월차휴가에 대하여 그 일수만큼 상한선도 없이 통상임금의 150%를 보상하는 것이었다.

일본은 총일수가 20일 넘으면 유급휴가를 부여하지 않고 있고 또 1년 이내에 사용하지 않을 때는 소멸되는데 비해 우리는 일수제한이 없고, 사용하지 않으면 소멸되기는커녕 통상임금의 150%를 보상해주고 있었다. 다른 나라도 연차휴가를 유급휴가로 부여하지만 미사용시 통상임금으로 보상하는 나라는 전혀 없었다. 또한 연월차를 사용하지 않아 150%를 보상받고 또 한편으로는 부모사망 등 집안의 길흉사날에 유급휴가를 받아가는 것은 회사로서는 중복부담이었다.

따라서 월차휴가나 특별유급휴가중 한 가지는 폐지하는 것이 마땅하다고 생각했다. 그러나 이러한 회사의 주장은 쇠귀에 경읽기였고 허공에 고함만 지르는 꼴이었다.

상여금지급제도

네번째는 상여금지급제도였다. 회사는 고정성 상여금으로 연간 700%와 성과급으로 280%를 지급하고 있었다. 한국의 대기업들은 연간 보너스와 성과급으로 아래 〈표 9-1〉에서 보는 바와 같이 현대중공업 700%＋300%, 대우중공업 700%＋225%, 삼성중공업 800%＋α＋180%, 포철 734%＋720%를 지급하고 있었다. 그러나 외국기업들 가운데 경영성과와 연계되지 않은 고정성 상여금을 지급하는 회사는 없다. 개인별 업적에 따라 보너스가 천차만별로 달라 종업원간의 업적경쟁이 치열했다.

⟨표 9-1⟩ 주요업체 상여·성과금 지급률 현황

업체명	지급률		계	지급기준	통상임금 지급률
	상여금	성과·격려금			
현대중공업	700%	200%+100%	1,000%	통상임금	1,000%
대우중공업	700%	(100~200만 원)+70만 원	925%	통상임금	925%
포항제철	600%+α (α : 134%)	320%+400%	1,454%	기본급+제수당	1,454%
한국전력	600%	395%(장려금)	995%	통상임금	995%
삼성중공업	800%+α (고과등급)	180%	1,030%	기본급+제수당	1,030%
현대정공	700%	300%	1,000%	통상임금+O/T(30H)	1,190%
쌍용중공업	750%	60만 원	815%	통상임금	815%
한국철강	650%	110%+70%+53만 원	912%	통상임금(390H)	912%
기아중공업	800%	100%	900%	통상임금+O/T(30H)	1,071%
업체평균	720%	283%	1,003%		1,044%
한국중공업	900%	80%	980%	통상임금	980%

주 1) 1996년 지급실적기준
주 2) 통상임금 지급률은 기술직 (을)사원 기준

    일본 기업들은 우리와 같이 전 종업원에 동일한 보너스를 지급하고 있으나 우리처럼 이익이 나든 나지 않든 상관없이 지급하는 것이 아니고 이익이 났을 때만 인센티브 보너스를 지급하고 있었다.

    우리의 보너스제도는 한마디로 엉더리제도였다. 차라리 보너스 700%를 일부는 기본급에 산입하고 일부는 인센티브 보너스로 변경하는 것이 마땅하며 고정성 보너스제도는 철폐되어야 한다고 생각했다. 또한 경영성과급이라고 하는 인센티브 보너스는 경상이익의 5%에 해당하는 금액이 280%씩 배분할 수 없도록 모자랄 때는 차액의 반을 지급한다고 규정하고 있어 경상이익이 단 1원이라도 나면 통상임금의 250%는 인센티브 보너스로 각자에게 지급해야 하도록 합의되어 있었다. 한마디로 경영이익을 똑같이 나누어 먹자는 사회주의적 발상이었다. 어쩌다가 이러한 고정적인 임금성 보너스와 경영성과급제도가 도입되었는지 도저히 이해할 수가 없었다.

노조에서는 오히려 보너스 700%를 800%로 상향해 달라고 요구하였고 회사에서는 사회주의적 방식의 배분성과급제도를 폐지하고 경상이익률에 연계할 것을 주장하였다. 즉 경상이익률을 5%이상 실현하면 280%의 성과급을 지급하고 경상이익률이 3~5%는 그 반인 140%의 성과급, 3%이하는 경영성과급을 지급할 수 없다는 대안을 제시하였다. 그러나 노조는 이익이 작게 나도 이미 확보해놓은 통상임금의 250%성과급을 포기하지 않았다.

수차례의 토의 끝에 협상 최종일 밤에 성과급 280%중 200%는 고정성 보너스로 전환하고 나머지 80%를 가지고 연초 경상이익목표를 100% 달성하면 통상임금의 100%, 91~99% 달성하면 통상임금의 90%를 지급한다는 식으로 경상이익목표 달성과 연계하여 경영성과급을 지급하기로 간신히 합의하였다. 다만 경상이익 목표달성률이 50%이하일 때에도 50% 경영성과급을 주는 것과 성과급 200%를 고정보너스 700%에서 900%로 상향하기로 합의한 것은 협상의 결렬을 막기 위한 고육지책이었다.

그리하여 나중에 회사에서 1998년 3월 제의한 신인사 제도에서는 900% 보너스중 200%는 능력급으로, 다른 200%는 경영성과급으로 전환, 경영이익률 0%이하는 보너스도 0인 안을 제시했던 것이다.

이상에 열거한 쟁점 외에도 유니언숍제 도입, 월급제, 단일호봉제, 월 60시간 잔업 보장, 퇴직금누진제 확대, 인사위원회 노사동수 구성, 작업중지권, 인원관리시 조합과 합의, 재해보상비 100% 해당금액의 회사추가부담 여부 등 수많은 쟁점조항이 있었으나 합의에 도달하지 못하고 유보할 수밖에 없었다.

금번 협상을 통하여 한번 잘못된 제도를 고치기는 엄청 어렵다는 것을 절실히 느꼈고, 한 회사가 무너지면 모든 회사가 무너지고, 주었던 것을 원상복구시킨다는 것은 낙타가 바늘구멍으로 들어가는 것보나 더 어렵다는 것을 실감하였다.

회사제시안과 노조제시안 약 100여 개 항을 놓고 지루한 두 달간의 협상끝에 겨우 타결을 보아 기본급 6.6% 인상, 주 42시간 근로 등을 내용으로 한 타결안이 1996년 7월 1일 조합원 찬반투표에서 55.3%의 찬성으로 마무리되었다.

처음으로 협상을 진행하면서 너무나 많은 조항이 모순되고 불합리하다는 사실을 발견하고 이때부터 나는 한국 기업들이 4~5년 내에 망할 것이란 우려를 하게 되었고 노조도 회사가 망해봐야 정신을 차릴 수 있을 것이란 생각을 가지게 되었다.

신바람 경영혁신의 불씨

임단협이 타결된 후 노사화합의 분위기는 확산되어 갔고 신바람경영혁신활동이 가속화되기 시작했으며 현장사원의 참여도가 확산되어 갔다. 회사의 수주, 매출실적 등이 괄목할 만큼 신장되고 국내외 대형프로젝트를 수주했다는 승전보가 연속적으로 국내 신문에 보도되이 힌중 7,500여 사원들은 신바림이 나기 시직했다. 일김은 차고 넘쳤고 상반기 전사경영혁신활동이 분야별로 경진대회 또는 발표대회 등을 통하여 뜨겁게 달아 오르고 푸짐한 시상도 이루어졌다.

또 그해 7월 12일 신바람경영 선포식이 대대적으로 진행되면서 한중사원들은 비전과 희망을 품게 되었고 한번 해 보자는 의욕을 가지게 되었다. 더불어 경영혁신의 불씨가 요원의 불길처럼 퍼져 나갔다.

그해 7월 29일부터 4박5일간 여름휴가가 실시되어 남해 송정 해수욕장과 하동 쌍계사계곡, 청도 운문사계곡에 하계휴양소를 설치하고 각 휴양지별로 버스를 운영했다. 휴양지에는 예년보다 훨씬 많은 한중가족이 모여 들었다. 송정 해수욕장에는 무려 2,000명의 가족들이 찾아들었다. 임원 가족들도 휴양지를 찾아 노조원들 가족과 함께 어울렸고 다양한 오락프로그램으로 화합의 열기는 확산되었다. 우리 가족도 한 휴양지에 1박씩 해 가며 세 곳을 방문하여 이들과 어울렸다.

휴가가 끝난 뒤 돌아온 사원들은 경영목표 달성에 비지땀을 흘렸고 물자절약, 원가절감 등 경영혁신활동에 박차를 가했다. 그해 8월에는 그동안 대졸사원으로 보임해 왔던 생산과장에 현장기능직 사원인 직장 중에 8명을 발탁하여 임명함으로써 학력을 철폐한 능력위주의 인사제도를 도입하여 기능직 사원들의 사기를 진작시켰다.

그해 9월에 한국표준협회가 주최한 1996년도 전국품질분임조 경연대회에서는 원자력공장 사다리 분임조가 "월성 4호기 원자로 제작작업방법 개선으로 공수절감"이란 개선사례를 발표하여 대통령상인 금상을 수상하였다. 11월에는 세계 발전전문잡지인 〈파워(Power)〉지에서 금년 한해동안 세계 각국에서 건설한 발전소 25기를 엄선하여 소개했는데, 그중 우리 회사가 건설한 태안 1,2호기를 최우수 발전소로 선정했다. 〈파워〉지는 태안 1,2호기 사진을 표지에 싣고 자세한 소개를 하였다. 또 그해 12월에는 보령 3,4,5,6기가 미국의 〈일렉트릭 파워 인터내셔널(Electric Power International)〉지로부터, 태안 1,2호기는 〈파워 엔지니어링(Power Engineering)〉지로부터 각각 "올해의 프로젝트"로 선정되었다.

한전은 11월 19일 국내 첫 800MW급 석탄발전소인 영흥 1,2호기의 입찰결과를 발표하였는데 한중이 입찰서 평가에서 최고점수를 얻어 현대, 삼성, 대우, 한라 등 경쟁업체를 물리치고 승리하는 개가를 올렸다. 1996년도 매출액이 2조 8,022억 원으로 전년대비 28%가 늘어났고 수주는 3조 95억 원으로 전년대비 17.3% 증가하여 수주 3조 원 시대를 열었다. 세후 순이익도 1,507억 원이나 되어 국내기업중 7번째로 큰 이익을 내었다.

노동법파동으로 대결

이와 같이 회사가 경영안정을 찾고, 신바람경영혁신활동이 본궤도에 들어가 전 사원이 신나게 일하고 있는데 뜻하지 않은 노동법파동으로 파업사태가 일어나 회사경영에 찬물을 끼얹었다.

노동조합은 1996년 11월 22일과 25일 중식시간을 이용하여 불법파업찬반투표를 실시했고 12월 26~27일 조합원 1,600명을 동원, 불법집회를 개최하고 불법파업을 주도했다. 전면파업은 1월 6~7일에도 이어졌다. 이들은 노동법 및 안기부법 강행통과를 규탄하고 김영삼정권 퇴진을 결의하는 대회를 노동자광장에서 가지고 12월 26일부터 전면파업에 돌입했던 것이다. 약 700~800여 명의 조합원이 파업에 참가하고 창원시내 실내체육관 광장으로 몰려갔다. 이들은 민주노총의 지시에 따라 잔업거부 또는 2시간 파업과 전면파업을 강행했다.

나는 처음부터 이들에게 "정리해고는 우리 회사에는 적용하지 않을 것이니 민주노총의 지시를 따르지 말라" "내부 일이 아니고 외부 일 때문에 사원들의 임금이 삭감되고 납기차질을 가져오는 일은 하지 말라" "분명한 불법파업이므로 회사가 고소하지 않을 수 없는 불행한 사태로 몰고가지 말아 달라" "꼭 해야 되면 노조집행부와 대의원만 하여라" 등 설득을 수없이 했다. 또한 사내방송을 통해 전 사원들에게 동요하지 말 것을 호소하고 호소문을 뿌리고 몸으로 막았는데도 그들을 꺾지 못했다. 식당에 자원봉사하러 나온 사원 부인들이 보다 못해 "아빠, 파업은 싫어요" "아빠, 일터가 걱정돼요" 등의 플래카드를 들고 정문을 나서는 노조원들의 길을 가로막고 나섰다.

나를 비롯한 과장급 이상의 경영진이 정문과 후문에 인간 바리케이트를 쳤으나 허사였다. 나는 "갈테면 나를 타고 넘어가라"며 정문 길바닥에 주저앉았다. 그러나 젊은 노조원들의 미는 힘 앞에서는 당할 장사가 없었다.

다행히도 회사의 설득 때문인지 아니면 그동안 쌓아온 노사화합 노력 덕분인지 모르지만 과거보다는 파업의 열기가 식어 있었다. 보통때는 노동자광장에 늘 1,000여 명 이상이 모였으나 700~800명에 그쳤고 이들이 시내집회에 참석한다고 300~400명이 나간 뒤에는 100여 명 정도만 집회에 참여하는 저조한 실적을 보였다. 따라서 12월 26일 파업을 시작해서 1월 16일 정상조업에 들어가기까지 공장의 생산차질은 미미한 36억 원의 수준이었다. 민주노총의 투쟁을 따라다니다가 우리 사원들의 임금만 희생되었다.

이 와중에서도 노조의 참여하에 1997년 1월 3일 복지회관 기공식을 가졌다. 사내 기숙사 옆 500평의 부지에 지하 1층, 지상 5층으로 연건평 3,300평의 다목적 건물을 120억 원을 투입하여 1998년 말에 완공하기로 하였다. 지하 1층에는 수영장, 헬스클럽, 지상 1층에는 판매시설, 간이식당, 2층에는 유치원, 3층에는 결혼식장 등으로 이용할 수 있는 다목적홀, 4층은 음악학원, 미술학원 등 각종 어린이학원, 5층에는 노래방, 볼링장, 당구장, 탁구장 등 체육시설을 배치하기로 하였다.

이 복지회관은 사원들의 사교육비를 절감하기 위하여 대전 이남에서 가장 훌륭한 학원으로 키워나갈 생각이었고 사원들의 여가선용 및 결혼식, 회갑 등의 시설로 활용할 계획이었다.

금번 노동법 파업으로 20여 일만에 정상조업은 이루어졌으나 회사
는 불법파업을 주동한 노조위원장 등 6명을 업무방해죄로 고소하였
다. 그리고 조합원으로서 파업선동을 하고 작업을 방해한 자는 해고
하고, 5회 이상 파업에 참가했거나 2회 이상 민주노총 집회 및 시위
에 가담한 자는 정직 3개월 그리고 조합원으로서 3회 이상 파업에 참
가한 자와 불법집회 참가자들은 출근정지 1개월씩 하기로 분류작업
을 마쳤다.

이번에는 본때를 보이기로 작정하였다. 1995년 불법파업에 따른
징계건, 한마음 생산회의 방해건 등 두 차례나 용서하여 주었는데 금
번 세번째는 용서할 수 없었다. 또 선량한 사원들이 열심히 일하고
신바람경영혁신활동에 적극적으로 참여하고 있는데 여기에 찬물을
끼얹었고 소수의 의식화된 강성노조원들 때문에 선량한 사원들의 본
의 아닌 임금삭감사태를 초래했기 때문에 선량한 노조원들을 보호하
기 위해서도 이번에는 단호하게 대처해야 한다고 생각했다. 더구나
회사 내부의 문제 때문이 아니라 노동운동가들의 집단인 민주노총의
지시로 회사가 생산차질을 빚었고 지난 1년 간 쌓아온 노사화합의 공
든 탑을 무너뜨렸던 것이다.

앞으로 이들 불량한 사고와 행동을 하는 사원들과는 회사 내에서
도저히 동거할 수 없다고 판단했다. 태풍의 핵과 같이 쓸데없는 바람
몰이로 회사의 발전을 저해하는 이들을 제거해야겠다고 마음 먹었던
것이다. 물론 헤고 뒤의 후유증을 예상했으니 그 과정의 고통은 극복
해야 할 과제라고 생각했다. 그러나 불행히도 정부가 불법파업을 주
도한 민주노총 간부들에 대한 고소고발을 취하하고 단위노조 각자
판단으로 대처하라고 하여 김을 다 빼어 버렸으니 무슨 힘으로 버틸
수 있는가?

우리는 공단내 타회사와 공동보조로 버틸 때까지 버티어 보자고

하였으나 하나둘 취하함에 따라 한중도 취하하지 않을 수 없는 상황
으로 몰려갔다. 그리하여 약 7개월을 버티다가 1997년 임단협이 무
분규로 타결된 후 8월 중순에 결국 고소장을 취하하고 말았다.

당국에서는 1월 9일 고소일로부터 8월 18일 고소 취하할 때까지 7
개월 이상 아무런 행동도 취하지 않았다. 지금까지 노조의 불법행동
에 대하여 정부와 회사는 원칙없이 대응해 왔고 이 무원칙 때문에 불
법행위가 자행되고 있는 것이다. 적어도 법과 질서가 엄격히 지켜졌
다면 불행한 사태가 되풀이되지 않았을 것이다. 원리원칙 없이 고발
했다가 취하하는 과정이 되풀이되면서 법질서가 무너졌고 노조에서
는 법과 질서를 종이 호랑이로 보고 있는 것이다.

1997년에 들어와서는 '97임단협을 제외하고는 노사간에 대결이나
갈등이 거의 없었다. 오히려 노조측에서 아나바다 행사를 주관했고
금모으기 운동을 회사와 공동주최했다. 1996년 및 97년도 대의원선
거에서는 강성으로 알려진 노조원들이 상당수가 낙선하는 사태가 일
어났다. 나는 현재와 같은 근경불이 정책을 한 3~4년 더 계속하면
노사화합을 이룰 수 있겠다는 희망을 가졌다.

기본급 인상률 문제

'97년 임단협은 그해 5월 15일 상견례를 시작으로 실무회의 23차,
본회의 9차에 걸쳐 하기휴가도 지연시켜 가면서 7월 31일 새벽 3시에
타결될 때까지 3개월 이상 지루한 협상을 전개하였다. 이번 협상대상
은 지난해 11월 노조위원장 선거에서 11대 위원장으로 당선된 손석
형 위원장 집행부였다.

첫번째 쟁점은 기본급 인상률 문제였다. 조합은 기본급 9.9% 인상
을 요구했고 회사는 기본급 동결조건으로 상여금 100%를 기본급화

해 주겠다고 하였다. 이는 기본급 기준인상률이 5.3%에 해당하는 금액인데 대신에 보너스 100%를 경영성과급으로, 즉 기존의 80% 성과급을 180% 성과급으로 만들어 경상이익률과 연계시킬 몫을 키우기로 하였다. 그러나 노조는 제도개선 자체를 싫어했고 노조원간에 경쟁을 유발하는 어떤 제도도 받아들이지 않았다. 인센티브 보너스제 자체를 싫어했다.

지난 4월 한전이 5개 프로젝트 약 1조 2,000억 원의 계약물량을 12개월 내지 30개월의 납기연장 조치함에 따라 회사 사정이 어려워지고 있었다. 더군다나 전반적인 경제상황이 나빠지고 있어 여러 회사에서 임금동결 결의를 하자, 회사의 과장급 이상 사원 모두가 그해 5월 12일 본관앞 광장에 모여 올해 임금을 작년수준에서 동결하기로 결의하였다. 이들은 결의문을 통해 고비용 저효율에 따른 기업의 경쟁력 약화와 국가적인 경제위기를 극복하기 위해 생산성향상과 원가절감에 앞장설 것을 다짐하고 경쟁력강화와 고통분담의 차원에서 공기업의 중견간부로서 임금을 동결한다고 결의했다.

이를 놓고 노조에서는 비아냥거렸다. 회사에서 임금을 적게 올려주려고 과장급 이상을 동원하여 임금동결쇼를 하였고 가진 자들의 유희라고 비난하면서 웃기지 말라는 것이었다. 회사측에서는 이들의 임금동결 결의를 존중하는 차원에서도 노조원들도 동참하고 대신 100%의 보너스를 기본급화하자, 그리고 대신 180% 경영성과급 제의를 철회하겠다고 설득했으나 노조측은 동의하지 않았다. 결국 최종일 저녁 3시에 현대중공업과 같은 비율의 기본급 인상률 7.1%(55,158원)에 합의했다.

1인당 월 기본급 5만 5,158원을 인상하면서 여기에 연동된 호봉승급, 상여금, 성과급, 연장근로수당, 연월차 및 휴일 중복수당이 동시에 연동인상되어 실제로 월 13만 9,952원이 인상되는 결과를 가져와

배보다 배꼽이 더 컸다.

작업현장간부의 직책수당 문제

두번째 쟁점은 공장에 근무하는 기술직 을사원인 기장, 직장, 반장의 직책수당 문제였다. 회사에서는 작년에도 이들의 직책수당을 월 5,000원씩을 인상해 줄 것을 요구했으나 노조의 반대로 무산되었다. 금년에도 회사는 반장 월 2만 5,000원에서 3만 원, 직장 4만 원에서 4만 5,000원, 기장 5만 5,000원에서 6만 원으로 각각 5,000원씩 인상할 것을 주장하였으나 노조는 또다시 반대했다. 노조원들의 생산현장수당, 직급수당, 자기계발수당의 인상을 요구하면서도 자기들의 선배이고 상관인 반장, 기직장의 직책수당 인상을 한사코 반대하는 것은 회사편을 들어온 어용이라는 게 이유였다. 특히 지난번 노동법 파업에 이들이 참가하지 않았다는 데 앙심을 품고 있는 것이었다. 한편 노조에서는 운전, 경비, 소방직과 취사, 청소직의 반장과 기직장의 직책수당은 월 5,000원씩 인상해 달라고 요구했다. 이들 별정직들은 노조의 말을 잘 듣는다는 것이었다.

회사의 반장, 직장, 기장들 약 500여 명은 생산과 품질, 납기를 책임지는 주요한 책무를 가진 핵심요원인데 이들은 항상 박쥐대접을 받고 있었다. 회사에서는 반장, 기직장들이 노조가 잘못하고 있을 때는 나서서 대항해 줄 것을 기대하지만 그들 자신도 노조원이기 때문에 그렇지 못한 데에 불만을 가지고 있었다. 반대로 노조원들은 자기들의 감독자가 회사편을 들고 있기 때문에 어용으로 몰아 박쥐취급을 하고 있는 것이었다. 참으로 딱한 처지였다.

이들 반장, 직장, 기장은 노조에서 탈퇴하든가 노조원 자격을 주지 않아야 하는데, 이들은 그것을 원하지 않고 있었다. 이들의 직책수당

인상건 딱 한 가지만 회사는 거꾸로 노조입장이고 노조는 거꾸로 회사입장이 되는 희한한 일이 연출되었다. 결국 이번에도 회사 주장을 관철하지 못했다.

퇴직금 누진제 문제

세번째 쟁점은 퇴직금 누진제 확대문제였다. 회사는 이미 퇴직금 누진제를 실시하고 있었는데 조합에서는 국내에서 가장 많이 주는 포철, 한전 등이 실시하는 수준으로 누진율을 확대하자는 것이었다.

현재 1~5년 근속하면 근속연수마다 평균임금 1개월치를, 6~10년은 1년마다 0.2개월씩 추가, 10년 이상 근속자에 대해서는 1년마다 0.4개월을 추가하는 누진제를 적용해 오고 있었다. 이를 노조에서는 5~10년은 1년에 0.5개월 추가, 10년 이상은 1년마다 1.75개월을 추가하는 안을 제시했고 회사는 경쟁업체인 현대중공업, 삼성중공업, 대우중공업 등 누진제 없는 법정퇴직금을 지급하고 있으니 현행대로 유지하자고 주장했다.

그러나 노조는 한중이 공기업이므로 한전, 주택공사 등 공기업 수준으로 지급해야 한다고 맞섰다. 그러면 보너스도 한전과 마찬가지로 600%를 적용하자고 했더니 묵묵무답이었다.

기본급 인상문제에 있어서 노조는 현대중공업이 합의한 1인당 6만 1,000원을 인상해 달라고 주장하였다. 그 안을 수용하는 대신 퇴직금 제도도 현대중공업, 대우중공업과 일치시키자는 대안에는 응하지 않았다. 그들은 임단협에서 국내 회사 중에 제일 좋은 것은 다 쟁취하고자 하였다. 1989년 대림노조가 여천석유화학단지 내의 에치렌공장을 정지시켜 놓고 맨처음으로 쟁취한 퇴직금 누진제를 국내 다른 회사들이 버티어내지 못하고 거의가 수용해 주었던 것이다.

<表 9-2> 퇴직금 타사 실태

(단위 : 개월 수)

구분 (근속연수)	당사		기아 중공업	쌍용 중공업	포항제철	조폐공사	주택공사	한전	석탄공사
	현행	합의안							
5년	5	5	7	5	7.5	9	9	7.5	8
10년	11	11.625	13	11	15.5	28	28	15.5	24
15년	18	19.25	18	20	24	50	48	24	44
20년	25	26.895	25	35	33(51.2)	75	73	33	69
25년	32	34.5	32	50	42.5(62)	100	88	42.5	94

주 1) 삼성중공업, 대우조선, 효성중공업, 현대자동차, 현대중공업은 법정퇴직금 지급
주 2) 포항제철 : 1980.12.31이전 입사자에 대하여 괄호 안의 지급률 적용

일본은 1941년 노동자연금법을 제정할 때 임의퇴직금제로 전환했고 1954년 후생연금보호법에 의한 공적연금제도가 마련되면서 임의 퇴직금제도가 폐지되었다. 미국에서는 생명보험회사에 가입하여 종업원연금제도를 운영하고 공적연금제도는 최저생계비만 보장하고 있다.

우리나라에서도 1986년 12월 31일 국민연금법이 공포되었기 때문에 법정퇴직금제도는 당연히 폐지되어야야 하는데도 그대로 남겨 두었기 때문에 노사분규의 대상이 되고 있었다. 노사간에 퇴직금누진제 문제 때문에 결렬선언까지 이르렀다. 노조는 <표 9-2>에서 보는 바와 같이 한전, 포철 등 공기업수준을 관철하겠다는 것이고, 회사는 절대로 현행 누진제 이상은 받아들일 수 없다는 것이었다.

이런 경우는 파업으로 가는 수밖에 없었다. 그러나 노사분규 10년 역사상 파업에 돌입하는 사태가 일어나면 정부는 무조건 경영진의 잘못으로 질책해 왔고 또 공권력투입 같은 많은 비용을 치루고서도 종국에는 노조의 주장을 수용해주는 쪽으로 결론이 났기 때문에 원리원칙이 확립되지 못했다. 안되는 것은 죽어도 안되는 것이고, 공권력을 투입했으면 원리원칙을 세웠어야 하는데도 안되는 것도 없고

되는 것도 없고 하는 편의주의로 대처해 왔기 때문에 회사는 노조의 부당하고 불합리한 수많은 요구를 들어주었던 것이다.

회사가 아무리 옳더라도 일단 파업사태가 나면 회사의 손실을 차치하고서도 경영진이 무조건 잘못한 것으로 치부해 버리는 풍토 때문에 나는 고민에 빠졌다. 파업을 감수할 것이냐 아니면 수용해 줄 것이냐 하는 기로에 있었다. 회사는 이러한 약점 때문에 타협안으로 6년 이상은 1년당 0.2개월 추가에서 0.3개월 추가, 10년 이상 근속자에게 1년당 0.4개월 추가에서 0.5개월 추가를 하겠다고 제시했다. 그리고 사장인 내가 노조위원장에게 허리를 굽혀가면서 받아줄 것을 진심으로 사정하였다.

그러나 노조는 0.5개월과 1.75개월 추가안에서 후퇴하여 0.4개월과 0.6개월 추가안을 다시 내놓았다. 나는 이들이 정말로 야박하고 인정머리 없다고 생각하였다. 나는 다른 미결문제와 일괄타결하는 마당에 들어주고 싶었지만 우리보다 못한 회사가 노조와 협상할 때 한중의 예가 거론될 것이므로 나는 더 이상 못 듣겠다고 버티었다. 이런 실갱이 끝에 주 40시간제, 유니언숍제, 월급제, 단일호봉제, 인사위원회 노사 동수요구 등을 철회하면서 1년마다 0.025개월씩 더 가산하는 0.325개월과 0.525개월 안으로 합의하였다.

회사가 '97년 임단협에서 기본급 7.1%를 포함하여 통상임금 급여액 추가부담액이 총 176억 원이었는데 퇴직급 지급에 0.325개월 및 0.525개월을 추가로 누진시킴에 따라 현재 사원에게 152억 원을 추가로 부담해야 하고, 1998년 이후 근속연수가 늘어남에 따라 매년 17억 원을 추가로 부담해야 하는 결과를 가져왔다. 또한 퇴직금은 평균임금에 근속연수를 곱해서 산출하므로 임금인상으로 인해 총 265억 원을 퇴직금 지급을 위해 추가부담해야 했다. 이는 '97년 임단협 합의로 인한 회사의 총부담액 519억 원의 51.1%에 해당되었다.

명예퇴직제 문제

네번째 쟁점은 명예퇴직제였다. 경제상황이 어려워짐에 따라 많은 회사들이 명예퇴직제를 도입하였고 한중도 공기업 민영화론으로 고용불안을 우려하여 명예퇴직제의 확대실시 여론이 일기 시작하였다. 명예퇴직제도는 원래 종신고용제를 실시하고 있는 일본 회사들이 합의에 의하여 명예롭게 퇴직하도록 일정한 보상을 해주고 퇴직시키는 제도로 다른 나라에는 찾아볼 수 없는 제도다. 한국 기업들은 정리해고를 할 수 없기 때문에 편법으로 명예퇴직제도를 활용하여 종업원의 일부를 합의에 의하여 퇴직시키되 위로금을 지급하는 제도를 도입하기 시작하였다.

1996년 5월에 이웃에 위치한 삼성중공업이 파격적인 명예퇴직제를 실시하면서 한중사원도 동요하기 시작하였고 45세 미만 퇴직시 1991년에 합의한 사항대로 현행 56.25개월분의 통상임금을 지급하던 것을 삼성중공업 수준인 77개월의 명예퇴직금을 지불해야 한다는 여론이 일기 시작하였다. 심지어는 포항제철이 구조조정과정에 45세 미만 자에게 90개월분을 지급한 것과 같은 수준을 요구하자고 노조 대의원회의에서 논의되었다.

노조에서는 단체협약에 명예퇴직제를 신설하고 회사가 부득이한 사유로 조합원을 명예퇴직시킬 때에는 60일 전에 조합에 통보하고 반드시 노조와 협의할 것을 요구했고 또 퇴직하는 조합원에게 퇴직금 외에 통상임금의 80개월분을 가산지급해 달라고 요구했다.

그러나 이미 인사관리규정과 급여규정에 55세를 정년퇴직년으로 하고 정년퇴직 잔여기간이 5년 이내 해당자에게는 잔여월수의 1/2(30개월)을, 10년 초과한 자에게는 56.25개월분을 지급하도록 규정하고 있어서 이를 폐지한다는 것은 상상도 할 수 없는 일이었다.

법정퇴직금제는 국민연금에 흡수되고, 명예퇴직제는 폐지되어야 마땅하다고 생각하였으나 생산성이 없는 종업원을 정리해고할 수 없는 상황이었기 때문에 위로금을 주더라도 퇴직시키는 것이 회사 전체적으로 이로울 거라고 생각했다. 회사의 금전적 부담보다는 뒷다리족, 미꾸라지족, 조개족 등이 회사에 남아서 끼치는 손실이 더 크다고 판단하였다. 그러나 명예퇴직을 노조와의 협의사항으로 할 수는 없었으므로 단체협약에 신설할 수 없었다.

노조는 충성노조원이 명예퇴직당할까 굳이 협의를 요구했으나 이를 철회하는 조건으로 65개월의 위로금을 지급하기로 합의하였다. 외국업체가 이러한 사실을 알게 될 때에는 정말로 넌센스라고 할 것이다. 회사 내에서는 정리해고 대상자를 약 500~600명으로 추정하고 있었는데 100명을 명예퇴직시킬 경우 약 150억 원의 부담이 발생할 것으로 예상되었다. 이러한 부담에도 불구하고 1998년 4~5월경 40세 이상을 대상으로 명예퇴직 실시안을 만들고 신청을 받아 집행에 들어가려고 하였다.

정리해고제 논란

다섯번째 쟁점은 정리해고제였다. 현행 회사의 단체협약 제47조(인원정리)는 다음과 같이 규정하고 있다.

① 회사는 사업의 축소 또는 부득이한 사유로 인원을 정리하고자 할 때에는 60일 전에 조합에 통보하고 조합과 협의한다.
② 인원정리에 의하여 퇴직하는 조합원에게는 퇴직금 외에 통상임금 8개월분을 가산 지급한다.
③ 회사는 회사명 변경이나 타인에게 합병 또는 양도하고자 할 때

지위, 고용, 단체협약 승계에 대하여 책임을 진다.

노조는 정리해고제 관련 노동법 개정파동으로 전국이 떠들썩할 정도의 전국적인 전면파업에 동참하여 정면반대를 외쳤기 때문에 금번 협상에서는 연구도 많이 하고 회사가 일방적으로 정리해고를 할 수 없도록 단단히 준비하고 나섰다.

1996년 12월 26일 노동관계법의 여당 단독처리로 정치권은 물론 노사간에 첨예한 대립이 시작되었다. 그후 1997년 3월 여야합의로 신노동법을 통과시켰으나 노동계는 이를 악법으로 규정하고 무력화하고자 '97단체협약 갱신에 최대 역점을 두고 있었다. 한중노조에서도 〈표 9-3〉과 같이 신노동법의 정리해고조항과는 아무런 관련이 없는 조합갱신(안)을 제시하였다.

한편 회사에서도 개정된 노동법의 정리해고 조문이 다른 선진국들과 비교할 때 미흡하다고 판단하고 지금까지의 대법원 판례와 노동부지침을 참고로 〈표 9-3〉과 같은 제안으로 노조에 맞섰던 것이다.

노조안과 회사안은 첫째, 정리해고 요건에 대하여 엄청난 이견을 보였다. 노조는 해고요건으로 개정노동법에서 명시한 "긴박한 경영상의 필요가 있어야 한다"는 것을 "기업의 도산 등 더 이상 근로관계의 존속을 기대할 수 없을 정도로 경영상의 필요가 급박한 경우를 말한다"로 해석하여 부도나 부도사태 직전에만 정리해고가 가능하며 "회사를 분할, 합병하거나 사업의 전부 또는 일부를 타인에게 양도하고자 할 때에 노조와 합의하여 정리해고를 할 수 있다"고 주장하고 나섰다. 따라서 사실상 부도나 파산, 매각, 합병 등의 경우에 한하여 정리해고를 할 수 있는 것으로 해석했다. 회사가 망한 뒤에 또는 망해갈 때만 사후적으로만 정리해고를 할 수 있다는 것이었다. 그에 반해 회사측은 망하지 않기 위해 사전 정리해고를 할 수 있도록 다음과

<h3 align="center">〈표 9-3〉 '97 임단협 정리해고 제시안 비교</h3>

조합 갱신(안)	회사 갱신(안)
【정리해고】 ① 경영상 이유에 의한 해고 ⅰ 회사가 긴박한 경영상의 사유로 조합원을 해고하려 할 때는 60일 이전에 조합과 합의하여야 한다. 이때 회사는 해고사유, 해고 회피 또는 해고자를 최소화하기 위한 조치, 해고대상 선정기준과 방법, 해고 대상자수와 예정일, 보상금 등 관련된 모든 정보를 조합에 제공하여야 한다. ⅱ ⅰ에서 "긴박한 경영상의 사유"란 "기업의 도산 등 더 이상 근로관계의 존속을 기대할 수 없을 정도로 경영상의 필요가 급박한 경우"를 말한다. ⅲ 긴박한 경영상의 사유로 해고를 하기에 앞서 회사는 경영방침이나 작업방식의 합리화, 신규채용의 금지, 교육훈련 및 재훈련을 통한 다른 부서로의 전환배치, 연장노동시간 제한과 정상 노동시간 단축, 일시휴직 및 희망퇴직 활용 등 해고를 회피하거나 최소화하기 위한 모든 노력을 기울여야 한다. ⅳ 경영상의 사유로 해고를 하고자 할 때는 회사는 노동자의 연령, 근속년수, 부양가족수 등을 종합적으로 고려하여 조합과 합의하에 합리적인 선정기준을 정하지 않았거나 사전에 정한 선정기준에 따라 대상자를 공정하게 선별하지 않는 해고는 무효이다. ⅴ 경영상의 사유로 인한 해고가 불가피할 경우 회사는 근속연수 10년 미만인 자는 3개월, 근속연수 10년 이상인 자는 6개월 전에 그 해고를 예고해야 한다. 해고수당은 퇴직금외 통상임금의 90 개월분을 가산지급해야 한다. ⅵ 신규채용을 하려 할 때 회사는 해고 노동자 본인이 희망할 시 최우선적으로 재고용해야 한다. ② 회사는 회사를 분할, 합병하거나 사업의 전부 또는 일부를 타인에게 양도하고자 할 때 회사는 적어도 90일 전에 조합에 통보한 뒤 조합의 합의를 얻어야 하며, 고용, 지위, 단체협약 및 노동조합 승계에 관하여 책임을 진다.	【경영상 이유에 의한 고용조정】 ① 회사는 긴박한 경영상의 필요가 있는 경우에는 조합원을 해고할 수 있다. 다만, 조합원을 해고하고자 할 때에는 30일 전에 조합에 통보하여야 한다. ② 제1항의 긴박한 경영상의 사유라 함은 계속되는 경영상의 악화, 생산성 향상을 위한 구조조정과 기술혁신, 업종의 전환, 사업의 양수, 양도, 합병 등을 말한다. ③ 제①항의 경우에 회사는 해고를 최소화하거나 피하기 위한 노력으로 신규채용의 축소 내지 금지, 전환배치, 연장근로시간 제한과 정상근로시간 단축 등을 실시하며 합리적이고 공정한 해고의 기준을 정하고 이에 따라 그 대상자를 선정한다. ④ 회사는 제③항에 의한 해고를 피하기 위한 방법 및 해고의 기준 등에 관하여 조합과 성실하게 협의한다.

같은 경우를 정리해고의 요건으로 제시하였다.

　① 계속되는 경영상의 악화
　② 생산성향상을 위한 구조조정
　③ 기술의 혁신
　④ 업종의 전환
　⑤ 사업의 양수, 양도, 합병 등

　이는 현행법인 근로기준법 31조에서 "긴박한 경영상의 필요가 있어야 한다"는 규정에 대한 대법원 판례(91.12월 및 93.1월)에 따른 것이었다. 대법원 판례에서는 기업의 인원삭감조치는 기업경영이 위태로울 정도의 급박한 경영상의 필요성이 존재하여야 하는데, ① 경영실적의 악화 ② 생산성 향상 ③ 경쟁력 회복 내지 증강에 대처하기 위한 작업형태의 변경 ④ 기술혁신에 따라 생기는 구조적 변화를 이유로 해고가 이루어질 수 있다고 보았다. 정리해고를 반드시 기업의 도산을 회피하기 위한 것이라고 한정할 필요는 없고 인원삭감이 객관적으로 보다 합리성이 있다고 인정될 때에는 긴박한 경영상의 필요성이 있는 것으로 넓게 보아 주어야 함이 타당하다고 판시하였다.

　또 노동부 지침(92.1)에서도 해고 사유로 첫째, 감원을 하지 않으면 회사가 도산할 위기에 있거나 경영악화로 사업을 계속할 수 없다고 인정되는 경우 등 경제적인 이유뿐만 아니라 생산성 향상, 경쟁력 회복·증강에 대처하기 위한 작업형태의 변경, 신기술의 도입이라는 기술적인 이유와 그러한 기술혁신에 따라 생기는 산업의 구조적 변화 등을 이유로 인원삭감이 객관적으로 보아 합리성이 있다고 인정될 때 둘째, 불가피한 사유에 의한 일부 작업부서의 폐쇄로 인해 동 부서 근로자를 타부서에 전직시킬 수 없는 특별한 사정이 있다고 인정되는 경우나 사업이 폐지되는 경우 등에 단체협약이나 취업규칙으로 규정하여 시행할 수 있다고 하였다.

따라서 회사는 이번 기회에 쟁점이 되는 해고사유를 단체협약에 분명히 하고자 대법원 판례에 따라 회사갱신(안)을 제시하였던 것이다.

회사는 노조에게 "현재 2년치 작업물량을 확보해 놓고 있고 또 세계화 추세에 따라 우수한 인력이 필요하며 더구나 T-프로젝트와 가스터빈사업과 디젤발전기사업 진출로 인력이 필요하므로 현재 인력을 최대한 재교육시켜 활용하도록 하여 고용안정에 최대 역점을 두겠다. 그러나 식당, 정비, 버스, 건설중장비, 정성관, 택배 같은 업종을 높은 임금을 주어가면서 회사가 굳이 직영할 필요가 있겠느냐?" 하면서 소사장제나 외주로 처리하고 재훈련가능 인력은 재훈련시키되 그렇지 못한 인력은 불가피하게 해고하는 것이 전체 종업원을 위하는 길이라고 설득했다.

또 "근로기준법 30조에 의한 근로자의 귀책사유로 노동부의 지침에 따르면 기업의 생산성에 기여하지 않았다든지 유기적 조직체로서의 경영질서를 문란하게 하는 등 사회통념상 해고를 정당시할 만한 상당한 이유가 있는 경우에는 해고를 할 수 있다. 여러분들도 회사 내의 뒷다리족, 미꾸라지족, 조개족들 때문에 회사 전체의 생산성이 떨어지고 경영질서가 문란해지고 있는 것을 잘 알고 있지 않느냐? 과연 이들을 보호해 주는 것이 전체 노조원에게 유익한지 않은지를 심각히 생각해 보라"고 하면서 대(大)를 위하여 소(小)를 희생할 줄 알아야 한다고 강조하였다.

그러나 이들은 속성상 회사의 설득을 들으려 하지 않았고 단순히 노조원수가 줄어드는 것만을 걱정했다. 회사에 필요하든 필요하지 않든 모든 종업원이 똑같이 나누어 먹자는 사회주의식 발상으로 꽉

차 있어서 씨알도 먹혀들지 않았다.

일본에서도 해고관련 법규가 없어 주로 판례를 통해 정리해고 요건을 정립했는데, ① 정리해고의 필요성 존재 ② 해고 회피 노력 ③ 정리기준 및 인선의 객관성, 합리성이 있는 경우에는 해고를 할 수 있게 되어 있다. 한동안은 종신고용제 때문에 해고를 자제하여 왔으나 요즈음은 살아남기 위해 정리해고가 많이 이루어지고 있다. 미국에서는 해고 자유의 원칙에 따라 기업이 임의로 해고할 수 있으나, 다만 100인 이상 사업장에서 대량 해고할 경우에는 60일 전에 근로자 대표와 주정부에 사전통보해야 한다. 오늘날 미국 기업들이 세계의 주도권을 탈환하고 사상 최저실업률을 유지하고 있는 것은 80년대 대량해고에 의한 다운사이징을 통한 구조조정에 성공했기 때문이라고 하면서 전체 종업원들을 위하여 최소한의 고용조정이 불가피함을 설명하였다.

그러나 이들에게는 아무리 설명해 보아도 쇠귀에 경읽기였다. 그리하여 신노동법에서 근로기준법 31조에 긴박한 경영상의 필요한 경우의 하나로 "경영악화를 방지하기 위한 사업의 양도, 인수, 합병은 긴박한 경영상의 필요가 있는 것으로 본다"고 명문화하였으므로 새로이 대법원에서 "긴박한 경영상의 필요"에 대한 경우에 관한 판례가 나오면 이를 따르기로 하고 단체협약에서는 빼기로 합의하였다.

둘째, 해고하고자 할 때 노조는 "60일 이전에 조합과 합의할" 것을 요구했고 회사는 "30일 전에 조합에 통보하여야 한다"고 맞섰다. 회사측은 미국의 경우에는 60일 전에 근로자대표 및 주정부에 통보만 하도록 하고 일본은 1980년 4월 대법원 판례에서 종래의 근로자와 노동조합과의 성실한 협의기준을 인정하지 않았고 ILO에서도 사용자가 경제적 · 기술적 · 구조적 또는 이와 유사한 이유로 정리해고할 때는 그 이유, 영향 등 관련정보를 충분한 시간을 두고 근로자 대표에게 제공하여야 하나, 근로자대표와 합의할 의무는 없고 가능한 빠른 시일 내에 협의할 기회를 부여하여야 한다고 규정하고 있음을 설명하고 노조의 합의요구를 철회하라고 설득했다.

더구나 해고제한법으로 해고에 대해 가장 엄격한 독일도 ① 기능 부족, 질병 기타 근로자의 인력상 이유 ② 의무 위반이나 신용실추 등의 근로자 행동상의 이유 ③ 급박한 경영상의 이유(경기불황이나 신기술 도입, 경영합리화 등의 필요성이 있을 때)가 있을 경우에는 해고를 허용하고 있다. 이 경우 주노동국에 30일 전에 신고하도록 하고 있다. 500인 이상 기업체에서 적어도 30인 이상 해고시나, 20~500명 기업체에서는 10%이상 또는 25인 이상 해고시에만 경영협의회에서 의견을 듣도록 하고 있다. 그 뿐만 아니라 신노동법에서도 해고를 하고자 하는 날로부터 60일 전까지 통보하고 성실하게 협의하도록 규정했고 시행령에서 1,000명 이상의 사업장에서 100명 이상 해고할 경우와 100~999명 사업장에서 10%이상 해고할 때는 노동부장관에게 신고만 하도록 규정하고 있으므로 노조와 반드시 합의할 필요가 없다고 설명하였다.

그러나 노조는 대우조선은 사전합의, 현대중공업과 현대자동차에서 "정리대상 및 규모는 협의하되 절차와 위로금은 조합과 합의한다"고 합의되었다며 물러서지 않았다. 더욱이 해고수당을 현행 통상급의 8개월치를 90개월로 늘리자고 주장하는 바람에 결국 타협을 보지 못해 결렬지전까지 도달했다. 그리하여 통상 임금의 10개월치를 해고수당으로 지급하고 합의를 협의로 바꾸는 현대중공업 수준으로 다음과 같이 합의하게 되었다.

① 회사는 긴박한 경영상의 사유로 인원을 정리하고자 할 때에는 적어도 60일 이전에 정리사유를 조합에 통보하며, 정리대상 및

규모는 협의하되 절차와 위로금은 조합과 합의한다(단, 우선순위는 희망자, 입사역순으로 하며 위로금은 최소한 퇴직금 외에 통상임금 10개월 이상을 지급한다).

② 제1항의 사유시 해고를 하기에 앞서 회사는 신규채용의 금지, 교육훈련 및 재훈련을 통한 다른 부서로의 전환배치, 연장근로시간제한 및 정상근로시간 단축 등 해고를 회피하거나 최소화하기 위한 제반노력을 기울인다.

③ 경영상의 사유소멸 또는 완화로 회사의 신규채용 발생시 해고자 본인의 희망이 있을 경우 우선적으로 채용함을 원칙으로 한다.

④ 회사는 회사의 전부 또는 일부를 타인에게 양도 또는 합병하고자 할 때에는 적어도 60일 이전에 조합에 통보하고 충분한 협의를 하며 고용, 지위, 단체협약 승계에 대하여 책임을 진다.

앞으로 "해고대상 및 규모의 협의와 절차와 위로금은 합의"라는 문구의 해석을 놓고 엄청난 대결과 갈등을 가져올 줄을 예견하면서도 파업을 막아보자는 일념으로 합의를 해주었으나 나는 두고두고 "파업사태를 감수해야 했는데…" 하고 후회하였다.

단체협약 유효기간

여섯번째 쟁점은 단체협약의 유효기간이었다. 현재는 매년 임금협상과 단체협약협상을 되풀이하도록 하고 있어 시간낭비와 추가부담 발생 등으로 회사는 임금협상을 매년 가지더라도 단체협약협상은 2년에 한번씩 갖도록 하자고 제의하였다.

통일중공업을 제외한 현대중공업, 대우중공업, 현대자동차 등 거의 모든 회사가 2년에 한번씩 단체협약 갱신협상을 가지고 있는데 한중은 유독 매년 협상을 가졌다. 더구나 일본, 대만, 태국 등 아시아국가는 협약유효기간이 3년이었고 미국 등 구미국가는 규정이 없으나 3년마다 또는 5년마다 가지는 회사가 대부분이었다.

임단협에서 임금협약은 기본급, 수당 등 불과 10여 개항에 불과하고 대신 단체협약이 92개 조문이나 되었으며 별도 요구안으로 복지기금, 저축보험 등 20여 개 항이었는데 단체협약에 따른 회사부담이 가장 큰 것으로 나타났고 이 때문에 대결과 갈등도 심했다.

1997년도 노조의 임단협 요구안을 기준으로 볼 때 임금인상 요구액이 247억 원인데 단협요구안이 2,149억 원으로 총추가부담 요구액 2,396억 원(회사 인건비 3,300억 원의 73%)의 89.7%가 단협사항이었고 노사 합의결과를 놓고 볼 때 총 회사추가부담액 519억 원중 단협사항 부담액이 342억 원으로 66%나 되었다. 노조는 엄청스럽게 많은 요구를 해 놓고 줄다리기를 하는 것이 습관화되고 있어 인력과 시간의 소모전이 너무나 컸기 때문에 2년에 한번씩 하자고 주장하였으나 이것도 얻어내지 못했다.

'97 임단협에서도 양측 요구를 합하여 무려 139개 항을 놓고 3개월 이상을 씨름하였다. 그러나 불행하게도 회사의 요구안은 거의 관철시키지 못했다. 임단협은 협상의 자리가 아니었다. 회사는 덜 뺏길려고 안간힘을 쓰고 노조는 더 빼앗을려고 호통치는 자리였다.

임단협약은 노동관계법과는 상관이 없었다. 모든 법을 초월하는 헌법이었다. 법에 없어도 임단협에서 합의하면 그것이 법이고 법을 위반해서 합의하여도 그것은 유효했다. 예를 들어 명예퇴직제는 법에 근거가 없는데도 합의하면 그것이 법이었다. 임금은 1년, 기타사항은 2년에 한번씩 하도록 법에서 규정하고 있으나 1년에 한번씩 하도록 합의하면 그것이 법이었다.

노동관계법을 개정한다 하더라도 회사의 임단협약에서 개정되지 않으면 개정된 노동법은 아무 소용이 없는 종이 호랑이인 것이었다. 임단협약을 개정한다는 것은 현재의 노사관계와 환경 아래서는 불가능한 것이었다. 한번 주었던 것을 다시 뺏어낸다는 것은 생각할 수도 없는 일이었다. 특단의 조치가 없이는 현행 합의된 임단협약을 개정한다는 것은 요원한 일이었다.

2년 연속 무분규 타결

'97 임단협이 7월 31일 새벽 3시에 잠정합의하여 조합원 총회에서 임금협약 75.3%, 단체협약 62.3%의 찬성으로 2년 연속 무분규 타결을 보았다. 그리고는 작년과 마찬가지로 7일간의 하계휴가에 들어갔다. 노사는 언제 우리가 싸웠느냐 하고 다 잊어버리고 온가족들이 한데 어울려졌다.

올해 여름휴양지로 작년보다 한 곳을 더 늘려 남해 송정 해수욕장, 지리산 백무계곡, 함양 안의계곡, 용추계곡 등 4곳을 정하여 1주일간 전사휴가를 실시하였는데 작년보다 더 많은 사원들이 찾아들었다. 특히 금년 신바람캠프에는 사원 자녀가 1,800여 명이나 참가하여 성황리에 마쳤다. 초등학교 1~4학년을 위한 수련캠프에 973명이, 초등학교 5년 이상의 뗏목탐사에는 638명, 중학교 2년 이상의 청학동 예절캠프에 178명이 참가하여 공동체생활을 통해 질서, 협동심, 효와 예절 등 많은 것을 배웠다고 참가소감을 밝혔다.

회사에서는 부인들의 자원봉사를 통하여, 자녀들의 하계캠프를 통하여 회사의 중요성을 인식시키고 아버지들의 생각을 건전하고 합리적으로 바꾸는데 기여해 주기를 바랐던 것이다.

그해 11월 1일에는 '97 한중가족제가 "가자 세계로! 뛰자 미래로! 도전 555!" "꿈·사랑·희망의 21세기, 신바람나는 한중"이라는 현수막을 내걸고 8,000여 한중가족들이 참가한 가운데 성대히 개최되었다. 회사는 노조와 2년마다 매년 가을에 한가족 축제와 전사체육대회를 대대적으로 번갈아가며 개최하도록 합의되어 있었다. 이번 노조에서 제시한 개최계획에 의하면 창원시내 공설체육관에서 푸짐한 선물을 곁들여 비싼 인기가수들을 불러 거창하게 개최하겠다는 것이었다. 이에 따르면 비용이 약 17억 원이 소요되었다.

나는 그들에게 대기업의 연쇄적 부도와 주가 폭락, 환율상승 등 침체된 사회, 경제분위기를 고려하여 사내운동장에서 근경불이, 가사불이, 한사랑을 실천하는 사내행사로 내실있게 개최하자고 간곡히 설득하였다. 또 부부 각각 1벌씩 체육복 선물, 일류 아나운서와 가수 초청 등의 요구에 대해서도 매년 지급한 체육복이 많으니 1사원 1벌로 하고 이류 가수들을 초청하여 검소하게 치루자고 사정하였다.

이 문제는 약 한달간을 끌다가 겨우 합의를 이끌어냈다. 전에 같으면 동의하지 않을텐데 임단협이 잘 끝났고 사장에 대한 믿음도 확산되었고 사회분위기도 그렇게 전개되었기 때문에 노조는 회사의 제안을 수락하게 되어 약 3억 원의 비용으로 치를 수가 있었다.

남겨진 과제

지난 2년동안 나는 일정의 50%이상을 노사화합을 위해 쏟아부었다. 왜냐하면 노사화합이 회사발전을 위해 시급히 채결해야 할 과제였기 때문이었다. 그러나 노조의 변화는 지극히 느렸고 불신과 갈등의 골이 너무나 깊어 이를 치유하는 데는 많은 시간이 필요했다. 속도 많이 썩였고 고함도 많이 질렀고 참기도 많이 참았다.

나는 노사화합을 이루어내지 못하면 최고 경영자의 자격이 없다고 스스로를 채찍질하면서 지난 2년 간을 버티어 왔다. 그간의 열린경영

〈표 9-4〉 당기순이익추이

구 분	1991	1992	1993	1994	1995	1996	1997
당기순이익(억 원)	786	1,350	2,470	1,806	1,733	1,507	453
자기자본이익률(%)	89.2	69.8	64.5	30.3	22.4	16.1	4.4
경상이익률(%)	7.2	5.6	21.1	17.3	11.5	7.1	3.1

실천과 역파도 타기 작전, 따뜻한 햇볕작전 등이 비교적 성공을 거두었으나 아직도 약 300여 명의 강성노조원들의 문제와 노조원 사이의 4대 계파에 의한 노·노 갈등문제는 앞으로 해결해야 할 과제로 남아 있었다. 반장, 기직장의 박쥐신세를 하루 빨리 졸업시켜야 하는 문제도 남아 있었다.

지난 2년동안 두 차례의 임단협을 무분규로 타결지었으나 회사의 코스트는 엄청난 것이었다. 지난 11년 간(1987~1997) 종업원의 명목임금 상승률은 연평균 19.4%였는데 노동생산성은 11.0%씩 증가하였으므로 회사는 축소재생산의 길로 들어서고 있었다.

1990년 7월 정부의 발전설비 독점공급 등의 지원조치로 회사가 만성적 적자에서 벗어나 1991년 이후 흑자경영으로 돌아섰고, 1990년 당시 4,715억 원의 누적된 결손을 1993년까지 완전히 보전하였으므로 1994년 이후 경영정상화의 길을 걷고 있었다. 그러나 1996년 2월 발전설비 일원화조치가 종료된 이후부터는 치열한 경쟁체제와 정부의 보호기간 동안 배태된 낭비와 비효율, 극심했던 노사분규에서 발생된 노사간의 갈등과 대결로 회사는 다시금 어려운 경영상황으로 들어섰던 것이다. 〈표 9-4〉에서 보는 바와 같이 정부의 보호조치 아래서 큰 폭의 흑자를 실현했으나 1994년 이후 당기순이익 규모와 자기자본이익률과 경상이익률이 하향추세로 돌아서고 있었다.

이러한 상황에서 지난 2년 간 흑자경영의 기조를 유지하고 반드시 회생해야겠다는 일념으로 캠풀주사로 낭비와 비효율을 제거하는데 초점을 맞추었다. 더불어 체질강화를 위해 구조조정 및 기술개발 등 보약처방을 병행한 신바람경영혁신활동을 전개해 왔으나 1997년 12월 IMF사태로 회사는 사상 최대의 위기에 몰렸다. 여기에서 살아남으려고 안간힘을 쓰고 있었지만 회사 내에 체화된 구조적 문제 때문에 장벽에 부딪쳤다. 개방경쟁시대와 고임금시대에 살아남기 위해서는 이러한 구조적인 장벽을 타파하지 않고서는 회사는 망하는 길로 들어설 것이라고 생각하였다.

경영혁신활동의 뒷덜미 잡는 협약

첫번째 구조적인 문제는 노조와의 협약이었다. 1인당 인건비가 GE, ABB 등 유수 경쟁업체보다 20%정도 높았지만 1인당 생산성은 60~70%수준에 머물고 있었으므로 저부가가치 창출의 한계사업과 저생산성부분의 과감한 퇴출이 있어야 하는데 이를 마음대로 할 수 없었다.

회사에서는 임금협약과 단체협약 이외에 간사회의록을 가지고 있었는데 이것은 일종의 비밀협약(side letter)이었다. 간사회의록 중에 1993년에 합의된 것으로 "회사는 조합의 동의없이 소사장제를 하지 않는다. 회사는 조합원의 고용불안을 야기시키는 하도급을 하지 않는다. 작업물량이 적을 경우(월평균 잔업시간 40시간) 해당 작업의 하도급물량, 하도급업체수 등을 축소하여 조합원이 자업물량을 확보한다"고 합의해 놓고 있었다.

또한 단체협약 제23조 제3항에 "회사는 창원공장 기술직 (을)사원에게 작업물량 확보 및 지원근무(최대한 유사직종) 등의 방법으로 월 40시간 잔업(연장근로 및 휴일근로)할 수 있도록 여건을 조성한다"고 규정하고 있었다.

재임중에 회사 내에서 대표적인 3D직종이라 할 수 있는 주조공장의 조형부문, 출하관리부문의 폐박스포장부문, 총무의 택배, 건설중장비의 지게차부문 등에서 관련노조원이 자발적으로 소사장제를 하겠다고 나섰는데도 노동조합이 노조원수의 감소를 이유로 반대해 성사시키지 못했다.

외주처리도 고용불안을 야기할 때는 불가능하고 하도급을 주더라도 월평균 40시간의 잔업물량을 노조원에게 확보해 주어야 가능하였으며 잔업물량 40시간분이 없을 때에는 하도급물량을 뺏어다 주도록 되어 있었다.

회사 내에서 중장비, 식당, 수송, 택배, 영선, 영빈관, 정비 등의 저생산성부문을 소사장제도 또는 협력업체와 합작투자, 외주용역, 근로자 파견제 등을 시도하였으나 2년동안 겨우 별관식당 하나만 LG유통에 외주로 주는데 그쳤다. 식당 5개중 1개(23명)를 외주주는데도 1년이라는 세월이 소비되었고 결국에는 약 10일 간 노조원의 식당점거농성투쟁 등의 곤욕을 치루었다.

이러한 7가지 서비스분야에 약 400여 명이 월평균 250만 원의 급여수준으로 직영하고 있었는데 높은 임금수준은 차치하더라도 생산성면에서 전문업체와 비교할 때 경쟁력이 전혀 없었고 운영상의 효율성은 형편없었다. 더구나 제작분야에 있어서도 협력업체로 이양해야 할 품목이 많았으나 엄두도 내지 못했다.

이와 같은 문제는 우리나라 대기업이 안고 있는 공통적인 문제였고 관련 중소기업의 발전에도 장해요인이 되고 있었다. 다른 동종 회사도 외주처리할 때는 반드시 노조와 합의 또는 협의를 해야 하고 업체명, 인원수, 사업품목 등 외주계약은 노조에 통보해야 하는 등의 제약을 받고 있었다.

두번째 구조조정의 걸림돌은 정리해고를 할 수 없다는 것이었다.

GE가 1998년 3월 터빈제네레이터 생산축소를 위해 뉴욕주 스케넥터디 공장의 약 1만 명 종업원 중에 3,000명을 정리해고했는데 회사의 일방적인 선정과 통보로 실시했다. 다만 종업원의 이사비를 놓고 노조와 1개월치 급여를 주느냐 마느냐 하고 실갱이를 벌이고 있는 것을 보고 참으로 부러웠다. 앞에서 정리해고를 할 수 없는 상황을 설명했지만 회사가 경제성이 없어 팔려고 내놓아도 아무도 살 사람이 없을 때는 문을 닫아야 마땅하고 경쟁력이 없을 때는 협력업체로 사업을 이양하던가 해외로 이전해야 한다. 또 불경기로 공장의 일감이 없어 가동률이 떨어질 때는 잔업을 중단하든가 인원 감축이 불가피한 것이다. 그러나 불행히도 우리의 현실은 단 1명의 해고도 할 수가 없었다.

또한 회사 내에서는 로봇 등 자동화기계의 투자로 인원이 남아 돌아갔고 기능부족, 질병 등으로 근로능력 부족, 사규위반이나 회사명예손실 등 종업원의 인격상 결함 등으로 회사종업원으로서의 결격사유를 가졌더라도 어떻게 손써 볼 수 없도록 되어 있었다. 지난 2년 간 자동화투자로 약 200여 명의 여유인력이 발생하였고 허리디스크, 난청 등 산재치료를 받고 작업장에 복귀한 인력이 약 280여 명이나 되었다. 잉여인력을 재훈련시키고자 시멘트공장, 디젤발전소, 가스발전소 시운전 요원으로 55명을 훈련시켰지만 재훈련에도 한계가 있었다.

과거 1년에 50~70명씩 채용했던 현장생산인력은 지난 2년동안 단 12명만 신규채용했는데 노조에서는 오히려 정년시기를 56세에서 58세로 늘려 달라고 주장하고 있었다. 명예퇴직을 시키더라도 기존의 누진제 법정퇴직금을 지급하고도 추가로 65개월치의 통상임금을 지불해야만 했기 때문에 이러지도 저러지도 못하는 참으로 난감한 상황이었다.

회사가 어려우면 전체가 살기 위해 노조에서도 잔업시간을 줄이고 식당 등 저생산부문은 외주를 주는 등 구조조정과 임금동결 등의 제안에 협조를 해야 하는데 호미로 막을 수 있는 것을 가래로도 막지 못할 사태로 끌고 가고 있었다.

사장이 2등칸 비행기를 타고 비서실을 축소하는 등의 솔선수범을 보이면서 "한중 555호가 암초에 부딪쳐 물이 새고 있으니 모두가 팔을 걷어붙이고 물을 퍼내고 돛줄을 잡아 매면서 필요없는 무거운 짐은 바다에 던져 버리자. 그러지 않으면 모두가 침몰한다"고 수없이 경고하고 설득하여도 노조에서는 1997년도분 인센티브 보너스 반납 호소도 거절했고 1998년도 임금인상 5.5%, 근로시간 40시간 등 무려 528억 원의 추가부담을 요구하고 나섰다.

인사권·경영권의 제약

세번째 구조적인 문제는 인사권, 경영권의 제약이었다. 단체협약 제42조에 "회사는 조합원에 대하여 정당한 사유없이 근무지역을 달리하는 타사업장에 전임할 수 없다. 다만 조합간부(임원, 상임위원, 대의원)의 임명 및 부서이동에 관하여는 조합대표와 협의하여 처리한다"라고 규정하고 있고, 제42조 제3항에 "회사는 다수의 인원을 필요한 부서에 전임시킬 경우 사내공모제 등의 방법을 최대한 활용한다"고 규정하였다.

또 단체협약 제51조에 "회사는 사규에 따라 조합원에게 6개월마다 정기승급을 실시한다. 다만 인사고과에 따른 호봉유급은 하지 않는다", 그리고 단체협약 제53조에 "회사는 조합원에게 사규에 따라 포상을 실시한다"라고 규정하고 간사회의록에 10년 근무자에게 금 8돈 또는 이에 상당하는 금액, 15년 근속자에게 금 11돈 또는 이에 상당하는 금액 등으로 근속연수에 따라 포상하도록 합의하고 있었다.

인사 및 경영사항은 재산권에 기초한 이른바 경영전권에 관한 사항으로써 노조와의 교섭대상이 될 수 없으며 특히 인사이동에 관한 권한은 근로계약에 의거하여 포괄적으로 사용자에게 부여되는 것이기 때문에 본인의 동의를 얻거나 조합과 협의를 하여야 할 사항은 아니라고 보았다. 인사문제에 속하는 근로자의 채용, 호봉의 부여, 승진 등 인사고과와 감봉, 해고 등 징계사항에 관한 결정은 사용자의 전권에 속한다고 이해하고 있었다. 그러나 한중은 조합원을 창원이외의 지역에 정당한 사유없이 전보할 수 없었다. 이에 따라 발전소 건설 및 수리·정비 등 국내현장 작업장이 수없이 생기고 있었고 또 세계화 추진으로 해외근무지역이 새로 생겨나고 있었는데도 본인과의 합의없이는 발령을 낼 수 없었다.

서로가 국내 타지역이나 해외에 근무하지 않겠다면 누가 그 자리에서 일할 것인가? 또 창원 본사 인력은 남아 돌아가는데도 높은 임금을 지불해야 하는 새로운 인력을 채용해야 할 것인가?

일본에서는 최근 종신고용제를 회피하는 수단으로 계약직, 파트타임 등 임시직을 많이 채용하여 고용조정의 신축성을 확보하고 있는데 우리나라에서는 계약직 채용도 여의치 않다. 회사에서 계약직, 파트타임 등 임시직 약 250여 명을 채용하고 있는데 근무성적에 따라 계약갱신을 해오고 있으나 계약직 해고에 관한 대법원 판례에서 "기간을 정하여 채용된 근로자라고 할지라도 장기간에 걸쳐서 그 기간의 갱신이 반복되어 그 정한 기간이 단지 형식에 불과하게 된 경우에는 사실상 기간의 정함이 없는 근로자의 경우와 다를 바가 없다"고 판시하고 있다. 따라서 3회 계약을 연장하면 정리해고 등에서 일반직과 똑같이 제약을 받게 되므로 기능이 숙달되어 생산성이 올랐더라도 손실을 감수하고서도 계약종료를 시켜야 했다.

호봉의 승호나 포상은 회사의 고유권한인데도 사규위반자에게 호봉의 유급을 못하게 되어 있었고 근속연수에 따른 자동포상과 금액까지 단체협상에 규정해 놓고 있었다. 특히 간사회의록에 조합원 6급에서 5급으로 진급할 경우 진급대상자의 20%를, 5급에서 4급으로 진급할 경우에는 진급대상자의 15%를 매년 진급시킨다고 의무진급률을 규정하였다. 6급으로 근무연한이 12년이 지나면 13년째는 자동적으로 전원이 5급 반장으로 진급하게 되어 있어 일명 "오토반장" "물반장"이 많이 생겨나고 있었다. 또한 노조에서는 강성노조원에 대한 회사의 일방적인 타지역 발령을 막고자 "정당한 사유가 있는 경우에도 본인과의 합의"를 요구하고, 인사위원회를 노사동수로 구성할 것을 요구해 오고 있는 것이었다.

또 단체협약 제82조에 "회사는 쟁의기간중 쟁의와 관계없는 자를 채용 또는 대체할 수 없다"고 규정하고 있는데 노동법에서 대체근로는 허용하고 있으므로 회사는 쟁의기간중 당해 사업과 관계 있는 회사내 인력으로 잔업을 수행하기 위하여 이 규정의 수정을 요구했으나 노조는 동의하지 않았다. 더구나 단체협약 제4조에 총무, 관재, 감사, 기획, 경비, 비상기획 등 핵심분야에 근무하는 자는 노조에 가입할 수 없으나 이 분야에 근무하는 기술직(을), 별정직, 여사원 및 계약직 여사원은 노조에 가입할 수 있도록 규정하는 바람에 쟁의기간 중에는 업무차질을 가져왔다.

또 회사의 경영권과 관련된 사항으로서는 단체협약 제56조에 "회사는 안전보호장구의 품질 및 내용연수에 변경이 있는 경우 조합과 협의하여 조정할수 있다" "회사는 안전장구 구입시 조합과 사양 및 품질에 관하여 협의한다", 제65조에 "회사는 작업복 구입시 조합과 사양 및 품질에 관하여 협의한다", 제66조에 "회사는 식단표 작성, 급식기준단가, 식당내부시설물, 집기에 관한 사항을 조합과 협의한다"고 명시해 놓고 있었다. 선의로 해석하면 조합원의 안전과 건강을 위해 당연한 것 같으나 납품업체와 회사에 대하여 골탕을 먹이려든다면 얼마든지 가능한 것이고 비리가 개재될 수 있는 소지가 있었다.

또한 본인결혼 20만 원, 자녀결혼 5만 원, 본인사망 200만 원, 부모 및 자녀사망 20만 원 등 경조금을 회사가 지급하도록 규정해 놓았고 단체정기보험, 개인연금, 휴가비 등은 따로 간사회의록에 규정하여 놓았다.

한국에 투자한 한 외국기업인은 한국에 근무하면서 길흉사 경조금이 엄청난 것에 너무나 놀랐다고 하면서 화환지출비만 하더라도 한 달 전기사용료만큼이나 된다고 푸념했다. 우리 회사의 경조금 지급액이 1996년 1억 8,500만 원, 1997년 2억 900만 원이나 되었다. 근조화지급액도 1996년에 3,650만 원 월평균 30.41건, 1997년에 4,260만 원 월평균 35.5건에 이르렀다.

또 '93 간사회의록에 "회사는 적법한 절차에 따라 조합원이 전면파업중일 때, 공장내 제작공정중에 있는 제품을 사외에서 제작하기 위해 반출할 시 조합과 협의한다"고 합의하고 있어서 파업 때문에 납기차질을 가져올 것이 분명한데도 사외 외주를 주어 제작할 수 없도록 되어 있었다. 파업손실과 납기차질 배상금을 동시에 부담해야 하는 처지였다.

단체협약의 효력은 "회사의 취업규칙 및 제규정, 개별적 근로계약에 우선하며 협약기준에 미달하거나 상반되는 일체의 개별근로계약은 그 부분을 무효로 하고 협약기준에 따른다"고 규정하고 있어 단체협약 지상주의가 선언되어 있었다.

단체협약은 법률이나 시행령 그리고 사규에 우선하는 만고의 진리였다. 노동법을 아무리 좋게 개정하더라도 단체협약을 갱신하지 못하면 노동법 개정은 헛것이 되었다. 그리하여 나는 1997년 신노동법 개정시에 부칙에 "개정된 노동법이 발효한지 1년 이후에 이 노동법과 일치하지 않는 개별임금협약과 단체협약은 무효이다"란 내용을 신설할 것을 건의했으나 받아들여지지 않았다.

과중한 부담의 임금성 복리후생비

세번째 회사의 구조적인 문제로는 사회보장비의 이중부담이었다. 중등학교생은 의무교육을 시행하고 있는데 회사는 법인세, 교육세 등을 납부하고 있었다. 따라서 사원의 중등생 자녀에 대한 학자금 보조금은 이중부담이므로 지원할 필요가 없는데도 입학금, 수업료, 육성회비 전액을 지급해 왔다. 단체협약 제67조에 "회사는 조합원에게 사규에 따라 학자보조금을 지급한다. 중·고등학생 : 입학금, 수업료 및 육성회비 전액"이라고 명시하고 있어 중·고등학생은 물론이고 "유치원, 초등학생, 만5세 이상 1인 이내 월 2만 원 지급하되 영수증 없이 일괄지급한다"고 규정해놓아 일종의 임금이었다.

또한 당기순이익의 5/100를 사내복지기금으로 출연하여 대학생 자녀에게 입학금, 수업료 및 육성회비 전액을 지급하고 있었다. 그 결과 1997년에 대학생 학자보조금으로 20억 9,200만 원이 지출되었다. 회사에서 사원자녀에 대한 총학자보조금은 1996년 35억 100만 원, 1997년 44억 6,100만 원이 지출되어 종업원급여 총액 2,156억 및 2,447억 원의 1.6% 및 1.8%가 되었다.

유치원·초·중생에 대하여 학원 등 사교육비 지출이 크다는 현실을 감안, 회사가 보조를 해 주는 것은 이해가 되지만 고등학생 및 대학생에 대한 학자금 보조는 납득이 되지 않았다.

또한 회사에서는 직장의료보험료를 월급여기준 1.5%씩 부담하여 1996년 18억 7,100만 원, 1997년 21억 1,400만 원을 지출했다. 게다가 단체협약 제58조 제5항에 "회사는 만7년 이상 근속하거나 만35세 이상의 조합원에 대하여 매년마다 종합검진을 실시하고 배우자는 2

년마다 1회 실시한다. 검진에 따른 비용은 회사가 90%, 본인이 10%씩 부담한다. 다만 검진일은 조합원 본인의 연·월차휴가를 사용하도록 한다"고 규정하고 있어 회사는 1996년 4억 7,000만 원, 97년 6억 1,800만 원의 건강진단비를 부담하였다.

또한 '97 간사회의록에 "업무외 질병 및 부상으로 수술할 경우 개인부담 치료비중 회사는 50~1,000만 원까지 부담한다"고 합의되어 있었다. 이는 많은 사원의 교통사고 등 업무와 상관없이 수술할 경우에 개인부담이 너무 컸기 때문에 사측이 동의를 해준 것 같은데 원칙적으로는 회사가 부담할 필요가 없는 것이었다. 회사에서는 매년 산재보험료로 인건비 총액의 17/1,000(서울사무소5/1,000, 건설현장 19~44/1,000)을 부담해 왔다. 1996년에 52억 원, 1997년에 68억 원의 산재보험료를 납부했다.

여기에다가 단체협약 제61조 제3항에 "회사는 조합원이 업무상 부상 또는 질병으로 인하여 장애가 있는 경우에는 장애보상금액 외에 별도의 보상을 시행한다"고 규정하고 있다. 또 단체협약 제63조에 "① 회사는 업무상 재해로 요양중인 조합원에 대하여 재해발생일로부터 만1개월 경과 이후 3년 간 재해발생전 평균임금의 20%를 생계보조비로 지급한다 ② 업무상 재해로 인한 사망시 배우자 또는 직계비속중 회사취업을 희망할 경우 우선취업을 보장한다"고 규정하고 있다. 간사회의록에는 "상여금은 휴직기간 30일 미만은 100%, 휴직기간 30일 이상 생계비지급기간까지는 50%를 지급하고 복리후생적 금품을 일반사원과 똑같이 지급한다"고 되어 있었다.

실제로 30일 이상 산재환자로 병원에 입원하였을 경우 근로복지공단으로부터 산재휴직임금으로 평균임금의 70%와 회사가 지급하는 별도의 생계보조비를 합산하였을 때 하루 평균 8시간 근로하는 정상사원보다 연간 총액임금수준이 14%나 더 높았다. 공장에서 일하는 것보다 병원에 누워 있으면 임금을 더 받는다는 모순에 빠졌다. 여기에 더하여 회사는 근로자 재해에 대비하여 사망 및 1급 장해시 5,000만 원을 받는 단체정기보험에 가입하여 1인당 월 3만 원씩 1996년 8억 원, 1997년 10억 원을 보험료로 납부했다.

또한 이미 앞에서 국민연금과 법정퇴직금의 이중성을 지적했듯이 회사는 퇴직급여 충당금으로 1996년 594억 원, 1997년 627억 원을 설정하였고 국민연금으로 1997년까지는 사업주가 연간총소득의 2%, 퇴직금전환 2%, 근로자 2%, 총 6%를 부담하였다. 1998년 이후는 사업주 3%, 퇴직전환금 3%, 근로자 3%, 총 9%를 부담하게 되어 있어 회사는 국민연금에 퇴직전환금을 제외하고 1996년 35억 원, 1997년 45억 원을 납부하였으며 1998년에는 약 77억 원을 부담할 것으로 추정되었다.

여기에다가 노조는 '97 임단협에서 "조합원에게 개인연금으로 월 5만 원씩 퇴직시까지 불입한다"는 요구를 해왔는데 이번에는 그냥 넘어갔지만 내년에 또 요구해올 것이 틀림없었다. 또한 회사는 무주택자의 주택구입 또는 전세금으로 1인당 1,000만 원 범위 내에서 융자제도를 시행하고 있었다. 이중 500만 원은 무이자로 회사에서 대출, 나머지 500만 원은 복지기금에서 연리 6%로 대출하는데 1997년에는 394명에게 19억 7,000만 원을 대출했다. 또한 조합원의 주거생활안정을 위하여 주택조합사업을 추진하여 1989년 1월에 입주완료된 제1주택조합부터 1994년 9월 입주한 제5주택조합까지 1,904세대가 혜택을 보았고 1997년 7월 착공한 제6주택조합을 포함하여 현재 진행중인 제8주택조합까지 944세대가 혜택을 볼 것으로 예측되었다. 회사는 주택조합을 지원하기 위하여 토지확보 등의 노력과 주택조합 파견근무를 허용해 주고 있었다.

이상에서 살펴본 바와 같이 우리나라 사회보장제도가 일반적으로

<표 9-5> 복리후생적인 급여현황

(단위 : 100만 원)

| 구 분 | 1997년(A) | | | 1996년(B) | | | 증감(A-B) | | 비 고 |
	사무직 기술(갑)	기술직 (을)	계	사무직 기술(갑)	기술직 (을)	계	합 계 금액	퍼센트(%)	
1.퇴직급여충당금	34,092	28,599	62,291	31,748	27,628	59,376	3,315	5.6%	
2.급 식 비	3,877	2,495	6,372	4,694	2,278	6,972	-600	-8.6%	*인원수비례배부
3.사택지원비	1,945	1,252	3,197	1,879	1,333	3,212	-15	-0.5%	*인원수비례배부
4.통근버스 임차료	1,203	775	1,978	1,146	813	1,959	19	1.0%	*인원수비례배부 *복지기금 지출 분 포함
5.학자보조금	2,040	2,421	4,461	1,586	1,915	3,501	960	27.4%	*96년 20만 원 *97년 30만 원
6.하계휴가비	1,440	927	2,367	893	634	1,527	840	55.0%	
7.보 험 료									
-의료보험료	1,317	797	2,114	1,138	733	1,871	243	13.0%	
-고용보험료	771	479	1,250	720	471	1,191	59	5.0%	
-산재보험료	4,171	2,591	6,762	3,056	2,167	5,223	1,539	29.5%	*급여액비례배부 *급여액비례배부
-단체정기보험료	1,420	882	2,302	459	325	784	1,518	193.6%	
-근재보험료(해외)	83	54	137	138	98	236	-99	-41.9%	
8.건강진단비	326	292	618	177	293	470	148	31.5%	
9.국민연금비	2,555	1,586	4,141	2,054	1,396	3,450	691	20.0%	
10.선 물 대	479	309	788	2,233	1,584	3,817	-3,029	-79.4%	*97년.10만 원 *96년 50만 원
11.기 타									
-경 조 금	142	67	209	104	73	177	32	18.1%	*인원수비례배부
-O/D 수당	308		308	203		203	105	51.7%	
12.합 계	56,171	43,524	99,695	52,227	41,742	93,969	5,726	6.1%	

선진국수준에 미치지 못하고 있지만 대기업의 경우에는 고용보장, 교육, 의료, 연금, 주택지원 등에서 선진국수준 이상의 혜택을 주고 있었다. 1997년의 경우 1인당 연간총급여액 3,101만 8,000원의 40.7%에 해당하는 1,263만 7,000원을 복리후생적 급여로 지급하고 있었다.

외국기업인은 한국 기업이 종업원 자녀의 학자금을 부담하고 건강진단비를 지원하고 주택문제 해결에까지 적극 나서고 있는 것을 전혀 이해할 수 없다고 고개를 갸우뚱거렸다. 더구나 식사제공, 버스 출퇴근, 선물제공, 경조금지급 등까지 회사가 부담하고 어떻게 경쟁력을 유지할 수 있느냐고 의아해하였다.

1996년 기준 한중의 1인당 연간 급여 총소득이 2,824만 7,000원으로 1995년에 비해 9.8%가 인상되었는데 여기에 보험료를 제외한 복리후생소득 1인당 연평균 1,109만 원을 더하면 1인당 연간 총소득이 3,933만 7,000원(월평균 328만 원)이 된다. 이것은 환율 1달러=850원일 경우 4만 6,280달러(월평균 3,860달러)로 GE, ABB 등 경쟁업체의 4만 달러수준보다 15.7%가 더 높았다.

여기서 이러한 고임금을 지적하고자 하는 것이 아니다. 단지 한중의 1996년도 1인당 부가가치 창출액이 8,800만 원으로 미 달러기준시 10만 3,530달러로, '숨은 강자들'의 중소기업체 평균 10만 달러와 같은 수준이었고 히타치 등 외국 경쟁업체의 평균 15만~30만 달러의 33~67%수준에 불과하다는 데 문제가 있는 것을 지적하고자 하는 것이다. 임금수준은 16%가 높은데 노동생산성이 33~70%수준으로 낮다는 것은 그만치 경쟁력이 없다는 것을 의미한다.

노조원 계파간의 갈등문제

네번째 구조적인 문제는 노조원 사이의 계파갈등이었다. 매년 실시되는 대의원선거에서 자파 대의원 당선을 위한 활동은 국회의원 선거에서 자기당 소속의원을 많이 당선시키고자 하는 활동과 흡사했다. 2년마다 직접선거로 치뤄지는 노조위원장 선거는 각 정당별 대통령선거전과 마찬가지로 흑색선전, 상호비방 등으로 선거양상은 과열되어 있었다. 매년 치르는 11월달 대의원선거 및 2년마다 치르는 노조위원장 선거 때문에 사원들의 생산성이 올라가지 않았다. 이들은 회사와의 관계에서 경영사안별로 계파간에 의견이 달랐다.

야당은 여당의 정책이 옳고 그르고 간에 반대를 위한 반대를 하는 것과 같이 야당노조원들은 집행부 노조활동에 사사건건 시비를 걸었다. 회사와 노조집행부가 합의하면 반대를 위한 반대로 타계파 노조원들은 무조건 비판하고 나섰다.

이 문제를 해결하기 위해 수차에 걸쳐 전직 노조위원장, 부위원장으로 구성된 노조자문회의를 갖고 토론을 했지만 뾰족한 수가 없었다. 이들에게 나는 대의원은 직접선거하더라도 노조위원장은 내각제를 도입, 대의원간접선거제를 실시하고 노조위원장의 중임규정을 두어 후배에게 기회를 주도록 하는 방안을 검토하여 투표를 실시하자고 제의하였다. 그러나 이들은 회사의 발전이나 이익보다는 자파의 이익과 정권 쟁취가 더 중요했기 때문에 진전이 전혀 없었다.

생산을 하는 작업현장이 정치판과 같은 한 장래가 없는 것이다. 정파간의 정쟁으로 국민이 희생되는 것과 같이 이런 계파활동으로 건전한 노조원만 희생되고 회사가 손실을 입는 것이다. 참으로 참담하고 안타까울 뿐이었다.

건전한 노조원들이 자기네들의 올바른 권리행사로 합리적이고 건전한 노조를 탄생시켜 노사간의 협력구도를 구축해야 하는데 아직까지 노조원의 의식수준이 못미치고 있는 것 같았다. 이러한 노조원간의 계파활동은 우리나라이 많은 대기업이 안고 있는 문제이고 노사화합을 이룩하는 데 고질적인 장애요인으로 작용하고 있다.

잘못된 노사관계

IMF사태가 이 땅에 왜 왔는가? 그 원인 중의 하나가 잘못된 노사관계 때문이라고 본다. 1987년 6.29선언으로 억눌렸던 노조활동이 폭발하면서 이들의 요구를 수용하여 당시 여소야대 국회에서 세계에서 가장 훌륭한 노동관계법을 제정하였다. 이를 당시 정부에서 거부권을 행사하지 않았고 그후 시행과정에서 노사관계의 기본틀과 질서가 구축되지 않았기 때문이다.

노사분규과정에 불법과 무법이 자행되어 왔으나 무원칙하게 대응하여 왔기 때문에 법과 질서가 확립되지 않았다. IMF에서도 노동시장의 유연성을 확립하라고 권고하고 외국기업 모두가 노동시장의 유연성과 법질서 확립을 요구하고 있는데도 그렇게 하지 못하고 있다. 서로 남의 탓으로만 돌리고 머지않아 공멸할 것이 눈에 보이는데도 한치 앞을 내다보지 못하고 있다. "한강의 기적"은 침몰해가고 있는데도 네 탓이다 내 탓이다라고 다투고만 있다.

침몰한 뒤에 후회하여 보아야 소용이 없고 그때는 이미 때가 늦은 것이다. 세계 어느 나라를 가보더라도 우리처럼 노사관계가 최악의 상태인 나라는 보지 못했다. 1976년 이후 95년까지 20년 간 임금상승률이 노동생산성을 상회하고 있는데 이렇게 장기간 단위당 노동비용이 상승한 나라는 없었다. 이 문제의 해결없이는 IMF극복이 어려울 것이다. 〈그림 9-1〉을 보면 1987~95년 연평균 임금상승률이 한국 16.1%, 미국 2.7%, 일본 2.8%였는데 노동생산성 증가율은 연평균 한국 11.1%, 미국 4.6%, 일본 2.9%로서 우리나라만 임금상승률이 노동생산성 증가율을 앞질렀다.

지난 2년 간 두차례 걸친 임단협을 통하여 나는 옛날 어린 시절 할머니가 들려 주시던 "팥죽할머니 이야기"를 떠올렸다. 호랑이가 밤중에 찾아와 "할멈, 할멈, 팥죽 한 그릇 주면 안 잡아먹지!" 하여 팥죽 한 그릇을 주었더니 그 다음날 저녁에는 호랑이가 다시 찾아와 "할멈, 할멈, 손가락 한 개 주면 안 잡아먹지!" 하여 손가락을 내준 후

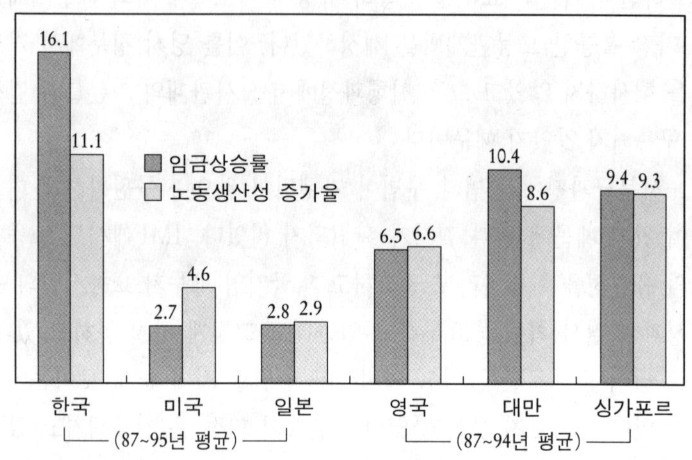

주) 임금상승률은 제조업 기준,
   노동생산성은 국민경제노동생산성(취업자 1인당 GDP증가율)임

매일밤 팔, 다리 순으로 모두 내주어 결국에는 잡아먹혀 죽었다는 비참한 얘기를 연상케 하였다.

이렇게 회사가 노조의 무리한 요구를 하나 둘 들어주다 보면 결국에는 망하는 길뿐이라고 생각했다. 노조에서는 노동관계법에 보장되었고 다른 경쟁회사가 모두 실시하고 있고 또 회사의 영업성적을 나누어 가져야 한다고 주장하면서 당연한 것으로 여기고 있지만, 회사가 망하고 나면 요구할 수도 없다는 사실을 깨달아야 한다고 누차 강조했지만 허사였다.

회사가 살아야 나도 사는 것이다. 팥죽할머니가 살아 있어야 호랑이는 매일 팥죽 한 그릇씩 얻어 먹을 수 있는 것이지 팥죽할머니를 잡아먹고 난 다음에 무얼 얻어 먹을 수 있겠는가?

10

위기를 고통분담으로 극복하자

IMF사태의 고통

하늘이 무너지고 땅이 꺼지는 IMF사태가 일어났다. 일제 36년 간
의 통치가 민족의 일대 치욕이었는데 또다시 52년만에 경제주권을
IMF신탁통치에 맡기는 제2의 민족적 치욕사건이 터졌던 것이다. 지
난 30여 년 간 피와 땀으로 이룩한 한강의 기적이 물거품이 될지도
모르는 위험에 처했다. 5,000년 역사동안 찌든 가난 속에 연명해 왔
던 우리 민족이 지난 1세대 동안 겨우 가난을 벗어나 국민소득 1인당
1만 달러의 중진국가로 성장하였으나 공든 탑이 무너지고 다시 세계
에서 최빈국 대열의 나락으로 떨어질 수도 있는 위험에 직면하게 되
었다.

이 글을 쓰는 순간 프랑스월드컵 16강 진출을 위한 네덜란드와의 경기에서 5 : 0이란 한심한 스코어로 패배한 한국팀을 보고 나뿐만 아니라 국민 모두가 IMF이후 6개월만에 다시 한심하고 비통스런 감정을 맛보았을 것이다.

회사로서는 하루하루가 중요한 시기인데도 정부에서는 1997년 10월에 통과시킨 '공기업 민영화 특별법'에 의하여 최고 경영자를 새로 뽑아야 하므로 공채에 의한 채용과정에 투명성과 공정성을 유지하기 위해 출근하지 말 것을 요구했다. 나는 대외적으로는 종업원의 동요와 불안을 막기 위해 중국출장 갔다고 해놓고는 남양주에 있는 기도원에서 금식기도를 하고 있었다. 그해 11월 13일부터 30일까지 사장 자리를 비워 두었지만 마음속은 타들어가고 있었다. IMF 위기가 어떤 형태로 닥칠지 어떻게 대처해야 위기를 극복할 수 있을런지 갑갑하고 초조하여 발을 동동 굴렀으나 출근을 못하니 갑갑할 뿐이었다. 나는 1997년 12월 1일자로 다시 사장으로 선임되면서 20개월 간의 11대 사장직을 마감하고 마치 동거하다가 자식까지 낳고 난 후 결혼식을 올리는 것 같이 어색하게 제12대 사장으로의 취임식을 가졌다.

이때부터 회사는 비상경영체제로 들어가 IMF사태가 회사에 미칠 영향을 정밀 분석하고 이의 대응방안을 마련하기 시작했다. 정부에서 12월 3일 IMF구제금융 550억 달러의 합의발표와 단기채 240억 달러의 연장성공발표에도 불구하고 환율은 1월 말 1달러당 1,715원까지 치솟았고 주가는 1997년 말에 10년 전 수준인 376원 선으로 떨어졌고 이자율은 30%선으로 치솟았다.

하루에 100개 기업이 부도가 나고 1만 명의 실업자가 발생하였다. 금융권은 정부가 독려해도 기업에 돈을 빌려주지 않았다. IMF사태 전에 이미 부도가 났던 한보, 기아 등에 이어 30대 그룹인 쌍용, 해태, 미도파, 진로, 고합 등이 줄줄이 협조융자 내지 부도사태를 맞았다. 수출기업은 신용장을 받아 놓고도 무역금융이 조달되지 않아 애를 태우고 있었고 원자재 수입가격은 급등하였으나 그나마 수입을 위한 유전스 수입금융을 조달하지 못해 수출용 원자재를 확보할 수가 없었다.

서울역 등지에는 집을 떠난 중소기업 사장과 실직자들이 갈 곳 없어 모여들기 시작했다. 한편으로는 돈이 없어 쌀을 사지 못하자 도둑질을 하고 아기우유값을 마련하기 위해 공중전화박스를 헐어 동전을 털어냈다는 비참한 현상이 연일 지상에 보도되었다.

IMF사태는 우리가 생각했던 것보다 더 심각했다. 더구나 96억 달러의 외채를 가진 한전이 막대한 환차손과 전력수요의 급감 등을 이유로 1998년 1월 중순에 1997년 4월에 연기한 5개 프로젝트에 추가하여 한중과 계약한 14개 프로젝트를 3개월 내지 22개월의 준공 연기를 결정하면서 한중에게 납기연장을 요청해왔다. 금액으로는 3조 6,500억 원으로 한중의 1997년 12월 말 수주 총잔액 7조 600억 원의 반이 넘는 금액에 해당했다. 한중으로서는 청천벽력이었고 창사 이래 최대위기를 맞이하게 되었다. 우리는 침통했고 난감했다. 나는 울고 싶었다. 앞이 캄캄했다. 그러나 우리는 정신차려야 한다. 호랑이한테 물려가도 정신만 차리면 살아날 수 있다고 직원들을 격려하고 용기를 돋구었다.

IMF사태를 맞이한 한중의 첫번째 어려움은 환차손이었다. 환율이 급등하면서 외화차입금 등의 순환차손이 2,772억 원이나 되어 영업이익은 1996년 1,964억 원에서 1997년 2,523억 원으로 1996년보다 약 600억 원이 늘어났으나 환차손에 따른 영업외 비용의 증가로 경상이익이 1,987억 원에서 938억 원으로 무려 1,000억여 원이 감소하였다. 당기순이익이 1,507억 원에서 453억 원으로 줄어들었다. 10대 그룹중에 삼성, 대우, SK, 롯데만 흑자였을 뿐 나머지 6대 그룹은 적자

였다고 신문에 발표되었다. 포항제철도 5,100억, 가스공사는 4,700
억 원의 환차손을 입었다고 보도되었다.

한중은 신바람경영혁신활동을 전개하여 2,010억 원(매출원가의
7.9%나 되는 비용)을 줄이는데 성공했으므로 그나마 적자를 모면할
수 있었던 것이다.

두번째 어려움은 한전이 하동 5, 6호기, 울진원자력 3, 4, 5, 6호
기 등 대형발전소의 준공을 3~22개월씩 연기한 것이었다. 주고객인
한전은 대규모 환차손이 발생했을 뿐만 아니라 IMF사태 이후 국내
공장가동률 저하로 전력수요가 격감, 사상 처음으로 전년대비 1%가
감소하여 전력예비율이 10%에서 30%까지 올라갔다는 것이다. 공장
이 부도가 나서 전력요금을 제때에 납부하지 못하는 수용가가 많았
고 전력요금 연체료가 시중금리보다는 쌌기 때문에 돈을 구하지 못
하는 대기업들은 아예 연체료를 각오하고 요금을 내지 않고 있어서
전기는 팔고도 돈을 받지 못하는 금액이 수백억 원에 달하였다. 또한
국가신용도의 급락으로 해외금융시장에서 발전소건립 차금조달이 불
가능하였다.

그리하여 한전이 선택한 것이 납기연장이었는데 이로 인해 한중은
연간 제작납기계획중에 연기한 프로젝트에 대한 작업물량으로 구멍
이 뻥 뚫렸다. 예를 들면 원자력공장의 가동률은 1998년 1/4분기에
86%에서 56%로 30%가 감축되고, 2/4분기에는 101%에서 45%로
56%가 감축될 전망이었다.

터빈 로터공장은 1/4분기중 94%에서 53%로, 2/4분기중 90%에
서 71%로 줄어들 것으로 예상되었다. 공장마다 대형설비가 공회전
하고 있었고 공장의 근로자들은 일감이 없어 연장근로수당이 줄어든
다고 아우성이었다. 이와 같은 한전의 납기연장으로 수주 3,400억
원, 매출 3,100억 원, 수금 3,420억 원의 차질이 발생, 당초 사업계획

대비 각각 37%, 26% 및 36%의 차질이 예상되었다.

　세번째는 금융조달상의 문제였다. 우선 한국수출입은행이 금년도 해외금융 조달계획 20억 달러중 10억 달러 이상의 조달이 불가능하여 한중의 해외수주 프로젝트에 약속한 금융제공을 못하겠다고 통보해왔다. 예를 들면 인도 라마군담 프로젝트에 약속한 2억 7,000만 달러의 금융제공이 불가능하여 한중으로서는 계약된 최대금액의 화력발전소 프로젝트가 날아가게 생겼다. 또한 해외에서는 한국의 경제위기로 납기차질을 우려해 아예 계약을 진행시키지 않았고 한국 기업과의 사업추진을 기피하였다. 또한 해외발주처와 대출은행 국내금융기관을 불신하여 이행보증금(P-bond) 등 각종 지급보증을 제3국 금융기관의 보증으로 대체할 것을 요구해 왔고 보증요율도 종래 연 0.4%에서 3~4%로 대폭 인상하였다.

　한국의 신용등급이 투자부적격 수준인 BB+로 하락하자, 해외시장에서 고금리로도 조달이 어려웠다. 이로 인한 사업차질액이 한전의 납기 연장으로 인한 차질액보다도 더 컸다. 수주가 7,800억 원 차질로 당초 사업계획보다 58%가 축소되었고 매출 3,200억 원(-68%), 수금 1,610억 원(-57%)의 차질이 예견되었다.

　넷째로 국내기업의 도산으로 미수금 규모가 늘어나고 살아남은 기업들도 투자규모를 30%이상 감축하여 플랜트발주물량이 취소되거나 축소 또는 연기되었다. 또한 정부와 지방자치단체가 예산을 감축하여 공사를 취소하거나 연기 또는 축소시켰다. 이로 인해 수주차질 21%(3,300억 원), 매출차질 18%(1,500억 원), 수금차질 27%(1,500억 원)가 발생할 것으로 예상되었다.

　다섯째로 환율상승에 따른 원·부자재의 가격상승으로 추가원가부담이 막대하였다. 연평균 환율을 1달러=1,550원으로 가정할 때 외자재 구매원가가 55%나 상승하여 약 2,140억 원의 추가원가부담이 예상되었다. 내자재 가격도 수입원자재 가격상승으로 평균 30%가 인상되어 1,270억 원의 추가원가부담이 불가피하였다. 특히 유류, 가스, 전력 등 에너지가격이 평균 50% 인상되었다.

여섯번째의 어려움은 협력업체의 연속적인 부도였다. 하도급으로 공사하던 업체가 부도가 나서 보증회사로 대행시켰으나 그 보증회사가 며칠 안 가서 또 부도가 났다. 부품 또는 원자재 제작업체가 부도가 나는 바람에 원가, 납기, 품질에 차질을 가져왔다. 또 키워놓은 협력업체가 부도가 나면 또다른 업체를 물색하여 새로 키워야 하는 부담이 생겼다.

IMF사태가 난 이후 한달째부터 거래업체의 부도가 매일 하루 한 건씩 발생하여 한달동안 30개 거래업체가 부도가 났다. 설상가상으로 새 정부가 공기업 민영화에 대한 온갖 확정되지 않은 방안을 발표하자, 종업원들은 불안해하며 일손을 잡지 못하고 있었다.

해외수주활동도 IMF사태로 위축되었는데 상담중인 프로젝트도 민영화발표로 수주가 진행되지 않고 있었다. 일감을 금년에 1억 달러 이상 주겠다고 약속한 GE나 벡텔사도 관망자세로 돌아섰다.

창사 이래 최대위기

이상과 같은 IMF사태로 회사에 미칠 영향을 종합하면 당초 연간 영업계획에 비하여 수주치질 1조 9,340억 원(36%), 매출치길 5,940억 원(-18%), 수금차질 5,100억 원(-20%)이 예상되었고 자재 및 에너지 분야의 추가 원가부담 3,500억 원(+33%), 이자 등 영업외비용 추가부담 8,400억 원(+57%)으로 분석되었고 약 3,000억 원의 자금조달 차질이 생기는 것으로 예상되어 종합적으로 경상이익이 약 1,700억 원이나 적자가 발생하는 것으로 분석되었다.

하는 수 없이 청와대, 통상산업부 등을 찾아다니며 호소했다. 미국의 루스벨트 대통령이 1930년대 공황시 후버댐 등 뉴딜정책으로 사회간접시설 확충에 나선 것처럼 급증하는 실업을 막기 위해 적자예산을 편성하여 도로, 항만 등 사회간접시설을 대폭 확충하고, 세계에서 제일 싼 전력요금을 국제수준으로 현실화하여 발전소건설관련 기계설비제작업체, 토목, 건축, 전기 등 각종 공사업체에 일감을 제공하면 실업자를 줄일 수 있다고 호소하였다.

또한 국내 일감이 줄어들어 해외수주로 물량을 확보해야 하는데, 마침 환율이 상승하여 발전소설비 등이 가격경쟁력을 갖추었으므로 플랜트수출자금 등 수출입은행의 연불금융규모를 대폭 확충하여 금융제공을 해주면 수출도 늘고 국내고용이 유지될 것이라고 호소하면서 정부의 IBRD차관중 20억 달러를 수출입은행에 전대해 줄 것을 요청하였다.

그러나 실업기금은 발빠르게 8조 원이나 조성하면서 물고기가 아닌 수출촉진과 고용안정을 위한 낚싯대를 빌려주는 대책은 나오지 않았다. 또 민영화정책도 한국통신, 담배인삼공사, 가스공사 및 한중은 이미 3개월 전에 확정한 '공기업 민영화법'에 따라 진행시키면 경영안정과 민영화가 이루어져 2003년 이후에는 국민기업으로서 명실상부한 민영화가 완성될 것이므로 IMF로 어려울 때 우선 회사를 살려놓고 보아야 할 것이라고 설득했다. 그러나 정부로부터의 도움은 기대할 수가 없었다. 할 수 없이 우리가 자력으로 회사를 회생시키는 길밖에는 없었다.

비상경영사태 선포

우리는 창사 이래 최대위기를 극복하기 위하여 연일 토론을 거듭했다. 나는 죽기를 각오하면 살 수 있다는 말처럼 죽을 각오를 하고 노력하면 반드시 회생할 것이라는 믿음을 갖고 사원들을 격려하였다.

먼저 각 본부별 금년도 투자계획을 대폭 삭감하였다. 해외투자사업계획은 수주와 연결된 투자를 제외하고는 동결시켰다. T-프로젝트와 K-프로젝트 등 대형 프로젝트는 2~3년씩 투자계획을 연기시켰다. 국내투자계획은 경쟁력제고와 직접적인 관계가 없는 분야는 1~2년씩 순연시켰다. 그리하여 1998년 당초 투자계획 5,863억 원을 3,664억 원으로 37% 축소시켰다.

두번째로 미수금 및 공사선수금 추가확보에 적극 나서기로 하였다. 작년에 약속받은 사우디아라비아 쇼아이바 프로젝트 수금을 위하여 6월 말까지 2억 3,000만 달러중 1억 달러를 추가로 수령하고 누산트라 및 시비농시멘트공장 건설대금 미수금 3,100만 달러를 수령하기 위한 교섭단을 파견하기로 하였다.

이런 가운데 쇼아이바 프로젝트로부터 1월 둘째주에 5,200만 달러를 수령하여 일부는 해외공사현장에 투입하고 나머지는 1달러＝1,715.40원으로 바꾸어 종금사에 예치했다. 환율 804원으로 계약된 공사금액이 환율상승으로 환차익을 배 이상 향유했고 예금이자율은 27%까지 받으니 돈장사가 재미있었다.

또 사우디 투자은행(Saudi Investment Bank)으로부터 사우디 공사대금을 담보로 5,000만 달러를 리보＋2.8%의 금리로 대출받았다. 그밖에 일본으로부터 1억 달러 등 해외로부터 유동성 확보에 나섰다. 한편으로 크리스나 파트남 A 등 계약단계에 있는 프로젝트를 위하여 해외 금융조달팀을 풀가동하기로 하였다.

셋째로 해외수주를 위한 총력전을 전개하였다. 공장장, 설계실장, 기술실장 등 전 사원을 영업요원화하여 일본, 중국, 미국, 유럽으로 출장을 보냈다. 나 자신도 금년 내의 물량확보를 위해 직접 뛰기로 마음먹었다. 그리하여 샌프란시스코 벡텔사를 위시하여 미국 내 IPP 사업자들과 GE 등을 방문하기 위해 4월 20일 이후 열흘간의 출장계획을 빽빽하게 짜 놓았다.

한편 금년도 수주지침인 환율 1,200원, 경상이익률 5%이상을 단품수주의 경우에는 환율 1,300원, 경상이익률 3%이상으로 하향조정했다.

넷째로 한전의 공기연장에 대해서는 다음과 같은 지침을 마련하였다. ① 제작을 착수한 기자재는 계속 제작한다 ② 미착수 프로젝트는 한전안대로 연기하여 원자재 및 부품 품목의 발주를 중단한다 ③ 발주된 원자재 및 부품 품목은 계획대로 인도받아 자재창고에서 보관한다 ④ 공장부하가 격감한 공장의 가동률 유지를 위해 연기된 프로젝트의 일부를 제작한다. 이렇게 하였을 때 한중자체 자금부담이 약 3,500억 원에 이르러 보유유동성으로 반을 충당하고 나머지 반은 별도로 자금조달하기로 결정하였다. 한편 자재재고 감축계획과 재품재고 관리계획을 수정하여 당초 감축계획을 조정하기로 하였다.

다섯째로 공장부하율을 적정수준으로 유지하기 위해 지금까지 월 기본 145시간＋연장근로 57시간(월 192시간)을 기본 145시간＋연장근로 47시간으로 조정하여 월평균 근로시간을 10시간 단축하기로 하였다. 더불어 공휴일 근무폐지, 연장근로 단축 및 주/야간 근무를 주간근무로 변경하는 등으로 고용안정을 유지하기로 하였다.

그러나 근로자들은 임금삭감에 따른 희생을 감수하려 하지 않았다. 말로는 고용안정이 우선이라 하면서도 임금삭감을 받아들이지 않았다. 1997년 11월 평일 2시간 잔업인원이 평균 1,853명이었는데 2～3월에 1일 평균 2,114명으로 IMF 이후 오히려 1일 평균 260명의 잔업인원이 늘어나는 기현상이 일어났다. 이런 식으로 그들은 임금유지에 안간힘을 썼다.

또 고용안정을 위해 설비가동률을 줄이면서 그만큼 감가상각비의 추가부담이 발생하였다. 더구나 신바람투자로 새로이 설치한 기계를 24시간 풀가동해야 감가상각비 조기회수가 가능한데도 그것을 못하는 현실이 안타까웠다.

미국 기업들은 이럴 때 과감히 고용조정에 들어갔는데 우리는 다운사이징을 할 수 없으니 구조조정이 지연되고 회사의 경쟁력만 떨어져 비용부담만 늘어나고 수익성은 낮아져 걱정이 아닐 수 없었다. 대신에 4월중에 명예퇴직제를 실시하여 회사부담을 감수하기로 했다. 약 100~200명을 퇴직시키기 위해 신청서를 받기로 하였다.

회사가 이러한 IMF위기를 극복하기 위해 할 수 있는 모든 지혜를 다 짜내어 실천에 옮긴다 하더라도 매출액은 1,500억 원 정도밖에 만회되지 않고 경상이익은 여전히 660억 원정도의 적자가 예상되었다. 일부에서는 1998년 당초 사업계획을 수정하자는 의견이 제시되었고 비상임이사회에서는 사업계획 축소조정을 요구했으나 한전의 장기전원개발계획이 확정되지 않아 현재로는 조정할 수도 없는 형편이었다.

고용안정 약속과 임금삭감 호소

이런 상황에서 최고 경영자의 선택은 무엇일까? 임금과 고용안정을 유지하면서 적자를 감수할 것인가, 아니면 고통을 최소한 분담하면서 흑자를 유지해 볼 것이냐 하는 두 가지 선택의 길이 있을 뿐이었다. 나는 고심하다가 후자의 방법을 선택하여 종업원들을 설득해 보기로 하였다.

그리하여 IMF위기 극복을 위한 비상대책(안)을 확정하고 2~3월 중 두달동안 임중역, 노동조합과 부장 등 계층별로 나누어 내가 직접 회사실정을 설명하고 위기를 극복하기 위해 8,000여 사원의 협조를 호소했다.

그리고 먼저 노동조합과 합의나 협의가 필요없는 사항을 1998년 3월 1일부터 과감히 실행에 옮겼다.

첫번째로 이사급 이상 임원연봉제를 3월 1일부터 시행했다. 지금까지 받고 있던 현금성 임금을 그대로 유지하면서 연봉제로 변경하고 임금은 삭감하지 않았다. 그러나 보너스 900%중 500%는 연봉에 포함시키고 400%는 경영성과급으로 전환시켰다. 그리고 임중역 관리규정에 의하여 신분상 고용관계에서 위임관계로 바꾸는 임원보수 및 관리규정을 개정했다.

두번째, 과·부장급 이상에 대해서는 현행 월급제를 유지하되 보너스 900%를 500%로 축소하고 나머지 400%중 200%는 능력급으로 전환하고 200%는 경상이익률에 연계한 경영성과급으로 변경하였다.

세번째, 지난 6개월간 검토해온 대대적인 조직개편을 단행했다. 과단위 조직을 폐지하고 팀조직으로 바꾸었고, 직위와 직책을 엄격히 분리, 직책보직기준을 팀장은 15명, 실장(부장)은 30명의 인원기준으로 정비하는 등 내가 생각했던 3S(Small, Speedy, Slim) 원칙으로 1단계 정비를 마무리했다. 조직개편의 결과 보직자 1,280개의 조직이 603개로, 보직 자리의 53%가 축소되었다.

네번째, 노동조합원을 제외한 비노조원을 대상으로 연월차수당을 폐지하였다. 1997년에 연월차 수당으로 108억 원, 1998년에는 122억 원을 지급했는데 이는 각각 연간 급여총액(통상임금)의 5.0% 및 4.4%에 해당하는 금액이었다.

다섯번째, 80년대 중반 자가용차량운행을 조장하면서 지급했던 자가운전수당을 감축하고 현금지급을 폐지했다. 예를 들면 부장의 경우 월 유류 100 *l* 와 현금 10만 원을 지급했으나 유류 80 *l* 만 지급하고 이사의 경우 월 유류 100 *l* 와 현금 20만 원을 유류 80 *l* 만 지급하기로 결정했다.

여섯번째, 해외출장시 항공기 탑승등급을 1등급씩 하향조정했다. 전무 이상은 1등급에서 2등급으로, 상무는 2등급에서 3등급으로 낮추었다.

일곱번째, 해외 지사원 및 해외합작사 주재원을 각각 56명에서 44명으로, 28명에서 22명으로 20% 감축하고 업무용 개인차량 구입대출금을 차량가격 전액 지원하던 것을 1만 달러까지만 대출해 주도록 했다. 또 해외건설현장 가족송출시 왕복항공료, 이사비, 주택임차료, 학자금 보조금 등 지원비를 2년 간 지급을 유보시켰다.

여덟번째, 국내 건설현장근무시 전세금 2,500만 원 무이자 융자혜택을 폐지하고 숙소보조비 월 30만 원을 반으로 줄임과 동시에 과거 월 92~129시간의 연장근로에 의한 일급제를 월고정 53시간으로 하는 월급제로 변경했다.

아홉번째, 각종 포상제도를 축소조정하여 국내외 여행일수와 포상금을 50%씩 삭감하였다.

열번째, 설날, 창사기념일 등 각종 선물지급을 전면 폐지하였다.

열한번째, 홍보용으로 제작하던 업무용 수첩, 달력 등 대외용 제작을 취소하였다.

열두번째, 사무용품비와 부서운영경비 및 식대를 50% 감축하고 식수를 지하수로 대체하였다.

열세번째, 조경, 청수용역을 20% 축소하였다.

이러한 조치와 동시에 한중한가족문화제, 직원자녀 하계캠프, 하계휴양지 운영, 체육복지급 등은 2년 간 유보하였고 사내협력업체 사원의 중식대 지원비를 폐지하였다. 또 중소기업체에게 지금까지 현금으로 결재하던 물품대 및 하도대금을 1,000만 원 이상에 대해서는 40일 어음으로 지급하기로 하고 선급금 20%를 10%로 감축했다. 한편 1998년 4월 1일자 정기진급시 진급인원을 과거 진급률의 평균 30%를 축소하여 진급시켰다.

고통분담 제의에 들끓는 반대여론

이상의 고통분담시책이 발표되자 사내에는 반대여론이 들끓기 시작하였다. 먼저 노동조합은 비노동조합원의 급여제도나 복리후생비도 노조원수가 전체 사원의 51%가 넘으면 노동조합과의 협의사항이라고 주장하며 협의가 없는 시행은 무효라고 들고 나왔다.

1998년 2월 말 현재 노조원은 4,127명, 비노조원 3,726명으로 노조원수가 전체 사원 7,853명의 52.5%로 과·부장급 능력급제 도입, 조직개편, 연월차수당 폐지, 국내건설현장근무자 월급제 전환, 국내외 건설현장 근무지원비 감축, 선물지급폐지, 하계휴양지, 한가족문화제 유보 등은 노동조합과 반드시 협의하기로 되어 있는 것을 처음 알았다.

외국에서는 단체협약은 그 체결당사자인 노동조합 조합원에 대하여만 효력이 미치는 것이 일반적인데 우리 노동조합법 제35조와 제36조는 구법과 마찬가지로, 일정한 경우 그 효력범위를 전체 사업장 또는 전 지역으로 확장하는 제도를 두고 있었다. 사업장단위로 일반적 구속력제도를 규정한 것은 구 노동조합법 제37조인데 이와 관련한 대법원 판례로는 그 구속력에 대한 중소기업진흥공단 사례(93. 3.23 선고)와 그 전제가 되는 "상시 사용되는 근로자"의 의미에 대한 한국일보 사례(92.12.22 선고) 등이 있었다.

중소기업진흥공단 사례에서 대법원은 "회사소속 근로자의 과반수 이상이 가입하고 있는 노동조합이 회사와 단체협약을 체결한 이상, 노동조합원이 아니고 단체협약의 규정을 승인하지 아니한 근로자에게도 단체협약이 적용된다"고 판결하였다. 따라서 전체 종업원중 노조가입 종업원이 과반수가 넘으면 노조와 합의한 단체협약을 전 종업원에게 적용해야 하는 것이었다. 과장급 이상 비노조원이 내심으로는 노동조합이 투쟁을 통하여 많은 것을 쟁취해주기를 바라는 소극적인 동정심이 여기에서 나오는구나 하고 깨닫고는 사장 혼자서만 전 종업원과 투쟁하는 외로운 싸움에서 승산없는 것은 자명한 일이고 또 노사문제가 잘 풀릴 수 없는 제도적 문제점을 가지고 있다고 생각했다.

회사는 부랴부랴 비노조원의 급여제도 변경을 위해 노동조합과 협의에 들어갔다. 노조측 대표들에게 회사의 긴박한 위기를 다시 한번 설명하고 그들의 협조를 호소하여 설득에 성공했다. 하나의 단체협약의 적용을 받는 근로자가 과반수 이상이라는 비율을 계산하기 위한 기준이 되는 근로자의 총수에 관련한 대법원 판례(한국일보 사례)에서 "조합가입대상자중 근로자의 지위나 종류, 고용기간의 정함의 유무 또는 근로계약서의 명칭에 구애됨이 없이 사업장에서 사실상 계속적으로 사용되고 있는 동종의 근로자 전부를 의미하므로, 단기의 계약기간을 정하여 고용된 근로자라도 기간만료시마다 반복경신되어 사실상 계속 고용되어 왔다면 여기에 포함되고 또한 사업장 단위로 체결되는 단체협약의 적용범위가 특정되지 않았지만 협약조항이 모든 직종에 걸쳐서 공통적으로 적용되는 경우에는 구분없이 사업장 내외 모든 근로자가 동종의 근로자에 해당한다"고 판결하고 있기 때문이었다. 회사에서는 지금까지 노조가입비율을 계산할 때 노조가입 근로자수를 계약직과 임중역을 제외한 모든 근로자수로 나누어서 산출하여 1998년 2월 현재 노조가입률이 52.5%였는데 계약직 사원 244명과 임중역 61명을 포함하면 전 종업원수가 7,853명이 아니라 8,158명으로 노조가입근로자 4,127명은 50.6%에 해당되었다. 따라서 회사에서는 노조원이 과반수는 넘지만 약 50명이 더 많은 것을 가지고 회사 살리는데 노조가 그리 인색할 필요가 있느냐고 설득했다. 이후로 노조집행부는 노조원수 늘리는 데에 더욱 집착을 보였다.

그 다음은 과 · 부장급에 대한 고정상여금 축소로 직급간의 임금역전 현상이 발생한다는 반대여론이 제기되었다. 예를 들어 노동조합원인 대리 이하 사원은 상여금 900%와 경영성과급 50~100%를 지급받는데 과부장은 상여금 500%, 능력급 150~250%, 성과급 0~400%를 지급하기로 함에 따라 변동성 보너스의 차이로 회사가 경상이익이 제로일 경우에는 과장 이상 650~750% 수령과 대리 이하 950% 수령으로 200~300% 차이가 나고, 또 급여감소에 따라 퇴직금도 자동적으로 감소한다고 불평하였다. 이는 그동안 협의해 왔던 신인사 제도를 노동조합이 수용하지 않아 비조합원인 과장급 이상에만 신인사 제도를 실시한 결과 불균형이 생긴 것인데 실무자들은 신인사 제도를 노조와 합의시까지 유보하자고 건의하였고 나는 신인사 제도를 1998년 임단협에서 반드시 관철시켜야 하향평준화 현상을 막고, 보너스 형평문제를 해결할 수 있다고 고집하였다.

그 다음으로는 중소기업에 대한 현금결재를 40일 어음결재로 바꾼 것이 협력업체의 불만사항이 되었다. 회사는 1996년부터 물품 및 건설하도급 대금을 현금으로 결재하여 주는 등 사실상 보조금을 지급하여 그들의 사기를 진작시켰는데 이를 중단하자, 협력업체의 불평이 터져나왔던 것이다. 나는 웬만하면 현행대로 유지해 보려고 생각하였으나 국내 금리가 너무 올라 그 부담을 감내할 수가 없었다. 회사는 중소기업에게 1996년 1조 300억 원, 1997년 약 1조 원을 현금으로 지급하여 각각 205억 및 246억 원의 이자부담을 안게 되었다. 1998년은 그 이자부담이 약 350억 원에 이를 것으로 예상되어 40일

어음지급이 불가피함을 설득하였다.

이상에서 예시한 것을 포함, 회사의 자구노력으로 36가지의 고통분담시책을 1998년 3월 1일 일괄적으로 시행하였다. 불만과 저항이 있었으나 본질적으로 노조와의 협의 내지 합의사항이 아니었고 노조와의 협의사항이라 하더라도 노조원에게 별 영향이 없었으므로 또한 과장급 이상 사원의 IMF위기극복을 위한 동참의지로 무사히 시행할 수 있었다. 이러한 자구노력으로 약 350억 원을 절감할 수 있는 것으로 집계되었음에도 1998년도 경상이익은 당초 650억 적자 예상에서 약 300억 원의 적자는 불가피하게 발생하는 것으로 예견되었다. 이제 노조를 설득하는 길밖에 없었다. 7년 연속 흑자행진을 여기서 멈출 수 없었던 것이다.

노조원의 고통분담 호소

그리하여 숙소사용료, 식대 등 비합리적인 것, 연월차수당, 학자보조금 등 선진국 경쟁업체가 시행하지 않고 있는 각종 복리후생제도, 그리고 임금동결 등으로 노조도 IMF위기극복에 동참해야 할 것 등 노사협의사항 9가지, 단체협상대상 14가지, 임금협상대상 4가지 등 모두 27가지를 노조측에 제시하였다. 이것만 관철하면 약 800억 원을 절감할 수 있으므로 1998년 경상이익은 약 500억 원이 되어 적자는 면할 수가 있는 것으로 분석되었다.

먼저 장기근속자에 대한 포상제도로 10년 이상 근속자에게 금 8돈, 15년 이상 금 11돈, 20년 근속 금 14돈, 25년 이상 금 17돈을 매년 창사기념일에 지급해 왔는데 급여에 이미 1~3년 근무자 월 2만 5,000원부터 10~13년 근무자 월 6만 7,000원, 13~19년 근무자 9만 5,000원, 19년 이상 근무자 월 10만 5,000원의 근속수당을 지급하고 있고 퇴직금 누진제가 근속연수에 연계되어 장기근속자에게 혜택이 돌아가고 있었으므로 이번 기회에 이를 폐지하고 장기재직 기념패로 대체하겠다고 제의하였다. 더군다나 IMF한파로 전 국민이 금모으기 운동에 동참하고 있고 우리 회사에서도 지난 1월에 63kg을 모았던 사실을 감안해야 한다고 강조하였다.

회사는 장기근속자 포상용으로 1996년에 56kg, 1997년에 65kg의 금을 사들였다. 금수입이 자유화되지 않았던 1996년까지는 이 포상금용 금을 사들이기 위해 창원시내는 물론 마산, 부산까지 달려가 모든 금방을 뒤졌고 한중창사 기념일인 9월 20일 전후해서는 금값이 인상되는 사태가 벌어졌다. 다행히 1997년부터는 종합상사가 금을 수입하므로 금 구하는데는 애로가 없어졌다.

연장근로수당은 ILO기준에서도 25%를 규정하고 있고 지멘스, 알스톰, GE 등에서도 25%를 더 주고 있었고 ABB는 아예 3교대 하면서 할증률을 적용하지 않고 있었다. 도시바, 히타치만 공휴일 근무에 35%를 더 주고 있었다.

이는 세계에서 최고율이고 기본급료 수준이 낮기 때문에 현장 작업인원의 평균 70%이상이 평일 2시간 잔업을 자동적으로 하게 되어 을사원들의 경우 통상임금의 평균 12.7%를 차지하였다. 또 임금차등률이 높았기 때문으로 연장근로를 선호하여 정상근로시간중 생산성이 저하되는 등 부작용이 속출하였다. 따라서 연장근로수당을 기본급으로 흡수시키고 연장근로수당을 없애든가(10시간 연장근로 단축시 55억 원 절감), 연장근로수당을 25%로 국제기준과 일치시켜야 한다고 보았다.

또한 연월차수당을 폐지하고 연차휴가를 5일에서 12일간으로 늘려서 무급휴가를 실시할 것을 제의하였다. 선진국은 연간 15~30일 무급휴가(무노동무임금의 원칙 적용)만 적용하고 월차휴가란 제도는 아예 없었다. 이에 비해 우리나라의 경우 연월차수당은 임금이 상승하면 자동적으로 상승하고 퇴직금 등도 올라가게 되어 있었다. 따라서 아예 폐지하는 것이 바람직하나 임금삭감을 감안하여 반일제 월차제를 도입하여 가사일을 돌보게 하고 경조휴가를 폐지하여 연월차휴가를 모두 사용하도록 하는 것이 바람직하다고 설득했다.

이와 함께 경조특별유급휴가의 폐지를 제안했다. 가족의 경조사는 누구나 맞이하는 것이지만 특별유급휴가를 적용하는 나라는 우리나라뿐이었다. 반드시 결근해야 할 경조사는 연월차휴가를 이용하도록 하고 폐지하는 것이 바람직하다고 생각했다. 1997년 임단협에서 노조는 처의 조부모 사망, 처의 백숙모 사망 등에도 본인과 똑같이 각각 3일과 2일을 적용해 달라고 요구하였지만, 나는 남녀평등의 100% 실현에 협조를 못해 미안하다며 받아들이지 않았다.

추석귀성비와 하기휴가비 지급도 폐지하자고 제의했다. 추석이 민족적 명절이라 1인당 20만 원, 하기휴가비(5일간) 1인당 30만 원을 일괄지급해 왔고 구정, 추석때는 고향방문 버스를 20~25대를 회사에서 제공해오고 있었다. 나도 같은 금액을 받으니 좋기는 하지만 휴가일수를 늘려서 선진국처럼 아끼고 저축한 돈으로 휴가를 가야 알뜰휴가가 되는 것이고 추석 귀성비는 가급적 검소한 명절보내기운동의 하나로 폐지하는 것이 바람직하다고 제의했다.

또 학자금보조 지급기준을 바꾸자고 제의했다. 유치원생에 대해서는 사교육비 부담을 덜어주는 차원에서 그냥 지급하더라도 의무교육을 시행하고 있는 초등 및 중등생에 대한 전액보조는 폐지해야 마땅했다. 그러나 학원교육비 부담을 감안, 50%를 축소하고 고등학생 및 대학생에 대해서는 각각 A학점 및 B학점 이상 자녀에만 장학금으로 지급하고 나머지 학생에게는 무이자 융자를 하자고 제의했다.

종합건강진단비로 만7년 이상 근무자와 만 35세 이상 사원에게 본

인은 연 1회, 부인은 2년에 1회씩 종합건강진단비의 90%를 보조해주
고 있는데 회사는 의료보험료를 월급여액의 1.5%와 산재이외의 환
자병원입원료를 1,000만 원 이하까지를 부담하고 있으므로 정기의료
진단을 2년에 한 번씩으로 줄이고 보조율을 90%에서 50%로 감축하
자고 제의하였다. 회사는 1997년에 의료보험료 21억, 건강진단비 1인
당 1회 평균단가 21만 원으로 6억 2,000만 원, 비산재입원환자입원료
2억 3,000만 원, 총 23억 4,400만 원을 부담하였다.

비합리적 제도를 고치자

이와 별도로 비합리적인 제도를 고치자고 제안했다.

근무시간 8시간을 9시간으로 연장하고 회사의 지시가 있을 때만
연장근로를 허용하고 공휴일 근무를 특별한 경우를 제외하고는 폐지
하자고 제안하였다. 정상근로시간에 집중근무하고 근로시간을 단축
하여 자기계발과 여가선용의 시간으로 활용하자는 것이었다. 다시
말하면 연장근로, 야간근로, 휴일근로에 대하여 50% 가산지급으로
통일하자는 제안이었다. 또한 야간교대근무는 누구나 다같이 돌아오
므로 아예 할증제를 없애자고 하였더니 이는 근로기준법 위반으로
처벌대상이라고 하여 철회했다.

공휴일 중복수당을 폐지하자고 제안하였다. 만일 국경일이 일요일
이면 8~17시간중 근무중 공휴일수당 250%에 더하여 국경일 수당으
로 100%를 지급하므로 350%를 중복지급해 왔는데 국경일 수당
100%를 폐지하자는 것이었다.

1,800실의 사내사원숙소 사용료를 현실화하자고 했다. 현재 사원
숙소 월 사용료는 6,000원으로 이는 10년 전에 책정된 금액인데 노조
의 반대로 그대로 유지해 왔고 간부숙소는 월 2만 원, 정성관 이용료

월 3만 원으로 수박 한두덩이 값밖에 안되었으므로 최소한 월 2만 원, 5만 원, 7만 원으로 각각 인상하자고 제안했다. 이와는 별도로 창원 및 마산 시내에 회사가 보유하고 있는 사원아파트 859세대를 무주택사원에 내집마련기회 제공, 연 5억 원의 유지보수비용 절감 등을 위해 매각하는 것으로 검토하였으나 IMF사태 이후 아파트가격의 폭락과 양도차액에 대한 법인세 및 특별부가세로 감정가격 380억중 약 145억 원을 세금으로 납부해야 하므로 일단 매각을 보류했다. 반면에 아파트입주 보증금으로 평당 25~32만 원을 받고 무기한 입주하고 있는데 보증금을 100% 인상하고 입주기간도 5년으로 제한하자고 제의하였다.

식대를 현실화하자고 제안했다. 현재 회사는 조식과 석식은 500원, 중식과 야식은 무료로 제공해 왔는데 1일 평균 조식 및 석식 인원은 1,600~1,800명, 중식은 5,600~6,000명, 야식은 180~250명이 이용했다. 식당 원가는 1996년 2,515원, 97년 2,449원으로 회사의 급식비 부담액이 96년 70억, 97년 64억 원이나 되었다. 선진국의 어느 업체를 방문해도 종업원의 식사를 제공하는 회사는 하나도 없었다. 다만 식사할 수 있는 장소와 물 등 음료수 판매시설을 제공하고 있었다. 한중은 사원들에게 식사를 제공하기 위하여 대형식당 5개를 직영하고 97년 말 현재 대졸사원 5명과 별정직, 계약직 77명, 총 82명을 고용하고 있었다. 이러한 현상은 오직 우리나라에만 있는 관례로 시정되어야 할 사안이었다.

피복비 및 안전장구 지급기준을 변경하자고 제의하였다. 현재 회사제복인 동·하작업복을 갑사원에게는 2년에 한 벌씩, 을사원에게는 1년에 1벌씩을 지급하고, 작업화 및 화이바 작업모는 2년에 한 켤레를 지급해 왔다. 이것을 하의작업복은 자율화, 여성사원의 복장자율화, 마모·탈색·훼손시 반납하면 신규로 지급하도록 변경하자고 제안하였다.

더불어 서울사무소 및 건설본부직원 등 서울지역 사원에게 지급해 오던 차장급 이하 월 3만 5,000원의 교통비지급을 폐지하자고 제안하였다.

임금동결 제안

세번째 카테고리는 IMF위기를 맞아 각 회사가 조직축소 및 임금 삭감조치를 취하고 있고 또 한중도 창사 이래 최대위기를 맞고 있으므로 ① 97년도분 경영성과급 50% 반납 ② 98년도 임금인상 동결 ③ 제수당경비 통폐합 ④ 능력급제 시행 ⑤ 900%보너스중 200%는 경영성과급으로 전환 등을 제안하였다.

이미 공기업인 한국통신, 가스공사 등은 총액임금 기준으로 임원 20% 삭감, 부차장급은 10%를 삭감하였고 현대자동차 등 재벌기업들도 임원조직 20% 축소, 임금 10~30% 삭감 등의 조치를 취하고 있었다. 한중도 임금삭감조치는 취하지 않더라도 동결하고 능력급 도입과 인센티브 보너스제도 확충 등으로 각자의 노력에 대한 보상 체계로 바꾸자고 제의하였다. 또한 이 기회에 전산수당, 예비군 직책 수당, 여사원 자격수당 등 그 기능이 일반화된 수당은 폐지하고 일부 중복수당 등을 통폐합하자고 제안하였다.

이상의 27가지 이외에도 선진국에는 관례가 없고 비합리적이라고 판단되는 퇴직금 누진제, 명예퇴직제, 산재환자보조금 등 불합리한 제도를 검토대상에 포함시켰으나 금번 임단협시 합의를 도출해 내기 위한 부담이 너무 컸으므로 다음 기회에 재검토하기로 하고 유보하였다.

1987년 6.29선언 이후 폭발적인 노사분규로 종업원 임금이 너무 올랐다. 당시 여소야대 정국에서 제정된 노동관계법이 근로자이익을 지대하게 제고해 놓은 상태에서 경영층의 협상력이 약화되었고 기업은 파업에 따른 손실이 너무나 커 노조의 요구를 들어주는 편이 손해를 줄일 수 있었기 때문에 되풀이하여 그쪽을 선택했고 재벌기업간 임금 및 복리후생비 인상경쟁으로 나머지 기업들이 따라가지 않을 수 없는 상황이 전개되었다.

한중도 예외는 아니었다. 1991년 이후 지난 7년 간 연평균 임금은 18.4%씩 인상되었는데 부가가치 노동생산성은 12.0% 상승에 그쳤다. 또한 을사원의 강력한 투쟁력으로 1997년 1인당 연간소득이 갑사원 1인당 평균 4,318만 2,000원인데 반해 을사원 평균은 4,438만 9,000원으로 을사원 평균 연소득이 12만 7,000원이 더 높은 임금역전 현상이 일어났다. 지멘스 및 ABB의 인건비가 매출액대비 과거 5년 간 각각 평균 3.96% 및 4.85%였는데 한중은 복리후생비를 제외한 급여액 비중이 평균 7.93%로 선진업체보다 훨씬 높았다.

IMF위기를 맞아 회사는 정말로 어려운 상황에 처했다. 동원할 수 있는 온갖 비상대책과 37가지의 회사자구노력을 하여도 300~400억 원의 경상이익 적자가 나는 것은 불가피하였다. 노조에게 제시한 세 가지 카테고리의 27가지를 100% 관철할 경우라야만 400~500억 원의 경상이익 흑자시현이 가능하다고 판단되었다.

그러나 노조는 이러한 위기상황은 아랑곳하지 않고 97년도분 성과급 50%를 4월 초에 지급하지 않는다고 불맨 소리를 했고 98년도 임단협안으로 기본금 5.49% 인상, 근속수당 월 1만 원 및 생산현장수당 월 5,000원, 자기계발 5,000원 등 인상을 요구하면서 주5일 근무제, 유치원학자금 증액지원, 우리사주 조합기금 출연, 노사협력기금 조정 등 34가지를 요구해왔다.

정말로 한심한 일이었다. 그렇게 설명하면서 설득했고 금년만 협조하여 넘기자고 호소했는데도 쇠귀에 경읽기였다. 정말로 한 번 망해봐야 정신차릴 것인가? 98년도 임단협이 엄청 어렵겠다고 생각하면서 이 위기를 극복하자면 파업을 불사하고 회사제안을 관철시키겠다고 굳은 결심을 하였다.

그리하여 1998년 3월 24일 전 직원 조회를 소집하고 호미로 막을 수 있는 것을 가래라도 못 막는 사태가 오지 않도록 고통을 분담하자고 역설하였다.

IMF 위기로 한중 555호에 탄 8,000여 사원중 20%를 무인도에 내려 놓은 뒤 태풍을 헤치고 육지에 도착한 다음 태풍이 잠잠하면 그때 데리러 오겠다는 것이 아닙니다. 한중은 모두가 물을 퍼내고 돛줄을 잡아당기는 등 함께 힘을 합치고 또 각자의 필요없는 무거운 물건들을 조금씩만 바다에 내던져 버리면서 이 태풍을 헤쳐 나가 목적항구에 우리 모두 함께 도착하자는 것입니다.

한 사람이라도 기약 없이 무인도에 내려 놓지 않겠습니다. 다시 말하면 고용안정을 최대로 보장할 터이니 회사의 경영혁신활동에 적극 동참하고 임금삭감 등 앞에서 제시한 고통분담에 동참하여 달라는 것입니다.

어느 중소기업 사장이 IMF를 "아이고 미치고 환장하겠네" "인자 마 파이다"라고 하면서 사업을 그만두고 싶다고 하소연하는 모습을 보고 나는 용기를 가지고 한번 견뎌내어 보자고 격려하였습니다. 기죽지 말고 패배주의에 빠지지 맙시다. IMF가 어렵다고 8,000여 사원이 용기잃고 기죽을까봐 더 걱정입니다.

한 번 뭉칩시다. 지금까지 해냈고 할 수 있습니다. 용기를 갖고 하나가 되어 여러 어려움을 우리 스스로 극복해 냅시다. 홀로 설 수 있습니다. 당당하게 홀로 서서 세계시장을 향해 갑시다.

사장은 여러분의 기를 살리는데 더 노력할테니 사장을 믿고 뭉칩
시다. 1년 후 이 자리에서 휘파람을 불 수 있도록 같이 뛰어봅시다.

11

6 시그마를 향하여

모토롤라사의 시도

미국의 모토롤라사는 1974년에 TV사업을 매각했고, 1980년에는 일본 기업에게 스테레오시장을 빼앗겼다. 더구나 무선전화기시장마저도 초기의 품질문제로 일본업체에게 상실할 위기에 처했었다.

1979년 이후 최고 경영자였던 밥 캘빈(Bob Calvin) 회장은 1981년에 5년 후인 1986년까지 품질불량률을 1/10로 줄인다는 목표를 설정하고 2년동안 24개 모토롤라공장의 품질시스템을 검토하고 조악한 품질로 인한 비용손실을 측정하고 품질성과를 측정하였다. 그런 다음 세계 전역의 최고 공장을 벤치마킹했다. 그들은 일본 공장의 품질 수준이 1,000배나 좋다는 것을 알고 놀라움을 금치 못하였다.

캘빈 회장은 돌아와서 '6시그마 기계설계 허용오차(Six Sigma Mechanical Design Tolerance)'라는 전문적 기술논문에서 아이디어를 얻어 1992년까지 "6시그마(Six Sigma)"를 달성하겠다는 통신사업의 품질 목표를 채택했다. 5년 내에 100만 개당 3.4개의 불량률이라는 완벽한 품질수준을 달성하겠다는 의지였다.

캘빈 회장은 1987년 1월 1일 모든 종업원들에게 1989년까지 10배 개선, 91년까지 100배 개선, 92년까지 6시그마 품질수준에 도달한다는 목표를 제시하고 새로운 도전에 참여할 것을 촉구하는 편지를 일일이 썼다.

1987년부터 전사적인 교육을 계속 시행하였고 파란색과 흰색으로 된 6시그마 포스터를 부착하였다. 모든 종업원들에게 특성에 맞는 교육과정을 개설했다. 1989년부터는 종업원의 성과평가와 보너스 인센티브를 6시그마 업적과 연계시켰다. 또 3만 5,000여 개 공급업체에게 6시그마 품질운동에 동참할 것을 요청했고, 1990년부터 사내에 6시그마팀 경연대회를 개최했다. 당시 모토롤라사의 전 종업원 10만 7,000명 중에 5만 3,000명이 6시그마팀 활동에 참가하였다.

1994년 1월에 개최된 경연대회에는 4,300개 팀(4만 3,000명 소속)이 참가하였다. 지역평가 이후 선정된 24개 팀이 모토롤라의 최고 경영자와 임중역들로부터 판정을 받기 위해 일리노이주로 날아왔다. 이날 대회가 끝난 뒤 각 팀에게는 금메달, 은메달, 동메달을 수여했다. 그해에 품질을 향상시킨 종업원들은 연간 수입의 10%에 달하는 6시그마 보너스를 받을 수 있었다.

종업원 1인당 연간 40시간의 교육을 받았고 교육훈련비로 연간 1억 2,000만~1억 4,000만 달러가 투자되었다. 6시그마 목표달성에 실패하여 공급업체의 수가 3만 5,000개에서 약 1,000개로 줄어들었다. 6시그마에 대한 종업원의 열의는 들불처럼 확산되어 갔다.

이 6시그마 운동으로 모토롤라사는 1987~93년 6년동안 92억 달러를 절감하였다. 종업원의 생산성이 연평균 12%씩 증가하여 기간중 127%가 상승하였다. 회사의 매출액이 1986년 50억 달러에서 1993년 170억 달러로 증가했다. 1986년 품질불량률 30만 8,537PPM(2시그마)이 8년만인 1995년에 3.4PPM(6시그마)으로 감축되었다. 이 회사는 지금 '6시그마를 넘어서(Beyond 6 Sigma)' 운동을 전개하고 있다.

현재 6시그마운동은 1988년 텍사스 인스트루먼트(Texas Instruments), 1993년 ABB, 1994년 얼라이드 시그널(Allied Signal), 1995년 GE 및 200개 협력업체, 1997년 소니 등으로 번져나가고 있다.

한중도 2000년부터 도입준비

한중도 1997년 4월 내가 직접 GE의 6시그마 브리핑을 받고 돌아와서 회사방침으로 추진하기로 결정하였다. 1996년부터 시작한 10개의 경영혁신활동팀 중에 경쟁력혁신팀, 원가절감추진팀, 품질혁신팀, 공장관리혁신팀, 설계자동화팀 등 5개 팀의 활동을 1999년까지 가속화한 뒤 2000년부터 6시그마팀으로 통합하여 2004년에 6시그마 목표를 달성하는 5개년 계획을 추진하기로 하였다.

회사는 1996년에 100PPM운동을 도입하여 추진한 결과 1995년 말 2,100PPM에서 1997년 말에 420PPM을 달성하였으나, 이를 6시그마 기법으로 계산하면 약 3만 5,000PPM으로 3.3시그마 단계였다.

이를 2004년에 6시그마 단계인 3.4PPM으로, 현재보다 1만 300배를 줄이겠다는 의욕적인 계획에 도전하기로 하였다. 즉 한중의 목표인 "최우수품질의 세계 제일의 설비제작업체(The Best Manufacturer with the Best Quality)", 즉 BMQ(나는 이를 B&Q로 읽고 한글 발음을 따서 북치고 꽹과리 치는 운동 즉 21세기에 세계발전시장을 석권하겠다는 뜻으로 썼다)를 달성해 보겠다는 야심이었다.

일본 기업들이 70년대 초 변동환율제가 실시되면서 엔고 극복을 위해 불량률을 100만 개중 100개 이하로 줄이겠다고 100PPM운동을 개발, 실천하였다. 이를 본받아 미국 기업들도 80년대 후반 빼앗긴 제조업의 주도권을 다시 탈환하기 위해 100만 개당 3.4PPM이란 6시그마 기법으로 발전시켜 실천에 옮기고 있다.

100PPM운동은 단순히 제품생산과정에서의 불량률을 100만 개당 100개 이하로 줄이자는 것이었지만, 6시그마는 제품불량률뿐만 아니라 영업, 사업관리, 기술개발, 재무 등 기업활동 전반에 걸쳐 실수나 착오, 실패 등을 제로로 줄여 완벽한 기업을 만들겠다는 광범위한 경영혁신활동이다.

한중사원은 1997년에 263일을 출근하였는데 1년에 평균 1인당 2～3회씩 지각하는 것이 보통이었다. 이를 6시그마로 계산하면 1,162년만에 1회만 지각해야 하므로 30년 근무하는 동안은 단 하루도 지각하면 안되는 것이다.

택시운전의 예를 들면 1년 365일 하루도 빠지지 않고 8시간씩 운전한다고 가정할 때 6시그마를 달성하려면 100년 동안 단 한번도 사고를 내지 말아야 한다. 현재 미국에서 정전이 일어날 확율은 1%로, 이는 매월 평균 7시간씩 정전이 된다는 계산인데 정전화률로는 1만 720PPM이다. 이를 6시그마운동으로 정전을 줄인다면 34년에 1시간 정도의 정전에 그쳐야 한다.

GE의 6시그마 교육교재에서는 골프를 예를 들고 있다. 1년에 100 라운드의 골프를 친다고 가정할 때 라운드당 여섯 번 퍼팅을 실수할 때는 2시그마, 라운드당 1퍼팅만 실수하면 3시그마, 매 9라운드당 1

퍼트를 실수하면 4시그마, 2.33년동안 1퍼팅만 실수할 때는 5시그마 수준이고, 163년동안 1퍼팅을 실수할 때 즉 1만 6,300라운드 동안 1퍼팅만 실수하는 것이 6시그마 단계라고 예시하고 있다. 인간으로서는 도저히 상상할 수 없는 수준이고 아무리 성능 좋은 자동화기계도 해낼 수 없는 완벽에 도전하고 있는 것이다.

GE의 6시그마운동

모토롤라사의 6시그마는 제품의 불량률을 줄여 고객만족에 부응하자는 데에서 출발하였지만, 1995년에 이를 도입한 GE는 구매한 원자재 및 부품의 입고에서부터 생산해낸 모든 제품의 납기에까지 실패나 실수를 제로화하자는 운동으로 확대하여 실천하고 있다. GE는 1995년 8월에 6시그마 프로그램을 도입하기로 결정하고 현재의 3~4시그마 수준을 2000년에 6시그마수준으로 낮추겠다는 목표인 '비전 2000'를 채택했다.

GE의 웰치 회장은 원래 6시그마에 대하여 회의적이었다. 너무나 거창한 목표에 성과는 미미하다고 생각했던 것이다. 그러나 1991년 이후 얼라이드 시그널의 최고 경영자로서 6시그마를 모토롤라사로부터 배워 도입한 로렌스 보시디(Lawrence Bossidy) 회장을 GE의 최고경영전략회의에 초청하여 그의 성공담을 들었다. 그 자리에서 웰치 회장은 6시그마가 비용을 절감하고 생산성을 향상시키며 보다 많은 이익을 실현할 것이라는 확신을 얻을 수 있었다.

GE는 〈그림 11-1〉에서 보는 바와 같이 3.8시그마 수준에 머물고 있다고 분석하고 1995년에 200개 과제, 1996년에 3,000개 과제, 1997년에는 6,000과제를 수행했고 계속 이를 확대하여 2000년까지 6시그마에 도달하고자 노력하고 있다.

1997년에 6시그마 활동을 통해 3억 2,000만 달러의 비용을 절감했
는데 1998년에는 7억 5,000만 달러를 절감했다. 1994년에 30만
8,537PPM(2시그마)에서 1995년 6만 6,807PPM 수준(3시그마)으
로 줄어들었으나 〈그림 11-2〉에서 보는 바와 같이 3시그마때의 손실
비용은 66억 달러에 이르렀다. 이는 매출액의 15%가 되었다. 1997
년에는 6,210PPM(4시그마)으로 개선되었는데 2000년까지 6시그마
를 달성해서 40억 달러의 손실비용을 줄이려고 하고 있다.

GE는 80년대를 세계 1위 또는 2위를 목표로 한 하드웨어의 '구조
혁명'의 시기였다면 90년대를 소프트웨어의 '문화혁명'의 시기라고
정의하고 있다. 세계에서 가장 생산성이 높은 회사를 만들기 위해 관
료주의를 혁파하고 전 종업원의 참여하에 가치창조에 역점을 두어

〈그림 11-1〉 6시그마 목표

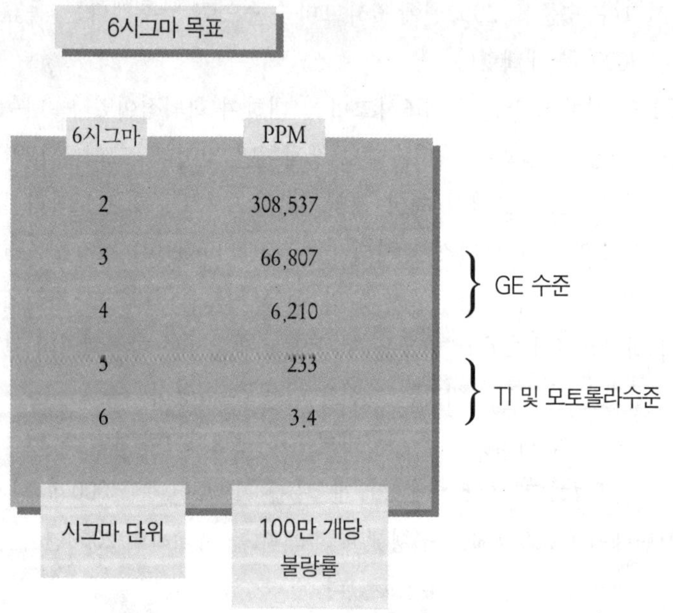

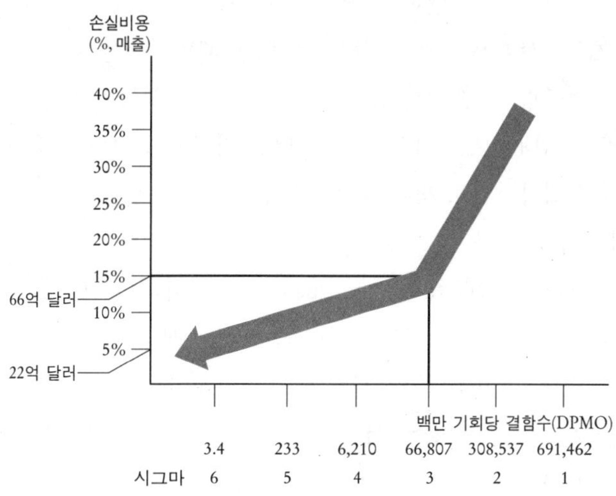

① 민첩함(Speed) ② 단순화(Simplicity) ③ 자신감(Self-confidence) ④ 장벽제거(Boundaryless)를 행동지침으로 하여 6시그마를 달성, 이를 통해 소프트웨어의 문화혁명을 완수하고 세계에서 가장 생산성 높은 회사를 만든다는 것이다.

GE는 이를 달성하기 위해 많은 다기능과 권한을 보유한 실무팀을 구성하여 실천과정의 효율을 극대화하기 위해 동일한 위치에 근무시키고(co-located) 고객과 협력업체도 직접 참여시키고 있다. GE는 1998년에 1만 개 과제를 선정하여 종업원 27만 6,000명중 6만 4,000명이 6시그마 프로그램에 참여하고 있다.

과제는 고객의 불만사항, 회사의 기준이나 목표에 미치지 못하는 사항, 기업의 경영성과를 저해하는 사항 중에서 선택한다. 여기서 결함이나 불일치, 오류, 실수, 실패 등을 찾아내어 ① 결함을 제거하고 ② 변동을 축소하고 ③ 재발생 기회를 제거해 나가는 것이다.

예를 들면 영업부문에서 수주실패, 수금지연사례를 찾아내고 설계
부문에서 도면 출도지연이나 도면 변경사유, 사업관리부문에서 납기
지연, 제출서류 지연, 예산대비 투입비용 과다, 생산부문에서 용접
불량, 가공불량, 표준작업시간 대비 실적 초과, 성능미달 등 모든 결
함을 과제의 대상으로 선택한다. 선택의 기준은 회사의 입장이 아니
라 고객의 입장에서 고객이 요구하는 중요 품질특성을 만족시키는데
주안점을 두고 있다.

GE에서는 CTQ(Critical to Quality)를 찾아내어 고객을 만족시
키는 것을 지상과제로 하고 있다. 즉 고객에게 공급해야 할 제품,
서비스, 서류 등이 약속된 시간에 정확하게 완전하게 전달되었는
가? 전달된 제품, 서비스, 서류 등의 기술적 성능과 품질은 완벽한
가? 고객이 만족하고 있는가? 제품, 서비스, 서류 등이 시장경쟁력,
가격, 가치를 갖추고 있는가? 고객의 불만사항과 요청에 대한 신속
한 반응과 교신체계가 완벽한가? 를 일상업무로 점검해 나가는 것
이다.

문제해결과정

6시그마의 문제해결과정은 4단계로서 첫번째 단계는 중요한 제품
의 특정치를 파악하여 공정도와 필요한 데이터를 수집, 그 결과에 대
한 현수준을 측정(Measure)하는 것이고, 두번째 단계는 대상품목의
개선목표치를 벤치마킹하고 차이분석을 이용해서 어떤 요인이 개선
목표치가 최고 수준에 달하는데 가장 큰 영향을 미치는가를 밝혀내
는 것이다(Analyze). 세번째 단계는 목표달성을 위해 개선되어야 하
는 제품특정치를 찾아내고 그 특정치들을 분석해서 주요한 변동원인
을 밝혀낸다. 다음에 통계적으로 계획된 실험을 통해 핵심 공정변수

들을 파악하고 본질적으로 영향이 큰 각각의 핵심 공정변수에 대해 공정규격을 설정하는 것이다(Improve). 그리고 마지막 네번째 단계는 새로운 공정단계를 통계적 공정관리 방법으로 문서화하고 유지 · 관리하고 개선완료후 공정능력을 다시 평가하며 그 분석결과에 따라 이전단계로 돌아갈 수도 있다(Control).

6시그마의 추진조직은 챔피언(Champions), 마스터 블랙벨트(Master Blackbelts), 블랙벨트(Blackbelts), 그린벨트(Greenbelts)로 명명되는 주체들이 구성하고 있다.

챔피언은 단위사업자의 책임자로서 사장, 본부장, 이사 등이 맡는데, 강력한 리더십으로 추진방향을 제시하고 목표달성의 책임을 진다. 이들은 활동성과에 따라 보너스 및 주식옵션 책정, 진급, 해고 등의 권한을 갖는다.

마스터블랙벨트는 6시그마혁신의 이론과 실무에 능통한 전문가로서 6시그마요원을 조직하고 기법을 교육하며 각팀의 코치임과 동시에 감독자가 된다.

블랙벨트는 6시그마기법의 과제수행 실천자로 가장 핵심적인 조직인데 프로젝트의 선정, 팀원의 구성, 예산집행 등의 권한을 가지고 6시그마과제를 전담으로 실천하는 소대장이다. 이는 주로 부 · 차장, 과장급이 맡고 있다. 이들은 4개월 간의 집중교육을 받는데 개별적인 실제 프로젝트를 가지고 측정 · 분석 · 개선 · 조정의 4단계를 교육기간중에 수행하게 된다. 연속된 2개의 프로젝트를 성공적으로 마무리하고 마스터 블랙벨트로부터 성공 또는 실패의 성과가 검증되면 블랙벨트로 공인을 받게 된다. GE의 블랙벨트 교육은 마치 축구공을 한번도 차 보지 않은 사원을 운동장에 내몰아 현장훈련을 통해 훌륭한 선수로 키워내는 과정이라고 할 수 있다.

그린벨트는 본연의 임무를 수행하면서 블랙벨트의 요청으로 프로젝트 수행에 참여하는 핵심 수행요원이다. 그린벨트는 마치 개미와 꿀벌에 비유된다. GE는 지금 4,000명의 전임 MBB 및 BB와 파트타임으로 6만 명의 GB가 6시그마를 추진하고 있다.

GE 파워시스템의 경우 월급제 사원 8,000명중 6,100명이 6시그마 운동에 참여하고 있고 마스터 블랙벨트는 1996년 41명, 1997년 68명, 1998년 85명으로, 이들은 지금까지 지난 3년 간 1인당 50~225개 과제를 성공적으로 수행한 사원들이다. 블랙벨트는 1996년 244명, 1997년 325명, 1998년 360명으로, 1인당 2~17개 프로젝트를 각각 수행하였다. 그린벨트는 1996년 245명, 1997년 2,000명, 1998년 5,700명으로 그 참여도가 기하급수적으로 늘어나고 있다.

GE는 6시그마의 성공적 실천을 독려하기 위해 여러 가지 보상제도를 마련하고 있다.

첫째는 진급이다. 웰치 회장은 1998년 이후 진급대상자를 6시그마 프로그램의 참여와 성과에 연계시켰다. 두번째는 6시그마와 보너스 인센티브의 연계다. 6시그마 한 프로젝트를 성공했을 경우 블랙벨트와 그린벨트에게는 1,000달러의 보너스를, 마스터 블랙벨트에게는 2,000달러를 지급하고 있다. 이로 인해 같은 과장급 또는 부장급이라도 연봉이 2배 이상 차이가 났다. 1997년 평균 임금상승률은 4%였는데 6시그마 참여자는 20~27%가 인상되었고 심지어 최고 150%까지 급여가 인상되는 결과를 가져왔다.

셋째는 주식옵션제도의 활용이다. 1998년 1/4분기중에 총 주식옵션금액 5억 2,000만 달러중에 3,900명이 870만 달러어치의 주식옵션을 받았다. GE의 분석에 의하면 1997년의 경우 6시그마 투입비용과 수익은 비용이 3억 2,000만 달러인데 수익은 7억 2,000만 달러로 〈그림 11-3〉과 같이 측정하고 있다.

웰치 회장은 GE의 1997년 연례 보고서에서 6시그마는 GE의 꿈과

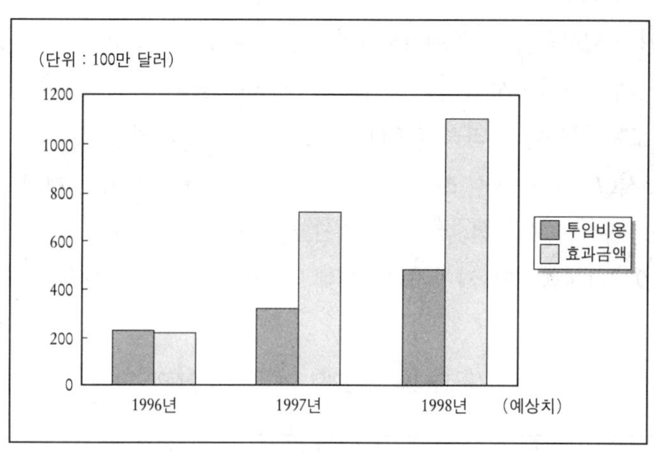

희망의 핵심이라고 강조하면서 GE경영의 품질, 속도, 효율성을 증대하여 고객의 생산성을 향상시키고 고객의 자본지출을 줄여주자는 데에 주안점을 두고 있다고 고객중심경영을 강조했다.

웰치 회장은 6시그마 목표를 달성하기 위해 모든 종업원에게 'A' 플레이어가 되어 줄 것을 당부했다. "'A' 플레이어는 무한한 개인적 에너지와 다른 사람의 에너지를 최대로 동원할 수 있는 능력을 가진 자이고 승리를 위한 본능과 열정을 가진 코치들이다. 자금, 설계, 생산, 영업 등에서 모두가 'A' 플레이어가 되어 'A' 제품과 'A' 서비스를 지구촌에 전달하자"고 역설하였다.

한중에 적용시험

한중에서는 이미 2년 전부터 철저한 경비절감과 물자절약 등 10가지 분야를 선정, 과감한 경영혁신활동을 추진해 오고 있지만 IMF사태를 극복하고 '세계 제일의 설비제작업체'의 목표를 달성하기 위해, 그리고 하드웨어 혁신과 소프트웨어 혁신을 동시에 추진하기 위해 2004년 회사의 전 부문에 6시그마를 달성하기 위한 준비를 하고 있다.

영업·제작·사업관리·서비스·구매·설계/기술·기획·품질 등 모든 부문을 망라하여 6시그마를 달성하고자 하는 것이다. 현재의 3시그마 수준에서 6시그마 수준을 달성할 때 회사의 경쟁력은 〈표 11-1〉에서 보는 바와 같이 획기적으로 차이가 날 것이다.

1997년 4월 2일 경영전략회의에서 6시그마 프로그램을 회사방침

〈표 11-1〉 3시그마와 6시그마의 수준차이

3 시그마 수준	6 시그마 수준
• 품질손실비용 : 매출의 10~15%	• 품질손실비용 : 매출의 5% 미만
• 제품검사에 의존	• 제품검사보다는 공정능력을 관리
• 고품질은 고비용을 발생시킨다고 인식	• 고품질이 저비용을 발생시킨다고 인식
• 경험 및 직관에 의한 문제 해결	• 자료 및 통계적 방법으로 문제 해결
• 경쟁회사에 대한 벤치마킹	• 세계 최고수준의 회사에 대한 벤치마킹
• 90%에 만족	• 무결점(Zero Defect) 추구
• 회사중심으로 CTQ를 정함	• 고객관점에서 CTQ를 정함

* CTQ : Critical to Quality (중요 품질특성)

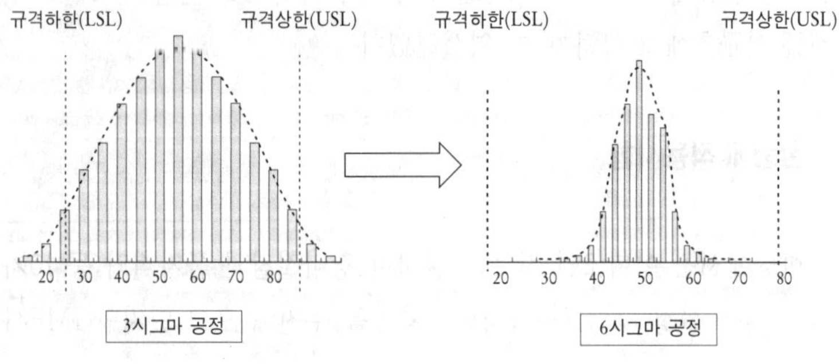

<그림 11-4> 6시그마 추진 전담조직 운영

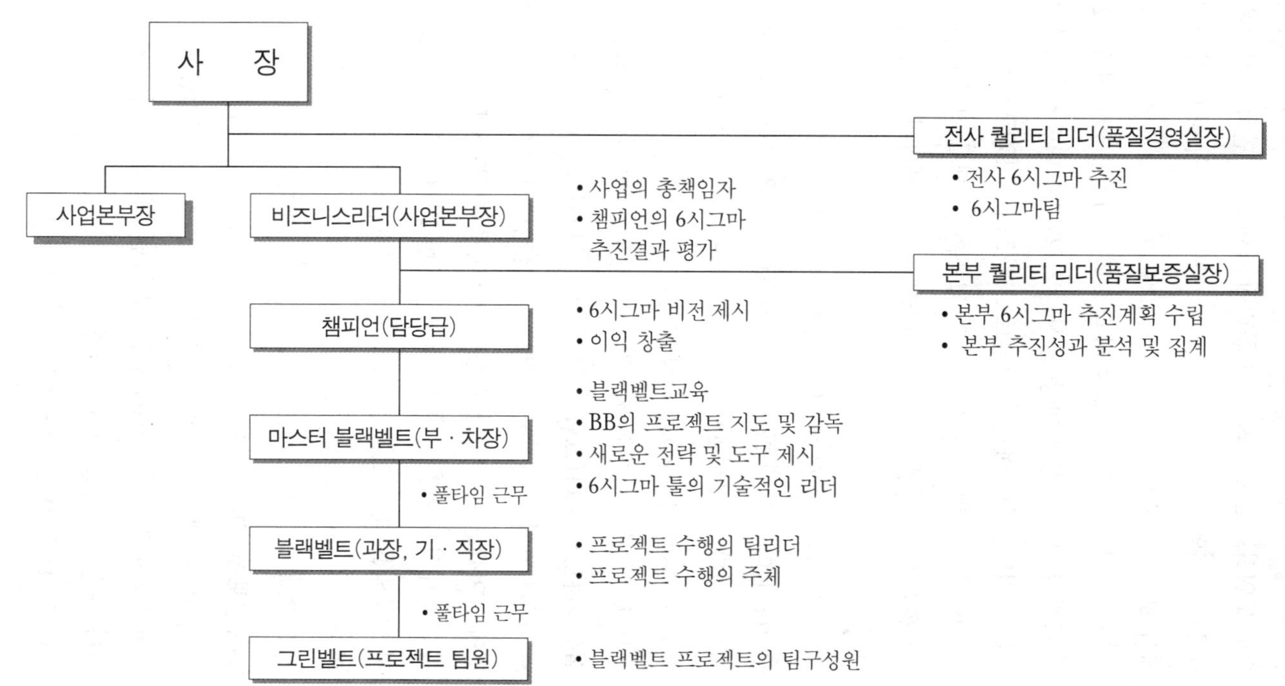

으로 도입하기로 결정하고 그 준비에 들어갔다. 먼저 부사장을 포함한 28명을 1997년 4~5월에 걸쳐 1개월 간 GE의 6시그마 아카데미에서 교육을 시켰다.

5월 말에는 전 본부장 및 이사급 교육을 마쳤고 1997년 5월 29일부터 12월 말까지 과장급 이상 전 사원 2,729명에 대한 6시그마 기본교육을 마쳤다. 또한 예비 블랙벨트 요원 38명이 1997년 9월 29일~12월 29일 집중훈련을 마치고 4종의 교육훈련교재를 작성하였다. 또한 품질손실비용산정을 위한 전산시스템을 12월 개발완료, 43개의 파일럿 프로젝트를 추진하였다.

1997년 4월~12월 389명이 참가하여 6시그마 파일럿 프로젝트를 추진하여 이중 19개 프로젝트를 완료했는데 약 28억 원의 원가절감을 이루었다. 이로써 6시그마기법을 활용할 줄 알게 됨과 동시에 우리도 하면 된다는 자신감이 생겼다.

1998년 1월에 들어와서는 각 본부별 6시그마 추진 전담조직을 상설운영하도록 했다(그림 11-4). 그리고 1998년중 6시그마 프로젝트로 107개 과제를 선정하여 1997년에 양성한 38명이 중심이 되어 실천에 들어갔고 마스터 블랙벨트 20명과 블랙벨트 62명을 양성하기로 하고 국내외 교육훈련에 들어갔다. 또한 1998년 3월에 나를 포함한 전 임중역을 대상으로 합천연수원 개원기념교육으로 1박 2일간 GE의 마스터 블랙벨트 2명을 초청하여 교육을 실시했고, 1998년중 약 2,000명을 대상으로 6시그마 교육을 실시할 계획을 세웠다.

품질보증실이 중심이 되어 각 본부별로 '6시그마 추진 5개년 계획'을 1998~99년 상반기까지 완료하고 1999년 하반기중에 전사적으로 6시그마 전진대회를 개최하여 2000년 1월 1일부터 본격적인 6시그마 추진을 시작할 계획을 세웠다.

〈그림 11-5〉에서 보는 바와 같이 1997년 4월~12월은 도입준비단

<그림 11-5> 장기 추진계획

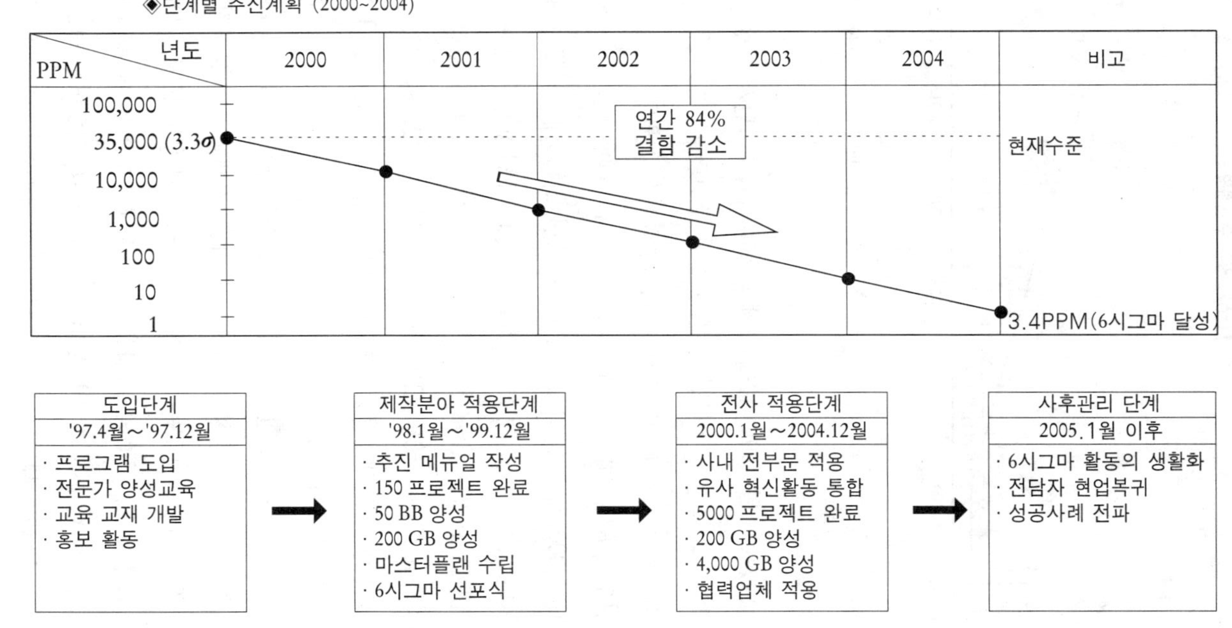

* BB : Black Belt, GB : Green Belt

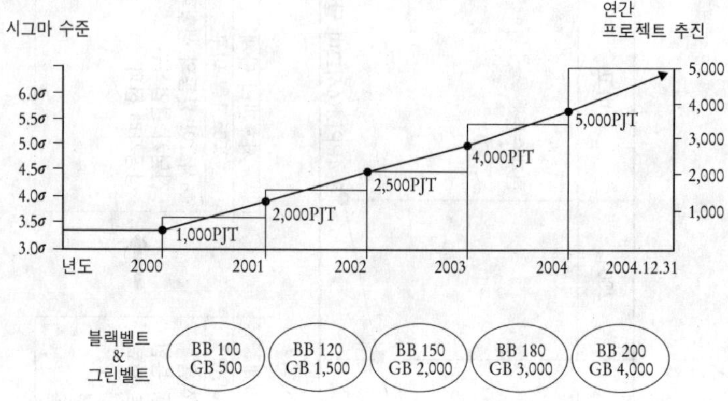

계, 1998년 1월~99년 12월은 제작분야 시험실천단계로 정하고 2000
년 1월~2004년 12월 5년 간은 본격적 추진단계, 2005년 이후는 사
후관리 단계로 6시그마의 생활화를 정착시킬 계획이다.

연도별 6시그마 프로젝트로는 〈그림 11-6〉에서 보는 것처럼 2000
년에 1,000개, 2001년 2,000개, 2002년 2,500개, 2003년 4,000개,
2004년 5,000개, 합계 1만 4,500개 과제를 5년동안 추진하기로 하고
블랙벨트 요원은 1998년 말까지 이미 양성한 38명을 포함, 100명을
양성하고 1999년 50명, 2000년 100명, 2001년 120명, 2002년 150명,
2003년 180명, 2004년 200명 등 900명을 양성하기로 하였다.

1인당 50과제 이상을 완료할 때에 마스터 블랙벨트, 2개 과제 이상
을 성공적으로 완료할 경우 블랙벨트 자격증을 수여하고 4,000명의
그린벨트 요원을 양성하기로 6시그마 추진계획의 기본골격을 잡았
다. 또한 인센티브로는 진급에는 마스터 블랙벨트 10점, 블랙벨트 6
점, 그린벨트는 3점의 가점을 주고 수행과제당 실행 평가에서 수,
우, 양으로 나누어 개인별 보너스로 300만 원, 200만 원, 100만 원씩
지급할 계획을 세웠다. 이상의 계획들은 1999년 하반기에 작성완료

될 6시그마 5개년 마스터플랜에 포함될 예정이다.

우리는 6시그마 5개년 계획의 추진으로 매년 품질손실비용을 매출액 대비 3～10%씩 줄여나갈 수 있다고 보고 이를 통하여 세계적인 초우량기업으로 발돋움할 수 있을 것이라고 확신하고 있다.

미국 및 일본 기업의 성공과 실패

미국은 1991년 3월부터 1998년 12월 현재까지 94개월동안 소위 '비즈니스 르네상스'란 장기호황을 누리고 있는데 이는 미국역사상 최장 경기호황기였던 60년대의 황금기(Golden age)라 일컬었던 106개월에 육박하는 것이다. 미국의 전후 평균 경기회복기간이 50개월이었는데 이보다 약 2배나 오래 지속되고 있다. 반면에 일본은 1991년 5월부터 지금까지 92개월동안 제로성장으로, 소위 헤이세이 불황(平成 不況)에 허덕이고 있다.

그 이유는 무엇일까? 그것은 정부 경제정책의 성패의 결과이기도 하지만, 무엇보다도 근본적인 변화에 대한 두 나라의 적응방법의 차이 때문이다. 미국은 1979년 제2차 오일쇼크 이후 최대의 공황기라고 일컬어졌던 1980년대 초 레이건 대통령의 감세정책, 규제철폐, 사회보장제도 축소 등을 내용으로 한 소위 공급경제학적 처방으로 대규모 구조조정을 성공적으로 마무리했다. 이에 비해 일본은 70～80년대의 성공에 심취하여 미국의 세계경제 주도력은 끝이 났고 팍스 자포니카(Pax Japonica)시대가 시작되었다는 착각 속에서 관치금융, 정경유착, 수출드라이브, 국내산업의 과잉보호, 규제철폐 및 완화에 경직적으로 대처, 구조조정에 실패했다. 그 결과 1992년 이후 수출 제1위국 자리와 제조업의 주도권을 미국에 내주었다.

1950～85년 미국의 제조업 생산성은 연평균 2.5%였다. 이에 비해

일본은 연 8.4%, 독일은 연 5.5%에 달했다. 또한 미국은 1986년 1인당 GNP규모에서도 일본에 뒤쳐졌다. 그때 기업들은 비로소 정신을 차렸다. 정부의 규제철폐와 감세정책, 노동법개정, 사회보장비 축소 등에 힘입어 대규모 고용조정, 조직의 슬림화, 기술혁신, 품질개선 등으로 피나는 회생노력을 실천에 옮겼다.

1986년까지 138개 은행이 파산하여 1930년대 공황 이후 최고 수치를 기록했고 1979~85년 7년 간 4,300만 명이 실업자로 전락했다. 이 실직자는 미국 노동인구 1억 4,000만 명의 30.7%나 되었다. 그러나 이러한 고통을 참아내고 지속적으로 과감한 다운사이징과 리스트럭처링을 실행하고 극적인 기술개발과 조직혁신을 한 결과 90년대 이후 제조업과 수출의 주도권을 되찾았고 그 결과 지금의 장기호황을 누리고 있는 것이다. 특히 1992년 클린턴 대통령이 집권하면서 제조업의 재활성화 기치를 드높이고 벤처기업의 육성, 기술개발 등 정부 지원을 대폭 강화함으로 제조업의 장기호황에 기여하였다.

MIT의 루디 돈부시(Rudi Dornbush) 교수는 90년대 들어와서 미국 경제가 장기호황을 누리게 된 원인을 다음 5가지로 요약하였다.

① 정부와 기업의 대규모 구조조정
② 과감한 기술혁신과 조직혁신
③ 세계경제의 개방에 따라 전개된 치열한 경쟁에서 살아남기 위한 전력투구
④ 비인플레적 환경의 장기화
⑤ 회사이익을 침해하는 노동조합의 소멸

한편 일본은 1985년 9월 소위 플라자협정으로 엔화 강세가 지속되는 가운데 허리띠를 더욱 졸라매고, 로봇화, 해외투자 등 자구노력을

기울였으나 각종 규제, 관치금융, 정경유착, 연공서열형 임금구조, 종신고용제, 명령하달식 경영 등 근본문제를 건드리지 못했다. 더군다나 정부의 계속된 금리인하, 감세정책과 경기부양책에도 불구하고 엔화 절상으로 세계 최고임금과 가장 비싼 물가 등으로 인해 거품이 꺼지면서 부동산가격 폭락, 천문학적인 금융부실채권, 장기적 디플레이션 현상으로 장기불황에 허덕이고 있다.

폴 사무엘슨(Paul Samuelson) 교수는 1980년대에 일본 정부에게 수출드라이브정책 포기로 무역수지 흑자 감축, 금융시장의 개방, 규제철폐, 구조조정 등을 권고했으나 그들은 내정간섭이라며 충고를 무시했다고 회상하면서 지금은 일본 은행은 '썩은 사과상자'와 같고 일본 경제는 아시아 경제의 '시한폭탄'이 되었다고 비판했다.

미국 자본주의는 카우보이 문화, 개인주의, 청교도정신이라면 일본 자본주의는 사무라이 문화, 조직주의, 유교정신을 특징으로 하고 있다고 할 수 있다. 70년대 일본 기업은 최고 경영층이 제시한 회생전략 즉 원가관리, 품질의식, 자동화 등에 모든 구성원이 충성을 다해 조직이 따라주었기 때문에 성공할 수 있었으나 90년대에는 해고 자제, 명퇴제 도입, 연공서열형 임금체제 유지 등 종업원에 대한 온정주의 때문에 발목을 잡히고 있는 것이다. 지금 일본 기업들 내 종신고용제 때문에 해고하지 못하는 노령종업원이 약 800만 명에 육박한다고 한다.

한편 미국 기업은 과감한 대량해고, 개인별 인센티브 보너스제 도입, 권한위임과 교육, 훈련을 통한 개인능력의 발휘, 엄격한 품질관리와 기술혁신 등으로 경쟁력 회복에 성공하였다.

요약하면 개인주의 대 조직주의의 경쟁에서 개인주의가 승리를 거둔 셈이다. 미국 기업은 개인의 능력과 열정을 발휘하기 위해 권한위임, 부서장벽 타파, 교육과 재훈련 등 소위 피플 파워(People

Power)를 배양하여 오늘의 승리를 만끽하고 있다.

한국 기업의 과제

한국 기업들은 1985년 9월 플라자협정 이후 엔화 절상으로 얻어진 가격경쟁력을 굴러 들어온 떡으로 생각하고 자갈, 모래까지 수출했다. 80년대 후반에 서구 선진기업들이 철강, 조선산업, 반도체, 석유화학산업 등을 구조조정하고 있을 때 우리 재벌기업은 3저 현상이 장기화될 것이란 착각 아래 너도나도 조선, 반도체, 철강, 석유화학, 자동차산업의 생산시설 확충을 위한 투자에 열을 올렸다.

또한 1995년 1월 1일 발족한 WTO의 진정한 의미를 깨닫지 못하고 정부가 계속 보호막이 되어 줄 것으로 기대했다. 그리고 구조조정을 소홀히 하고 문어발식 사업확장을 되풀이하였다. 또한 관치금융의 보호막과 인플레시대에 대한 기대를 안고 투자를 많이 하면 할수록 돈을 더 벌 수 있다는 환상 속에서 겁없이 돈을 빌려 투자했다. 더구나 6.29민주화선언 이후 극심한 노사분규에서 높은 임금상승과 후한 복리후생비 요구를 경쟁적으로 수용해주고서도 살아남을 수 있다고 생각했다. 그러나 종국에는 IMF사태를 만나 외부적 충격에 의한 구조조정이 불가피해졌다.

그러면 우리는 지금 무엇을 어떻게 해야 하는가? 이 난국에서 회생하자면 70년대에 일본 기업들이 채택했던 군살빼기 즉 철저한 원가의식, 품질관리, 자동화와 더불어 80년대 미국 기업들이 추진하였던 구조조정 등 대량 해고, 한계기업 퇴출, 조직 축소와 권한위임, 고객과 이익중심의 경영, 온정주의적 노조대책 지양, 개인별 인센티브 보너스와 능력급 도입, 교육과 훈련투자확충 등 두 나라가 실천했던 방식을 죽기 아니면 살기를 각오하고 동시에 추진하여야 한다고 생각한다. 다시 말하면 70년대 일본의 조직주의적 처방과 80년대 미국의 개인주의적 처방을 동시에 실행에 옮겨야 한다. 그것만이 우리의 살 길이다.

•

실전 신바람 경영

•

지은이 / 박운서
펴낸이 / 김경태
펴낸곳 / 한국경제신문 한경BP
등록 / 제 2-315(1967. 5. 15)
제1판 1쇄 인쇄 / 1999년 4월 25일
제1판 5쇄 발행 / 2001년 4월 1일
주소 / 서울특별시 중구 중림동 441
기획출판팀 / 3604-553~6
영업마케팅팀 / 3604-595~7
FAX / 360-4599

•

* 파본이나 잘못된 책은 바꿔 드립니다.
ISBN 89-475-2276-7

•

값 9,800원

강대국의 흥망

폴 케네디 지음 / 이왈수 외 옮김

역사학자이자 미국 예일대 교수인 저자는 이 책에서 지난 5세기 동안에 전개되었던 강대국들의 흥망성쇠는 그들의 경제력과 군사력의 변화 추이에 따라 좌우되어 왔다고 진단하면서 다가오는 21세기에는 미국·소련·서유럽 등의 쇠퇴와 중국·일본 등 아시아 강국들의 부상을 예언하고 있다. 〈뉴욕 타임스〉 선정 최우수 도서.

양장 / 13,000원

21세기 준비

폴 케네디 지음 / 변도은·이왈수 옮김

우리에게 충격을 던졌던 「강대국의 흥망」 저자 폴 케네디 교수가 다가올 21세기 문명세계의 각종 위기를 명쾌히 분석·정리한 역저. 향후 30년 사이 우리에게 닥칠 도전들과 그 대응방법 그리고 인구폭발, 환경오염, 생명공학, 로봇, 통신수단, 가공할 파워의 양태 등을 특유의 통찰력으로 분석·예견하고 있다.

양장 / 11,000원

메가트렌드 2000

존 나이스비트 외 지음 / 김홍기 옮김

90년대는 정치개혁과 경이적인 기술혁신 등으로 인류에게 지금까지와 전혀 다른 변화양상을 안겨줄 것이다. 이 책은 90년대의 변화로 경제호전, 예술의 번영, 시장사회주의의 출현, 복지국가의 쇠퇴 등을 예시하고 있다. 과거 어둡고 비관적인 세기말적 변화보다는 밝고 새로운 흐름을 부각시키고 있다.

양장 / 9,800원

메가트렌드 아시아

존 나이스비트 지음 / 홍수원 옮김

미래예측가로 세계적 명성을 떨치고 있는 나이스비트는 21세기에는 아시아가 미국주도의 상품과 소비시장에 가장 중요한 경쟁자로 떠오를 것으로 내다보고 현재 역동적으로 변화하는 아시아의 모습을 8가지 트렌드로 분석했다. 특히 아시아와 세계라는 맥락 속에서 한국에 나타나고 있는 폭넓은 변화들을 살펴보고 한국이 아시아에 기여할 수 있는 방안도 짚고 있다.

양장 / 9,500원

20세기를 움직인 사상가들

기 소르망 지음 / 강위석 옮김

20세기 사상계에 결정적인 영향을 끼친 사람들은 과연 누구인가? 프랑스의 저명한 경제학자이자 사회학자인 기 소르망이 29명의 생존해 있는 현대 최고의 사상가들과 직접 인터뷰를 통해 그들 자신이 선택한 분야에 전 생애를 바친 사상과 사색의 놀라운 통찰을 기록·정리한 「살아있는 도서관」.

신국판 / 8,000원

자본주의 종말과 새 세기

기 소르망 지음 / 김정은 옮김

세계적인 석학인 저자는 자본주의 체제를 위협하는 것은 「도덕적 불만」과 「자본주의에 대한 몰이해」라고 주장하고 러시아·중국·독일·인도 등 20여개국의 자본주의의 현재 모습을 생생히 그리고 있다. 또한 현재의 자본주의의 위기를 극복하기 위한 구체적인 실천방안에 대해서도 통찰하고 있다. 방대한 분량인데도 르포형식이어서 전혀 지루하지 않다.

양장 / 13,000원

열린 세계와 문명창조

기 소르망 지음 / 박 선 옮김

서로 다른 문화가 충돌하는 유럽, 러시아, 중국, 일본, 아프리카, 라틴아메리카의 국경으로 우리를 이끈다. 서양인의 독백이나 나르시시즘이 아니라 바로 한반도에 대한 진단이며 치료제가 될 수 있다. 통독 이후의 문제, 북한의 실상과 우리의 미래, 미국화로 상징되는 맥몽드(McMonde)의 악몽 속에서 나름대로의 대응법을 찾을 수 있다.

양장 / 13,000원

편집광만이 살아남는다

앤드류 그로브 지음 / 유영수 옮김

인텔 불패(不敗) 신화의 주인공, 앤드류 그로브의 경영과 인생! 경쟁에서 이기기 위한 키워드 '편집광'을 주목하라. 지루함을 모르는 직장, 도전정신으로 머릿속이 꽉찬 편집광 직원들, 그리고 인텔에 대한 진솔한 이야기가 담겨 있다. 예리한 판단력과 관찰력을 겸비한 그로브는 첨단산업을 경영하는 데 필요한 이론으로 「전략적 변곡점」을 정립해 자세히 설명하고 있다.

양장 / 10,000원

미래기업

피터 드러커 지음 / 고병국 옮김

우리 시대의 가장 뛰어난 사회·경영학자이자 미래학자인 드러커의 「변혁시대 기업생존전략 연구서」! 세계경제가 빠르게 바뀌어 감에 따라 기업의 새로운 생존 경영전략 모델, 즉 기업이 살아남기 위한 5가지 변화조건을 예리하게 분석·고찰했다. 특히 사회·경제학 시각에서 세계경제 흐름을 독특하고 분석적으로 통찰했다.

양장 / 9,500원

자본주의 이후의 사회

피터 드러커 지음 / 이재규 옮김

사회주의권의 급격한 몰락 이후 탈냉전 분위기가 고조되고 있는 시점에서 향후 세계 변화가 주요 관심사로 떠오르고 있다. 저자는 향후 세계는 자본주의적 시장구조와 기구는 그대로 존속되겠지만 주권국가의 통제력은 약화되고 전문지식을 갖춘 지식경영자 중심의 글로벌화 사회가 될 것으로 예측하고 있다.

양장 / 9,000원

미래의 결단

피터 드러커 지음 / 이재규 옮김

현대 경영학의 대부, 피터 드러커는 이 책에서 「스스로를 다시 생각함으로써 회생할 수 있다」고 전제하고 기업의 5가지 치명적 실수, 가족기업을 경영하는 규칙, 대통령을 위한 6가지 규칙, 새로운 국제시장의 개발, 3가지 종류의 팀조직, 오늘날 경영자들이 필요로 하는 정보 등 바람직한 미래를 실현하기 위한 방안을 제시했다. 21세기를 위한 새롭고 시의적절한 경영지침서.

양장 / 9,000원

비영리단체의 경영

피터 드러커 지음 / 현영하 옮김

선진국에서는 학교, 자선단체 등 비영리단체의 경영혁신이 선풍을 일으키고 있다. 이 책은 필자가 교수생활을 하면서 비영리단체에서 봉사했던 경험을 바탕으로 조직관리, 예산 등 경영전반에 대한 문제점을 심도있게 분석하고 개선방안을 제시했다. 전문가들과의 대담을 통해 경영의 효율성을 높이기 위한 여러가지 방안이 눈길을 끈다.

신국판 / 8,000원

21세기 지식경영

피터 드러커 지음 / 이재규 옮김

새로운 경영 패러다임이 경영의 원칙과 관련한 기본가정을 어떻게 변화시켜 왔는지, 또 어떻게 계속 변화시킬 것인지에 대해 통찰하고 있다. 앞으로 수십년 아니 수년내에 틀림없이 일어날 여러 문제에 대처하지 못한다면 혼란의 시대, 구조변화의 시대, 전환기의 시대에 생존할 수 없다는 드러커의 마지막 경고는 반드시 귀담아 들어야 할 것이다.

양장 / 13,000원

미래의 조직

피터 드러커 외 지음 / 이재규 옮김

경영학의 두 거물인 피터 드러커가 서문을 쓰고 찰스 핸디가 결론을 내린 미래조직의 최종완성판! 당대 최고의 경영학자, 실무자, 컨설턴트가 참여한 이 책에는 미래 조직이 존속하고 번영하려면 조직과 지도자가 어디에 언제, 그리고 어떻게 변해야 하는지 각 분야별로 실질적인 조언을 하고 있다. 특히 정부, 기업, 사회단체 등 모든 인간조직의 미래모습에 대해 통찰력있는 비전을 제시하고 있다.

양장 / 13,000원

자본주의 이후 사회의 지식경영자

피터 드러커 지음 / 이재규 옮김

20세기가 낳은 가장 위대한 경영학자인 드러커 교수는 정보(information)가 권위를 대신하고 보고(report)가 사라진 조직에서 적응하기 위해 경영자들이 어떻게 해야 하는지 그 해답을 제시한다. 새롭게 도래하고 있는 미래 조직에서의 효과적인 의사결정방법, 경영혁신의 체계적 관리와 함께 지식경제에서 경영자가 직면할 구체적인 도전, 지식근로자의 생산성 향상을 위한 동기부여에 대해 충고하고 있다.

양장 / 10,000원

트러스트

프랜시스 후쿠야마 지음 / 구승회 옮김

한 나라의 경제는 규모만으로는 설명될 수 없고 문화적 요인이 중요하다. 이 문화적 요인이 사회적 자본이며 가장 중요한 덕목이 바로 신뢰다. 저자는 이 책에서 개인주의, 가족주의에 기반을 둔 저신뢰 사회의 특성을 혹독하게 비판하면서 건강한 사회가 되려면 공동체적 연대와 결속의 기술을 터득해야 하며 신뢰는 경제와 사회, 문화를 아우르는 놀라운 가치라고 강조한다.

양장 / 12,000원

코피티션

배리 네일버프 외 지음 / 김광전 옮김

비즈니스 게임은 끊임없이 변하므로 전략도 당연히 변해야 한다. 경쟁(competition)과 협력(cooperation)에 관한 과거의 법칙들을 넘어서서 양자의 장점을 결합한 코피티션 전략은 기존의 비즈니스 게임을 혁신할 혁명적인 신사고다. 저자들은 게임 자체를 변화시켜서 이득을 최대화하는 방법을 보여주는 5가지 요소(전략의 PARTS)의 비즈니스 전략을 체계적으로 제시했다.

양장 / 9,000원

회사인간의 흥망

앤소니 샘슨 지음 / 이재규 옮김

이 책은 17세기 동인도회사에서 현재의 마이크로소프트사에 이르기까지 기업의 변화과정과 직장인들의 문화변천사를 통해 회사인간이란 무엇인가를 규명했다. 생생한 인물묘사와 인터뷰, 사례를 곁들이면서 전혀 도전받을 일이 없을 듯이 보였던 「기업관료들」이 어떻게 레이더스, 모험기업가, 일본의 경쟁자들, 컴퓨터, 여자 회사인간들에 의해 차례차례 공격당했는가를 밝히고 있다.

양장 / 9,800원

팝 인터내셔널리즘

폴 크루그먼 지음 / 김광전 옮김

산업위축과 실업증가, 실질소득 향상의 둔화를 비롯해 소득격차의 확대, 산업시설의 유출 등 선진경제가 지닌 문제점을 상세히 분석하고 그 원인이 개발도상국과의 교역에 있는 것이 아니라 선진국의 산업구조 변화와 기술발전에 있다고 밝히고 있다. 레스터 서로에 필적하는 20세기 최고의 경제학자인 저자가 지적하는 개도국 성장 비결은 우리에게 시사하는 바가 크다.

신국판 / 7,000원

2020년

해미시 맥레이 지음 / 김광전 옮김

다양한 인종만큼이나 상이한 정치·경제체제와 독특한 문화양식을 지니고 있는 세계 각국은 저마다의 주무기를 앞세워 미래를 설계하고 있다. 경제평론가인 저자는 앞으로 국가경쟁력을 결정짓는 요인은 기술이 아니라 문화라고 강조한다. 현재 세계 각국이 처해있는 상황을 바탕으로 치밀하게 전망한 2020년경의 세계 각국의 모습에서 우리의 진로는 어떻게 모색해야 할 것인가?

양장 / 9,000원

제4물결

허먼 메이너드 2세, 수전 E.머턴스 지음 / 한영환 옮김

21세기 범세계적 기업을 위한 낙관적 비전을 제시하고 있는 이 책은 한마디로 앨빈 토플러의 《제3물결》을 넘어 장기적 미래의 비전에 집중하고 있다. 지금 우리는 공업화를 상징하는 「제2물결」에서 탈공업화적인 「제3물결」로 전이하고 있지만, 머지 않은 곳에서 새로운 차원의 「제4물결」이 밀려오고 있다고 진단하고 있다.

양장 / 4×6판 / 5,000원

소명으로서의 기업

마이클 노박 지음 / 김진현 감역

실업과 빈곤의 해결책은 무엇일까. 마이클 노박은 종교적 윤리 기반위에 선 민간기업만이 그 해결책이 될 것이라고 명쾌하게 주장한다. 민주자본주의 하에서 신학적·윤리적 기초를 갖는 기업이야말로 이윤창출기관인 동시에 민주주의와 인권을 증진시키는 기관이며 사회공동체를 만드는 기관이다. 기업의 위치, 정신의 설정과 사회관계 정립에 등불이 될 내용들이 가득하다.

신국판 / 7,000원

21세기 오디세이

마이클 더투조스 지음 / 이재규 옮김

20년 동안 기술 전도사, 기업가, 경영 컨설턴트로서 정보혁명을 이끌어온 마이클 더투조스는 농업혁명과 산업혁명을 밀어낼 제3의 정보혁명에 대해 보다 폭넓은 관점을 제시한다. 저자는 21세기 글로벌 정보시장의 생생한 모습을 보여 주는 한편, 그 기술적인 문제점들을 폭로하고 한편으로 해결책을 제시하여, 영감에 가득찬 미래의 청사진을 제공한다. 보디넷, 전자 코, 촉각 인터페이스의 미래를……

양장 / 12,000원

21세기를 여는 7가지 키워드

오마에 겐이치 지음 / 임승혁 옮김

다가오는 21세기에는 서구 선진국의 뒤만을 쫓을 수는 없다. 그들을 앞서 나가기 위해서는 지금까지와는 다른 창의적인 발상, 새로운 진략, 확실한 준비가 필요하다. 21세기를 능동적으로 맞이하려는 사람들에게 띄우는 오마에 겐이치의 독특한 키워드. 1.시간축 발상 2.신커뮤니케이션론 3.자유재량시간 4.글로벌경쟁시대 5.정보발신시스템 6.이미지전략 7.네트워크의 힘

양장 / 4×6판 / 6,500원

신창조론

이면우 지음

미증유의 경제위기를 맞은 한국, 한국인, 한국기업은 어디로 가야 하는가? IMF는 변화를 모르는 기업전통, 말만 많은 우매한 현자들의 득세, 재벌의 출혈경쟁, 모방으로 날새는 제조업, 부서이기주의에 찌든 업무절차 등 우리의 병세를 알려 준 고마운 의사다. 난장의 활기, 국가적 비전, 중소기업 활성화, 가상연구소, 동북아 경제 네트워크(신창조론)가 강력한 치료약이 될 것이다.

신국판/8,000원

내인생 내가 살지

서상록 지음

예순둘의 나이에 대기업그룹 부회장에서 식당 견습웨이터로 변신한 서상록씨의 자전에세이. 그는 이 책을 통해 왜 최고경영자의 위치에서 모두들 하찮게 여기는 식당 견습 웨이터를 하게 되었는지, 그의 평범하지 않은 인생을 감칠맛나게 들려주고 있다. 더불어 인생의 눈높이를 낮춰 하고 싶은 일을 하면서 누구보다 즐겁게 살라는 충고도 들려준다.

신국판/7,800원

유머인생 1~6

한국경제신문 출판부 편

많은 독자들이 1980년 12월부터 본지에 연재되고 있는 「해외유머」를 책으로 출판하면 어떨지, 그런 계획은 없는지 물어 왔다. 이 책은 독자들의 그러한 성원에 보답하자는 취지로 출판되었으며 우스갯소리 가운데서 인생의 묘미도 느끼고 영어 공부도 할 수 있게끔 어려운 단어나 어구에는 주석을 달아 독자들의 이해를 돕고자 노력했다.

4×6판/각권 4,500원

성공적인 점포경영 33선

류광선 지음

5,000만원 정도의 소자본으로, 심지어 무자본으로도 사업을 시작할 수 있는 아이디어를 담았다. 저자가 현장을 발로 뛰면서 바로 개업하기에 유망한 33개 업종을 선별, 입지선정부터 개업절차·경영 비법까지 최신 노하우를 총집결시켰다. 경영지침이나 사업의 성패진단법은 물론 직접 점포를 운영하는 사람들의 현장 목소리를 담아 차별화를 꾀했다.

신국판/9,000원

실전 부동산 경매

전 철 지음

법원경매든 성업공사 공매든 경매는 이제 누구나 쉽게 배우고 참여할 수 있게 되었다. 경매물건에 대한 마음가짐을 얼마나 유연하고 객관적인 자세로 평가할 수 있느냐가 성공의 지름길이다. 이 책은 부동산 경매에 대한 전반적인 원리를 누구나 알기쉽게 배울 수 있도록 설명했다. 실전사례중심으로 실패없는 부동산 경매 방법을 체계적으로 정리한 실전 가이드.

신국판/12,000원

사장님을 위한 5분 경제

손정식 지음

경영일선에 있는 경영자가 매일매일 직면하는 경제·경영현상에 대해 기본적인 원리를 설명한 이 책은 경제현상을 올바로 이해하여 기업경영의 이론적 토대를 튼튼히 하는 데 보탬이 되는 경제상식들만 모았다. 가격관리와 비용관리에서부터 기업전략, 경쟁과 윤리, 기업과 금융, 국제무역과 국제금융에 이르기까지 꼭 알고 있어야 할 경제원리들을 강의하듯 풀어서 설명했다.

신국판/8,500원

새노동법 해설 (개정판)

윤욱현 지음

노동법이 전면 개정되었다. 개정 노동법은 개별적 노동관계법의 대명사인 근로기준법상의 변형 근로시간제, 정리해고제 등을 도입하고 집단적 노동관계법에서 금지됐던 복수노조, 제3자개입, 정치활동 등을 허용했다. 이 책은 저자가 현장에서 직접 느끼고 체험한 노사간의 문제점들을 살펴보고 개정 노동법 전반을 알기 쉽게 해설한 책이다.

신국판/11,000원

금융시장 예측

김성우 지음

주식, 금리, 상품 등의 현물시장은 물론 선물 및 옵션 등의 파생상품시장에서도 생존할 수 있는 방법을 다양하게 제시하고 있다. 20여년간 외환시장 등 다양한 시장에서 딜러, 투자가, 분석가로 활동하며 풍부한 현장경험을 가지고 있는 저자가 시장상황에 따른 기술적 지표의 분석요령과 심리적 동요의 극복방안을 현장사례 중심으로 상세히 설명하고 있다.

양장/12,000원

걱정하지 말고 살아라

리처드 칼슨 지음 / 채선영 옮김

스트레스 컨설턴트이자, 강연가인 리처드 칼슨이 풍요롭고 즐거운 인생을 창조하는 100가지 아이디어를 알려준다. 걱정이 사라졌을 때 어떤 멋진 인생이 펼쳐질지 따뜻하면서도 설득력있는 문체로 읽는 사람을 격려하고 있는 이 책은 걱정과 불안으로 마음을 어지럽힐 것이 아니라 결심과 실천으로 이어지도록 마술과도 같은 삶의 방법들을 제공하고 있다.

신국판 / 8,000원

시간이동

스테판 레트사픈 지음 / 형선호 옮김

사람들에게 있어서 시간은 객관적인 것이 아니라 주관적인 것이다. 이 책에서 저자는 시간에 대한 사고방식을 바꿈으로써 자신의 인생에 대한 통제를 되찾을 수 있다고 강조한다. 그 과정을 통해 우리는 인생을 최대한 즐길 수 있으며 많은 시간을 자신과 가족과 함께 더 한층 고양된 삶의 의미를 느낄 수 있다. 이 책은 명상서로서 자신의 삶을 컨트롤하는 방법을 제시한다.

신국판 / 9,000원

마음을 치유하는 79가지 지혜

레이첼 나오미 레멘 지음 / 채선영 옮김

정신분석학자로서 영혼의 연금술사로 평가받는 저자는 보다 큰 평화를 가져다주는 것은 우리가 서 있는 바로 이곳, 또 이곳에서 만나는 사람들을 있는 그대로 받아들일 수 있게 해줄 치료제, 즉 영혼을 위한 약이 필요하다는데 초점을 맞추고 있다. 저자의 따뜻한 식탁 의자에 영혼이 충만한 의사와 환자, 그리고 동료들이 둘러앉아 나누는 그들의 삶은 무한한 가능성의 목소리로 들린다.

신국판 / 7,500원

밀레니엄

펠리프 페르난데스 아메스토 지음 / 허종열 옮김

지난 1000년을 마감하고 다음 1000년을 준비하기 위해, 한 시대를 평가하기 보다는 새로운 시대를 창조하려는 의도로 쓴 이 책은 유럽 중심적인 위장된 세계사가 아닌 진정한 세계사 정립을 위해 역사 이면을 자리매김하려고 노력했다. 인류역사의 주도권, 즉 민족의 힘은 태평양 주변국가에서 대서양으로 다시 태평양으로 옮아가고 있다고 주장하고 있다.

전2권 / 양장 / 각권 12,000원

복잡계란 무엇인가

요시나가 요시마사 지음 / 주명갑 옮김

『무수한 구성요소로 이루어진 한 덩어리의 집단으로 각 부분의 움직임이 총화이상으로 무엇인가 독자적인 행동을 보이는 것』으로 정의되는 복잡계, 복잡계 과학은「잃어버린 세계로의 여행」이 될 것이다. 복잡계의 과학은 그 꿈을 현실화시킬지도 모른다. 21세기를 주도하게 될 최첨단 키워드, 복잡계의 모든 것을 담았다.

양장 / 4×6판 / 7,000원

복잡계 경영

다사카 히로시 지음 / 주명갑 옮김

복잡계 이론이 예언하는 21세기적 경영의 모든 것이 여기 있다. 복잡계는 세기말의 혼돈 속에 지식의 최첨단 이론으로 등장, 구미지역에서 폭발적인 관심을 끌고 있다. 이 이론은 세계를 몇 개의 단순한 요소로 환원할 수 없는 '부분 이상의 총화', 자기조직화의 동적 프로세스로 이해한다. 또 세계관의 근본적인 변화를 통해 탈근대시대의 새로운 경영, 경영자를 위한 경영학의 혁명을 꿈꾼다.

양장 / 4×6판 / 6,500원

세계를 움직인 경제학 명저 88

네이 마사히로 지음 / 이균 옮김

한치 앞도 예측하기 어려운 경제. 환율, 주가, 금리… 어느 하나 앞을 내다보기 어렵기만 하다. 지금까지의 경제논리로는 더이상 예측하기 불가능하다. 여기 17세기의 페티에서 20세기 경제학의 거두 스티글리츠까지 경제의 흐름을 읽기 위해, 그리고 예측하기 위해 고뇌했던 수많은 경제학자들이 있다. 세상을 움직이던 일류 경제학자들이 피와 땀으로 써내려간 역작들을 통해 경제의 흐름을 짚어볼 수 있다.

신국판 / 9,500원

비즈니스 사회에서 가르쳐주지 않는 60가지

나카타니 아키히로 지음 / 이선희 옮김

회사에서는 학교처럼 음식을 입에다 떠먹여주듯이 친절하게 가르쳐주지 않는다. 회사는 방대한 교과서와 같다. 그곳에서 배우느냐, 배우지 못하느냐는 것은 모두 이 책을 읽는 당신에게 달려 있다. 이 책에는 회사인으로서 최소한 지켜야 할, 최소한 알아야 할, 그리고 최소한 갖추어야 할 비즈니스 사회에 필요한 성공발상을 저자 특유의 감각적인 문체로 펼쳐보이고 있다.

신국판 / 7,500원

주식시장 흐름 읽는 법

우라가미 구니오 지음 / 박승원 옮김

언뜻 보기에 무질서하고 예측이 불가능해 보이는 주식시장도 장기적으로 보면 특정한 네 개의 국면을 반복하고 있다는 것을 알 수 있다. 이 책은 이 네 개의 국면이 어떤 요인에 의해 순환되고 각각의 국면에서 어떤 종목이 활약하는가를 숙지할 수 있는 안목을 제시해주고 주식투자시 리스크를 피하는 방법에 대해서도 설명하고 있다.

신국판/5,500원

증시테마 알아야 주식투자 성공한다

안창회 지음

이 책은 주식투자자들이 어떤 상황에서 어떤 종목을 사고 팔아야 수익을 올릴 수 있는지 그 구체적인 방법을 제시한다. 더불어 투자이론이 실제 상황에서는 어떻게 적용되고, 앞으로 전개될 상황에서는 어떻게 대응해야 할지를 분석, 정리했다. 특히 실제 일어났던 증시상황에 대한 분석은 물론, 전망까지 곁들여 주식초보자라도 쉽게 이해할 수 있도록 했다.

신국판/9,800원

주식@ 살 때와 팔 때

한국경제신문 증권부 지음

증권투자는 사는 기술이 아니라 파는 예술이다. 기관투자가를 두려워할 필요는 없다. 수익률이 오르지 않아 밤잠을 못이루는 것은 오히려 그들이다. 단기필마야말로 혼돈의 전쟁터에서 자신을 지키는 방법이며 주식투자로 성공할 확률은 개인투자가들이 높다. 한국경제신문 증권부가 개인투자가들을 지원하기 위해 펴낸 이 책을 통해 확실한 재테크의 길을 찾아보자.

신국판/9,000원

선물시장 흐름 읽는 법

현대선물 지음

이제 선물을 모르고는 주식, 채권 등 투자를 제대로 할 수 없는 세상이 되었다. 선물시장은 특정상품의 가격 수준에 대해 생각을 달리하는 사람들이 생사를 건 전쟁터다. 그동안 어렵게만 느껴졌던 선물거래를 일반인들이 이해하기 쉽도록 만화로 꾸몄다. 읽다보면 선물거래의 기본개념에서부터 선물거래의 실전투자 및 매매 타이밍까지 단번에 이해할 수 있도록 재미있는 스토리를 곁들여 설명했다.

신국판/7,000원

금융혁명 ABS

자산유동화 실무위원회 지음

자산유동화(ABS)제도에 대해 자산유동화 거래실무에 종사하는 국내외금융기관의 담당자, 전문변호사, 정책입안을 담당하는 재경부와 금융감독원의 관계자들이 함께 참여하여 알기 쉽게 종합적으로 풀어썼다. ABS에 관련된 각 분야를 사례중심으로 현장감 있게 분석 정리했고 법률 축조해설까지 곁들여 누구나 쉽게 실전에 활용할 수 있도록 했다.

양장/20,000원

월가 천재소년의 100가지 투자법칙

맷 세토 지음 / 형선호 옮김

10대 천재소년 맷 세토가 세운 뮤추얼 펀드의 연간 수익률은 단연 압도적이다. 이 소년은 〈월 스트리트 저널〉의 표지인물로 등장한 바 있으며, 전 세계 투자자들이 조언을 듣기 위해 애쓴다. 17세에 억대 부자가 된 맷 세토가 100가지의 성공적인 주식투자 비법을 소개한다. 신선하고 반짝이는 그의 투자전략은 폭락과 반전을 거듭하는 우리 주식시장에서 성공을 보장할 것이다.

신국판/8,500원

뮤추얼펀드 투자가이드

한국펀드평가 지음

뮤추얼펀드는 주식형수익증권, 외국인과 함께 주식시장의 큰손이다. 그들이 어떤 종목에 관심을 갖고 매수하며 어느 정도 보유한 뒤 매도하는가? 한국펀드평가(주)가 국내 최초로 뮤추얼펀드 69개를 집중 분석한 이 책은 펀드매니저는 물론이고 증권사 종사자, 뮤추얼펀드에 새로 가입하려는 투자자에게 매우 유익한 지침서가 될 것이다. 국내최초의 펴낸 뮤추얼펀드 종합 분석 전략 가이드.

신국판/15,000원

맥킨지 금융보고서

맥킨지 금융팀 지음

20년간 아시아 금융시스템을 분석, 컨설팅해온 맥킨지 금융팀은 21세기 한국을 비롯한 아시아의 은행 및 금유시스템이 어떤 도전을 받을 것이며 어떤 새로운 기회가 도래할 것인지 2010년까지의 금융 패러다임을 예측하고 있다. 금융시장의 어제와 오늘 그리고 미래를 열어가는데 없어서는 안될 미래지향적 금융산업 구축에 과연 무엇이 필요한지 그 비결을 담고 있다.

신국판/18,000원